혼자서 따라하기 쉬운 모든 업무 **15**

한권으로

끝장내자

중소기업

경리업무

세무회계

실무설명서

손원준 지음

가장 신속하게 정확하게
내 업무 고민을 쉽게 해결해 주는
내 손 안의
업무 백과사전

이지경리
(www.ezkyungli.com)
3개월
무료이용권
(3만원 상당)
증정

K.G.B
지식만들기

이론과 실무가 만나 새로운 지식을 창조하는 곳

책을 내면서

새로운 제도가 지속해서 생기고, 제도가 변화하고, 변경됨에 따라 정확한 장부 처리와 세금 신고를 해야 하는 경리실무자 입장에서는 매우 어렵고 힘든 것이 현실이다.

이에 본서는 7개 주제로 나누어, 실무자들의 어려움을 조금이나마 덜어주고자 다음과 같이 내용을 구성했다.

제1장 경리업무와 결산 방법

경리업무 분장표를 통해 경리의 전반적인 업무를 파악하고, 장부 관리와 결산순서 습득을 통해 경리의 전반적인 흐름을 파악할 수 있다.

제2장 증빙 관리를 못 하면 경리하지 마라!

증빙은 모든 장부기장의 기본이고 세금 관리의 기본이다. 하지만 이를 무시하고 업무처리를 하는 관리자들이 많다. 그리고 증빙관리는 전문적인 지식을 많이 가지고 있지 않은 초보자도 누구나 마음만 먹으면 쉽게 접근할 수 있다. 따라서 경리라는 일을 처음 접하는 왕초보 경리실무자는 증빙 관리만 잘해도 상당수의 세금을 절세할 수 있다.

제3장 혼자서 터득하는 원천징수의 모든 것

상용근로자, 일용근로자, 외국인 근로자에 대한 급여의 원천징수 방법과 세금신고 시 작성해야 하는 원천징수이행상황신고서 등 각종 서식의 작성 방법에 관해 설명하는 장이다. 또한 기타소득과 사업소득, 퇴직금과 퇴직소득세에 대해서도 실무처리 방법을 알려주고 있다.

제4장 부가가치세 핵심 실무

부가가치세의 기본원리를 이해한 후 다양한 실무사례를 통해 즉시 실무를 할 수 있는 실력을 배양한다. 또한 신고서 작성 방법을 통해 부가가치세 전체에 대한 흐름을 파악하고 세무 업무처리 방법을 익힐 수 있는 장이다.

제5장 스스로 하는 개인사업자 종합소득세 신고

기장을 통한 신고 및 추계에 의한 종합소득세의 신고 방법에서부터 신고 시 인정받을 수 있는 경비에 대해서 가르쳐 줌으로써 사업주가 좀 더 적은 세금을 낼 수 있도록 안내해 주고자 한다.

제6장 법인세 경비처리의 모든 것

법인소득에 대한 각종 경비 발생 시 문제없는 비용처리 방법을 익힌다. 1년 동안 실무카페에서 가장 많이 물어보는 내용을 중심으로 일반 책에서는 다루지 않았던 법인의 청산 절차까지도 다루고 있다.

제7장 세무조사 이건 꼭 걸린다.

회사에서 가장 두려워하는 세무조사

세무조사를 받지 않기 위해 평소에 관리해야 할 사항에서부터 조사관이 가장 많이 보는 항목, 그리고 세무조사에 대처하는 방법까지 세무조사 시 실무자가 필수적으로 알아야 할 내용을 담은 장이다.

어려운 시기에 독자 여러분 모두 건강하시고 웃음만이 가득한 시간이 되기를 기원합니다.

끝으로 나의 사랑하는 아내와 예영, 예서 두 딸에게 고마운 마음을 전하며 본 글을 마무리하는 바이다.

손원준 올림

책의 순서

제2장 　증빙 관리를 못 하면 경리하지 마라 • 95

제3장 **혼자서 터득하는 원천징수의 모든 것 • 125**

CONTENTS

CONTENTS

제6장　법인세 경비처리의 모든 것 • 565

제7장 세무조사 이건 꼭 걸린다. • 707

제1장

경리업무와
결산 방법

경리업무 분장표를 통해 경리의 전반적인 업무를 파악하고, 장부 관리와 결산순서 습득을 통해 경리의 전반적인 흐름을 파악하는 장이다.

1. 경리업무분장표
2. 경리 장부 작성과 관리 방법
3. 결산의 흐름과 결산순서

한눈에 파악하는 경리업무

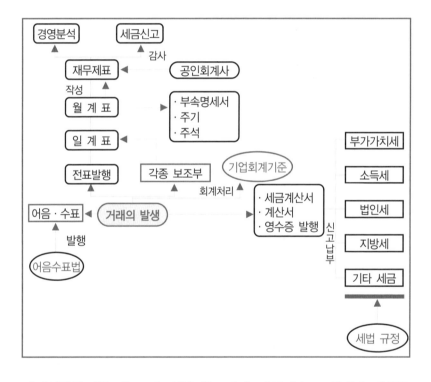

경리업무를 한눈에 보기 위해서는 가장 기본적으로 회계와 세무를 알아야 하고, 부수적으로 어음·수표와 기타 법률 지식을 가지고 있어야 한다.

그리고 1인이 경리를 하는 회사의 경우에는 이와 같은 지식뿐만 아니라 기업과 관련된 모든 제반 사항을 폭넓게 알아야 한다.

구 분	업무 내용
일일업무	• 분개(계정과목을 알아야 가능 ➜ 최대한 계정과목을 외운다.) • 전표작성 · 분개장 작성 · 일계표 작성(전표의 종류와 발행 방법 숙지) • 총계정원장 작성(프로그램에서는 전표 발행을 하면 자동으로 작성) • 보조부 작성(프로그램에서는 전표 발행을 하면 자동으로 작성) • 실제액과 장부상 잔액의 비교(일일 결산을 해서 시제를 일치시킨다.) • 수표 · 어음의 발행 · 결제 · 회수 • 현금의 예입이나 인출 • 납품서나 주문서, 거래명세서의 작성 • 일일 자금조달계획 • 기타 장부의 작성
월별업무	• 월말 결산(월계표 작성 등) • 매출 대금 회수 • 매입처에 대한 지급준비 • 급여 계산 및 지급 • 원천징수 세액 신고 · 납부(매달 10일), 중도 퇴직자 연말정산 및 일용근로자 근로내용확인신고서, 지급명세서 제출 • 사업소득, 인적용역 기타소득 간이지급명세서 제출(근로소득은 7월과 1월 제출) • 원가계산 · 분석 • 월 자금 조달계획 • 4대 보험 취득 · 상실, 변동 신고 및 퇴직 정산
연별업무	• 결산 • 연말정산(근로소득 및 4대 보험) • 경영분석 • 회계감사 • 납세 준비 • 내년도 준비

경리직원의 관리영역은 생각보다 넓고 크다. 장부를 통한 관리영역은 대략 다음과 같은 것이 있다.

- ⊙ 계정별 관리 : 일계표, 월계표, 총계정 원장 등을 포함한 모든 계정에 대한 계정별 원장, 합계잔액시산표 관리
- ⊙ 거래처 관리 : 거래처별 매출, 매입, 미수, 미지급 현황 관리
- ⊙ 카드 관리 : 카드별 사용 내역과 미결제 관리
- ⊙ 통장관리 : 통장별 입출금 내역과 잔고관리, 일일자금수지일보
- ⊙ 재무제표 관리 : 재무상태표, 손익계산서, 현금흐름표 등 재무제표의 기간별 및 전기비교식 관리
- ⊙ 사업부 및 프로젝트 관리 : 사업부와 프로젝트별 실적관리, 사업부와 프로젝트별 재무제표 관리, 사업부와 프로젝트별 현금흐름관리
- ⊙ 급여 관리 : 급여명세서와 급여대장을 포함한 4대 보험 및 급여관리
- ⊙ 재고수불 관리 : 원재료, 제품, 상품 등 재고자산에 대한 품목별 수불관리
- ⊙ 원가관리 : 재고자산별 원가관리, 제조원가보고서, 공사원가보고서, 용역원가보고서 관리
- ⊙ 부가가치세 관리 : 세금계산서 관리, 신용카드매출전표 등 수령금액합계표 관리, 부가가치세 신고서 관리, 전산 매체를 통한 부가가치세 자동 신고
- ⊙ 종합소득세, 법인세 관리 : 종합소득세와 법인세 신고를 위한 표준대차대조표, 표준손익계산서, 합계 표준대차대조표, 표준 합계잔액시산표 등 관리
- ⊙ 자금흐름 관리 : 현금흐름(직접법 현금흐름표) 관리, 기간별 및 전기 대비 활동별 현금흐름 관리
- ⊙ 활동원가관리 : 활동기준원가관리(ABC), 활동자별 원가관리, 활동별 원가관리
- ⊙ 기업가치 관리 : 현금흐름 - 기업가치(EVA) - 당기순이익 비교 관리(CVP 관리)

이들은 모두 회계프로그램(ERP 프로그램)을 통해서 제공되므로 회계프로그램의 성능에 따라 경리담당자의 관리능력이 좌우된다.

경리담당자가 단지 장부 정리 담당자로 만족한다면 계정별 관리에서 원가관리까지 만으로도 충분하겠지만 절세를 위한 세무 정보와 기업에서 가장 중요한 재무정보 담당자가 되고자 한다면 부가가치세 관리에서 기업가치 관리, 특히 현금흐름 정보가 필요하다. 또한, 중소기업의 경우 직원과 사장과의 법률상 문제를 해결하기 위한 근로기준법 등 노동법의 기본지식도 가지고 있어야 한다.

주요 세금의 신고기한과 기장 대리 서류 마감 기한

구 분	신고기한	세무사 자료요청	자료 마감기한
원천징수 신고	다음 달 10일	매월 말일	다음 달 5일
연말정산 신고	다음 해 3월 10일	12월 31일	다음 해 2월 10일
부가가치세 신고	분기 말 다음 달 25일	분기 말 다음 달 10일	분기 말 다음 달 15일
개인사업자 종합소득세 신고	다음 해 5월 31일 (성실신고 6월 30일)	다음 해 5월 5일	다음 해 5월 15일
법인세 신고	다음 해 3월 31일	다음 해 3월 5일	다음 해 3월 15일
면세사업자현황 신고	다음 해 2월 10일	12월 31일	다음 해 1월 25일
증빙 요청	수시로 제출하며, 부가가치세 신고 안내 시 세무사사무실에서 요청하는 경우가 많음		

경리업무 분장표로 살펴보는 업무 범위

구 분	업무 내용	필요지식
보조금 관리	• e-나라 도움을 활용한 보조금 교부, 집행, 정산진행 • 사업별 전체 예산 관리, 수입·지출 결산 및 결산보고서 작성	• 국가재정법, 국고금관리법 등 보조금 관련 법령 전반 이해 • 예산편성 및 집행지침에 대한 이해 • 보조금 집행 및 결산보고서 작성·검토 능력
회계·세무 관리	• 회계 관련 규정 및 계정과목에 대한 지식, 계정과목별 명세서 검토 • 재무제표 작성 및 회계감사 진행 • 세무 관련 각종 신고(부가가치세, 원천세, 연말정산, 기타소득, 일용직 신고, 사업소득, 법인세 등)	• 부가가치세 신고 여부, 세금계산서 발급 대상 구분 • 원천징수 대상 소득에 대한 이해, 원천징수이행상황신고서 작성 방법에 대한 이해 • 연말정산에 대한 이해 및 방법에 대한 이해 • 회계 관련 규정 및 계정과목에 대한 지식, 계정과목별 명세서 검토 능력, 자산·부채에 대한 평가 능력 • 회계 프로그램(더존 프로그램, e-나라 도움) 활용 능력

구 분	업무 내용	필요지식
		• 조세협약에 대한 이해 • 재무제표의 작성, 이해, 분석 능력
급여 지급	• 급여관리 : 급여 계산 및 검증, 급여대장 작성, 퇴직금 정산 및 지급 • 4대 보험 관리 : 취직, 상실, 채용, 이동, 승진, 퇴직 등 인사발령에 따라 4대 보험 적용 및 갱신 • 연말정산 : 소득세법에 따라 연말정산 정보 사전 갱신, 연말정산 결과 산출	• 임금관리, 소득세법, 4대 보험 관련법, 근로기준법, 연말정산 지식, 퇴직급여에 대한 지식
사무행정 업무	• 내·외부 업무협력 요청 사항을 접수하고, 원활한 업무 진행을 위해 구성원들을 지원 • 부서 구성원의 요청 사항에 맞게 업무처리, 수정 사항이 발생한 경우 요청자와 협의를 통해 수정 내용 반영하기, 상급자에게 보고 후 요청자에게 업무처리 결과 회신	• 직제규정, 업무담당자 현황, 업무 전달 프로세스, 문서 종류와 기준

1 예산·자금

예산	자금
01. 예산편성 지침 수립 02. 부문예산 수립	01. 자금계획 수립 02. 자금조달

예산	자금
03. 연간 종합예산 수립	03. 자금운용
04. 추정 재무제표 작성	04. 자금 정보 제공
05. 확정예산 운영	05. 재무위험 관리
06. 예산실적 관리	06. 성과 분석
07. 예산 위험 관리	

2 회계·감사·세무

회계 · 감사	세무
01. 전표 관리	01. 전표 처리
02. 자금관리	02. 결산 관리
03. 원가계산 및 원가관리	03. 원천징수
04. 결산 처리	04. 부가가치세 신고
05. 회계정보시스템 운용	05. 종합소득세 신고
06. 재무비율 분석	06. 지방세 관리
07. 회계감사	07. 기타 세무신고(지급명세 등 제출)
08. 사업결합 회계	08. 세무조사 대응
09. 비영리회계	09. 조세불복청구 및 절세방안 강구
10. 재무제표 작성	10. 법인세 신고 준비 및 신고

직급별 경리업무 분장표

구분	업무	세부사항
사원	전표 및 장부관리	회계전표 관리, 전표의 확인 및 승인, 대금결제, 비용 전표 마감
	부가세/세금계산서 발행	부가세 자료 생성, 영세율 첨부서류 명세서 작성 및 제출, 전자세금계산서 발행 및 대사
	출납 및 서무업무	출납 일반 및 은행 업무
	증빙관리	출납에 대한 증빙 수불 관리 및 증빙 보관
대리	자금관리	자금 신청 및 관리
	보조금	e-나라 도움을 활용한 보조금 교부, 집행, 정산진행
	고정자산	고정자산 및 감가상각비 계산, 고정자산 관리, 자산 재평가, 세무조정, 투자세액공제
	월결산	각 종 보정업무
	주주총회 준비	주주총회 세부 일정 수립, 정관개정, 영업보고서 작성, 배당금 확정, 주주명부 확정, 의사록 작성, 주주총회 개최
	지방세 신고	원천세, 지방소득세, 주민세 등
	이사회 준비	정기이사회 운영 및 소집통지, 이사회 자료작성
	연결 결산	분기별 종속회사 연결패키지 작성
	재산종합보험	연도별 재산종합보험 내역 산출 및 계약

구분	업무	세부사항
과장	공시	사업보고서 공시, 수시공시, 공정거래위원회 공시 등
	결산	월 결산 관련 보정업무 확인, 분기결산, 연말결산, 재무제표 작성
	세무회계	세무조정, 법인세 중간예납 및 신고, 세무조사 수감
	공시 및 주주총회	공시 및 주주총회 전반에 관한 핸들링
	ERP 안정화	현업 지원, 현업교육
	등기업무	대표이사 등기업무
팀장	업무점검	일, 월, 연, 결산 등 중요 업무점검
	회계규정 검토	회계 관련 규정 및 계정과목별 명세서 검토 내부회계관리제도 관리
	재무제표 및 회계감사	재무제표 검토 및 회계감사 점검
	세무조사	세무조사 준비 및 대응 전략수립
	예산/자금	자금조달 및 운영계획 점검 예산편성 및 집행에 대한 점검

법인 경리가 주의해야 할 업무 내용

구 분	주요 업무
법인과 임직원의 구분을 명확히	법인은 엄연한 인격체이므로 모든 것을 명확히 해야 한다. 법인에 입금될 금전을 대표 등 개인통장에 입금해서는 안 되며, 반대로 개인이 거래한 금전을 법인통장에 입금시키는 것도 좋지 않다. 또한, 임직원이 임의로 법인의 돈을 인출하는 것은 가지급금으로 기표하지 않으면 상여나, 배당 등으로 처분되는 불이익을 받을 수 있고, 가지급 처리되어도 인정이자를 계산하게 된다던가 지급이자를 부인하게 되는 경우가 있으므로 특히 주의해야 한다.
매출누락이나 가공원가가 없도록	법인의 경우 매출누락이나 가공원가가 밝혀지고 그 자금이 임직원 등에게 처분되었다면 법인세, 부가가치세, 근로소득세, 종합소득세, 배당소득세 등으로 당초 누락 금액보다도 더 많은 세금을 내게 되는 예도 있다. 따라서 이러한 일이 발생 되지 않도록 주의해야 한다. 또한, 실거래 없이 세금계산서만 주고받는 경우는 세금뿐만 아니라 조세범처벌법에 의거 형사처벌도 받을 수 있으니 이러한 일이 없도록 해야 한다.
법인이 사용, 소비하는 것은 모두 법인 명의로	임대차계약, 부동산, 회원권, 예·적금, 보험 카드, 각종 요금 및 등기등록이 있어야 하는 것 등 법인이 사용, 소비하는 것은 모두 대표나 임직원 명의가 아닌 법인 명의로 한다.

구 분	주요 업무
부동산 및 주식의 취득, 양도	주식을 양도하면 과점주주로 인한 지방세 중과 등 예상치 않은 곳에서 골치 아픈 문제가 발생하며, 부동산을 취득하게 되면 비업무용 관계로 낭패 보는 일도 있다. 따라서 통상의 거래를 벗어나는 경우는 전문가의 조력을 항상 사전에 받는 것이 바람직하다.
기간이나 기한에 유의	기간이나 기한을 어기는 사소한 일로 많은 세금을 내는 경우가 있다. 각종 신고나 감면 등의 신청은 꼭 적기에 해야 하며, 감사나 임원 등의 변경도 기한을 넘겨 불이익을 받는 경우가 없도록 해야 한다.
각종 규정 비치	기밀비 지급, 임원상여금 및 퇴직금 지급, 가지급금 지급 등 각종 세법에서 요구하는 지급규정 및 약정서를 정관 규정인지, 이사회 결의사항인지, 주총결의 사항인지를 확인 후 작성 보관해야 한다.
세금계산서 수취 및 반드시 법인카드 사용	거래 건당 3만원 초과인 비용(기업업무추진비(= 접대비) 포함)의 경우는 결재하고 세금계산서나 계산서, 신용카드매출전표, 지출증빙용 현금영수증을 받아야 한다. 비용은 3만원을 초과해 지출하면서 법정지출증빙을 받지 않고, 다른 증빙으로 확인되는 경우 증빙불비가산세를 부담하는 대신 비용으로 인정받을 수 있다. 반면 기업업무추진비의 경우에는 법정지출증빙 대신 다른 증빙으로 지출 사실이 확인되어도 비용 자체를 인정받지 못한다. 대신 증빙불비가산세는 부담하지 않는다. 기업업무추진비의 경우 반드시 법인카드를 사용한다.

전표 작성과 장부관리를 못 하면 회계하지 마라

1 매입 매출 장부 관리

♟ 매출장 및 매출처별 원장

매출장은 회사의 판매내용을 기록하는 장부이며, 매출처별 원장은 거래처별 외상 관리대장이다.

매출이 발생하는 경우 세금계산서 등 증빙을 발행하고, 매출장 및 매출처별 원장에 매출내역이 기록된다.

구 분	현금 매출	외상 매출
(매출)세금계산서 발행	매출장 기록	매출장 및 매출처별 원장 기록
(외상)대금 회수	일일거래내역서 기록	일일거래내역서 및 매출처별 원장 기록

8월 13일 (주)이지경리에 제품 5,800만 원(세액 별도)을 납품한 후 매출 세금계산서를 발행해주고 대금은 나중에 받기로 하다.

매 출 장

일자		유형	코드	계정과목	적요	매출처		공급가액	세액	합계
월	일					코드	매출처명			
8	13	과세	404	제품매출			(주)이지경리	58,000,000	5,800,000	63,800,000

① 일자 : 매출 세금계산서 및 계산서의 작성일자, 기타매출의 경우 매출일자

② 유형 구분

유형	내 용
과세	일반 매출 세금계산서
영세	Local 수출 시 수출품 생산업자 등이 수출업자에게 발행하는 영세율 세금계산서
면세	부가가치세 면세사업자가 발행한 계산서
영수	세금계산서를 발행하지 않는 일반 소매 매출 및 서비스 매출
현영	현금영수증에 의한 과세매출 시 입력
카과	신용카드에 의한 과세매출 시 입력

유형		내 용
매출	과세	일반 매출 세금계산서 입력 시 선택한다. **[반영]** • 매출 세금계산서합계표 • 부가가치세 신고서 1번 세금계산서 발급분
	영세	매출 세금계산서로 영세율 분(LOCAL : 간접수출) 입력 시 선택한다.

유 형		내 용
매 출		특히, 직접 수출되어 세금계산서가 발행되지 않는 경우는 [수출] 코드로 입력하므로 구분에 유의한다. **[반영]** • 매출세금계산서합계표 • 내국신용장, 구매확인서 전자 발급 영세율매출명세서 • 부가가치세 신고서 5번 영세 세금계산서 발급 분
	면세	부가가치세 면세사업자가 발행하는 매출계산서 입력 시 선택한다. **[반영]** • 매출계산서합계표 • 부가가치세 신고서 84번 계산서발급금액
	건별	세금계산서가 발행되지 않은 과세 매출 입력 시 선택한다. (예 : 음식점의 소액 현금매출, 소매 매출로 영수증 또는 금전등록기 영수증 발행 시.) 공급가액란에 부가가치세가 포함된 공급대가를 입력한 후 Enter 키를 치면 공급가액과 부가가치세가 자동 계산되어 입력된다. 환경설정에 따라 입력된 공급가액의 절사 방법(절사, 올림, 반올림)을 선택할 수 있다. **[반영]** • 부가가치세 신고서 4번 기타
	종합	세금계산서가 발행되지 않은 과세 매출 입력 시 선택한다. [건별]과의 차이는 공급가액란에 입력된 공급대가를 그대로 반영, 공급가액과 세액이 구분계산 되지 않는다(부가가치세액이 자동 계산되지 않음). 따라서 월말 또는 분기 말에 해당 기간의 공급대가를 합계, 공급가액과 부가가치세를 계산한 후 수동으로 수정하여 주어야 한다. **[반영]** • 간이과세자 부가가치세 신고서(1~4번 업종별)

유 형		내 용
매 출	수출	외국에 직접 수출하는 경우 선택한다. Local 수출로서 영세율 세금계산서가 발행되는 [영세]와는 구분된다. **[반영]** • 수출실적명세서, 영세율 첨부서류 제출명세서 • 영세율매출명세서 • 부가가치세 신고서 6번 영세율 기타
	카과	신용카드에 의한 과세매출 입력 시 선택한다. [카과]로 입력된 자료는 "신용카드매출발행집계표", "과세분"에 자동 반영된다. **[반영]** • 신용카드매출전표발행집계표(과세 매출) • 부가가치세 신고서 3번 신용카드 발행분 • 경감공제액 – 신용카드매출전표등발행공제계 19번
	카면	신용카드에 의한 면세매출 입력시 선택한다. [카면]로 입력된 자료는 "신용카드매출발행집계표" "면세분"에 자동 반영된다. **[반영]** • 신용카드매출전표발행집계표(면세매출) • 부가가치세 신고서 80번 면세수입금액
	카영	영세율 적용 대상의 신용카드 매출 → 신용카드발행집계표 과세분에 반영된다. **[반영]** • 신용카드매출전표발행집계표(과세 매출) • 영세율매출명세서 • 부가가치세 신고서 6번 영세율 기타 • 경감공제액 – 신용카드매출전표등발행공제계 19번

유 형		내 용
매 출	면건	계산서가 발행되지 않은 면세 적용분 입력시 선택한다. **[반영]** • 부가가치세 신고서 80번 면세수입금액
	전자	전자적 결제 수단으로의 매출(전자화폐 관련 매출) → 전자화폐결제 명세서에 가맹점별로 집계된다. (거래처등록 시 반드시 가맹점 코드 입력이 선행되어야 한다) **[반영]** • 전자화폐결제명세서
	현과	현금영수증에 의한 과세매출 입력 시 선택한다. [현과]로 입력된 자료는 "신용카드매출발행집계표", "과세분"에 자 동 반영된다. **[반영]** • 신용카드매출전표발행집계표(과세 매출) • 부가가치세 신고서 3번 현금영수증 발행분 • 경감공제액 – 신용카드매출전표등발행공제계 19번
	현면	현금영수증에 의한 면세매출 입력 시 선택한다. [현면]로 입력된 자료는 "신용카드매출발행집계표", "면세분"에 자 동 반영된다. **[반영]** • 신용카드매출전표발행집계표(면세매출) • 부가가치세 신고서 80번 면세수입금액
	현영	영세율 적용 대상의 현금영수증 매출 → 신용카드발행집계표 과세분 에 반영된다. **[반영]** • 신용카드매출전표발행집계표(과세 매출) • 영세율매출명세서

유 형		내 용
		• 부가가치세 신고서 6번 영세율 기타
		• 경감공제액 – 신용카드매출전표등발행공제계 19번
매 입	과세	발급받은 매입세금계산서 입력 시 선택한다. **[반영]** • 매입세금계산서합계표 • 부가가치세 신고서 10번 일반매입 • 고정자산의 경우 11번
	영세	발급받은 영세율 매입세금계산서 입력 시 선택한다. **[반영]** • 매입세금계산서합계표 • 부가가치세 신고서 10번 일반매입
	면세	부가가치세 면세사업자가 발행한 계산서 입력 시 선택한다. (세관장이 발급한 수입 계산서도 여기에 해당한다.) **[반영]** • 매입계산서합계표 • 부가가치세 신고서 85번 계산서수취금액 • 의제매입의 경우 14 그 밖의 공제매입세액공제(43 의제매입세액)
	불공	해당 불공제 내역은 부가가치세 신고서의 매입세액공제에 반영된 세액을 차감하는 매입세액불공제란에 기입 된다. 1. 필요적 기재 사항 누락 2. 사업과 관련 없는 지출 3. 비영업용 소형승용차 구입 및 유지 4. 면세사업과 관련된 분 5. 공통매입세액 안분계산서 분 6. 등록 전 매입세액 7. 대손 처분받은 세액 8. 납부(환급)세액 재계산분

유 형		내 용
매 입	불공	**[반영]** • 매입세액불공제 내역 • 부가가치세 신고서 16번 공제받지 못할 매입세액
	수입	재화의 수입 시 세관장이 발행한 수입세금계산서 입력 시 선택한다. 수입세금계산서 상의 공급가액은 단지 부가가치세 징수를 위한 과세표준일 뿐으로 회계처리 대상은 아니다. 따라서 프로그램에시는 수입세금계산서의 경우 하단 부분 개시, 부가가치세만 표시되도록 하였다. **[반영]** • 매입세금계산서합계표 • 부가가치세 신고서 10번 일반매입 • 고정자산의 경우 11번
	금전	현재는 해당 사항 없음
	카과	신용카드에 의한 과세 매입 입력 시 선택한다. **[반영]** • 신용카드 수령금액 합계표 • 부가가치세 신고서 14번 그 밖의 공제매입세액(41. 신용카드매출전표 수취/일반, 42. 신용카드매출전표 수취/고정)
	카면	신용카드에 의한 면세 매입 입력시 선택한다. **[반영]** • 신용카드 수령금액 합계표(면세) • 의제매입의 경우 14 그 밖의 공제매입세액공제(43 의제매입세액)
	카영	신용카드에 의한 영세 매입 입력 시 선택한다. **[반영]** • 신용카드 수령금액 합계표(영세) • 부가가치세 신고서 14번 그 밖의 공제매입세액 (41. 신용카드매출

유 형		내 용
매 입		전표 수취/일반, 42. 신용카드매출전표 수취/고정)
	면건	계산서가 교부되지 않은 면세적용 매입 입력 시 선택한다.
	현과	현금영수증에 의한 과세 매입 입력 시 선택한다. **[반영]** • 신용카드 수령금액 합계표(과세) • 부가가치세 신고서 14번 그 밖의 공제매입세액 (41. 신용카드매출 전표 수취/일반, 42. 신용카드매출전표 수취/고정)
	현면	현금영수증에 의한 면세 매입 입력 시 선택한다. **[반영]** • 신용카드 수령금액 합계표(면세) • 의제매입의 경우 14, 그 밖의 공제매입세액공제(43 의제매입세액)

매출처 원장

매출처명 : (주)경리

일자		적 요	차변(증가)	대변(감소)	잔액
월	일				
8	13	제품매출 대금	63,800,000		63,800,000

나중에 (외상)대금을 지급받을 시 일일거래내역서 및 매출처 원장의 외상대금 감소(대변) 란에 기록한다.

🐾 매입장 및 매입처별 원장

매입장은 회사의 구매내역을 기록하는 장부이며, 매입처별 원장은 거래처별 외상 관리대장이다.

매출이 발생하는 경우 세금계산서 등 증빙을 받고, 매입장 및
매입처별 원장에 매입내역이 기록된다.

(주)만들기는 제품 1,000만 원(세액 별도)을 (주)이지로부터 7월 중에 납품받은
후 7월 31일 매입 세금계산서를 받고 그 대금은 다음 달에 지급하기로 했다.

매입장

| 일자 | | 유형 | 코드 | 계정과목 | 적요 | 매입처 | | 공급가액 | 세액 | 합계 |
월	일					코드	매입처명			
7	31	과세	404	제품매입	매입		(주)이지	10,000,000	1,000,000	11,000,000

매입처 원장

매입처명 : (주)이지

| 일자 | | 적 요 | 차변(증가) | 대변(감소) | 잔액 |
월	일				
7	31	매입대금		11,000,000	11,000,000

복식부기 방식으로 기장하는 업체의 경우 부채(외상매입금 등)의 증가
는 대변에 부채의 감소는 차변에 기재한다.

2 전표 관리

전표는 회사의 경리에서 가장 기본적인 작업이 되며, 이를 통해서
장부 등 여러 가지 회계자료가 발생한다.

전표 관리는 회계의 가장 기초 단계에 있다고 보면 된다.

전표의 종류에는 출금전표와 입금전표, 대체전표를 가장 많이 사용하며, 전산화에 따라 하나의 전표만을 사용하기도 한다.

구 분		사용 시기
매입매출전표		부가가치세가 붙는 거래
일반전표	입금전표	현금의 입금 시 작성(통장에서 시재 인출 시)
	출금전표	현금 출금 지출 시 작성
	대체전표	일부 현금 입금이나 지출시 또는 전부 비현금 거래 시 작성

3 통장관리

개인사업자는 통장에 대한 경리가 보통 들어가지 않는 것이나, 법인사업자의 경우에는 법인통장에 기재된 것을 경리로 옮기는 작업이 상당한 부분 주의를 필요로 한다. 왜냐하면, 대부분의 거래가 법인통장을 통해서 이루어지기 때문이다.

⊙ 입출금 통장에서 현금을 인출할 경우 : 입금전표에 기재하는 것이 보통

⊙ 인출한 현금으로 지출할 경우 : 출금전표에 기재하는 것이 보통

⊙ 통장에 대한 전표 발행 시에는 거래처 코드를 걸어주어서 외상대 정산 시 누락되는 항목이 없도록 한다.

4 세금계산서 관리

🔧 매출 세금계산서 관리

아래와 같은 보조원장을 가지고 있으면 부가가치세 신고 시에 아주 유용하게 사용할 수 있다. 다만, 표준서식은 아니므로 참고만 한다.

매출총괄표

매출 날짜	매출처 상 호	사 업 자 등록번호	공 급 가 액	부 가 가치세	합 계	입금시기	입금종류 (계정과목)

☑ 입금 종류는 현금, 어음, 보통예금을 적는다.
☑ 입금시기는 자금이 들어오는 시기를 알 수 있어서 자금계획을 세우는데, 도움된다.

🔧 매입 세금계산서 관리

매입총괄표

매입 날짜	매입처 상 호	사 업 자 등록번호	공 급 가 액	부 가 가치세	합 계	출금시기	출금종류 (계정과목)

계정과목은 매입처별로 다음과 같이 세분화해서 적는다.

⊙ 원재료 : 제품이나 상품을 만들 때 원료로 들어가는 것을 이렇게 분류한다.

ⓥ 소모품비 : 제품을 만들 때 1회 적으로 쓰이는 소모품은 이렇게 분류한다.

ⓥ 지급수수료 : 수수료 성격이 있는 것은 이렇게 분류한다(예 : 세무사사무실 기장료).

ⓥ 통신비 : 전화요금 등은 이렇게 분류한다.

ⓥ 지급임차료 : 사무실 임차료를 지급할 때 이렇게 분류한다.

ⓥ 기타

출금 시기는 자금이 빠져나가는 시기를 예측할 수 있어서 자금의 지출 규모를 알 수 있다. 물론 자금이 실제로 지출되는 것을 기재할 수도 있다.

🕯️ 세금계산서 관리

세금계산서 발생 시 및 금액 정산 시에 각각의 전표에 발생시킨다. 아래에서 세금계산서의 관리 요령을 자세히 설명하기로 한다.

가공세금계산서 및 위장 세금계산서가 발행되지 않도록 철저한 관리를 필요로 한다. 가공 또는 위장거래의 징후나 실제 거래가 있을 경우는 반드시 후속 조처를 할 수 있도록 해야 한다.

거래는 4장의 증빙이 한 묶음이 되게 한다.

❶ 거래명세표(사업자등록증 사본)

❷ 계약서 및 견적서

❸ 입금표 및 계좌이체 확인서 등

❹ 세금계산서 발행

모든 거래에 대해서는 4장의 증빙이 한 묶음이 되는 것이 원칙이다. 거래의 입증을 위해서는 반드시 있어야 하므로 철저하게 준비한다.

5　법인카드 관리 및 개인카드 관리

법인의 경우 기업업무추진비(= 접대비)지출은 반드시 법인카드로 이루어져야 손비로 인정받을 수 있으므로 카드 관리가 중요하다.

또한, 법인카드의 통제가 잘 이루어지지 않으면 불필요한 사적비용이 회사 밖으로 유출되는 경우가 발생하므로 카드 관리를 명확히 통제해야 한다.

6　주식 관리

법인에 있어서 주식의 변동에는 양도, 증여, 증자, 감자 등 여러 가지 형태가 있다. 이 중에서 각 변동사항에 따라서 세금이 발생할 수 있으므로 주의를 필요로 한다.

◈ 양도 : 양도소득세, 증권거래세

◈ 증여 : 증여세

◈ 증자 : 불균등 증자 시 증여세

◈ 감자 : 불균등 감자 시 증여세

7　주요 보조원장

🖋 외상매출금 관리 대장

거래처별로 외상매출액을 관리하며, 회수 수단을 적어 놓아 수단별

계정별 원장과 대조할 수 있도록 작성해 놓는다.

🐟 외상매입금 관리 대장

거래처별로 외상매입액을 관리하며, 지급수단을 적어 놓아 수단별 계정별 원장과 대조할 수 있도록 작성해 놓는다.

🐟 미지급금 관리 대장

기계장치 및 건물 등 고정자산 내역별로 적어서 관리한다.

8 일반영수증 관리

계정과목	설명	증빙관리
급 여 및 임금	임직원의 급여, 잡급	급여명세표, 원천징수영수증 등 잡급대장
상 여 금	매달, 명절, 연말 등 보너스 지급금	상여금지급표
복 리 후 생 비	직원을 위한 식대, 약품대, 차대, 간식, 유니폼대, 부식대	신용카드매출전표, 간이영수증, 부식대 영수증, 유니폼비 영수증
여 비 교 통 비	출장업무 자동차 교통비, 출장 시 식대, 출장 시 사용된 기타 경비 등	신용카드매출전표, 유류비 영수증, 출장 시 영수증, 기차표 및 버스승차권
통 신 비	전화요금, 우표대금, 송금수수료, 등기료 및 소포 우송비	통신비 지로용지, 우표대금영수증, 송금수수료영수증, 등기우편영수증

계정과목	설명	증빙관리
수 도 광 열 비	전기요금, 상하수도료, 난로에 사용되는 석유와 경유 가스레인지에 사용되는 가스대	전기 · 상하수도 지로용지, 난로용 석유와 가스대, 건물관리비 영수증
세 금 과 공 과	자동차세, 적십자회비, 면허세, 주민세, 도로 하천 수거 사용료	각각의 세금 고지서
지 급 임 차 료	건물 및 기타 부동산을 임대 사용 시 지급하는 비용	건물임대차계약서, 세금계산서 등
수 선 비	동산 및 기타 부동산을 수선복구 시 사용되는 비용	세금계산서, 수선비영수증
보 험 료	차량 보험료, 책임보험료, 화재보험료, 산재보험료	보험료 영수증
기업업무 추진비(= 접대비)	거래처 손님을 위한 화분이나 축의금, 식대, 주대, 차대, 손님에게 제공하는 비용	간이영수증(3만 원 까지), 청첩장 (20만원 까지), 신용카드매출전표, 세금계산서
광 고 선 전 비	간판, 광고용 수건이나 달력 신문이나 전화번호부의 광고료	세금계산서 및 간이영수증
차 량 유 지 비	차량에 사용되는 유류대, 수리 부품, 기금 분담금, 검사수수료, 통행료, 주차료, 세차, 타이어 교환 등에 사용되는 비용	유류대 영수증, 신용카드매출전표, 기타 차량에 대한 영수증
운 반 비	모든 동산 등의 운반 시 사용되는 운임	물건 운반 시 운반운임영수증, 세금계산서 등
지급수수 료	기장 수수료, 조정 수수료, 대행 수수료 등(주로 인적용역 사용대가)	세금계산서, 기타수수료 영수증

계정과목	설명	증빙관리
도서인쇄비	복사비, 도장고무인 비, 서식 인쇄비, 도서구입비, 신문구독료, 서식 구입비	계산서, 간이영수증, 구독료 등 영수증
소 모 품 비	청소용품, 화장지, 기타소모품	간이영수증, 금전등록기영수증
사무용품비	사무용 연필, 볼펜, 계산기, 풀, 고무판, 장부, 전표, 스테플러, 수정액 등	세금계산서, 간이영수증, 금전등록기 영수증
협 회 비	세금과공과에 해당하지 않는 협회 등의 회비	협회비 영수증
잡 비	오물수거비, 범칙금, 유선 방송비, 방범비, 쓰레기봉투 비	지로용지, 간이영수증
감가상각비	부동산 및 동산 상각비	감가상각비 명세서
등록면허세 취 득 세	건물 또는 비품, 차량운반구, 시설 장치, 기계장치 등의 등록면허세, 취득세	세금납부고지서

경조사비는 20만 원까지, 경비는 3만 원까지 간이영수증으로 증빙이 되나 이를 넘는 금액은 세금계산서, 계산서, 신용카드매출전표, 현금영수증(지출증빙용) 중 하나는 받아야만 증빙으로 인정된다.

9 재고관리

재고관리는 각 방법에 따라서 수불부를 작성하고 월말 남은 재고와 장부상 재고를 파악해서 그 차이를 분석하면서 연말결산 시에는 재고의 잔고가 얼마나 남아 있는지 정확히 파악해서 장부에 반영해 두어야 한다.

10 원가관리

각종 원가분석 방식을 통해서 제품의 원가를 파악하고, 손익분기점 분석을 통해서 손익분기점을 파악해야 하며, 원가 동인별로 그 테이블을 만들어 과도하게 지출되는 부분을 개선해 나가는 관리를 해야 한다.

11 인사관리 업무

⊙ 급여대장
⊙ 4대 보험 관리대장(국민연금, 건강보험, 고용보험, 산재보험)
⊙ 각종 규정의 구비
급여 부분은 연봉제를 하는 경우가 대부분이므로 퇴직금에 대한 문제가 발생할 수 있다. 따라서 반드시 퇴직금 규정을 고려해야 한다.
한편, 연차유급휴가가 발생해 1년간 유급휴가를 주어야 하므로 이에 대한 급여를 고려해야 한다.
⊙ 일용직 급여대장 및 지급명세서
일용직에 대한 지급명세서를 매달 신고해야 하므로 지출내역을 작성해 두어야 한다.

법인이 갖추고 있어야 할 사규나 사칙

🎐 인사 분야

구 분	사규나 규칙
취업규칙 및 (임원)급여 지급 규정	법인의 근로자(임원)에 대한 취업규칙 및 급여 지급 규칙 등을 이사회나 주주총회에 의해서 정해 놓는다.
상여금 규정	상여금에 대한 기준임금의 개념과 지급시기 등을 정해 놓는다.
퇴직금 규정	퇴직금 지급에 관한 규정을 정해 놓는다.
연봉제 운영 규정	연봉제실시의 경우 그 규정을 정해 놓는다.
교육훈련비 규정	직원이나 임원에 대한 교육비 지출에 대한 규정을 정해 놓는다.
야간근무 규정	야간근무에 대한 규정을 정해 놓는다.
각종 수당 규정	각종 수당에 대한 상세한 내용을 기재한다.
경조사비 지급 규정	경조사 휴가와 경조사비 지급 근거를 마련해 둔다.
연차유급휴가 관리 규칙	최소한 법에서 정한 연차휴가를 주어야 하며, 법에서 정한 연차휴가보다 많이 지급하도록 규정하는 것은 문제가 되지 않는다. 퇴사 시 입사일 기준 또는 회계 기준으로 정산할지를 방법을 정해두는 것이 좋다.

🎐 회계 분야

복리후생비, (해외) 여비교통비, 출장비 등에 대한 규칙을 정해 놓는다.

구 분	사규나 규칙
임원 퇴직금 및 상여금 지급 규정	임원에 대해서는 세법상 규제가 있으므로 급여, 상여금, 퇴직금 지급 근거를 마련해 둔다.
출장비 지급 규정	각 지역 및 거리별 지급 근거와 증빙 첨부 사항을 규정한다.
복리후생비 규정	복리후생비를 받는 자의 근로소득세 원천징수 여부는 중요한 관심 사항이다. 직장 체육비, 직장 연회비, 경조비, 자가운전보조금, 식비 등 복리후생비는 사회통념의 범위 내 지출에 대해서는 비용인정을 해주므로, 가능한 한 사내 규정을 정하는 것이 유리하다.
성과 배분 상여금 약정	잉여금처분을 비용으로 처리한 것은 법인의 손금에 산입하지 아니하나 내국법인이 근로자(임원을 제외함)와 성과산정지표 및 그 목표, 성과의 측정 및 배분 방법 등에 대해서 사전에 서면으로 약정하고 이에 따라 그 근로자에게 지급하는 성과 배분 상여금은 예외로 손금으로 인정한다.
판매부대비용 사전약정	판매부대비용은 사전약정 후 지급하는 것이 유리하다.

🎙 기타 분야

⊙ 안전 수칙 및 기타 특수한 사업의 경우에 필요한 여러 가지 규칙을 항상 비치해 놓고, 업무 매뉴얼화 하는 것이 중요하다.

⊙ 발주 부분, 구매 부분, 생산부분, 판매 부분, 자금 부분, 품질 부분에 대해서 각각의 규칙을 정해 놓고 이를 준수하도록 해야 한다.

🖋️ 주요 관리철

경영 일반관리	재무관리 및 회계 관리	인사관리
• 정관	• 모든 계약서 정본 및 사본	• 근로계약서
• 사업자등록증 사본	• 매출 세금계산서 철	• 상여금지급규정
• 법인등기부등본	• 매입 세금계산서 철	• 퇴직금 지급규정
• 법인인감증명서	• 급여대장 철	• 휴가 및 상벌 규정
• 이사회회의록 등	• 4대 보험관리철	• 여비교통비 지급규정
• 주주명부 및 변동내역서	• 외상매출금 관리대장	• 기타 필요한 규정 등
• 일반 회사 조직도	• 외상매입금 관리대장	
• 조직 내 비상 연락도	• 미지급금 관리대장	
• 주요 거래처 내용	• 법인카드 관리대장	
	• 법인통장 철	
	• 일일자금일보	
	• 전표 철	
	• 재고관리대장	
	• 여비교통비 복명서	
	• 일용직 급여대장	

결산은 이런 방식으로 진행한다.

거래발행 분개 후 총계정원장에 전기			
거 래	5월 30일 외상매출금 100만 원이 입금되었다.		
분 개	(차변) 보통예금 1,000,000		(대변) 외상매출금 1,000,000
총계정 원장에 전기	보통예금		외상매출금
	5/30 외상매출금 1,000,000		5/30 보통예금 1,000,000

시산표(일계표, 월계표) 작성	각종 보조장부 작성

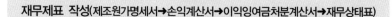

재무제표 작성(제조원가명세서➡손익계산서➡이익잉여금처분계산서➡재무상태표)

결산 정리사항	결산 정리사항이 아닌 항목
❶ 재고자산(상품계정 등)의 정리 실지재고조사법에 의한 매출원가 계산 재고자산감모손실 및 평가손실 계산	❶ 계속기록법에 의한 매출원가 계산 ❷ 선급금, 선수금, 미수금, 미지급금 ❸ 은행계정조정표 작성

결산 정리사항	결산 정리사항이 아닌 항목
❷ 단기매매금융자산의 평가	❹ 기중에 실제 대손액 처리(매출채권이
❸ 매출채권 등 대손충당금 설정(대손액	회수불능되어 대손충담금과 상계 등)
추산)	❺ 자산을 처분하여 처분손익 인식(설비
❹ 유형자산의 감가상각 및 재평가, 무형	자산처분손익 인식 등)
자산의 상각	❻ 잉여금 처분(배당금의 지급 등)
❺ 외화자산 및 부채의 평가	❼ 충당부채의 지급
❻ 충당부채의 설정(제품보증충당부채 등)	❽ 소모품 구입
❼ 자산의 손상차손 및 손상차손 환입	❾ 현금 수수의 모든 거래
❽ 법인세 추산액(미지급법인세 계상 등)	
❾ 소모품 결산 정리	
❿ 임시 가계정 정리(현금과부족,	
가지급금, 가수금, 미결산 등)	
⓫ 제 예금의 이자수익 등	
가. 요구불예금 현금합산	
나. 금융상품의 초단기·단기·장기 구분	
다. 사용 제한 여부 확인	
라 미수이자 계상	
⓬ 차입금 이자비용	
가. 유동성장기부채 대체 여부	
나. 미지급이자 계상	

 프로그램을 활용한 결산순서

⊙ 현금을 제일 나중에 맞춘다. 그 외엔 상관이 없다. 합계시산표를
확인한다.

⊚ 1년 동안 경비 사항(전표 입력)

⊚ 외상 채권·채무 확인 ➡ 외상매출금, 외상매입금 회수·지급

⊚ 재고자산 증가·감소 확인 ➡ 재고자산감모손실(원가성이 있으면 매출원가에 포함)

⊚ 어음 회수지급 확인(받을어음·지급어음)

　어음할인, 배서양도 대손금 확인(부도, 파산 등 대손상각비)

⊚ 차입금(차입금 내역 확인) ➡ 이자비용 확인, 부채증명서와 일치

⊚ 법인통장(보통예금·당좌예금 확인) ➡ 예치금명세서와 일치

⊚ 유형자산(취득 감가상각 처분 등) ➡ 유형자산대장과 일치

⊚ 예수금 : 급여(급여대장) ➡ 4대 보험과 일치

　: 부가세예수금, 부가세대급금 ➡ 부가세 신고 한 것과 일치

⊚ 매출 확인(부가세 신고서)

⊚ 채무면제이익, 자산수증이익, 보험차익 확인

⊚ 이자수익(선납 세금) 확인

⊚ 매출원가(제조원가) 확인 ➡ 원재료 확인

⊚ 세금과공과 확인 ➡ 제세공과금

⊚ 영수증, 세금계산서, 계산서, 카드, 현금영수증 ➡ 경비 확인

⊚ 증여·출자금은 거의 변동사항이 없다.

더존 프로그램의 결산은 크게 두 개의 단계를 거쳐서 이루어진다.

결산자료의 입력 ➡ 재무제표의 마감

결산자료의 입력은 자동결산과 수동결산 두 가지로 나뉜다. 즉 프로그램상에 금액만 입력하면 자동으로 결산분개를 해주는 자동결산 항목과 프로그램 사용자가 직접 결산분개를 하고 입력을 해야 하는 수동결산 항목이 있다. 자동결산 항목과 수동결산 항목은 각각 다음과

같다. 순서는 수동결산 후 자동결산을 한다.

🍶 수동결산 항목

결산 정리사항에 대한 결산 대체분개 전표를 작성, 일반전표 입력메뉴에서 입력하여 결산하는 방법이다.

수동결산 항목은 사용자가 관련된 결산분개를 수동으로 일반전표상에 직접 입력해야 한다.

- ⊚ 선급비용의 계상
- ⊚ 선수수익의 계상
- ⊚ 미지급비용의 계상
- ⊚ 미수수익의 계상
- ⊚ 소모품 미사용액의 정리
- ⊚ 외화자산부채의 환산
- ⊚ 유가증권 및 투자유가증권의 평가
- ⊚ 가지급금, 가수금의 정리
- ⊚ 부가세예수금과 부가세대급금의 정리

🍶 자동결산 항목

프로그램에서 결산 흐름에 맞추어 화면에 표시되는 결산정리 항목에 해당 금액만 입력하면 자동으로 분개 되어 결산이 완료되는 방법으로, 결산자료입력 메뉴에서 작업한다.

자동결산 항목은 '결산/재무제표'에서 "결산자료입력" 화면을 열어서 각 해당하는 금액을 입력한 후 "F7" key 또는 "추가"의 툴바를 클릭하면 '일반전표에 결산분개를 추가할까요?" 하는 메시지가 나올 때 "Y(Yes)"를 클릭하면 자동으로 일반전표에 결산 관련 분개를 추가하게 된다.

⊙ 재고자산의 기말재고액

⊙ 유형자산의 감가상각비

⊙ 퇴직급여충당금 전입액과 퇴직연금충당금 전입액

⊙ 매출(수취)채권에 대한 대손상각

⊙ 무형자산의 감가상각액

⊙ 준비금 환입액 및 전입액

⊙ 법인세(소득세) 등

위의 순서에 따라 결산자료의 입력이 완료되면 다음은 각 재무제표를 마감하게 되는데 여기에서 마감이란 곧 각 재무제표를 조회하여 열어보고(확인) 닫아주는 것이다. 즉 사용자가 재무제표를 열어서 확인하는 순간 프로그램상에서 계산하여 처리하게 되는 것이다. 재무제표는 반드시 다음의 순서에 따라 확인해야 제대로 반영이 된다.

제조원가명세서 ➡ 손익계산서 ➡ 이익잉여금처분계산서 ➡ 재무상태표

위의 순서대로 각 재무제표를 열어서 확인하면 결산에 대한 모든 관계가 종료된다. 다만, 1년에 대한 결산이 아니고 6월까지의 결산의 경우 6월의 일반전표에 결산자료를 입력하고 각 재무제표도 6월 말로 열어서 확인해야 한다.

그리고 모든 것을, 7월로 이월해야 계속되는 거래에 문제가 없다.

2 결산 회계처리 사항

결산 항목	정리자료	차변		대변	
상품재고액 수정	기초 상품재고액 100원	매입	100	이월상품	100
	기말 상품재고액 200원	이월상품	200	매입	200
현금과부족 정리	현금과부족 차변 잔액 80원 원인불명	잡손실	80	현금과부족	80
	현금과부족 대변 잔액 50원 원인불명	현금과부족	50	잡이익	50
단기매매 증권평가	기말 장부가액 150원	단기매매증권 평가손실	50	단기매매증권	50
	기말 결산일 현재 100원				
	기말 장부가액 150원	단기매매증권	30	단기매매증권 평가이익	30
	기말 결산일 현재 180원				
매출채권 대손추산	기말매출채권 잔액 700원	대손상각비 (700원 × 10%) − 50원 = 20원	20	대손충당금	20
	전기 대손충당금 잔액 50원				
	대손 추산율 10%				
유형자산 감가상각	정액법 : 취득가액 1,000원	감가상각비	100	감가상각 누계액	100
	내용연수 10년				
	정율법 : 취득가액 1,000원	감가상각비	50	감가상각 누계액	50
	상각율(감가율) 5%				
유형자산 손상차손	2024년 1월 1일에 기계장치를 현금 100에 취득(잔존가치 없고, 내용연수 10년, 정액법).	1. 2024.1.1 기계장치	100	현금	100
		2. 2024.12.31. 감가상각비	10	감가상각누계액	10

결산 항목	정리자료	차변	대변
	2024년 12월 31일 기계장치 손상징후 포착. 기계장치의 순공정가치는 50, 사용가치는 55로 하락 가정	3. 2024.12.31. 감가상각비 10 유형자산손상차손 25	감가상각누계액 10 손상차손누계액 25
		MAX[50, 55] - (100 - 20) = 손상차손	
무형자산 감가상각	특허권 500원 5년간 상각	무형자산 100 상각비	특허권 100
대손충당금 설정	대손충당금 설정	대손상각비 100	대손충당금 100
	대손충당금 환입	대손충당금 50	대손충당금환입 50
퇴직급여충당금 설정	퇴직금 추계액 100, 전기말 남아 있는 충당금 70	퇴직급여 30	퇴직급여충당부채 30
퇴직연금	DB형으로 100 사외적립 할 경우(부담금 납부 시 분개	퇴직연금운영자산 100	보통예금 100
	퇴직연금 DB형 결산분개 시	퇴직급여 100	퇴직급여충당부채 100
외화자산·부채	외화 장기차입금 장부상 환율 1,100원, 결산일 현재 환율 1,200	외화환산손실 100	장기차입금 100
	외화 장기차입금 장부상 환율 1,200원, 결산일 현재 환율 1,100	장기차입금 100	외화환산이익 100
가지급금과 가수금의 정리	가지급금 잔액 180원	여비교통비 180	가지급금 180
	여비교통비 지급 누락		
	가수금 잔액 130원	가수금 130	외상매출금 130
	외상매출금 회수 누락		

결산 항목	정리자료	차변		대변	
인출금 정리	인출금 500원 자본금에 대체	인출금	500	자본금	500
법인세비용	법인세 추산액 110, 법인세 중간예납 납부 선납세금 50	법인세비용	110	선납세금	50
				미지급법인세	60

3 법인결산 시 유의 사항

🎙 법인결산 시 사전 준비 사항

대부분 기업은 전산 프로그램을 활용하고 있으므로 우선 전기에서 이월된 데이터의 적정성을 확인(전기분 재무제표 금액 및 거래처별 잔액을 확인)해야 한다.

그다음 단계로 기중 거래에 대해서 입력된 데이터 중 오류 또는 누락이 있을 경우 이를 반영해야 한다. 사전에 체크 할 사항은 다음과 같다.

매출·매입 금액에 대한 검토

매출을 누락하는 경우에는 나중에 추가 비용인정 없이 부가가치세, 법인세, 소득세까지 파생되는 심각한 문제가 발생하므로 특히 12월 31일 기준으로 기간 귀속에 관련된 매출 인식 여부를 확인하는 것이 법인결산 준비절차에서 가장 중요하다.

인건비에 대한 검토

원천세 신고내용이 손익계산서 등에 반영된 금액과 일치하는지? 여부를 확인해야 하며, 관련 4대 보험(국민연금, 건강보험, 고용보험, 산재보험)도 적정하게 반영되었는지 확인해야 한다.

채권 및 채무의 확정

채권(외상매출금, 받을어음, 미수금, 선급금 등)·채무(외상매입금, 지급어음, 미지급금, 선수금 등)의 기말잔액이 거래처 조회를 통하여 정확한지 확인되어야 한다.

유·무형자산 증감내역 확인

유·무형자산을 취득하는 경우나 처분, 폐기하는 경우 반드시 장부에 반영 여부를 확인해야 한다.

기말 재고자산의 확정

기말 재고자산(원재료, 재공품, 제품, 상품)에 대한 확정이 되어야 한다.

부가가치세 신고와 관련된 계정 확인

부가가치세 신고와 관련된 계정의 회계처리를 확인하고 12월 31일 기준으로 2기 확정신고 시 납부할 세액이 있는 경우에는 부가가치세 예수금 또는 미지급 세금 등과 일치 여부를 확인해야 한다.

결산 관련 서류 준비

법인등기부 등본, 주주명부(주주 변동시 관련 세금 신고 확인—양도소득세, 증권거래세 신고), 예금(잔액증명서, 이자·배당소득 원천징수영수증), 보증금(임대차계약서 등), 대여금(금전소비대차계약서), 차입금 등(잔액증명서, 이자비용계산서, 캐피탈 관련 상환 스케줄 등), 퇴직금 추계액 명세서, 보험 관련 서류(보험증권).

🍶 매출액에 대한 수익 인식과 세금계산서 발행

매출액이란 일정한 대가를 받고 상품·제품·서비스 등의 재화 또는 용역을 공급하는 일반적인 상거래에서 발생하는 판매금액을 말한다. 일반적으로 인도한 날에 매출을 인식하며, 세금계산서를 발급하지만, 반드시 일치하지 않을 수 있다.

① 세금계산서 교부 분과 부가가치세 신고 시 합계표와 일치 여부
② 매출 중에 알선이나 주선 수입 등 수입금액 제외 항목에 대한 체크
③ 수입금액 귀속에 대한 체크 : 진행률에 의한 수입금액 인식 및 장기할부 매출 등에 대한 수입금액 인식
④ 부가가치세 수정 신고분이 있는 경우, 매출 반영 여부
⑤ 거래처의 판매장려금이나 매입 할인이 있는 경우 검토
⑥ 외화 거래가 있는 경우, 외화환산가액 등 검토(기준일 : 선적일)

할부매출

할부매출은 할부기간의 장단기 구분 없이 상품 등을 인도한 날에 수익을 인식한다. 단, 장기할부판매의 경우 이자 상당액을 기간의 경

과에 따라 수익으로 인식한다.

용역매출

용역의 제공으로 인한 수익은 용역제공거래의 성과를 신뢰성 있게 추정할 수 있을 때 진행기준에 따라 인식한다. 다만 장기도급공사 등의 경우 세금계산서는 완성도 지급 기준에 따라 대가의 각 부분을 받기로 한때 발급한다.

위탁판매

위탁자는 수탁자가 해당 재화를 제3자에게 판매한 시점에 수익을 인식한다.

매출액 수정

매출환입·매출에누리·매출할인의 경우에는 수정세금계산서를 발급한다.

중소기업의 회계처리 특례

중소기업기본법에 의한 중소기업(주권상장법인 및 협회등록법인과 금융감독위원회 등록법인은 제외)의 경우에는 1년 내의 기간에 완료되는 용역매출은 용역의 제공을 완료한 날에, 1년 이상의 기간에 걸쳐 이루어지는 할부매출은 할부금회수기일이 도래한 날에 수익으로 인식할 수 있다.

🕯️ 재고자산과 매출원가 확정

매출원가와 기말재고 결정

결산 시 기초재고액과 당기매입재고액을 합산한 후 기말재고액을 차감한 금액으로 매출원가를 인식한다.

재고자산감모손실 및 재고자산평가손실

(1) 재고자산감모손실

재고자산이 보관하는 과정에서 파손, 마모, 도난 등으로 인하여 실지재고수량이 장부수량보다 적은 경우 차액을 재고자산감모손실이라고 한다. 즉 장부상 수량과 실제수량과의 차이가 감모손실이다.

재고감모손실 가운데 정상적으로 발생한 감모손실은 매출원가에 가산하고, 비정상적으로 발생한 감모손실은 영업외비용으로 분류한다.

재고자산감모손실 = (장부상 재고수량 − 실제 재고수량) × 단위당 취득원가

(2) 재고자산평가손실

재고자산은 취득원가를 장부가액으로 하며, 시가가 취득원가보다 낮은 경우 시가를 장부금액으로 한다. 즉 취득원가와 시가의 차이로 인한 손실을 의미한다.

재고자산평가손실 = (단위당 취득원가 − 단위당 시가) × 실제 재고수량

재고자산평가손실은 매출원가에 포함시키고, 평가손실 해당액은 재고자산에서 차감하는 형식으로 표시하도록 규정하고 있다.

기말재고자산 포함 여부

구분	내용
적송품	수탁자가 위탁품을 판매한 날에 수익을 인식하므로 수탁자가 위탁품을 판매하기 전까지는 위탁자의 재고자산에 포함
시송품	매입자로부터 매입의사표시를 받은 날에 인식하므로 매입자의 의사표시 전까지는 시송품으로 판매자의 재고자산에 포함
미착품	FOB 선적지 인도조건 : 매입회사의 기말재고에 포함
	FOB 목적지 인도조건 : 판매회사의 기말재고에 포함
할부판매상품	인도기준으로 매출을 인식함
담보 제공상품	주석 공시(별도의 회계처리 없음)

🕯️ 기타수익과 비용

① 경비 영수증 등 처리되지 않은 것이 있는지?

② 증빙이 없는 경비의 경우 : 가산세를 부담하고 경비처리를 할 것인지? 여부 검토(가지급금이 될 수 있음)

③ 급여 계상액과 원천징수 이행상황 신고서와 일치 여부

④ 임원에게 지급한 상여 등이 있는 경우, 지급 규정과 일치하는지 여부 체크(임원보수 지급규정 검토)

⑤ 차입금이 있는 경우, 차입금 관련 이자비용 체크

⑥ 유형자산이 있는 경우, 감가상각비 체크 : 시인부족액이 있는 경

우 신고조정으로 손금 산입 체크

⑦ 당해 확정되는 대손 관련 사항이 있는지 체크

가. 거래처 부도로 2024년 6월 30일 이전에 금융기관의 부도 확인을 받은 어음이나 수표가 있는지 확인

나. 청구권 소멸로 회수할 수 없는 채권 확인

다. 사망이나 실종자 등의 채권 등이 있는지 확인

⑧ 고정자산 처분 등 여부 체크 : 승용차 매각 시 세금계산서 교부해야 함

인건비(급여, 상여금, 퇴직급여)

판매 및 관리업무에 종사하는 모든 임직원에게 지급되는 보수나 상여 및 제수당을 의미한다.

결산시 원천징수이행상황신고서(1~12월) 신고된 금액이 장부상 제대로 반영되었는지? 여부(급여, 상여금 등) 및 사업소득, 기타소득, 퇴직소득 등에 대하여 회계처리 반영 여부를 확인한다.

임원상여금 및 임원퇴직금 지급 시에는 법인세법상 손금 인정 여부를 판단해야 한다.

기업업무추진비(= 접대비)

업무와 관련하여 거래처에 제공하는 식대·선물·주대 등을 말한다.

결산 시

① 법인이 1회의 접대에 3만 원(경조금의 경우는 20만원)을 초과하여 지출한 기업업무추진비로서 신용카드(직불카드 및 선불카드를 포함한다), 현금영수증(세금계산서, 계산서, 매입자발행세금계산서, 원천징

수영수증을 포함한다)을 사용(수취, 발행)하지 아니한 금액은 해당 사업연도의 소득금액 계산에 있어서 이를 손금에 산입하지 않는다. 법인명의 신용카드만 인정되므로 임직원 신용카드는 손금으로 인정되지 않는다.

② 상품권 매입액의 경우 배부 내역 등을 구비해야 한다.

③ 통상적인 회의비를 초과하는 금액과 유흥을 위하여 지출하는 금액은 기업업무추진비로 본다.

세금과공과금

세금이란 자동차세·인지세·면허세·재산세 등 국가나 지방자치단체에 납부하는 금액을, 공과란 상공회의소 회비·협회비 등을 말한다.

결산 시

① 자산 취득 관련 취득세는 자산으로 처리해야 한다.

실무상 비용으로 처리한 경우는 법인세 신고시 비상각 자산(토지)은 손금불산입하고 유보로 소득처분 한다. 반면에 상각자산(기계장치, 비품 등)의 경우에는 즉시상각의제에 해당하므로 감가상각시부인 대상이다.

② 증자 관련 비용은 주식할인발행차금(또는 주식발행초과금과 상계)으로 처리해야 하므로 법무사 등 세금계산서를 수령하였다고, 세금과공과금 또는 지급수수료 등으로 처리하게 되면 세무조정 대상이 된다.

보험료

손해보험(화재보험, 자동차보험 등)에 가입하고 지출하는 비용을 말한다. 회계는 발생주의로 처리함이 원칙이다. 따라서 차기연도의 비용이 미리 지불된 경우 기간 손익을 정확하게 하기 위하여 비용에서 빼는 회계처리를 해야 한다.

감가상각비

감가상각이란 유형자산 자산가치의 하락을 수리적으로 계산하여 비용화함으로써 유형자산이 특정 회계기간의 수익에 공헌한 만큼의 원가를 비용화하는 것이다.

결산시

① 감가상각비를 모두 계산한 후 합계잔액시산표 상의 유형자산 잔액과 유형자산의 미상각감가상각비명세서(양도자산분 제외) 상의 기말잔액이 같아야 한다.

② 합계잔액시산표 상의 감가상각누계액과 유형자산 감가상각비 명세서상의 당기 말 상각누계액이 일치됨을 반드시 확인해야 한다.

③ 기중에 보유한 자산에 대한 지출이 있는 경우 자본적지출(자산처리)과 수익적지출(비용처리)로 구분해야 한다.

🎙 기타 검토사항

① 2024년 자본금 증감에 따른 주식변동사항 검토 : 증/감자, 주식 양수도, 주식 증여 등 법인 등기부와 비교

② 조세특례제한법상 세액공제 감면 등 관리 검토 : 감면된 유형자산의 매각 또는 임대 여부 확인

③ 원천징수 검토 : 사업소득, 기타소득, 이자소득, 배당소득 지급분에 대한 원천징수 검토(차등배당 안 함)

④ 각종 보증금 체크 : 신규 임대차 보증금과 기타 보증금 등 체크

⑤ 보험 관련 체크 : 보험회사로부터 수령한 보험금 등 계상 여부 검토(100% 비용처리 가능한 증빙)

⑥ 외화자산 부채 평가 : 외화자산과 부채의 평가 및 평가 손익 계상 적정한지 체크(환율 체크)

⑦ 국고보조금 체크 : 국고보조금에 대한 세무회계 처리에 대한 체크

⑧ 전기오류수정손익 관련 항목 체크 : 전기오류 수정에 대한 회계처리와 세무조정 등 체크

⑨ 단기매매증권 및 매도가능증권 등 검토 : 분류 적정성과 평가차손익 등 계상 체크

수입과 지출 현금관리와 통장관리

1 수입, 지출관리의 당사자

재무제표는 세금 계산의 기준이 되고 세무서에 제출되어야 하는 서식으로 세무 대리인이 작성하고 관리하게 된다.

재무제표는 그 목적상 전체적인 회사의 재무적인 상황이나 경영성과를 파악하는 데는 유용하지만 작성기간이 길고(1년), 관련 법규 및 규정에 따라서 작성하다 보니 그 초점이 수입, 지출보다는 수익, 비용에 맞추어져 있으므로 재무관리에 직접적인 사항인 수입, 지출을 관리하는 용도로는 문제가 있게 된다.

이러한 이유로 회사의 내부관리 목적으로 여러 가지 방법이 있겠지만 중소기업 입장에서 관리가 가능한 수준에서 가장 중점적으로 고려해야 할 사항은 수입, 지출관리이며, 이 부분은 세무 대리인이 직접 관리하기가 현실적으로 불가능한 부분이 많으므로 처음엔 귀찮고 어렵더라도 효율적인 회사관리를 위하여 반드시 직접 작성해야 할 내용이다.

2 수입, 지출관리의 유용성

🔖 수입의 관리

입금통장관리

소규모 회사의 수입은 매출과 거의 일치하게 되므로 회사의 수입이 들어오는 계좌를 일정하게 유지하고 이 계좌에는 회사의 수입 이외에 다른 금액(가사용 예금이나 출금)이 유입되지 않게 해놓는 것이 좋다. 그래야만 현금의 유출입 발생 시 현금의 수입 및 지출 내역을 쉽게 확인할 수 있게 된다.

수입 내역서 관리

수입 중 당일 은행 입금이 안 되거나, 수취 후 즉시 지출되는 등, 입금통장을 경유하지 않고 지출되는 경우가 있고, 거래처로부터 받는 외상 대금의 입금은 실제 거래일과 전표 또는 증빙 등의 작성 수취일과 차이가 있으므로, 정확한 수입관리를 위해서는 수입 내역서를 따로 작성해서 관리하는 것이 좋다.

은행에 예입된 부분이든 현금으로 받아서 별도로 보관하는 부분이든 매일 매일의 수입 내역은 그 내역서를 만들어 관리하게 되는데, 이때는 수입 내역서의 관리상 기술적인 면이 요구된다.

🔖 지출의 관리

① 우선 지출 전용 통장을 만들어야 한다.

지출 전용 통장이란 것은 매일매일 일어나는 소액의 경비들을 지출하기 위한 통장으로 정기적으로 입금통장에서 일정 금액을 이체받아서 사용해야 한다.

② 지출통장으로는 수입 통장으로부터의 이체 이외에 되도록 가사용 자금이나 기타예금의 입금을 삼간다.

③ 소액의 경상적 지출이라면 영수증을 보관하고 일정 금액 이상의 지출이라면 당연히 일자와 금액을 기록해 놓아야 한다.

④ 가능하면 당일 들어온 현금은 바로 지출하지 말고 입금해야 하며, 지출은 지출통장을 이용하는 것이 좋다.

현금이 통장을 거치지 않고 바로 지출되어 나가는 시스템이 되어버리면 나중에 현금의 관리 감독이 어려워지고 부정 발생의 원인이 될 수도 있다.

⑤ 3만 원 초과 지출의 경우 반드시 세금계산서를, 동 금액 이하의 금액이라도 법정지출증빙을 첨부해 지출을 기록하는 것이 좋다.

[지출내역서]

	일 자	항 목	금 액	증빙종류	비 고
지출내역					

🍸 관리의 유용성

이렇게 수입과 지출을 관리해 놓으면 회사의 간단한 현금의 흐름을 알 수 있고 현금의 수입처와 지출처의 확실한 관리가 되며, 차후의 대규모 현금지출 시에 과연 회사가 벌어들인 수입의 잔액으로 감당할 수 있는지와 앞으로 계획된 현금의 지출이 회사 운영에 미치는 영향을 예측해 볼 수도 있다.

3 경리담당자를 통한 수입, 지출관리

🦩 담당자의 업무 수준을 정한다.

경리보조업무를 주로 하면서 출금 통장관리 정도의 업무를 담당하는 정도에서 각종 전표의 작성, 개략적인 보고 문안 작성이 가능한 수준, 더 나아가서는 내부관리의 대행이 가능한 수준까지 다양한 업무의 범위 중 어느 정도의 관리능력을 가진 직원을 선발할 것인가에 대해 먼저 결정해야 한다.

🦩 업무 수준에 맞는 직원 관리, 감독 방법의 설계

[현금 잔액 명세서]

	날 짜	금 액	비 고
전일시재			
출 금			
시재합계			
지출내역			
잔 액			

▷ 시재 : 회사에 지출용으로 보관하고 있는 현금
▷ 전일 시재 : 지난번 현금 잔액 명세서를 작성한 날(전일의 의미)의 잔액
▷ 출금 : 출금 통장에서 출금되어 인출한 금액

▷ 시재 합계 : 전일 시재와 출금액의 합 즉, 지출이 없었다면 현금으로 있어야 하는 금액

▷ 지출 내역 : 전일 이후에 현금으로 지출한 금액

▷ 잔액 : 시재 합계에서 지출된 금액을 차감한 현재의 시재

출금통장의 관리 정도가 가능한 직원

이 경우라면 출금 통장의 출금내역과 잔액에 대한 감독 정도만 하면 된다. 감독 방법으로는 현금잔액명세서를 정기적으로 작성하게 하여 통장의 잔액과 대조해보면 된다.

그리고 지출영수증의 수집과 간단한 내역을 기록하게 한다.

어느 정도 경리 능력을 가진 직원(전표 작성 및 재무제표의 판독이 가능한 직원)

출금 사항 중에 영수증 없이 지출되는 금액에 대한 지출결의서 작성과 각종 서식의 매뉴얼 화와 문서의 위치 등을 지정해 두고 수시로 점검하면 된다.

내부관리를 일임하는 경우

위의 관리과정과 더불어 정기적인 감사업무가 필요하다.

감사를 시행하는 경우는 정기적, 상례적으로 하고 이러한 방침을 사전에 직원들에게 주지시켜 직원들의 감정상의 문제를 일으키지 않도록 해야 한다.

어느 상황이든 입금통장의 관리는 직접 하는 것이 좋으며, 2인 이상의 경리 업무자를 둘 경우는 각자의 업무를 확실히 구분하여 부정의 소지를 없애는 것이 좋다.

개인회사 사장과 법인 대표이사의 세금 차이

구 분	개인(소득세)	법인(법인세)
사장의 연말정산	사장은 사업주로서 연말정산의 대상이 아닌 종합소득세 신고 대상이다.	대표이사는 근로자의 범위에 포함이 되므로 연말정산 대상이다.
4대 보험 적용	사장은 근로자의 범위에 포함이 되지 않으므로 별도로 사업장 가입을 안 하는 경우 지역가입자로 가입이 된다. 희망 시 고용보험도 가입할 수 있다.	대표이사도 급여를 받으면 건강보험과 국민연금 사업장 가입자가 된다. 단, 고용보험은 가입대상이 아니다.
회삿돈으로 지출시 처리	개인회사 사장이 회삿돈을 가져가거나 회삿돈으로 가사비용을 지출하는 경우는 경비처리 안 되고 인출금 계정으로 처리한다. 세무상 특별한 제재는 없다.	법인의 대표이사가 회삿돈을 개인적 용도로 사용하는 경우 급여처리 후 원천징수를 하거나 대여금(업무무관가지급금) 처리 후 일정 이자를 받아야 한다. 즉, 대표이사가 회사에서 돈을 빌려 간 것으로 처리해야 한다. 회삿돈을 개인적으로 사용한 후 갚지 않는 경우는 횡령이 될 수 있다.

구분	개인(소득세)	법인(법인세)
내야 하는 세금	개인사업자의 사장은 소득에 대해서 종합소득세를 신고·납부하면 끝난다.	법인의 대표이사는 소득에 대해서 법인세를 납부한 후 본인의 급여에 대해서 근로소득세를 내야 한다. 결국, 법인을 개인사업자처럼 운영하는 법인의 대표이사는 법인세 + 근로소득세로 2가지 세금을 납부한다. 세율로만 따지면 법인이 확실히 유리하지만, 대표이사는 월급으로 가져가면 근로소득세를 배당으로, 가져가면 배당소득세를 납부해야 하므로 개인회사 운영과 법인 운영의 유불리를 잘 따져야 한다.

양수도 절차와 회계와 세금 업무

1 양도한 개인사업자의 마무리 세무 처리

구 분	세무처리
사업장 폐업 신고	즉시(인수자가 사업자 등록하기 전에 진행)
사업장현황신고	면세사업자의 경우 다음 해 2월 10일까지 사업장현황 신고 진행
폐업 부가가치세 신고	일반과세자의 경우 폐업일이 속한 다음 달 25일까지 부가가치세 신고
4대 보험 상실신고	폐업 사유 발생일로부터 14일 이내(국민연금은 사유 발생이 속하는 달의 다음 달 15일까지) 사업장탈퇴신고 및 직장가입자 자격 상실신고서를 제출
원천징수이행상황신고서	폐업일이 속한 날의 다음 달 10일까지 제출
지급명세서 제출	폐업일이 속한 날의 다음다음 달 말일까지 제출(일용직의 경우 폐업일이 속한 날의 다음 달 말일까지)
종합소득세 신고	폐업일이 속하는 날의 다음 해 5월 31일까지 신고

양수한 개인사업자의 마무리 세무 처리

구 분	세무처리
권리금에 대한 원천징수	권리금을 지급한 경우 권리금은 양도자의 기타소득에 해당한다. 기타소득은 60%의 필요경비를 인정하므로 이를 제외한 금액(40%)의 22%를 원천징수 해서 다음 달 10일까지 신고 · 납부 한다(결국 지급액의 8.8% 원천징수).
영업권 감가상각	권리금을 신고하는 경우 권리금은 영업권이라는 자산으로 회계장부에 계상한다. 그리고 5년간 감가상각을 통해서 비용처리한다.
중고자산 감가상각	세법상 사업용 고정자산의 종류에 따라 감가상각 내용연수가 정해져 있다. 그러나 중고자산의 경우 내용연수를 단축할 수 있도록 허용하고 있으므로 사업 첫해 비용을 많이 처리하고 싶으면 이를 활용할 수도 있다.
재고자산의 가액	사업포괄양수도에 따라 해당 재고자산을 취득하는 양수법인의 취득가액은 양수도 당시 시가이며, 양수법인이 양수자산의 시가를 초과하여 지급하는 양수 대가는 감가상각 대상 영업권에 해당한다. 특정 매장으로부터 반품받는 상품은 양도법인의 재고자산에 해당한다.
무형자산	법인이 사업을 포괄양도·양수하는 경우에 양도법인의 무형자산은 양수법인이 승계하여 상각할 수 없다(법인 46012-360, 1995.2.9. ; 소득 46011-558, 1999.12.31.).
대손충당금	개인사업자가 모든 권리와 의무를 포괄적으로 법인에 양도·양수함에 있어 대손충당금 잔액은 당해 거주자인 소득금액 계산에 있어 총수입금액에 산입하도록 하고 있다(법인 22601-3425, 1986.11.22.).

🔧 영업을 양수한 법인

영업을 양수한 법인은 개별적인 자산과 부채의 공정가치를 반영하여 양수한 자산과 부채를 장부에 인식해야 하는 것이 원칙이다.

그러나 개별자산의 양수도와 달리 사업양수도 시, 지급한 양수도 대가가 양수하는 사업 부문의 가치를 포괄적으로 판단하여 결정되었다면 때에 따라 개별자산 및 부채의 공정가치를 파악하기 힘든 경우가 발생한다.

이 경우 일반적으로 양도법인의 재무제표를 기초로 공정가치와 차이가 발생할 수 있는 자산과 부채를 파악한 후 개별적인 평가 또는 조정을 거쳐 공정가치를 결정하고 동 공정가치와 양수도 대가의 차액을 영업권을 통해 조정하는 것이 일반적이다.

매출채권	1,000,000	/	매입채무	4,000,000
재고자산	10,000,000		퇴직급여충당부채	8,000,000
기계장치	8,000,000		현금	9,000,000
영업권	2,000,000			

🔧 영업을 양도한 법인

영업을 양도한 법인은 자산과 부채의 포괄적인 매각으로 회계처리해야 한다. 따라서 양도하는 자산과 부채의 장부금액과 양도 대가로 수취하는 금전과의 차액을 양도차손익으로 인식해야 한다.

양도한 회사는 자산과 부채의 변동을 파악한 후 나머지 부분은 영업

양도 이익(또는 손실)이 된다. 영업양도 이익은 결산을 통하여 자본(이익잉여금)으로 간다.

매입채무	4,000,000	/	매출채권	1,000,000
퇴직급여충당부채	8,000,000		재고자산	10,000,000
현금	9,000,000		기계장치	8,000,000
			사업양도이익	2,000,000

기장 대행 시 기장하는 방법

다음에 설명할 기장흐름은 매일매일 기장업무를 하지 못하는 소규모 기업이나 세무 대리인에게 기장업무를 맡기는 경우 세무사나 회계사 사무실에서 주로 활용하는 방법이다.

❶ 우선 증빙을 날짜별로 모아 둔다.

❷ 증빙이 없는 현금거래는 통장 거래를 한다. 통장 거래 시 외상대금은 거래처명을 적어두고, 다른 중요 지출사항은 주석으로 통장 등에 메모해 둔다.

❸ 부가가치세 등 세금 신고 시기에 맞춰 발행이나 수취한 증빙을 우선 입력 처리한다.

❹ 증빙이 없는 거래 내역은 통장 내역을 참고해서 입력한다.

❺ 시산표 등 집계표를 작성해 상호 대사를 통해 오류를 확인한다.

❻ 세금 신고서 작성 후 매출 누락이나 매입 과다 신고분이 없는지 다시 한번 확인한다.

1 세금계산서와 계산서 입력

전자세금계산서와 전자계산서를 프로그램상으로 불러올 수 있거나, 변환이 가능하므로, 종이 세금계산서 및 종이 계산서의 매입·매출 내역을 입력한다.

(전자)세금계산서	(전자)계산서

불러오거나 변환하거나 종이 발행은 직접 입력

특히 면세사업자나 과세 및 면세 겸업사업자의 경우 세금계산서 중 과세사업 분과 면세사업 분을 철저히 구분해서 입력해야 한다.

면세사업자나 과세 및 면세 겸업사업자 세금계산서

과세사업분	면세사업분

또한, 과세사업 분 세금계산서 중에서도 매입세액이 공제되는 것과 불공제분을 구분해야 한다.

과세사업분 세금계산서

매입세액공제 되는 것	매입세액불공제 되는 것

마지막으로 세금계산서 및 계산서의 매수 및 금액을 상호 확인하여 매출누락이나 매입 과다가 발생하지 않도록 한다.

2 법인 신용카드 입력

홈택스를 통해 법인 신용카드 사용내역을 다운받아 회사 전산 프로그램으로 변환시킨다.

법인카드사용 내역을 분석해서 업무용으로 사용한 것과 개인적 사용분을 구분한다.

이후 업무용 사용분은 매입세액공제 가능 분과 불가능 분으로 면밀히 분석해서 입력한다.

> 홈택스를 통해 법인 신용카드
> 사용내역을 다운받아 변환
> ↓
> 업무용과 비업무용으로 구분
> ↓
> 매입세액공제분과 불공제분으로 구분
> ↓
> 입력내용 확인

입력이 완료된 이후에는 정확히 처리되었는지? 여부를 반드시 확인해야 한다.

3 영수증 입력

기업업무추진비는 및 일반경비는 3만원 초과지출시 영수증으로 법정지출증빙으로 인정받지 못하므로 증빙불비가산세 2%를 고려해야 한다. 다만, 해외기업업무추진비, 현물기업업무추진비, 매출채권 포기에 따른 기업업무추진비 등은 법정지출증빙 수취의무에서 제외된다. 또한, 영수증과 관련해서 주의해야 할 사항은 업무무관지출을 하고, 영수증 처리를 하는 경우와 백지 영수증을 받아와 과다하게 경비를 적는 경우이다. 이를 담당자는 반드시 확인해서 올바른 처리가 이루어지도록 해야 한다.

4 통장 거래내역 입력

세금계산서, 법인카드, 영수증 등을 통해서 증빙을 발행한 거래내역은 모두 입력처리가 완료되게 된다.

통장거래 내역은 증빙 발행 없이 현금으로 이루어진 거래를 소명하는 자료로서 중요하므로, 통장거래 내역에 대한 전표발행이 끝나면, 모든 거래내역에 대한 기장이 완료되게 된다.

통장 거래내역은 해당 은행에서 엑셀 데이터로 다운로드 받을 수 있으며, 이를 해당 프로그램으로 변환해서 사용할 수 있다.

특히 기장대리를 맡기는 경우 통장이나 엑셀 파일에 거래처명 및 중요 지출사항을 주석으로 기재해서 남겨주면 오류를 줄이는 방법이 될 수 있다. 또한, 소규모 법인의 경우 외상대금이 대표자 개인통장으로 입금이나 출금되는 경우가 많은데, 이는 반드시 법인통장으로 이루어지도록 개선하는 작업이 필요하다.

개인사업자의 경우 사업용 계좌를 업로드하여 매출누락을 확인하는 것이 좋다. 특히, 성실신고확인대상자는 업무 관련 주요 입출금 내역이 실제 거래와 일치되는지? 여부를 반드시 검토한다.

5 증빙에 기초한 전표 발행 및 시산표 작성

세금계산서 등 증빙내역에 따라 모든 전표처리가 완료된 이후에는 시산표를 작성해 기장에 오류가 없는지 확인하는 절차를 반드시 거쳐야 한다. 이와 같은 절차를 거치지 않는 경우 기장의 누락이나 과다 입력으로 인해 오류가 발생할 수 있다.

제2장

증빙 관리를
못 하면
경리하지 마라

증빙은 모든 장부기장의 기본이고 세금관리의 기본
이다. 하지만 이를 무시하고 업무처리를 하는 관리
자들이 많다.
그리고 증빙관리는 전문적인 지식을 많이 가지고 있
지 않은 초보자도 누구나 마음만 먹으면 쉽게 접근
할 수 있다.
따라서 경리라는 일을 처음 접하는 왕초보 경리실무
자는 증빙 관리만 잘해도 상당수의 세금을 절세할
수 있다.

청첩장, 지출결의서, 거래명세서는 법에서 인정하지 않는 증빙

1 청첩장

청첩장을 받는 경우는 다음의 2가지 중 하나이다.

❶ 회사 임직원 결혼식

회사 임직원 결혼식에 축의금을 주는 경우 그 금액이 사회 통념상 타당한 금액이면 복리후생비로 비용처리가 가능하다.

사회 통념상 타당한 금액이라는 말이 모호한데, 이 의미는 제3자가 객관적으로 생각해 이 정도면 무리가 없는 금액이다. 라고 생각하는 금액을 말한다.

회사의 경조사 규정이 있으면 해당 규정에 따라 지급하면 큰 무리가 없을 것으로 보인다.

❷ 회사 거래처 결혼식

회사 거래처 대표나 직원 결혼식 축의금은 기업업무추진비이다.

그리고 세법에서는 그 한도를 20만 원으로 정해두고 있으며, 소명자료로 청첩장 등을 예로 들고 있다.

여기서 20만 원은 축의금만을 의미하는 것이 아니라 해당하는 상대방에게 지출하는 모든 비용의 합계액을 의미한다. 즉, 한 회사에서 2명이 가는 경우 각각 20만 원이 아니라 합쳐서 20만 원이며, 축의금도 내고 축하 화환도 보내는 경우 각각이 아니라 두 금액을 합해서 20만 원이다.

그리고 20만 원을 넘는 경우 20만 원은 비용인정, 넘는 금액만 비용불인정이 아니라 모두 비용불인정한다.

구 분		업무처리
직 원 의 경조사비	계정과목	복리후생비
	법정증빙	청첩장, 부고장 등
	한도금액	회사 규정에 따른 사회통념상 타당한 금액
	주의사항	회사 규정을 벗어난 특정 직원에 대한 과도한 경조사비 또는 빈번한 경조사비 및 개인적인 경조사비는 소명요구의 대상이 될 수 있으며, 해당 임직원의 근로소득세 과세 대상이 될 수 있다.
거 래 처 경조사비	계정과목	기업업무추진비(= 접대비)
	법정증빙	• 건당 20만 원까지는 청첩장, 부고장 등이 증빙이 되지만 20만 원을 넘는 금액은 세금계산서 등 법정지출증빙을 받아야 한다. 여기서 20만 원은 1인당이 아니라 같은 장소, 같은 시간, 같은 거래처의 금액을 합산한 금액이다. 따라서 40만 원을 2명이 가면서 20만 원씩 쪼개서 내도 40만 원으로 본다. • 건당 20만 원은 현금뿐만 아니라 화환 등 현물을 합산한 금액이다. 단, 20만 원을 초과하는 금액에 대해 화환

구 분		업무처리
		등 현물은 계산서로 경비처리가 가능하고 현금은 경비 처리가 어렵다.
거 래 처 경조사비	한도금액	건당 20만 원
	주의사항	• 한도는 현금 + 현물의 합산액이다. • 대표이사나 사장님의 개인적 경조사비를 경비 처리하면 안 된다. • 건당 20만 원 초과 금액은 반드시 세금계산서 등 법정 지출증빙을 받아야 하며, 법정지출증빙을 안 받는 경우 20만 원 초과액만 경비인정이 안 되는 것이 아니라 전체 금액이 안 된다.

2 지출결의서

지출결의서는 제목 그대로 중요 지출내역을 결제받기 위한 서류라고 보면 된다. 즉, 사내 문서이다. 따라서 법적인 효력을 가지는 서류가 아니다. 지출결의서 뒤에는 항상 법에서 인정하는 증빙을 첨부해야 한다. 증빙이 없으면 지출결의서로 대체한다고 법에서 인정해주는 것은 아니다.

그러면 작성하기 귀찮은데 작성 안 해도 되냐고 따지는 사람이 있다. 물론 사내 문서이므로 작성 여부의 결정은 회사가 하면 된다. 다만, 법정지출증빙이 없으면 전액 비용인정을 못 받지만, 지출결의서라도 작성해 비용지출 사실을 소명하면 2% 가산세를 부담하고 비용인정을 받을 기회가 있다는 점은 알고 있었으면 한다.

예를 들어 출장비를 일비로 지급한다고 세금계산서 등 법정지출증빙을 받지 않아도 되는 예외를 세법에서 인정해주는 것이 아니다. 따라서 건당 3만 원 초과 지출 시에는 다른 비용지출과 같게 세금계산서 등 법정지출증빙을 수취해야 경비인정을 받을 수 있다.

또한 출장비에 대해서 세금계산서 등 법정지출증빙을 받는 대신 지출결의서를 작성한다고 해서 해당 지출결의서를 세금계산서와 같이 법정지출증빙으로 인정해주는 세법상 예외가 있는 것도 아니다. 즉 지출결의서는 회사에서 임의로 작성하는 사적증빙이지 세법에서 인정하는 법정지출증빙이 될 수는 없다.

결론은 법정지출증빙이 없으면 지출결의서가 법정지출증빙을 대신하는 것도, 법정지출증빙의 역할을 하는 것도 아니다. 다만 그래도 지출결의서를 작성하라고 하는 이유는 출장비(일비)에 대한 법정지출증빙이 없는 경우 해당 비용에 대해 100% 비용인정을 못 받는데, 지출결의서라도 작성하는 경우 지출 사실이 인정되면 지출액의 2%를 가산세로 부담하는 대신 100% 비용처리가 가능하기 때문이다.

물론 기업업무추진비의 경우는 세금계산서 등 법정지출증빙을 받지 못한 경우 지출결의서를 작성해도 무조건 비용인정을 받을 수 없다.

참고로 실무자들이 헷갈리는 게, 결과적으로는 똑같은 출장비인데 일비라고 명칭을 바꾸거나 똑같은 복리후생비인데 그 명칭을 바꾸어 버리면 뭐 특별한 예외가 있는지 생각하는 것이다.

그러나 세법에서는 명칭과 관계없이 그 지출 성격에 따라 판단하므로 그 성격을 보고 업무처리를 하면 된다.

만일 명칭을 보고 결정이 된다면 세금 내기 좋아하는 사람 빼고는 다 세금 안내는 명칭을 사용하지 않을까?

구 분	내 용
성격	법정지출증빙이 아닌 사적 증빙이다. 따라서 작성 여부는 회사의 결정 사항이며, 그 형식도 법에서 정한 것이 아니므로 회사 자체적으로 만들어 사용하면 된다.
목적	상사에 대한 보고 및 법정지출증빙을 못 받았을 때 소명자료의 역할
관리	지출명세서를 작성해도 지출에 따른 법정지출증빙을 첨부해 두어야 한다.

적격증빙 못 받은 경우
세무조정과 내야 하는 가산세

법인이 지출한 비용에 대해 경비인정을 받으려면 증빙서류를 받아 법인세 신고기한으로부터 5년간 보관해야 한다. 이를 법률적 용어로는 적격증빙이라고 한다.

그러나 실무상으로는 법에서 정한 증빙이라는 의미의 법정지출증빙, 법정 증빙이라는 용어를 사용하기도 한다.

법에서 말하는 적격증빙의 종류에는 신용카드·직불카드·외국에서 발행된 신용카드·기명식 선불카드·직불전자지급수단·기명식 선불전자지급수단 또는 기명식 전자화폐·현금영수증·계산서·세금계산서·매입자발행세금계산서 또는 원천징수영수증 등이 있다.

그리고 이 같은 적격증빙은 3만 원(경조사비는 20만 원) 초과 금액에 대해서 적용된다.

경비를 지출하고 이 같은 법정지출증빙을 받지 않았으면 가공경비로 보아 손금불산입하고 귀속자에 대한 상여·배당 등으로 처분한다.

구 분	손금산입 여부	증빙서류 수취 불성실가산세
한 차례의 기업업무추진비(= 접대비) 지출액이 3만 원(경조사비는 20만 원)을 초과하는 경우	손금불산입 (기타사외유출)	가산세를 내지 않음
기업업무추진비(= 접대비)를 제외한 일반비용으로 사업자로부터 공급받은 재화·용역의 건당 거래금액(부가가치세 포함)이 3만 원을 초과하는 경우	손금 인정	가산세를 냄(적격증빙서류를 받지 않거나 사실과 다르게 받은 금액으로 손금에 산입하는 것이 인정되는 금액 × 2%)

사업소득 신고 근로자 개인카드 사용액 비용처리

임직원에게 지급되는 인건비는 급여항목으로 경비처리가 되나, 프리랜서에게 지출하는 금액에 대해서는 별도로 부가가치세를 부과하지 않으므로 매입세액공제 문제는 고민하지 않아도 되지만, 적법한 증빙을 남겨두지 않으면 추후 세무조사 시 비용으로 인정받지 못하게 되는 경우가 발생할 수 있다.

여기서 적법한 증빙이란 프리랜서에게 용역 금액을 지급할 때마다 3.3%를 원천징수한 후 낸 원천징수영수증을 말하고, 프리랜서의 인적 사항과 1년간의 지급금액을 신고하고 지급명세서 제출의무를 이행해야 한다.

이와 더불어 프리랜서와의 용역계약서, 계약대금영수증, 용역 결과 등을 남겨 둬야, 추후 세무조사에 쉽게 대처할 수 있으므로 연간 지출된 지급수수료 내역 중 부족한 부분이 있는지 과세연도를 넘기기 전에 확인해야 한다.

위의 내용이 진정한 프리랜서에 대해 회사가 처리하는 업무이다.

또한 형식적인 프리랜서 즉 실질은 근로자이나 형식상 프리랜서인

직원에 대해서도 같은 방식으로 업무처리를 해야 나중에 문제가 되지 않을 것이다.

3.3% 프리랜서 직원의 식사비용 처리 방법

(종합소득세 분야)

개인사업자는 자신의 식대는 필요경비 대상이 아니며, 질의의 프리랜서들과 계약 시 식사를 제공하기로 약정하였다면 식대는 인적용역의 대가에 포함하여 원천징수하고, 인적용역의 대가로 지출한 금액은 사업상 필요경비로 산입할 수 있습니다.

반면, 계약 시 식사제공을 약정하지 않고 사업의 원활한 진행을 위하여 식사를 대접한 경우 식사대는 기업업무추진비(= 접대비)로 보아 한도 내에서 필요경비로 산입하면 됩니다.

(부가가치세 분야)

다른 사업자 또는 프리랜서에게 식사를 제공한 경우 또는 기업업무추진비로 지출하는 경우 부가가치세 매입세액은 공제 대상에서 제외하는 것입니다. 다만, 다른 사업자들과의 계약 등에 의하여 용역을 제공받고 대가를 지출할 때 식사를 포함하여 제공하기로 한 경우에는 사업과 직접 관련하여 지출한 비용으로 보아 매입세액을 공제받을 수 있는 것입니다.

문제가 생길 수 있는 것이 개인카드 사용분이다. 세법에서는 기업업무추진비를 제외한 업무 관련 지출에 대해 임직원 개인카드 사용을 인정해주고 있다. 단, 타인명의 카드는 인정을 안 해준다. 형식상 직원인 프리랜서는 타인 취급을 받아 개인카드 사용 시 비용인정을 못 받을 수 있으니 개인카드 사용을 자제해야 한다.

또한, 현물 식사를 제공하는 회사의 경우 해당 식사비용이 복리후생비가 아닌 기업업무추진비가 되어야 한다. 전 직원이 프리랜서였으면 1인 회사가 되는 것이며, 복리후생비 처리를 하는 경우 직원이 없는데 복리후생비가 발생한 것이므로 문제가 될 수 있다.

1 종업원, 가족 명의 카드로 결제한 경우

사업에 사용되었거나 사용될 비용에 대한 결제이고, 부가가치세가 별도로 구분 가능한 신용카드 매출전표를 발행받았다면 매입세액공제가 가능하다.

> ### 가족 명의 신용카드 지출액의 매입세액공제
>
> 가족 명의의 신용카드 매출전표를 발행받은 경우, 사업을 위하여 사용되었거나 사용될 재화 또는 용역의 공급에 대한 세액임이 객관적으로 확인되는 경우 공제될 수 있음(서면 3팀-899, 2004.05.11.)
>
> 사업자가 자기의 과세사업과 관련하여 공급받은 재화 또는 용역의 대가를 당해 사업자 명의의 신용카드 또는 소속 임원 및 종업원 명의의 신용카드를 사용하여 지급하고 공급자(일반과세자)로부터 공급받은 자와 부가가치세액을 별도로 기재된 신용카드 매출전표를 발급받았으면 그 부가가치세액은 매출세액에서 공제할 수 있는 것임(부가 46015-1402, 2000.06.19.)

2 법인 명의(소속 임원 명의)의 카드로 결제한 경우

법인사업자가 사업과 관련한 비용에 대해 법인 명의의 신용카드 또는 소속 임원 명의의 카드를 사용하고 신용카드 매출전표를 발급받았다면 부가가치세 매입세액공제가 가능하다.

공급받은 재화의 대가를 당해 법인 명의 또는 소속 임원 명의의 신용카드를 사용하여 지급하고 부가가치세액이 별도로 구분 가능한 신용카드 매출전표를 발급받은 경우는 공제할 수 있는 매입세액으로 보는 것임(부가 전자세원과—655, 2010. 12.10.)

3 타인 명의의 카드로 결제한 경우

사업과 관련된 비용에 관한 결제라 하더라도, 타인 명의의 카드로 결제한 후 신용카드 매출전표를 받았으면 부가가치세 매입세액공제를 받을 수 없다.

타인 명의 신용카드 지출액의 매입세액공제

타인 명의의 신용카드 매출전표에 부가가치세액을 별도로 기재하고 이면확인을 받은 때에도 당해 신용카드 매출전표 상에 기재된 부가가치세액은 매입세액으로 공제받을 수 없는 것임(서면 3팀—198, 2004.02.09.)

해외 출장 시 지출하는 항공료, 숙박비, 교통비, 식사비, 입장료

세법에서는 국외거래에 대해 '지출증빙서류의 수취 특례(정규증빙(세금계산서 등)을 수취하지 않고, 일반영수증, 입금표 등의 증빙서류만 수취해도 가산세가 부과되지 않으며, 이를 지출증빙수취특례라고 한다.)'규정을 적용하고 있다.

국내 지출과는 달리 적격증빙(세금계산서와 신용카드매출전표 등)이 없더라도 비용처리는 가능하다. 즉, 해외 출장에서 쓴 비용에 대해서는 적격증빙을 받지 않아도 비용으로 인정되며, 2%의 증빙불비 가산세를 내지 않아도 된다. 다만 증빙이 없어도 된다고 해서 지출이 있었다는 것을 입증해야 하는 의무가 사라지는 것은 아니다.

> **법인세법 기본통칙 4-0…2 【법인의 입증책임】**
> 법인세의 납세의무가 있는 법인은 모든 거래에 대하여 거래증빙과 지급규정, 사규 등의 객관적인 자료에 의하여 이를 당해 법인에게 귀속시키는 것이 정당함을 입증하여야 한다. 다만, 사회통념상 부득이하다고 인정되는 범위 내의 비용과 당해 법인의 내부 통제기능을 고려하여 인정할 수 있는 범위 내의 지출은 그러하지 아니한다.

쉽게 말해 세금계산서 등 법에서 인정하는 증빙은 수취하지 않더라도 해외에서 지출했다는 근거를 별도로 남겨두어야 한다.

적격증빙을 받지 못했어도 출장 관련 보고서나 품의서, 현지 영수증 등으로 객관적인 지출 사실을 밝힐 수 있어야 한다.

항공권도 항공사가 항행용역을 제공한 것이라면 정규 지출증빙서류 수취 대상에서 제외하고 있으므로 발권한 항공권 등으로 증빙을 대신할 수 있다.

통상 회사에서는 해외 출장비에 대해 정액급을 지급한 후 손금 처리한다. 따라서 회사의 출장비 지급규정 등에 따라 사회통념상 합리적인 선에서 여비 인정이 가능하다면 손금산입을 할 수 있다.

해외 출장비의 경우 해외 출장비 정산서를 작성해서 각각 어떤 용도로 지출되었는지 상세히 기재해두는 것이 좋다.

해외 출장이 빈번한 경우 1년 치를 한 번에 정산하기는 상당히 어려우므로, 가능한 해외 출장 후 월별로 정산하는 것이 좋다.

• 법인세법 기본통칙 2-3-28…9 [해외여비의 손금산입 기준]

임원 또는 사용인의 해외여행과 관련하여 지급하는 여비는 그 해외여행이 당해 법인의 업무수행 상 통상 필요하다고 인정되는 부분의 금액에 한한다. 따라서 법인의 업무수행 상 필요하다고 인정되지 아니하는 해외여행의 여비와 법인의 업무수행 상 필요하다고 인정되는 금액을 초과하는 부분의 금액은 원칙적으로 당해 임원 또는 는 사용인에 대한 급여로 본다. 다만, 그 해외여행이 여행 기간의 거의 전 기간을 통하여 분명히 법인의 업무수행 상 필요하다고 인정되는 것인 경우는 그 해외여행을 위해 지급하는 여비는 사회통념 상 합리적인 기준에 의하여 계산하고 있는 등 부당하게 다액이 아니라고 인정되는 한 전액은 당해 법인의 손금으로 한다.

• 법인세법 기본통칙 2-3-29…9 [업무수행 상 필요한 해외여행의 판정]

임원 또는 사용인의 해외여행이 법인의 업무수행 상 필요한 것인가는 그 여행의 목적, 여행지, 여행경로, 여행기간 등을 참작하여 판단한다. 다만, 다음 각호의 1에 해당하는 여행은 원칙적으로 법인의 업무수행상 필요한 해외여행으로 보지 아니한다.

1. 관광여행의 허가를 받아 행하는 여행

2. 여행알선업자 등이 행하는 단체여행에 응모하여 행하는 여행

3. 동업자단체, 기타 이에 준하는 단체가 주최하여 행하는 단체여행으로서 주로 관광목적이라고 인정되는 것

• 법인세법 기본통칙 2-3-32…9 [업무수행 상 필요하다고 인정되지 아니하는 해외경비의 특례]

임원 또는 사용인의 해외여행이 2-3-29의 단서에 해당하는 경우에도 그 해외여행 기간중에 있어서의 여행지, 수행한 일의 내용 등으로 보아 법인의 업무와 직접 관련이 있는 것이 있다고 인정될 때는 법인이 지급하는 그 해외여행에 드는 여비 가운데 법인의 업무에 직접 관련이 있는 부분에 직접 소요된 비용(왕복 교통비는 제외한다)은 여비로서 손금에 산입한다.

• 법인세법 기본통칙 1-2-2…3 [법인의 거증책임]

법인세의 납세의무가 있는 법인은 모든 거래에 대하여 거래증빙과 지급규정, 사규 등의 객관적인 자료에 의하여 이를 당해 법인에게 귀속시키는 것이 정당함을 입증하여야 한다. 다만, 사회통념상 부득이하다고 인정되는 범위 내의 비용과 법인의 내부통제기능을 고려하여 인정할 수 있는 범위 내의 지출은 그러하지 아니하다.

항공기로 승객을 수송하는 것도 여객운송업에 해당하는 것이며, 이 경우 카드로 항공요금을 결제하고 신용카드 매출전표를 발급받는 경우에도 영수증만 발행할 수 있고 세금계산서를 발행할 수 없는 사업자(여객운송업자)로부터 받은 신용카드 매출전표는 부가가치세 신고 시 매입세액을 공제할 수 없다.

부가가치세법에 의하면 여객운송업을 하는 사업자는 세금계산서 대신 영수증을 발급하도록 하고 있다. 따라서 항공권의 경우 지출증빙 특례규정에 따라 법정지출증빙(세금계산서, 계산서, 신용카드매출전표, 현금영수증)수취를 하지 않아도 된다.

항공기의 항행용역을 제공받는 경우 국내선 또는 국제선을 불문하고 법정지출증빙 수취대상 거래에서 제외된다. 부가가치세법상 항공기에 의한 외국항행 용역은 세금계산서 발급의무가 면제되고, 법인세법 역시 부가가치세법상의 세금계산서 발급의무 면제규정을 인정하여 법정지출증빙 수취대상에서 제외하고 있다.

따라서 항공기의 항행용역을 제공받는 경우에는 지출증빙수취특례가 적용되는 것으로 당해 지출을 입증할 만한 객관적인 서류만 수취·보관하면 된다.

또한 항공료에 포함된 부가가치세액은 매입세액공제 대상에 해당하지 않는다.

❶ 부가가치세가 과세되는 국내선 항공료에 대하여 사업자가 영수증을 발급받는 경우에도 매입세액을 공제하지 아니한다.

❷ 사업자가 전세버스운송업자가 아닌 여객운송업자(항공기, 고속버스 여객운송업자), 즉 세금계산서를 발급할 수 없는 자로부터 운송 용역을 제공받고 그 대가를 신용카드로 결재한 경우, 당해 신용카드 매출전표에 대하여는 매입세액공제를 받을 수가 없다.

❸ 사업자가 종업원의 교육을 위하여 자사 부담으로 국내선 항공기를 이용하는 경우 여객운송업을 운영하는 일반과세자가 주로 사업자가 아닌 소비자에게 재화나 용역을 공급하는 경우는 세금계산서를 발급받을 수 없다.

2 출장시 지출한 비용의 법정지출증빙

🐦 여행사 등에 지급하는 경비 증빙처리

① 관광진흥법에 의한 일반여행업을 영위하는 사업자가 여행객에게 여행용역을 제공하고 그 대가를 받는 경우 그 대가는 여행객으로부터 받기로 한 여행 알선 수수료와 수탁경비(항공료, 숙박비, 교통비, 식사비, 입장료 등)로 구분될 수 있고 수탁경비 등은 과세표준에서 제외된다.

② 여행사의 경우 영수증 발급대상자에 해당하나 공급받는 자가 사업자등록증을 제시하고 세금계산서의 발급을 요구하는 경우 세금계산서를 발급해야 한다. 이 경우 여행사가 발급하는 세금계산서의 과세표준은 여행 알선 수수료로 한정한다.

🍷 항목별 법정지출증빙

해외출장비 등에 대해서는 법정지출증빙의 수취 및 보관의무 규정이 적용되지 않는다.

내국법인이 비거주자로부터 국외에서 용역을 제공받고 지급하는 대가는 법인의 사업과 관련하여 발생하거나 지출된 손실 또는 비용으로서 일반적으로 용인되는 통상적이거나, 수익과 직접 관련된 것은 법인세법에 의하여 손금에 해당하는 것이며, 내국법인이 비거주자로부터 국외에서 용역을 제공받는 경우에는 지출증빙서류의 수취 및 보관 의무가 없는 것이고 당해 법인은 각 사업연도에 그 사업과 관련된 모든 거래에 관한 증빙서류를 작성 또는 수취하여 신고기한이 경과한 날로부터 5년간 이를 보관해야 한다.

법인이 임직원의 해외여행과 관련하여 여행알선업자 등이 제공하는 정형화된 상품(패키지 상품)을 이용하는 경우 원칙적으로 법인의 업무수행 상 필요한 해외여행으로 보지 아니하여 손금불산입 대상이 된다.

구분	법정지출증빙
항공료	법정지출증빙 수취대상에 해당하지 않으므로 항공권이나 영수증 등을 구비한다.
현지 숙박비, 식대	국외 거래로 법정지출증빙 수취대상에 해당하지 않으나 현지 호텔이나 음식점 등의 영수증을 구비한다.
여행사 수수료 등	국내 여행사인 경우는 수수료 상당액에 대한 세금계산서 등 법정지출증빙을 수취하고 국외여행사인 경우는 관련 영수증을 수취·보관한다.

구분	법정지출증빙
현지 교통비 등	현지 교통비 등에 대해서는 다음의 유권해석을 참조하여 내부증빙을 갖추면 된다. 1. 증빙 미첨부 한 해외 출장비 법인이 임직원에게 지급하는 여비는 당해 법인의 업무수행상 통상 필요하다고 인정되는 부분의 금액만 사용처별로 거래증빙과 객관적인 자료를 첨부해야만 손금산입 가능하며, 증빙서류의 첨부가 불가능한 경우는 사회통념상 부득이하다고 인정되는 범위 내의 금액과 내부통제 기능을 고려하여 인정할 수 있는 범위 내의 지급은 손비로 인정되는 것이나, 이에 해당하는지? 여부는 합리적인 기준에 의거 회사의 규모, 출장 목적, 업무수행 여부 및 정도에 따라 사실 판단할 사항이다. 2. 증빙이 없는 여비교통비의 손금산입 법인이 업무와 관련하여 출장한 직원에게 일정한 지급 규정에 따라 지급하는 실비변상 정도의 여비교통비는 사용내역별로 구체적인 증빙이 없는 경우에도 법인의 손금으로 처리한다.

개인에게 중고물품을 팔거나 사는 경우 증빙처리

1. 개인에게 중고 물품 판매 시

개인에게 중고 물품을 팔 때는 법인통장으로 입금받고, 이에 대한 증빙으로 매입자 개인 주민등록번호로 세금계산서를 발급한 후, 매매계약서를 구비 해두면 된다.

2. 개인에게 중고 매입 시 비용 증빙하기

사업상 목적으로 사용하는 비용이지만 부득이하게 개인에게 구입(중고거래 등)해서 증빙이 어려운 경우 법인계좌에서 개인 계좌로 금액 이체하고, 이체확인증에 간단한 거래 내역(거래일자, 금액 등)을 기록해서 증빙을 보관한다.

세금계산서를 계산서로 계산서를
세금계산서로 잘못 발행한 경우

1 세금계산서를 발행해야 하는데 계산서를 발행한 경우

역발행 세금계산서의 경우 발행과정에 매입자가 관여하나, 세금계산서에 대한 최종 전자서명자는 매출자이므로, 정발행 세금계산서에 해당(법적으로 역발행 세금계산서는 없다는 의미)한다.

❶ 세금계산서 미발급한 경우와 동일함

❷ 부가가치세 과세기간 이내이면, 계산서를 취소하고, 지연발급 가산세를 납부하고 세금계산서 발급

❸ 부가가치세 과세기간 이후이면, 세금계산서 미발행 가산세와 매입세액불공제가 적용된다.

매입세액공제를 위해서 전자 말고 종이로 발행하는 경우가 실무상 많다. 이 경우 매출자만 가산세를 부담하고 매입자는 매입세액공제가 가능하다.

❹ 해당 세금계산서에 대해 부가가치세 신고가 이루어졌을 때는 미발급과 같아 매출누락이 된 것과 같으므로 신고불성실, 납부불성실

및 세금계산서 관련 가산세를 납부한다.

2 계산서를 발행해야 하는데 세금계산서를 발행한 경우

면세 대상 재화나 용역을 공급하고 착오로 세금계산서를 발급한 경우 즉 면세계산서를 발행해야 하는데, 세금계산서를 발행한 경우 마이너스 수정세금계산서를 발행하고, 면세계산서를 다시 발행할 수 있다.

매출자의 가산세 적용	매입자의 가산세 적용
❶ 신고불성실가산세 및 납부불성실가산세는 없다. 기존에 부가가치세 신고를 한 경우 환급이 발생한다.	❶ 신고불성실가산세 및 납부불성실가산세 : 매입 부가가치세를 신고한 경우 과소신고 납부한 금액이 있으므로 가산세가 있다.
❷ 매출처별세금계산서합계표 가산세 : 착오로 발급한 세금계산서에 의한 매출처별세금계산서 합계표에 부가가치세법상 가산세는 적용하지 않는다.	❷ 매입처별세금계산서합계표 가산세 : 착오로 발급받은 세금계산서에 의한 매입처별세금계산서 합계표에 부가가치세법상 가산세는 적용하지 않는다.
❸ 계산서 미발행 가산세 : 계산서 관련 가산세가 적용된다. 단, 가산세의 적용이 불가능하다는 예규와 가산세를 적용해야 한다는 예규가 둘 다 존재한다.	❸ 매입처별계산서합계표 가산세 : 발급받지 못한 면세계산서에 대한 합계표 제출 가산세는 적용하지 않는다.
	❹ 계산서 미수취 가산세 : 적용 대상이 아님
	❺ 증빙불비가산세 : 고의로 면세계산서가 아닌 세금계산서를 수취한 경우는 증빙불비가산세가 적용된다. 착오인 경우는 적용하지 않는다.

신용카드 비용처리와 관련한 필수 필수암기 사항

구분		비용처리 점검 사항
일반비용 지급 시 지출증빙 구비요건(가산세 2%)	제도의 쟁점	세무상 인정되는 법정지출증빙이며, 신용카드 매출전표는 세금계산서나 계산서와 같은 효과가 있음.
	지출 건당 3만원 초과	신용카드매출전표가 있으면 문제가 없으나 신용카드 증빙이 없으면 지출액 × 2%의 가산세 부과됨(자진 납부).
	지출 건당 3만원 까지	원칙적으로 불이익 없음(지출건별로 계산, 합계 계산하면 오히려 불리).
	신용카드 증빙 등이 불필요 거래	재화·용역을 공급받은 거래가 아닌 경우, 농어민에게서 구입, 원천징수된 거래, 국외에서의 지출 등, 연체이자 지출, 입장권·승차권 등
기업업무추진비 (= 접대비) 사용 시 접대비의 손금인정 요건	해당 신용카드	법인명의카드(법인명의로 된 각 직원 개별카드도 허용)만 인정, 순수 개인카드는 기업업무추진비로 비용인정 안 됨.

구분		비용처리 점검 사항
	건당 3만 원 초과	신용카드매출전표가 있으면 기업업무추진비로 인정 후 한도액 계산, 없으면 원천적으로 아예 비용인정 안 되고 부인
	건당 3만 원 까지	신용카드 없어도 원칙적으로 문제없음. 일반영수증이나 지출 사실 증빙은 있어야 함. 없다면 증빙불비 기밀비로 손금부인될 수도 있음.
	위장 가맹점 카드 및 허위 신용카드매출 전표	아예 기업업무추진비로 인정 안 됨. 증빙불비로 상여처분 가능성도 있음.
신용카드증빙에 대한 매입세액공제 및 기타 부가가치세 혜택	일반매입세액 공제	세금계산서와 같은 자격 인정(법인카드뿐 아니라 직원 개인카드(기업업무추진비는 반드시 법인카드)도 인정됨), 연 매출 4,800만 원 미만 간이과세자, 면세사업자 발행(부가가치세가 구분 기재 되지 않은 경우) 신용카드의 매입세액공제는 적용 안 됨.
	매출자의 세액공제	신용카드매출전표 작성·발급한 금액 × 1.3%를 납부세액에서 차감, 환급은 안 됨. 소득세 신고 시 소득금액 가산

증빙관리의 예외 지출증빙수취특례

구분	지출증빙 특례 적용(안 받아도 되거나 대체 증빙 수취)
금액 기준	공급받은 재화 또는 용역의 건당 3만 원(부가가치세를 포함한다.)까지의 거래는 세금계산서 등 법정지출증빙 대신 간이영수증을 받아도 인정이 된다.
농어민으로부터 직접 공급받는 경우	농·어민(법인을 제외한다)으로부터 재화 또는 용역을 직접 공급받은 경우 통장을 통해 송금하고, 객관적으로 입증할 수 있는 계좌이체 명세서 등을 증빙으로 보관하면 된다.
원천징수 대상 사업 소득자로부터 용역을 공급받는 경우	인적용역을 제공받고 원천징수를 한 경우에는 원천징수영수증이 법정지출증빙이 된다. 3.3% 프리랜서와 같은 사업소득자로부터 용역을 제공받고, 그에 대해 원천징수를 하고 지급한 대가에 한정한다.
항만공사로부터 화물료 용역을 공급받는 경우	항만공사법에 의한 항만 공사가 공급하는 화물료 징수용역
사업의 양도에 해당하는 경우	재화의 공급으로 보지 아니하는 사업의 양도에 의하여 재화를 공급받은 경우

구분	지출증빙 특례 적용(안 받아도 되거나 대체 증빙 수취)
방송용역을 제공받는 경우	
전기통신용역을 제공받는 경우	전기통신사업자로부터 전기통신용역을 공급받은 경우. 다만, 부가통신 역무를 제공받는 경우를 제외한다.
국외거래	현실적으로 국외에서는 법정지출증빙수취가 불가능하므로, 현지의 영수증을 수취하면 된다. 국외에서 재화 또는 용역을 공급받은 경우(세관장이 세금계산서 또는 계산서를 발급한 경우는 제외한다.) 지출증빙 수취의 특례에 해당한다. 국외에서는 법정지출증빙 수취가 불가능하므로 현지의 영수증(특별한 형식의 제한은 없음)을 받는다.
공매 · 경매 · 수용	공매 · 경매 또는 수용에 의하여 재화를 공급받은 경우
토지 · 주택 구입 및 주택임대용역	매매계약서 및 대금 지급영수증, 이체 내역 등을 수취 · 보관하면 된다.
택시운송용역	현금결제시 영수증을 보관하거나, 신용카드로 결제하면 된다.
건물을 구입하고 매매계약서 사본을 제출	건물(토지를 함께 공급받은 경우는 당해 토지를 포함하며, 주택을 제외한다)을 사는 경우로서 거래내용이 확인되는 매매계약서 사본을 법인세 과세표준신고서에 첨부하여 납세지 관할 세무서장에게 제출하는 경우
금융 · 보험용역	금융 · 보험용역을 제공받은 경우
입장권 · 승차권 · 승선권 등	국세청장이 정하여 고시한 전산 발매 통합관리 시스템에 가입한 사업자로부터 입장권 · 승차권 · 승선권 등을 구입하여 용역을 제공받은 경우를 말한다. 따라서 해당 입장권 · 승차권 · 승선권을 보관하면 된다.
항공기의 항행용역	국내선, 국제선 불문하고 항공권과 결제 영수증을 보관하면 된다.

구분	지출증빙 특례 적용(안 받아도 되거나 대체 증빙 수취)
	항공기의 항행용역을 제공받은 경우로서 국내 구간이든 국제구간이든 불문하고 지출증빙수취의 특례를 적용한다. 부가가치세법상 항공기의 외국 항행용역은 국내사업장 유무와 관계없이 세금계산서 발급 의무가 면제되므로 증빙수취 특례 사항으로 규정하고 있다.
임차인이 간주임대료를 지급하는 경우	임대인으로부터 영수증을 발급받아 비용으로 인정받으면 된다.
연체이자를 지급하는 경우	재화 공급계약·용역제공계약 등에 의하여 확정된 대가의 지급 지연으로 인하여 연체이자를 지급하는 경우로서, 연체이자는 계산서나 세금계산서를 발급할 수 없으므로 지출증빙 수취의 특례규정이 적용된다.
한국철도공사로부터 철도의 여객운송용역을 공급받는 경우	
경비 등 송금명세서를 제출하는 경우	다음 중 어느 하나에 해당하는 경우로서 공급받은 재화 또는 용역의 거래금액을 금융실명거래 및 비밀보장에 관한 법률에 의한 금융기관을 통하여 지급한 경우로서 법인세법 규정에 의한 법인세 과세표준신고서에 송금 사실을 기재한 경비 등의 송금명세서를 첨부하여 납세지 관할 세무서장에게 제출하는 경우 지출증빙수취의 특례를 적용한다. ① 연 매출 4,800만 원 미만 간이과세자로부터 부동산임대용역을 제공받은 경우 ② 임가공용역을 제공받은 경우(법인과의 거래를 제외한다) ③ 운수업을 영위하는 자(연 매출 4,800만 원 미만 간이과세자)가 제공하는 운송용역을 공급받은 경우(위의 택시운송용역의 규정을 적용받는 경우를 제외한다)

구분	지출증빙 특례 적용(안 받아도 되거나 대체 증빙 수취)
	④ 연 매출 4,800만원 미만 간이과세자의 규정을 적용받는 사업자로부터 조세특례제한법에 의한 재활용폐자원 등이나 자원의 절약과 재활용촉진에 관한 법률에 의한 재활용가능자원(동법시행규칙 별표 1 제1호 내지 제9호에 열거된 것에 한한다)을 공급받은 경우 ⑤ 항공법에 의한 상업서류 송달용역을 제공받는 경우 ⑥ 부동산중개업법에 의한 중개업자자에게 수수료를 지급하는 경우 ⑦ 복권 및 복권기금법에 의한 복권사업자가 복권을 판매하는 자에게 수수료를 지급하는 경우 ⑧ 통신판매에 따라 재화 또는 용역을 공급받은 경우 ⑨ 다음과 같이 국세청장이 정하여 고시하는 경우 가. 인터넷, PC통신 및 TV홈쇼핑을 통하여 재화 또는 용역을 공급받는 경우 나. 우편송달에 의한 주문판매를 통하여 재화를 공급받는 경우 다. 국세청 고시에 의한 전산발매통합관리시스템에 가입한 사업자로부터 입장권·승차권·승선권 등을 구입하는 경우 라. 항공기의 외국 항행용역을 제공받거나 부동산 간주임대료에 대한 부가가치세를 임차인이 부담하는 경우
유료도로 통행료 지급	유료도로의 통행요금은 전국적으로 전산 관리집계가 노출되므로, 영수증이 있는 경우 영수증만 보관하면 된다.

[주] 위 표에 해당하는 거래에 대해서는 세금계산서 등 법정지출증빙을 받지 않아도 지출 사실을 입증할 수 있는 송금내역이 있거나 다른 세금 신고자료가 증빙을 대신한다.

리스(금융리스와 운용리스)와 렌트의 증빙처리

1 리스와 렌트의 성격 구분

리스와 렌트는 차량을 빌리는 개념이기는 하나, 리스는 단순히 빌린다기보다는 일종의 금융상품이라고 할 수 있다. 리스사가 금융회사이기 때문이다.

따라서 리스는 금융상품이며, 면세상품이라고 할 수 있다. 총금액의 일부를 내고, 나머지 금액은 계약기간 동안 매달 내게 된다.

비용으로는 월 이용에 따른 리스료 외에 보험료를 '별도'로 내야 한다. 운전자가 직접 따로 보험에 가입할 수도 있으며, 계약에 따라 월 리스료에 보험료를 포함시켜 이용료를 내는 경우도 있다.

번호판은 일반 번호판을 사용한다.

그리고 대출로 볼 수 있으므로 다른 대출을 받을 시 부채가 있는 것으로 확인될 여지가 있다.

반면 렌트의 경우, 차량의 소유주는 렌터카 회사이다. 리스와는 달리, 실제 매장이나 사무실을 임대하여 쓰듯이 차량을 임대하는 개념으로 생각하면 된다.

차량 렌트 비용에는 월 렌털료에 자동차와 관련된 세금, 보험료가 모두 포함되어 있다. 리스와는 달리 별도로 보험료를 부담하는 경우는 없다. 은행 쪽에서는 대출로 인지되지 않는다. 하지만 허, 하, 호로 시작하는 렌트카 전용 번호판을 사용해야 한다.

2 리스와 렌트의 적격증빙

앞서 설명한 바와 같이 리스는 금융상품이다. 따라서 리스사는 면세사업자이다.

그래서 세금계산서가 아닌 계산서를 적격증빙으로 수취할 수 있다. 면세상품이며 계산서가 발행되므로 부가가치세를 부담하지 않는다. 따라서 향후 부가가치세 신고 시, 부가가치세 매입세액공제는 불가능하다.

리스사가 차량 취득 시 부가세환급을 받지 않기 때문에 이용자에게 매도 시 부가세를 내지 않는다(계산서).

반면 렌트카는 월 임대료에 따른 세금계산서가 발급된다. 다시 말해, 부가가치세를 부담하는 형태이므로 향후 부가가치세 신고시, 매입세액공제가 가능하다. 단, 경차나, 화물차 혹은 9인승 이상의 승합차만 매입세액공제가 가능하다.

렌트의 경우는 렌트회사는 차량 취득시 부가가치세 환급을 받기 때문에 이용자 인수 시 부가가치세를 납부한다(세금계산서).

물론 사업용으로 사용하는 때는 리스와 렌트 모두 월 이용료와 월 임대료 각각에 대해 모두 비용처리를 할 수 있다.

🍸 금융리스 차량의 양도 및 세금계산서 발급 여부

금융리스는 계약 만기 시 반납이 아닌, 인수 혹은 재리스만 가능하다. 그 이유는 이용자가 고른 차량을 리스회사 명의로 구입한 후 계약이 끝날 때까지 요금을 납부하는 방식이기 때문이다. 마치 할부와 비슷하다.

금융리스의 경우 리스 이용자가 새로운 리스 이용자에게 당해 리스 자산을 넘겨주는 것은 자산의 양도로서 부가가치세가 과세 되며, 리스 이용자는 새로운 리스 이용자에게 세금계산서를 발급해야 한다. 즉, 사업자가 금융리스 자산을 사용하다가 리스계약을 해지하는 경우는 해지 시점에서 세금계산서를 발행해야 한다. 리스자산을 리스회사에 반환한다면 리스회사에, 리스자산을 다른 리스 이용자에게 승계한다면 새로운 리스 이용자에게 세금계산서를 발행해야 한다.

🍸 운용리스 차량의 양도 및 세금계산서 발급 여부

운용리스는 장기 렌트와 매우 유사하다. 리스사가 특정 차량을 구매한 뒤 이용자로부터 임대료를 받지만, 계약 만기가 도래하면 금융리스와 달리 반납할 수 있다.

사업자가 운용리스로 차량을 사용하던 중 새로운 리스 이용자에게 당해 리스자산을 넘겨주는 것은 재화의 공급에 해당하지 아니하여 세금계산서 발급대상에 해당하지 않는다. 이 경우 리스 사업자로부터 영수증을 받아두면 될 것이다. 단, 새로운 리스 이용자에게 대가를 받고 임차인의 지위를 양도하는 경우 그 대가에 대하여는 부가가치세가 과세되어 세금계산서 발급 대상에 해당한다.

제3장

혼자서 터득하는 원천징수의 모든 것

상용근로자, 일용근로자, 외국인 근로자에 대한 급여의 원천징수 방법과 세금 신고 시 작성해야 하는 원천징수이행상황신고서 등 각종 서식의 작성 방법에 관해 설명하는 장이다.

또한 기타소득과 사업소득의 원천징수 방법에 대해서도 실무적 적용 방법을 서술함으로써 원천징수 전반의 실무적 처리 방법을 알려주고 있다.

내 월급에서 회사는 맘대로 왜! 세금을 떼지? (근로소득 원천징수)

세금은 소득자(납세의무자)가 내는 것이 일반적이다.

그런데, 원천징수란 원래 세금을 내야 하는 소득자(납세의무자)가 내야 할 세금을 소득을 지급하는 자가 소득자 대신 국가에 내도록 한 것이다.

(세금을 내는 것을 세무 용어로 납부라고 하고, 실질적으로 세금을 부담해야 하는 사람이나 회사를 납세의무자라고 함)

예를 들어 회사에서 임직원을 고용해 급여를 지급하는 경우, 임직원은 그 급여에 대해 소득세를 내야 하는 책임이 있으므로 납세의무자가 된다.

그런데 세법에서는 납세의무자인 임직원이 세법에 대한 지식이 부족하므로, 조금이라도 세법에 대해 더 아는 회사가 세법에서 정한 금액만큼 급여에서 세금을 떼어 대신 내도록 의무화하고 있다.

이처럼 납세의무자에게 일정 금액을 징수해서 세무서에 대신 납부할 의무를 원천징수의무라고 하고, 이런 원천징수의무가 있는 자를 원천징수의무자라고 한다.

결론적으로 세법에서는 실질적으로 세금을 부담해야 하는 사람이나 회사를 납세의무자라고 부르고, 이를 대신 신고·납부해줄 의무가 있는 자를 원천징수의무자라고 부른다.

1 원천징수는 언제 하는 건가요?

세법에서는 원천징수 해야 하는 소득의 종류를 정하고 있다. 원천징수의무자는 정해진 소득을 지급할 때 원천징수 하는 것이다.

따라서 원천징수의무자는 상대방에게 돈을 줄 때 원천징수 해야 할 세금을 제외한 나머지 돈을 납세의무자인 소득자에게 지급한다.

그리고 원천징수 한 세액은 일정 기한 안에 세무서에 내야 한다.

따라서, 급여에 대한 원천징수의무자인 회사는 급여를 지급할 때 일정액을 차감한 후 다음 달 10일까지 신고·납부를 하는 것이다.

예를 들어 설명해보면, 임직원의 3월 급여가 200만 원이고, 세법에 따라 원천징수 할 세액이 5만 원이라면 임직원에게 실제 지급되는 금액은 195만 원이 된다. 임직원에게 지급하지 않은 5만 원은 회사가 잠시 보관하고 있다가 4월 10일까지 관할 세무서에 대신 낸다.

> 🔖 **실무상으로는 급여지급 시 원천징수 외에 4대 보험료도 차감한다.**
>
> 급여의 계산은 프로그램을 사용하는 경우 조건을 입력하면 프로그램에서 알아서 원천징수 세액을 계산해줄 것이고, 수작업하는 경우는 국세청에서 제공하는 간이세액표라는 책자를 참고해서 업무처리를 하면 된다. 간이세액표는 국세청 사이트나 홈택스에 가면 자동 계산도 할 수 있고, 책자도 다운로드를 받을 수 있다.

급여에서 차감해서 잠시 보관하는 원천징수 세금의 계정과목은 예수금을 사용한다.

2 소득을 지급하면 무조건 원천징수를 해야 하는 건가요?

소득이 발생하면 법인이든 개인이든 그 소득에 대해 세금을 낼 의무가 있다.

원천징수를 해야 하는 소득이 여러 가지가 있긴 하지만, 모든 소득이 원천징수 대상이 되는 것은 아니다. 특히, 법인이 벌어들이는 소득의 경우에는 이자소득과 일부 배당소득에 대해서만 원천징수 의무가 있다. 반면, 개인이 벌어들이는 소득인 경우는 다소 여러 가지 소득이 원천징수 대상이 된다.

원천징수 대상이 되는 소득은 납세의무자(소득자)가 법인인지 아니면 개인인지에 따라 다르며 그 내용을 정리하면 다음과 같다.

1. 법인 : 이자소득, 배당소득
2. 개인 : 이자소득, 배당소득, 사업소득, 연금소득, 근로소득, 기타소득, 퇴직소득

위의 세법에서 정한 원천징수 대상 소득에 급여가 속한 근로소득이 포함되므로 원천징수의무자가 급여를 지급할 때 원천징수를 하는 것이다.

그리고 실무에서 자주 발생하는 기타소득과 사업소득도 원천징수 하도록 세법에서 정하고 있다. 이같이 세법에서 그 대상을 열거해서 정하고 있고 그에 따라 세금을 낸다고 해서 이를 이론적 용어로 열거주의라고도 부른다. 참고만 하세요.

원천징수 대상 소득은 원천징수 해서 세액을 내면 모든 것이 끝나나요?

끝 나는 경우도 있고, 추가로 정산해야 하는 때도 있다.

원천징수 해서 내는 것으로 납세의무가 끝나는 원천징수를 '완납적 원천징수'라고 하고 추가적인 정산이 필요한 소득의 원천징수를 '예납적 원천징수'라고 하는데, 각각의 예를 들어보면 다음과 같다.

🍄 완납적 원천징수의 예

❶ 분리과세되는 이자소득 및 배당소득(금융소득 2,000만원 이하)

❷ 일용근로자의 근로소득

❸ 특정 금액 미만의 기타소득

❹ 분리과세 연금소득

🍄 예납적 원천징수의 예

❶ 근로소득에 대한 원천징수

❷ 사업소득에 대한 원천징수

❸ 특정 금액 이상의 기타소득

앞에서 추가적인 정산을 해야 하는 원천징수를 예납적 원천징수라고 했다. 따라서 예납적 원천징수 항목에 속한 근로소득에 대한 원천징수는 정산이 필요한데, 이는 근로소득 연말정산을 말하는 것이며, 사업소득에 대한 원천징수의 정산은 5월에 하는 종합소득세 신고납부가 되는 것이다.

기타소득을 보면 금액에 따라 완납적 원천징수에도 있고, 예납적 원천징수에도 있다. 이는 기타소득의 경우 금액에 따라 원천징수로 끝낼 수도, 종합소득으로 정산하는 방법을 선택할 수 있다. 즉, 납세의무자가 본인이 유리한 것을 선택할 수 있는 선택권이 있다고 생각하면 된다.

4 회사는 국세청 신고·납부는 어떻게 하나요?

원천징수 한 세액을 신고할 때는 전 직원의 원천징수 내역을 원천징수이행상황신고서에 기록해 이것만 관할 세무서에 제출한다.

그리고 임직원 각 개개인의 원천징수 내용은 원천징수영수증에 기록된다.

원천징수영수증는 소득을 지급받는 자의 인적사항, 소득금액의 종류와 금액, 소득금액의 지급시기와 귀속연도 등을 기재한 서류로 지급명세서라고도 부른다. 즉 회사와 임직원 사이에서는 회사가 원천징수한 내용인 영수증이 되는 것이고, 회사와 세무서 관계에서는 회사의 지급사실을 증명하는 지급명세서가 된다고 생각하면 된다.

따라서 회사는 중간에서 같은 소득에 대해 임직원에게는 원천징수영수증을 발급하고, 세무서에는 지급명세서를 제출한다.

그런데 이런 지급명세서는 매달 제출하는 것이 아니라 1년에 1번 제출한다.

예를 들어 근로소득 지급명세서는 1년분을 다음 해 3월 10일 제출한다.

원천징수의무자가 의무를 성실하게 이행하지 않은 것에 대해 불이익을 받게 된다. 먼저 원천징수 세액을 내지 않거나 적게 낸 경우, '원천징수 등 납부지연 가산세'를 내야 한다. 소득세와 함께 특별징수해야 할 지방소득세를 내지 않은 경우에도 '특별징수납부불성실가산세'를 낸다. 원천징수를 한 경우라고 할지라도 지급명세서를 제출하지 않거나 불성실하게 제출하면 '지급명세서제출불성실가산세'를 내야 한다.

원천징수의무자는 신고, 지급명세서의 제출을 성실하게 하라는 일종의 족쇄이다.

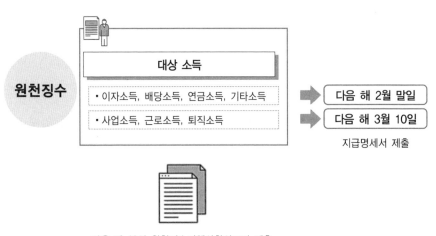

원천징수

대상 소득

· 이자소득, 배당소득, 연금소득, 기타소득 ➡ **다음 해 2월 말일**

· 사업소득, 근로소득, 퇴직소득 ➡ **다음 해 3월 10일**

지급명세서 제출

다음 달 10일 원천징수이행상황신고서 제출

구 분	가산세
원천징수 등 납부지연가산세	납부기한까지 납부하지 아니하거나 과소납부한 때에는 그 납부하지 아니한 세액 또는 과소납부한 세액에 대해 가산세(과소 · 무납부 세액 × 3% + (과소 · 무납부 세액 × 2.2/10,000 × 경과일수) ≦ 50%)를 낸다(단, 법정납부기한의 다음 날부터 고지일까지의 기간에 해당하는 금액 ≦ 10%).
지급명세서 제출불성실가산세	지급명세서를 제출기한까지 제출하지 않거나, 제출한 지급명세서 내용(사업자번호, 주민등록번호, 소득 종류, 귀속연도, 지급액 등)을 잘못 작성하면 지급금액의 1%(간이지급명세서 0.25%)를 가산세로 낸다.

납부 기한이 지났기 때문에 기존 납부서로 내면 안 되고 납부서를 새로 만들어야 하는데요. 2월 20일을 납부 기한으로 하는 근로소득세 납부서와 지방소득세 납부서 2장을 만들어서 낸다. 가상 계좌가 기재되어 있는 납부서를 만들려면 근로소득세 납부서는 홈택스에서 만들고, 지방소득세 납부서는 위택스에서 만들어야 한다.

(홈택스 로그인 – 신고/납부 – 세금신고 – 국세 납부 – 자진납부 – 결정 구분 : 원천분자납 선택 – 세목 : 선택 – 소득세 입력 (기한 후 납부 시 가산세까지 합하여 넣기) – 납부서 출력 OR 납부하기)

급여 세금의 계산과 업무 흐름

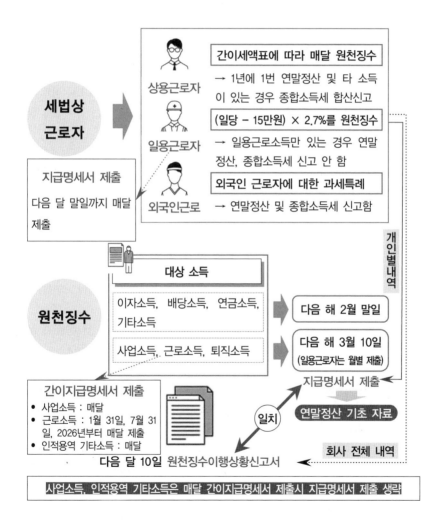

세법상 근로자

상용근로자
간이세액표에 따라 매달 원천징수
→ 1년에 1번 연말정산 및 타 소득이 있는 경우 종합소득세 합산신고

일용근로자
(일당 − 15만원) × 2.7%를 원천징수
→ 일용근로소득만 있는 경우 연말정산, 종합소득세 신고 안 함

외국인근로
외국인 근로자에 대한 과세특례
→ 연말정산 및 종합소득세 신고함

지급명세서 제출
다음 달 말일까지 매달 제출

개인별내역

원천징수

대상 소득

이자소득, 배당소득, 연금소득, 기타소득 → 다음 해 2월 말일

사업소득, 근로소득, 퇴직소득 → 다음 해 3월 10일
(일용근로자는 월별 제출)

지급명세서 제출

간이지급명세서 제출
- 사업소득 : 매달
- 근로소득 : 1월 31일, 7월 31일, 2026년부터 매달 제출
- 인적용역 기타소득 : 매달

일치

연말정산 기초 자료

다음 달 10일 원천징수이행상황신고서

회사 전체 내역

사업소득, 인적용역 기타소득은 매달 간이지급명세서 제출시 지급명세서 제출 생략

- 매달 10일 : 원천세 신고 및 납부 ▶ 원천징수이행상황신고서 제출
- 매달 말일 : 사업소득, 일용근로자 간이지급명세서 제출
  근로내용확인신고서를 근로복지공단에 제출할 때, 사업자등록번호와 국세청 일용소득신고에 체크, 내용을 기재해 제출하면 일용근로자 지급명세서는 국세청에 별도로 제출하지 않아도 된다.
- 3월 10일 : 근로소득세 연말정산, 사업소득, 퇴직소득의 지급명세서 제출.
- 5월 31일 : 연말정산 중 공제받지 못한 금액이 있는 근로소득자, 근로소득 이외 사업소득, 부동산임대소득, 연금소득 등 종합과세합산 대상 소득이 있는 경우 신고 및 납부
- 간이지급명세서 제출 : 3월 10일 지급명세서 제출분과 별도.
  사업소득, 인적용역 기타소득 : 매달 제출 단 사업소득, 인적용역 기타소득은 매달 간이지급명세서 제출 시 지급명세서 제출 생략
- ※ 간이지급명세서 제출 대상 기타소득은 강연료, 전문 직종 용역 등 고용관계 없이 일시적으로 인적용역을 제공하고 받는 대가임. 상금·부상, 자산 등의 양도·대여·사용의 대가 등 다른 기타소득은 현행과 같이 연 1회 지급명세서 제출
  근로소득 : 1월 31일, 7월 31 일, 2026년부터 매달 제출
- ※ 근로소득은 매달 일정액을 공제한 후 연말정산을 통해 1년간의 총급여 세금을 정산하는 구조로 1년간 납부해야 하는 총 세금은 정해져 있다.
- ※ 일용근로자는 연말정산 없이 매달 내는 세금으로 근로소득에 대한 납세의무가 끝나며, 일용근로소득만 있는 경우 종합소득세 신고 및 납부를 안 해도 된다.
- ※ 실질적 근로자이지만 회사에서 프리랜서로 신고하는 경우 매달 근로소득세 납부 및 연말정산은 안 하나, 종합소득세 신고 및 납부는 해야 한다. 프리랜서의 경우 필요경비가 거의 없어 대다수 경비율에 의해 종합소득세를 신고 및 납부하게 되는데, 원천징수 시 경비율 선택을 잘해두어야 나중에 종합소득세 신고 시 절세할 수 있다.
- ※ 고용보험, 산업재해보험은 일용직 근로자를 고용할 때마다 자격취득 및 상실 신고를 하기 어렵다. 그래서 고용보험법에서 한 달에 한 번 근로복지공단에 근로내용확인신고를 하면 고용, 산재보험의 취득 및 상실, 이직 신고까지 모두 한 것으로 본다.

경리실무자가 해야 하는 급여업무

구분	업무처리
급여자료 접수 및 정리	• 매연도 보수표 접수 및 전산 입력 • 기본 공제자료 정리 • 인사명령서 정리 : 신규임용, 승진, 승급, 퇴직, 휴직, 병가, 연구 등의 인사명령서 발령일, 직책 변경 확인 및 계산 • 부양가족수당, 학비보조수당 신청서 등 공제자료 접수 및 정리 • 국민연금, 건강보험, 고용보험부담금 확인 • 친목 단체 회원의 신규가입자, 탈퇴자 확인 • 주차료, 개인 전화, 모사 전송료 등 전산 입력 : 급여 변동자료정리 • 급여통장계좌 정리 : 급여 변동자료 입력, 수정, 확인 • 개인 변동자료, 공제 내역 자료 등의 급여 변동자료를 확인한다.
급여대장 수정, 확인	• 급여대장을 출력하여 급여대장의 개인별 내역 인사명령 및 공제자료, 변동자료 등과 대조·확인하고 과목별 합계액 계산 • 개인별 지급액, 근로소득세, 지방소득세의 이상 유무 확인 : 급여대장 및 급여명세서 출력 • 급여대장이 급여기초자료와 대조·확인하여 이상이 없으면 급여대장을 출력, 급여 지급 관련 문서와 함께 결재한다. • 개인별 급여명세서를 프로그램에 조회 및 출력할 수 있도록 한다.

구분	업무처리
근로소득세 원천징수	• 기본공제 대상자인 본인, 배우자, 부양가족 수를 확인 · 정리한다.
	• 비과세소득을 제외한 모든 급여 과세소득이 합산되어 과세될 수 있도록 급여자료 정리
	• 매월 급여 지급 시에 징수할 근로소득세를 공제한다.
	• 급여지급액 외에 지출 중 퇴직금, 외래 강사의 기타소득, 일용근로자의 노임지급액과 과세소득 자료를 발췌한다.
	• 중도 퇴직자의 근로소득공제신고서 및 각종 소득공제자료를 취합 · 정리한다.
	• 과세자료가 정리되면 개인별 급여 과세소득과 복리후생비로 처리했지만, 근로소득으로 과세해야 하는 소득을 합산한다.
	• 연말정산 자료를 받아서 연말정산 준비를 한다.
4대 보험 공제	• 급여에서 4대 보험료를 공제한다.
	• 근로내용확인신고서 제출
	• 4대 보험 취득 · 상실 · 변동 내역을 신고 및 관리한다.
	• 중도 퇴사자에 대한 퇴직정산을 한다.
	• 고용보험 및 건강보험 등 연말정산을 한다.
세무 자료 작성	• 원천징수이행상황신고서 작성
	• 지방소득세 특별징수계산서 작성
	• 소득자별 근로소득원천징수부 작성
	• 원천징수영수증(지급명세서) 작성
	• 간이지급명세서 작성
	• 지급명세서 작성
	매월 근로소득, 기타소득, 퇴직소득 별로 세액을 계산, 원천징수의무자가 이를 징수하여 다음 달 10일까지 금융기관에 납부한다.
급여 은행 입금	• 급여를 이체한다(반드시 본인 명의 계좌로 입금한다.).

한눈에 살펴보는 근로소득세 원천징수

구 분		원천징수 방법
일용근로자		• 원천징수액 = (일당 – 15만 원) × 2.7% × 근로일수 • 일당 187,000원 미만은 매일 지급 시 원천징수액 없음
상 용 근 로 자	매월 급여	• 간이세액표를 통해 원천징수 • 월급여액에 해당하는 소득과 공제대상가족의 수가 일치하는 간이세액표상 금액을 원천징수 • 공제대상가족의 수 계산 방법 : 전체 공제대상가족의 수(본인 + 배우자 + 세법상 부양가족공제 대상) 간이세액표 금액에서 전체 공제대상 가족 중 8세 이상 20세 이하 자녀 수에 따라 아래의 금액을 차감한 후 원천징수 한다. 가. 8세 이상 20세 이하 자녀가 1명인 경우 : 12,500원 나. 8세 이상 20세 이하 자녀가 2명인 경우 : 29,160원 다. 8세 이상 20세 이하 자녀가 3명 이상의 경우 : 29,160원 + 2명 초과 자녀 1명당 25,000원 • 홈택스 접속 후 세금신고 〉 원천세 신고 〉 근로소득 간이세액표 • 지방소득세는 간이세액표 금액의 10% • 지급대상기간이 있는 상여 지급 시 원천징수 세액 = (❶ × ❷) – ❸

구 분	원천징수 방법
상여금	❶ = [(상여 등의 금액 + 지급대상기간의 상여 등외의 급여의 합계액) ÷ 지급대상기간의 월수]에 대한 간이세액표상의 해당 세액 ❷ = 지급대상기간의 월수 ❸ = 지급대상기간의 상여 등외의 급여에 대해 원천징수하여 납부한 세액 • 예를 들어 3개월에 한 번씩(3, 6, 9, 12월)에 상여금을 지급하는 경우 3월을 기준으로 설명한다. 상여금이 있는 달의 원천징수 세액 = ❶ 1월과 2월은 평상시 급여로 간이세액표에 따라 원천징수 ❷ 3월 평균급여에 해당하는 간이세액 = (1월 + 2월 + 3월 급여 + 3월 상여금) ÷ 3에 해당하는 간이세액표 금액 ❸ (❷의 간이세액표 소득세 × 3개월) − (1월 + 2월에 납부한 간이세액표 소득세)
연말정산	• 1년간 급여 세금을 정산하는 절차 • 2월 말까지 연말정산을 완료한 후 3월 10일 연말정산(1월~12월 까지의 급여를 정산 − 매달 간이세액표에 의한 공제액(❹) = 납부 또는 환급) 신고 · 납부
신고서류	• 원천징수이행상황신고서(매달)
지 급 명세서	• 3월 10일까지 지급명세서 제출. • 간이지급명세서는 1월 말일과 7월 말일(2026년부터 매달 말일) 제출 • 지급명세서와 간이지급명세서 별도 제출(사업소득 및 인적용역 기타소득은 예외)
외국인 근로자	• 매월 원천징수 할 세액 = 지급액 × 19% 또는 간이세액표에 의해 징수

구 분	원천징수 방법
	• 지급액 × 19% 적용 시 비과세급여 차감하지 않고, 받는 급여총액의 19% • 단일세율 정산 방식은 국내 근무 시작 일부터 딱 20년 동안만 적용되며, 비과세소득을 포함한 모든 소득(비과세급여를 차감하지 않음)에 대해 19% 단일세율로 세금을 정산한다. 국내에서 근로를 시작한 지 5년이 미경과한 외국인 근로자 : 2022년 입사자는 2041년까지 적용, 2023년 입사자는 외국인 근로자는 2042년까지 적용 국내에서 근로를 시작한 지 5년이 경과한 외국인 근로자 : 2017년 입사자는 2021년까지 적용, 2022년 미적용, 2023년부터 2037년까지 적용 • 외국인 근로자에 대한 과세특례를 적용받으려는 근로를 제공한 날이 속하는 달의 다음 달 10일까지 외국인 단일세율적용신청서를 원천징수의무자를 거쳐 원천징수 관할 세무서장에게 제출
국외 근로자	• 해외 파견근로자의 경우 현행 소득세법은 내국법인의 국외 사업장에 파견된 임원 또는 직원이 생계를 같이하는 가족이나 재산 상태로 보아 파견기간 종료 후 재입국할 것으로 인정되는 때에는 파견기간이나 외국의 국적 또는 영주권의 취득과는 관계없이 세법상 국내 거주자로 본다. • 해외 지사 등에 파견된 임직원에게 지급하는 급여에 대해서 국내에서 지급하는 금액의 경우 국내 원천근로소득에 해당하는 것이므로, 매월 간이세액표에 의하여 원천징수를 하여야 하며, 연말정산 및 지급명세서도 동일하게 처리한다. • 국내 및 국외에서 발생한 모든 소득에 대하여 과세하되, 외국에서 납부한 세액(= 외국납부세액)은 납부할 총세액에서 공제한다. • 국외 등에서 근로 제공(원칙), 국외 항행 항공기에서 근로 제공 : 월 100만 원 이내 비과세 • 원양어업 선박 또는 국외 등 항행 선박에서 근로 제공, 국외 등 건설 현장에서 근로(설계 및 감리업무 포함) 제공 : 월 500만 원 이내 비과세 • 출장, 연수 등을 목적으로 출국한 기간동안의 급여 상당액은 국외근로소득으로 보지 않으므로 비과세 규정을 적용하지 않는다.

구 분	원천징수 방법
	• 국외 건설 현장의 영업업무, 인사·노무 업무, 자재 관리업무, 재무·회계 업무 담당 직원의 급여에 대해서도 비과세가 적용된다. 다만, 국외 등의 건설 현장 등을 위한 영업업무, 인사·노무 업무, 자재 관리업무, 재무·회계업무, 기타 공통 사무업무 등에 종사하고 받는 보수는 월 100만 원 이내의 금액을 비과세하는 것으로 월 500만 원 이내의 금액을 비과세하는 것은 아니다. • 국외 근로를 제공하고 받는 보수란 해외에 주재(연락사무소 포함)하면서 근로를 제공하고 받는 급여를 말하는 것이므로 해외 수출품에 대한 현지 설치, 시운전 등을 위하여 해외에 파견된 동안 급여 상당액은 국외 근로소득으로 보지 않는다.

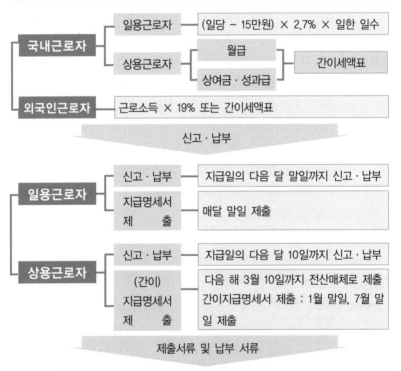

일용근로자 세금을 공제하는 방법

1 일용근로자란?

근로계약을 1일 단위로 체결하고, 계속 고용이 보장되지 않는 근로자로서(일당, 시간제, 아르바이트 등) 동일 고용주에게 3월(건설업종 1년) 이상 계속 고용되지 않는 근로자를 말한다(소득세법 시행령 제20조).

법에서 근로계약에 따라 동일한 고용주에게 3월(건설노무자는 1년) 이상 계속 고용되어 있지 않은 자를 일용근로자로 규정하고 있으므로, 3월(또는 1년) 이상 계속 같은 고용주에게 고용된 경우, 계속 고용으로 3월(또는 1년)이 되는 날이 속하는 월부터 상용근로자로 보아 근로소득 간이세액표를 적용해서 원천징수 한다.

당초 근무 계약 시 3월 이상 근무할 조건으로 취업하였으나, 3월 미만 근무 후에 퇴직한 때도 상용근로자로 분류해서 급여 지급 시 근로소득 간이세액표를 적용하여 원천징수 한다.

일용근로 여부를 판단 시 3월 이상 근무란 매일 근로를 제공하지 않더라도 월 단위로 근로 월수를 판단한다.

세법상 일용근로자의 조건은 3개월 이상을 요건으로 정하고 있을 뿐 매달 최소 근로일수에 대해서는 정하고 있지 않으므로 매달 며칠을 근무했든 동일 고용주에게 3개월 이상 근로를 제공하는 경우 일용근로자가 아닌 상용근로자로 보는 것이 타당하다.

최초 근로제공일	기산일	만료일(3월이 되는 날)
10월 2일	10월 3일	다음 해 1월 2일
10월 31일	11월 1일	다음 해 1월 31일
11월 1일	11월 2일	다음 해 2월 1일

2 일용근로자 세금 신고 방법

일용근로자의 근로소득에 대해서는 원천징수의무자가 일 급여를 기준으로 원천징수 함으로써 납세의무가 종결되는 것이므로 별도의 연말정산은 하지 않는다.

그리고 반드시 일용근로소득지급명세서를 제출해야 한다. 지급일이 속하는 달의 다음 달 말일까지 제출해야 한다. 해당연도 귀속 일용근로소득을 12월 31일까지 미지급한 때도 지급월란에 12월로 기재하고 다음 연도 1월 말일까지 반드시 제출해야 한다. 다만, 건설공사에 종사하는 자가 1년 이상 계속해서 같은 고용주에게 고용된 경우 일용근로자 또는 상용근로자로 보는 시기 등은 다음과 같다(통칙 20-20…1).

❶ 근로소득에 대한 원천징수는 계속 고용으로 1년이 되는 날이 속하는 월부터 상용근로자로 본다.

❷ 연말정산 시는 1년이 되는 날이 속하는 과세기간의 초일부터 상용근로자로 본다.

구 분		해 설
원천징수 세액계산		(일당 - 15만 원) × 2.7% × 근로일수 [주] 지방소득세는 10%이다. [주] 납부액이 1,000원 미만의 경우는 납부하지 않는다. 일당을 매일 지급하면서 일당이 187,000원 이상의 경우 납부할 세액이 있고, 이하인 경우는 없다. [주] 식사대, 교통비 등은 비과세된다.
신고 및 납부	원천징수이행상황신고서 작성	❶ 납부세액이 있는 경우 : 원천징수이행상황신고서 일용근로자란에 작성해서 제출하고 납부세액은 금융기관에 납부 ❷ 납부세액이 없는 경우 : 원천징수이행상황신고서 일용근로자 〉 총급여액란만 작성해서 제출
	지급명세서 제출	지급명세서 제출 : 지급일의 다음 달 말일 매월 15일까지 「근로내용확인신고서」를 제출하는 경우 지급명세서의 제출을 생략할 수 있다.
증빙 관리	법정증빙	원천징수영수증(지급명세서), 원천징수이행상황신고서
	내부증빙	일용근로자 임금(노임)대장, 주민등록등본(또는 주민등록증 사본), 이체 내용 등
근로내용확인신고서		고용센터에 매달 15일 일용근로자 근로내용확인신고서 제출

바쁠 때마다 사무실 청소나 잡일을 도와줄 수 있는 일용근로자를 채용하고, 7일 동안 일급 20만 원을 지급했으며, 비과세소득은 없다.

10월 31일 일당에 대한 급여 140만 원을 지급하면서 원천징수를 했다.

해설

• 일용근로소득 − 비과세소득 = 일용 총급여액
• (−) 근로소득공제 (일 15만 원) = 일용 근로소득금액
• (×)세율 (6%) = 산출세액
• (−) 근로소득세액공제(55%) = 결정세액

일용근로세액은 아래와 같다.

① 지급액은 1,400,000원(200,000원 × 7일 = 1,400,000원)

② 소득세(9,450원)는 다음과 같이 산정한다.

㉠ 근로소득금액 : 200,000원 − 150,000원 = 50,000원

일용근로자는 1일 15만 원을 근로소득공제 하며, 다른 공제사항은 없다.

㉡ 산출세액 : 50,000원 × 6% = 3,000원

(원천징수 세율 6%를 적용한다.)

㉢ 세액공제 : 3,000원 × 55% = 1,650원

(산출세액의 55%를 적용한다.)

㉣ 소득세 : 3,000원 − 1,650원 = 1,350원

※ 약식 계산 : (200,000원 − 150,000원) × 2.7% = 1,350원

㉤ 원천징수 할 소득세는 소득세의 7일 합계액 9,450원(1,350원 × 7일 = 9,450원)이다.

③ 지방소득세는 940원(135원 × 7일)이다(소득세의 10%를 적용한다.)

① 신고구분						□ 원천징수이행상황신고서		② 귀속연월	2024년 10월
매월	반기	수정	연말	소득처분	환급신청	□ 원천징수세액환급신청서		③ 지급연월	2024년 10월

원천징수 의무자	법인명(상호)	○○○	대표자(성명)	△△△	일괄납부 여부	여 · 부
					사업자단위과세 여부	여 · 부
	사업자(주민)등록번호	xxx-xx-xxxxx	사업장 소재지	○○○○○	전화번호	xxx-xxx-xxxx
					전자우편주소	00@00.00

❶ 원천징수 명세 및 납부세액 (단위 : 원)

소득자 소득구분				코드	원천징수명세					납부 세액	
					소득지급 (과세 미달, 일부 비과세 포함)		징수세액			⑨ 당월 조정 환급세액	⑩ 소득세 등 (가산세 포함)	⑪ 농어촌 특별세
					④ 인원	⑤ 총지급액	⑥ 소득세등	⑦ 농어촌특별세	⑧ 가산세			
개인 (거주자·비거주자)	근로소득	간이세액		A01								
		중도퇴사		A02								
		일용근로		A03	1	1,400,000	9,450					
		연말정산	합계	A04								
			분납신청	A05								
			납부금액	A06								
		가감계		A10	1	1,400,000	9,450				9,450	
	퇴직소득	연금계좌		A21								
		그 외		A22								
		가감계		A20								
	사업소득	매월징수		A25								
		연말정산		A26								
		가감계		A30								
	기타소득	연금계좌		A41								
		종교인소득	매월징수	A43								
			연말정산	A44								
		그 외		A42								
		가감계		A40								
	연금소득	연금계좌		A48								
		공적연금(매월)		A45								
		연말정산		A46								
		가감계		A47								
	이자소득			A50								
	배당소득			A60								
	저축 등 해지 추징세액 등			A69								
	비거주자 양도소득			A70								
법인	내·외국법인원천			A80								
	수정신고(세액)			A90								
	총합계			A99	1	1,400,000	9,450				9,450	

❷ 환급세액 조정 (단위 : 원)

전월 미환급 세액의 계산			당월 발생 환급세액				⑱조정대상 환급세액 (⑭+⑮+⑯+⑰)	⑲ 당월조정 환급세액계	⑳ 차월이월 환급세액 (⑱-⑲)	㉑ 환급 신청액
⑫ 전월미환급 세액	⑬ 기 환급 신청세액	⑭ 차감잔액 (⑫-⑬)	⑮ 일반환급	⑯ 신탁재산 (금융회사 등)	⑰ 그밖의 환급세액 금융회사 등	⑰ 그밖의 환급세액 합병 등				

일용근로소득 지급명세서(지급자제출용)

[일용근로소득 지급명세서(원천징수영수증) 월별 제출집계표]

지급자	① 상 호 (법인명)		② 성 명 (대표자)		③ 사 업 자 등록번호
	④ 주민(법인) 등록번호		⑤ 소재지 (주 소)		
	⑥ 전화번호		⑦ 전자우편주소		

❶ 월별 원천징수 집계현황

⑧ 귀속연도	2024	⑨지급월	[ ]1월 [ ]2 월 [ ]3월 [ ]4월 [ ]5월 [ ]6월 [ ]7월 [ ]8월 [ ]9월 [o]10월 [ ]11월 [ ]12월

⑩ 일용근로자수 (⑰번에 적은 칸의 개수, 단 동일인의 경우 1명으로 합계)	⑪ 제출자료건수 (㉑번에 적은 칸의 개수)	⑫ 과세소득 합계 (㉓번 합계)	⑬ 비과세소 득 합계 (㉔번 합계)	원천징수세액 합계	
				⑭ 소득세 (㉕번 합계)	⑮ 지방소득세 (㉖번 합계)
1 명	1 건	1,400,000		9,450	940

❷ 소득자 인적사항 및 일용근로소득 지급내용
[일용근로소득 지급명세서(원천징수영수증)에 적은 지급명세와 동일하게 작성합니다]

⑯ 번 호	⑰ 성명 ⑱ 전화 번호	⑲ 외국인 여부	⑳ 주민등록 번호	귀속		㉓ 과세소득	㉔ 비과세 소득	원천징수세액	
				㉑ 근무월	㉒ 근무 일수			㉕ 소득세	㉖ 지방 소득세
1	k		650120- 1234567	10	7	1,400,000		9,450	940
2			-						
3			-						
4			-						
5			-						
6			-						
7			-						
8			-						

위와 같이 제출합니다.

2024년 11월 30일

징수의무자(지급자) (서명 또는 인)

※ 작성방법은 제2쪽을 참고하시기 바랍니다.

210mm×297mm[백상지80g/㎡ 또는 중질지80g/㎡]

일용근로소득 지급명세서(원천징수영수증)
([ ] 소득자 보관용 [ ] 지급자 보관용)

외국인 여부
(예 , 아니오)

원천징수 의무자 (지급자)	① 상호(법인명)		② 성명(대표자)	
	③ 사업자등록번호		④ 주민등록번호 (법인등록번호)	
	⑤ 소재지(주소)		⑥ 전화번호	
소득자	⑦ 성 명		⑧ 주민등록번호	
	⑨ 주 소		⑩ 전화번호	

| ⑪ 귀속연도 | 2024 | ⑫ 지급월 | [ ]1월 [ ]2월 [ ]3월 [ ]4월 [ ]5월 [ ]6월
[ ]7월 [ ]8월 [ ]9월 [o]10월 [ ]11월 [ ]12월 |

귀 속		⑮ 과세소득	⑯ 비과세소득	원천징수세액	
⑬ 근무월	⑭ 근무일수			⑰ 소득세	⑱ 지방소득세
10월	7일	1,400,000		9,450	940

위의 일용근로소득(원천징수 세액)을 지급(영수)합니다.

2024년   11월   30일

징수의무자(지급자)   (서명 또는 인)

※ 이 자료는 「조세특례제한법」 제100조의6에 따른 근로장려금 신청 시 꼭 필요한 서류이므로 잘 보관하시기 바랍니다.

210㎜×297㎜[백상지80g/㎡ 또는 중질지80g/㎡]

일용근로자는 납부 세금이 건당 1,000원 미만이면 세금을 내지 않는다. 여기서 건당은 1일 단위로 지급하던 주 또는 월 단위로 지급하든 1건으로 본다. 따라서 모아서 주면 건당 1,000원이 넘을 가능성이 크다.

계산식은 약식으로 (일당 − 15만원) × 2.7%이다.

1. 일당 150,000원 이하는 소득세가 발생하지 않는다.

15만원 − 15만원 = 0원이므로 소득세 미발생

2. 일당 150,000원 이하는 소득세가 발생하지 않고, 일당이 아닌 한 달에 몰아서 받을 경우도 소득세가 발생하지 않는다.

하루 단위로 주든 몰아서 주든 15만원 − 15만원 = 0원이므로 0원에 1일을 곱하나 30일을 곱하나 어차피 0원이다.

3. 일당 150,000원 이상 187,000원 이하까지는 매일 지급하는 경우 소득세가 발생하지 않는다.

(187,000원 − 15만원) × 2.7% = 999원

건당 1,000원 미만으로 납부할 세액이 없다.

4. 150,000원 이상 187,000원 이하 금액을 일당이 아닌 한 달에 몰아서 받을 경우, 150,000원 이하 일당과 달리 소득세가 누적되어 계산되어 소득세가 발생한다.

(187,000원 − 15만원) × 2.7% = 999원

999원 × 30일 = 29,970원

건당 1,000원을 넘으므로 29,970원을 납부해야 한다.

일용근로자 3개월 판단과 일용근로자의 상용근로자 전환(연말정산)

1 세법상 일용근로자

소득세법상 일용근로자는 근로제공 일수 또는 시간에 따라 근로대가를 계산하여 지급받는 사람으로 동일한 고용주에게 3월 이상(건설은 1년) 계속해서 고용되어 있지 않은 자를 말한다.

세법상 일용근로자의 조건은 3개월 이상을 요건으로 정하고 있을 뿐 매달 최소 근로일수에 대해서는 정하고 있지 않으므로 매달 며칠을 근무했든 동일 고용주에게 3개월 이상 근로를 제공하는 경우 일용근로자가 아닌 상용근로자로 보는 것이 타당하다.

최초 근로제공일	기산일	만료일(3월이 되는 날)
10월 2일	10월 3일	다음 해 1월 2일
10월 31일	11월 1일	다음 해 1월 31일
11월 1일	11월 2일	다음 해 2월 1일

🐦 연속해서 3개월 이상 근로를 제공하는 경우

매일 연속해서 3개월을 근무하지 않고 필요에 따라 부정기적으로 시급 또는 일급을 지급하는 계약을 체결하여 근무한 때도 중간에 일용관계가 중단되지 않고 계속되어 오고, 최초 근무일을 기준으로 민법상 역에 의하여 계산한 기간이 3개월 이상(3월 이상이 되는 월부터 일반급여자)이라면 상용근로자로 보아야 한다.

예를 들어 8월부터 10월까지 4~5일 연속해서 아르바이트를 한 학생의 경우 일용근로자가 아닌 상용근로자로 보아야 한다.

일용근로자의 상용근로자 전환

[질의]

1. 건설노무자가 아닌 일반 일용근로자의 경우에 있어서 2006.1.1.~3.31.까지 동일 고용주에게 고용되어 근무할 때 일용근로자인지 일반근로자인지.

2. 건설노무자가 아닌 일반 일용근로자의 경우에 있어서 2006.1.1.~3.31.까지 동일 고용주에게 고용시, 통칙 20-3에서 1년이 되는 날이 속하는 월부터 일반급여자로 본다고 하였는데 일반 일용근로자의 경우 3월이 되는 날이 속하는 월이 4월달인지.

3. 일반 일용근로자로서 평균 2~4시간 근무하고 1월 근무일수가 4~10일 정도이면서 5~6개월 동일 고용주에게 계속하여 근무할 때, 3월 이상 계속하여 동일 고용주에게 고용되었으므로 일반급여자로 보아야 하는지.

[회신]

1. 질의 1, 2의 경우 소득세법시행령의 규정에 의해 일용근로자의 범위를 적용함에 있어 3월이란 민법 규정에 따라 역에 의하여 계산한 기간을 말하는 것이며,

2. 질의 3의 경우, 근로자가 고용주와 일정 근로조건(시간급 파트타임 등)으로 고용계약하고 당해 근로계약조건에 따라 동일 고용주에게 3월 이상 계속하여 고용된

경우는 소득세법시행령 규정에 의한 일용근로자에 해당하지 아니하는 것임(서면 1 팀-657, 2006.05.22.).

○ 대법원 93 다 26168(95-07-11)

가. 원래 근로자가 반드시 월평균 25일 이상 근무하여야만 근로기준법상 퇴직금 지급의 전제가 되는 근로자의 상근성·계속성·종속성의 요건을 충족시키는 것은 아니고, 최소한 1개월에 4, 5일 또는 15일 정도 계속해서 근무하였다면 위 요건을 충족하므로, 형식상으로는 비록 일용직 근로자로 되어있더라도 일용관계가 중단되지 않고 계속되어 온 경우에는 상용근로자로 보아야 한다.

나. 근로계약이 만료됨과 동시에 근로계약기간을 갱신하거나 동일한 조건의 근로계약을 반복하여 체결한 경우는 갱신 또는 반복한 계약기간을 모두 합산하여 계속근로연수를 계산하여야 한다.

🌱 간헐적으로 3개월 이상 근로를 제공하는 경우

동일한 고용주에게 3개월 이상(건설은 1년) 계속해서 고용되어 있지 아니한 자 중 3개월이란 연달아 3개월 이상 근무하는 것을 말하며, 2개월 근로 후 1개월 쉬고 1개월 근로 후 1개월 쉬는 등 연속성이 없는 경우는 총기간이 3개월 이상이라도 일용근로자로 본다.

예를 들어 8, 9월 아르바이트 후 10월을 쉰 후 11월에 다시, 아르바이트를 하는 경우 연달아 3개월 이상 고용된 것이 아니므로 일용근로자로 본다.

[국세청 상담사례] 일용직(대학생 아르바이트) 한 고용주로부터 3개월 이상 근무시 근로소득 전환(답변일 2017-12-11)

2 일용근로자의 상용근로자 전환(연말정산 문제)

일용근로자에 해당하는 거주자가 3월 이상(건설공사종사자는 1년) 계속하여 동일한 고용주에게 고용되는 경우는 3월 이상이 되는 월부터 상용(일반)근로자로 보아 원천징수하고, 해당연도 1월 1일부터 12월 31일까지 지급받은 급여를 합산하여 연말정산을 해야 한다.

따라서, 3월 이상이 되는 월부터 상용근로자로 보아 간이세액표에 의해 원천징수 해야 하며, 연말정산 시에는 1월부터 지급받은 일용급여액도 합산하여 연말정산을 해야 한다.

이 경우, 일용근로소득금액을 포함하여 연말정산 후 근로소득 지급명세서가 제출되면 일용근로소득 지급명세서 기 제출된 자료로 인해 소득이 이중으로 잡힘으로 인하여 과세관청으로부터 소명자료의 제출 및 근로자의 소득증명서류 발급 시 실제보다 과다하게 조회될 수 있는바, 이에 대한 문제를 해소하려면 일용근로소득 원천세 수정신고 및 일용근로소득 지급명세서 감액 수정신고를 제출하면 될 것이나, 현행 법 규정에서는 수정제출은 의무사항은 아니다.

단, 일용근로자에 해당하는 자가 3월 이상이 되는 월부터 상용근로자로 보아 간이세액표에 의해 원천징수하고 다음 해 2월 급여 지급 시 연말정산 해야 하는 것이나 3월 이상이 되는 월부터 상용근로자로 보지 않고 계속 일용근로소득자로 보아 소득세를 원천징수하고 지급명세서를 제출하였다면 원천징수 등 납부지연가산세 및 지급명세서 제출불성실가산세(일용근로소득 지급명세서 과다제출분에 대해서)가 적용될 수 있다.

> **일용근로자에서 일반근로자로 전환 시 연말정산**
>
> 세법상 3개월 이내의 기간 중에 발생된 근로소득에 대하여는 당초 정상적으로 신고한 소득에 해당되어 원천징수이행상황신고서 및 지급조서를 수정신고 제출하실 필요는 없는 것이나, 실무적으로 불부합 발생 및 일용근로소득과 일반근로소득에 대하여 이중으로 소득이 계산되는 경우가 발생될 수 있어 본 상담원의 견해로는 원천징수이행상황신고서 및 일용근로소득 지급명세서에 대하여 수정하여 제출하여야 할 것으로 사료됩니다(국세청 답변일 2017-12-11).

3 일용근로자의 상용근로자 전환시 4대 보험

일용근로자가 아닌 상용근로자로 전환하게 되면 소득금액이 종합소득금액으로 잡히기 때문에 건강보험료의 증가나 겸직 의무의 위반 등 여타 문제들이 발생할 수도 있으므로 근로자나 사업주는 주의해야 한다.

상용근로자 세금을 공제하는 방법

 1 매월 급여 원천징수 방법

매월 급여에 대한 원천징수는 간이세액표를 통해서 한다.

구 분	공제 방법	공제 기준급여	비고
근로소득세	간이세액표	총급여 – 비과세소득	근로자 전액 부담
지방소득세	근로소득세의 10%	근로소득세	근로자 전액 부담

원천징수의무자는 매월 급여 지급 시 원천징수할 근로소득세를 근로소득 간이세액표(홈택스(www.hometax.go.kr) 〉 세금신고 〉 원천세신고 〉 근로소득간이세액표를 클릭하면 자동 계산이 가능하며, 간이세액표도 무료로 다운받을 수 있다)에 의해 계산한다.

그리고 계산된 원천징수 세액 중 매달 80%, 100%, 120% 중 근로자가 선택해서 납부를 하면 된다. 다만, 업무 편의를 위해 대다수

100%를 적용해 원천징수 한다.

❶ 홈택스(www.hometax.go.kr)에 접속한다.

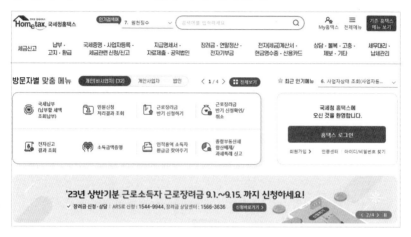

❷ 세금신고 〉 원천세 신고 〉 근로소득간이세액표를 클릭

- 2023년 02월 개정된 근로소득 간이세액표입니다.
  시행일(2023.02.28) 이후 원천징수하는 분부터 적용합니다.
  〈개정내용〉
  ○ 소득세 과세표준 구간 조정 및 총급여 1.2억원 초과자에 대한 근로소득세액공제 한도 축소 및 자녀세액공제 기준 조정(7세 이상 20세 이하 자녀 수→8세 이상 20세 이하 자녀 수)에 따라 근로소득 간이세액표 개정

  - 원천징수의무자가 매월분의 근로소득을 지급하는 때에는 「소득세법」 제 134조 및 같은법 시행령 제 194조에 따라 근로소득 간이세액표(시행령 별표2)에 의하여 원천징수하도록 규정하고 있습니다.
  - 근로소득 간이세액표는 연말정산시 추가납부 등에 따른 근로자의 부담을 분산하기 위해 월 급여수준과 공제대상 부양가족 수 별로 매월 원천징수해야하는 세액을 정한 표입니다.
  - 근로자는 원천징수세액을 근로소득간이세액표에 따른 세액의 80%, 100%, 120% 중에서 선택할 수 있으며(원천징수의무자에게 '소득세 원천징수세액 조정신청서'를 제출하여야 함), 원천징수방식을 변경한 이후에는 재변경 전가지 계속 적용하여야 합니다. (단, 변경한 과세기간에는 재변경 불가)
  - 근로소득 간이세액표에 따른 세액보다 적게 원천징수·납부하는 경우 과소납부한 세액에 대하여 원천징수납부불성실가산세가 부과되므로 유의하시기 바랍니다.

● **근로소득에 대한 간이세액표 자동 조회 프로그램 이용방법**

- 월급여액은 비과세 소득을 제외한 금액입니다.
- '전체 공제대상 가족 수'는 기본공제대상자(본인 포함)에 해당하는 부양가족의 수를 기재합니다.
- '전체 공제대상 가족 중 8세 이상 20세 이하 자녀 수'는 기본공제대상자에 해당하는 8세 이상 20세 이하의 자녀수를 선택합니다. 따라서, 8세 이상 20세 이하의 자녀이더라도 연간 소득금액이 100만원을 초과하는 경우에는 "8세 이상 20세 이하의 자녀수"에서 제외합니다.

근로소득 간이세액표(조견표)	📄 한글 다운로드	📊 엑셀 다운로드	📕 PDF 다운로드

※ **PDF 다운로드가 되지 않을 경우,** 다음과 같이 조치해 보시기 바랍니다.
아크로뱃 리더에서 편집 -> 택서빌리티 -> 설정 도우미 -> 다음 -> 다음 -> 다음 -> 다음 -> 웹 브라우저에서 PDF 문서 표시 체크 해제
크롬 브라우저 사용자에서는 chrome://plugins 로 들어가서서 Chrome PDF Viewer 항목이 '사용 중지'로 되어 있으면 '사용'으로 변경하시기 바랍니다.

● **나의 월급에서 한 달에 납부하는 세금은?**

* 월 급여액	[ ]	
전체 공제대상 가족 수 (본인 포함)	1 ▾	전체 공제대상 가족 중 8세 이상 20세 이하 자녀 수 0 ▾

[조회하기]

✔ **월급여액을 계산한다.**

> 월급여액 = 매월 받는 총급여액 – 비과세급여 – 학자금

✔ **전체 공제대상가족 수를 계산한다.**

공제대상가족 수는 다음 인원의 합을 말한다.

> 공제대상가족의 수 = 전체 공제대상가족의 수

아래 표에서 실제 공제대상가족 수에 본인도 포함이 되므로 간이세액표 적용 시 실제 공제대상가족 수는 최소 1인이 된다는 점에 유의해야 한다.

전체 공제대상가족 수 =

　본인

+ 배우자

+ 만 8세 이상 20세 이하의 자녀(장애인은 연령제한 없음)

+ 만 60세 이상(남녀 모두 동일)인 부모님

+ 만 8세 이상 20세 이하 동거입양자(직계비속 또는 입양자와 그 배우자가 모두
  장애인에 해당하는 때는 그 배우자를 포함)

+ 만 8세 이상 20세 이하 또는 만 60세 이상 형제자매

+ 국민기초생활보장법 제2조 제2호의 수급자

+ 당해 연도 6개월 이상 위탁양육 한 위탁아동

✔ **전체 공제대상가족 수 중 8세 이상 20세 이하 자녀수를 계산한다.**

전체 공제대상 가족 수(본인 + 배우자 + 세법상 부양가족공제 대상)만으로 공제 인원을 계산해 간이세액표를 적용한 후 간이세액표 금액에서 전체 공제대상 가족 중 8세 이상 20세 이하 자녀 수에 따라 아래의 금액을 차감한 후 원천징수한다.

❶ 8세 이상 20세 이하 자녀가 1명인 경우 : 12,500원

❷ 8세 이상 20세 이하 자녀가 2명인 경우 : 29,160원

❸ 8세 이상 20세 이하 자녀가 3명 이상의 경우 : 29,160원 + 2명 초과 자녀 1명당 25,000원

월 급여 3,500,000(비과세 및 자녀 학자금 지원금액 제외)원

부양가족의 수 : 본인 포함 4명(8세 이상 20세 이하 자녀 2명 포함)

해설

1. 공제대상가족의 수 : 4명(49,340원)(8세 이상 20세 이하 자녀 2명 미반영 후 적용)
2. 원천징수 세액 = 49,340원 - 29,160원(8세 이상 20세 이하 자녀 2명) = 20,180원

월급여(천원) [비과세 및 학자금 제외]		공제대상가족의 수				
이상	미만	1	2	3	4	5
3,500	3,520	127,220	102,220	62,460	49,340	37,630

급여에서 공제하는 근로소득세와 4대 보험료

예를 들어 급여 257만 원(이 중 20만 원은 비과세급여)을 지급받는 경우 근로소득세
와 근로자부담 4대 보험료를 계산해보면 다음과 같다(공제대상가족의 수가 1명)

해설

(1) 근로소득세 및 지방소득세 공제액 – 간이세액표 적용
257만 원 – 20만 원 = 237만 원의 공제대상가족의 수가 1명

월급여액(천원) [비과세 및 학자금 제외]		공제대상가족의수										
이상	미만	1	2	3	4	5	6	7	8	9	10	11
2,370	2,380	31,410	24,410	13,940	10,560	7,190	3,810	0	0	0	0	0
2,380	2,390	31,970	24,730	14,140	10,760	7,390	4,010	0	0	0	0	0

(2) 국민연금 : (총급여 – 비과세급여) × 국민연금료율
(257만 원 – 20만 원) × 국민연금료율
(3) 건강보험 : (총급여 – 비과세급여) × 건강보험료율 + [(총급여 – 비과세급여) ×
건강보험료율] × 장기요양보험료율
(257만 원 – 20만 원) × 건강보험료율 + [(257만 원 – 20만 원) × 건강보험료율]
× 장기요양보험료율

(4) 고용보험 : (총급여 - 비과세급여) × 고용보험료율

(257만 원 - 20만 원) × 고용보험료율

2 상여금의 원천징수

예를 들어 3개월에 한 번씩(3, 6, 9, 12월)에 상여금을 지급하는 경우 3월을 기준으로 설명한다.

❶ 1월과 2월은 평상시 급여로 간이세액표에 따라 원천징수

❷ 3월 평균 급여에 해당하는 간이세액 = (1월 + 2월 + 3월 급여 + 3월 상여금) ÷ 3에 해당하는 간이세액표 금액

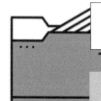

❸ (❷의 간이세액표 소득세 × 3개월) - (1월 + 2월에 납부한 간이세액표 소득세)

상여금이 있는 달의 원천징수 세액

구 분	계산방법
방법1	(1) 지급대상기간이 있는 상여 지급 시 원천징수세액 = (❶ × ❷) - ❸ ❶ = [(상여 등의 금액 + 지급대상기간의 상여 등외의 급여의 합계액) ÷ 지급대상기간의 월수]에 대한 간이세액표상의 해당 세액 ❷ = 지급대상기간의 월수 ❸ = 지급대상기간의 상여 등외의 급여에 대해 원천징수해서 납부한 세액 (2) 지급대상기간이 없는 상여 지급 시 원천징수 세액

구 분	계산방법
방법1	그 상여 등을 받는 연도의 1월 1일부터 그 상여 등의 지급일이 속하는 달까지를 지급대상 기간으로 하여 (1)의 방법으로 계산한다. **㊟** 그 연도에 2회 이상의 상여 등을 받는 경우 직전에 상여 등을 지급 받는 날이 속하는 달의 다음 달부터 그 후에 상여 등을 지급받는 날이 속하는 달까지로 한다.
방법2	상여 등의 금액과 그 지급대상 기간이 사전에 정해진 경우에는 매월분 의 급여에 상여 등의 금액을 그 지급대상 기간으로 나눈 금액을 합한 금액에 대해 간이세액표에 의한 매월분의 세액을 징수한다. **㊟** 금액과 지급대상 기간이 사전에 정해진 상여 등을 지급대상 기간의 중간에 지급하는 경우를 포함한다. 지급대상 기간이 없는 상여 지급의 경우 방법1의 (2)에 의한 방법으로 원천징수

[지급대상기간의 계산]

9월에 지급대상 기간이 없는 상여 및 지급대상 기간(7~9월)이 있는 상여를 지급하는 경우 지급대상 기간계산

- 지급대상 기간이 없는 상여의 지급대상 기간 : 9개월
- 지급대상 기간이 있는 상여의 지급대상 기간 : 3개월
- 9월 상여 전체의 지급대상 기간의 월수 : (9 + 3) ÷ 2 = 6

1. 지급대상기간 선택	
지급대상기간	4개월
2. 지급대상기간의 총급여	
월급여 합계액	20,000,000원
상여금	5,000,000원
3. 기 원천징수 된 세액	
소득세	1,006,410원
지방소득세	100,640원(소득세의 10%)

4. 공제대상 부양가족	
부양가족 수(본인 포함)	1인
근로자 신청률	100%

해설

(단위 : 천원)

월급여액(천원)		공제대상가족의 수				
[비과세 및 학자금 제외]		**1**	2	3	4	5
5,000	5,020	335,470	306,710	237,850	219,100	200,350
5,020	5,040	338,270	309,500	240,430	221,680	202,930
6,240	6,260	560,340	512,840	427,400	408,650	389,900
6,260	6,280	564,870	517,350	430,040	411,290	392,540

1. 월평균 급여액		6,250,000원	2,500만 원 ÷ 4
2. 간이세액표상 원천징수 세액	소득세	560,340원	간이세액표
	지방소득세	56,030원	소득세 × 10%
3. 원천징수할 세액	소득세	2,241,360원	560,340원 × 4
	지방소득세	224,130원	소득세 × 10%
4. 기납부한 세액	소득세	1,006,410원	
	지방소득세	100,640원	
5. 차감 원천징수 세액	소득세	1,234,950원	2,241,360원 − 1,006,410원
	지방소득세	123,490원	소득세 × 10%

외국인 근로자
세금을 공제하는 방법

 1 외국인 근로자의 매월 원천징수

외국인 근로자의 근로소득에 대해서는 국내 근로자와 동일하게 간이
세액표에 따라 원천징수 하는 방법과 단일세율 19%를 적용해서 원
천징수 하는 방법 중 선택해서 적용할 수 있다.

> ① 외국인 근로자는 단일세율(19%) 적용방식
> ② 내국인 근로자와 같이 간이세액표 적용 방법 중 선택이 가능하다.

단일세율 적용을 신청한 외국인 근로자의 경우 소득세와 관련된 비
과세 공제, 감면, 소득 및 세액공제에 관한 규정이 적용되지 않으므
로, 사용자가 부담하는 국민건강보험료와 고용보험료도 과세표준에
포함된다. 그리고 해당 근로소득은 종합소득과세표준의 계산에 합산
하지 않는다.

과세특례 적용기한은 국내에서 최초로 근로를 제공한 날로부터 20년 이내 끝나는 과세기간이며, 외국인 근로자는 해당 과세연도 종료일 현재 대한민국의 국적을 가지지 않은 사람만 해당한다. 대한민국 국적을 가진 재외국민은 외국인 근로자 과세특례 적용 대상을 받을 수 없다.

외국인 근로자에 대한 과세특례를 적용받으려는 외국인 근로자는 근로소득 세액의 연말정산을 하는 때에 근로소득자 소득, 세액공제 신고서에 외국인 근로자 단일세율 적용신청서를 첨부해 원천징수 의무자, 납세조합 또는 납세지 관할 세무서장에게 제출해야 한다.

2 외국인 근로자의 연말정산

우리나라 거주자인 외국인은 원칙적으로 1년 동안의 모든 국내외 근로소득에 대하여 합산하여 연말정산을 해야 한다. 다만, 해당 과세기간 종료일로부터 과거 10년 동안 국내에 주소나 거소를 둔 기간의 합계가 5년 이하인 외국인 거주자는 국내에서 지급되거나, 국외에서 지급되었으나 국내로 송금된 국외 근로소득에 대해서만 합산해서 연말정산을 한다.

❶ 국내에서 제공하는 근로의 대가로서 받는 급여

❷ 거주자 또는 내국법인이 운영하는 외국 항행 선박, 원양어업 선박 및 항공기의 승무원이 받는 급여

❸ 내국법인의 임원 자격으로서 받는 급여

❹ 법인세법에 따라 상여로 처분된 금액

비거주자의 국내 원천 근로소득에 대한 소득세의 과세표준과 세액계산에 관하여는 거주자에 대한 소득세의 과세표준과 세액계산에 관한 규정을 준용한다. 다만 인적공제 중 비거주자 본인 외의 자에 대한 공제와 특별소득공제, 자녀 세액공제 및 특별세액공제는 적용되지 않는다.

외국인 사택제공이익 19% 단일세율 적용 문제

단일세율 과세특례를 적용받는 외국인 근로자의 사택제공이익은 근로소득에서 제외한다.

Q. 외국인 단일세율을 적용받는 직원은 과세금액의 19%를 소득세로 원천징수하는 것으로 알고 있습니다. 그런데 외국인이면서 중소기업 청년 소득세 감면대상(90%)이 되는 경우에는 어떻게 적용하는 것일까요? 단일세율과 감면을 중복적용해도 되는지요?
A. 조세특례제한법에 따라 외국인근로자가 단일세율을 적용받은 근로소득은 소득세 관련 비과세나 공제, 감면 및 세액공제에 관한 규정을 적용하지 않습니다. 또 소득세법에 따른 종합소득과세표준에 합산하지 않습니다. 따라서 단일세율을 적용받은 근로소득에 대해서는 중소기업 취업자 소득세감면 등의 공제와 감면을 적용받을 수 없는 것으로 판단됩니다.

Q. 총급여 3,000만원 미만인 외국인 근로자의 연장근로수당은 비과세라고 하던데요. 연도중에 이직한 경우는 어떻게 적용되나요?
A. 직전 과세기간의 근로소득을 합산한 총급여가 기준이기 때문에 해당연도의 급여액을 합산해서 3,000만 원 이하인지를 판단해야 할 것으로 판단됩니다.

근로소득의 (중도 퇴사) 연말정산

연말정산이란 원천징수의무자가 근로자의 해당 과세기간 근로소득금액에 대해 총 부담 해야 할 소득세액을 확정하는 절차로 해당 과세기간의 근로소득금액에서 근로자가 제출한 "소득·세액 공제신고서" 내용을 반영하여 최종 납부세액을 결정한다.

각종 공제사항을 반영한 최종 납부세액이 결정되면 원천징수의무자 (회사)는 매월 원천징수한 세액의 합계액과 비교하여 원천징수 합계액이 더 많은 경우에는 초과액을 환급(급여에 가산)하고, 부족한 경우에는 추가로 징수(급여에서 차감)한다.

이러한 연말정산은 연도 중에 퇴사하는 임직원을 위한 중도퇴사자 연말정산과 계속 상용근로자에 대한 연말정산으로 나누어 볼 수 있다.

1 연도 중 회사를 퇴직한 경우 중도퇴사자 연말정산

근로자가 중도에 퇴직하는 경우 퇴직하는 달의 근로소득을 지급하는 때에 연말정산을 한다. 이를 중도 퇴사자 연말정산이라고 하는데, 중도 퇴사자는 퇴직 시점에 세금을 정산하여, 퇴직할 때 회사에서 환급받거나 납부하게 된다.

따라서, 중도 퇴직하는 근로자의 경우 퇴직하는 달의 급여를 받기 전 회사에 근로소득자의 소득·세액공제신고서와 증빙서류를 제출해야 하며, 한 근무지의 근로소득만 있다면 상기 연말정산으로 소득세 납세의무가 종결된다. 다만, 실무상 중도 퇴사자는 자료를 전부 제출할 수 없어 이때는 정산을 위한 자료 제출 없이 근로자로서의 기본적인 사항만 반영하여 연말정산을 진행한다.

공제받지 못한 내용은 추후 이직한 회사에서 재직자로 연말정산 시 반영하거나, 다음 해 5월 종합소득세 신고 시 공제받을 수 있다.

구 분		내 용
재취업을 한 경우	현 근무지에서	근로소득자 「소득·세액공제 신고서」를 작성하여 제출한다.
	종전 근무지에서	종전 근무지에 요청하여 「근로소득 원천징수 영수증」을 추가로 제출, 현 근무지의 근로소득과 합산해야 한다.
취업하지 않은 경우		• 국세청 홈택스를 통하여 직접 종합소득세 기간(5월)에 신고해야 한다. • 전근무지의 근로소득원천징수영수증과 연말정산간소화 서비스 자료를 토대로 종합소득세를 신고한다.

연말정산이 완료된 후 근로소득 원천징수영수증의 하단 76. 차감징수세액의 금액이 (+)이면 납부세액 발생, (−)이면 환급세액이 발생한 것이다.

중도퇴직자의 연말정산은 퇴직 월의 급여를 지급하는 때에 하는 것이고, 이때 환급세액이 발생했을 경우 급여와 함께 지급하게 된다.

퇴직정산 결과 발생한 근로소득세 환급세액을 원천징수 의무자(전 직장)가 지급하지 아니할 경우, 세법에서는 별도로 강제 수단을 정한 바 없어 결국 체불임금으로 전 직장으로부터 받아야 한다.

원천징수 의무자(전 직장)는 마지막 급여를 지급할 때 퇴직정산 결과가 반영된 금액을 퇴사하는 근로자에게 환급 또는 징수해야 한다. 즉 전 직장에서 환급받고 퇴사를 해야 하며, 전 직장 환급분을 현 직장에서 환급받는 것은 안 된다.

2 계속 상용근로자의 연말정산

연말정산은 1년간의 총 근로소득에 대한 납부세액을 확정하는 것으로 근로자가 한 해 동안 납부한 근로소득세를 정산하는 절차다.

연말정산의 신고 의무자는 회사(원천징수 의무자)다. 근로자에게 필요서류를 받아 회사나 회사에서 의뢰한 세무대리인이 업무를 처리한다.

연말정산 결과 급여가 같은 경우에도 누군가는 돌려받고 누군가는 더 납부를 한다. 부양가족이 있거나, 기부금을 많이 냈거나, 교육비로 지출하는 비용이 많은 경우 등 해당하는 사항이 있다면 납부해야 하는 세금을 공제 또는 감면받을 수 있다.

예를 들어, 혼자 사는 갑과 부모님과 자녀를 부양하는 을이 있을 때 을에게 세금 공제 혜택을 주어 세금을 적게 낼 수 있도록 한다. 이같이 급여는 같아도 여러 여건에 따라 공제받는 금액의 차이로 인해 누구는 돌려받지만, 누구는 더 내는 사태가 발생한다.

그런데 이런 사항들을 매월 급여에 반영할 수 없으니 급여 지급 시에는 회사가 일정 비율로 세금을 미리 공제하여 국가에 납부하고, 1년에 1번 연말정산이라는 절차를 통해 정산한다.

근무 기간분만 공제	근무 기간과 상관없이 공제
건강보험, 고용보험, 노인장기요양보험료, 주택자금공제, 주택마련저축, 신용카드 등 사용금액 소득공제(소비증가분은 근로제공 기간에 상관없이 연간으로 계산), 우리사주조합 출자금, 고용유지 중소기업 근로자, 장기집합투자증권저축, 보험료, 의료비, 교육비 세액공제, 월세액 세액공제	연금보험료 공제, 개인연금저축 공제, 연금저축계좌세액공제, 투자조합출자 등 공제, 소기업/소상공인 공제부금 소득공제, 기부금 공제는 근무기간과 관계없이 총액에 대한 공제가 가능하다.

직장에서 받는 근로소득과 별도로, 추가 다른 소득이 있는 경우, 다음 해 5월 종합소득세 신고 시 근로소득과 다른 소득을 합산한 후 직접 소득공제를 추가하여 세금을 납부 또는 환급받을 수 있다.

근무지가 2곳 이상인 경우, 주된 근무지를 결정하여 그 외의 종근무지의 근로소득 원천징수영수증을 제출하여 주된 근무지의 원천징수 의무자가 합산하여 연말정산을 해야 한다.

연말정산 환급세액 및 납부세액 급여대장 반영방법

2월 귀속 급여에서 근로자별 연말정산 환급세액 및 납부세액이 정산되어 반영된다. 다만, 회사별 연말정산 업무 일정에 따라 3월 귀속 급여대장에 반영될 수 있으며, 납부세액이 발생한 근로자의 경우 분납 신청에 따라 반영 월이 달라질 수 있으니 정확한 반영 월 및 반영방법은 담당 세무 대리인에게 확인해야 한다.

1인 법인 대표이사의
사업소득세와 4대 보험료 납부

 1인 법인 대표이사의 4대 보험

1인 법인도 대표이사가 급여를 받는 경우 최초 사업장 성립 신고 후 가입자 자격취득 신고까지 진행해야 한다. 다만, 대표이사가 무보수인 경우는 사업장 성립 신고 후 가입자 자격취득 신고를 하지 않는다.

또한 직원이 있는 법인으로 사업장 가입이 되어있다가 직원의 퇴사로 1인 법인이 된 경우 대표이사가 급여를 받는 경우는 사업장 가입이 그대로 유지되나, 무보수일 때는 사업장 상실 신고 및 가입자 자격상실 신고까지 진행해야 한다.

대표이사

유보수 ⇨	사업장 가입 유지, 대표이사 사업장 가입자
무보수 ⇨	사업장탈퇴, 대표이사 상실 신고

2 1인 법인 대표이사의 사업소득세

세금 신고와 관련해서는 원칙적으로 법인의 대표자와 등기임원의 급여는 근로소득으로 신고해야 한다.

대표자가 사업장에 소속되어 본연의 업무를 함으로써 발생하는 소득은 모두 근로소득으로 신고해야 하고, 본연의 업무 외에 부수적으로 발생하는 소득에 대해서만 예외적으로 사업소득으로 신고한다. 즉, 법인의 대표이사, 이사, 감사의 지위에 있고, 사업상 독립적으로 용역(고문)을 제공하고 대가를 받는 경우라면 당해 용역제공에 대한 대가는 사업소득으로 볼 수도 있다.

대표이사	원칙	근로소득세 신고 · 납부
	예외	독립적 용역제공 시 사업소득세 신고 · 납부

등기임원 또한 사업장에 소속되어 본연의 업무(근로계약에 따른)를 함으로써 정기적으로 급여를 받는다면 사업소득이 아닌 근로소득으로 신고한다. 근로소득으로 신고해야 하지만 지속적으로 사업소득으로 신고하는 경우, 국세청에서 이를 근로소득으로 재신고하라는 안내를 받을 수 있다.

> **[참고 예규]** 서일 46011-10001, 2004.01.03.
> 법인의 대표이사, 이사 및 감사인 경우에도 사업상 독립적으로 용역을 제공하고 대가를 받는 경우는 당해 용역제공에 대한 대가는 사업소득에 해당하는 것임.

근로소득세 비과세와 근로소득으로 보지 않는 급여

1 근로소득으로 보지 않는 대가

아래의 경우는 근로소득으로 보지 않는다.

- 연 70만원 이하의 단체순수보장성보험료(또는 단체환급보장성 보험료)
- 사내근로복지기금으로부터 받는 용도 사업 범위 내의 금품
- 퇴직급여 지급을 위한 사용자 적립금
- 사업자가 종업원에게 지급한 경조금 중 사회통념상 타당하다고 인정되는 금액
- 중소기업 종업원의 주거 안정을 지원하기 위해 회사로부터 주택의 구입·임차 자금을 저리 또는 무상으로 제공받음으로써 얻는 이익

2 비과세급여

급여총액에는 포함되지만, 총급여액에서는 제외되어 과세하지 않는 경우가 있다. 이를 비과세급여라 하는데, 다음의 경우가 있다.

- 회사 규정에 따른 실비변상 정도의 여비 및 일·숙직비
- 식대(현금 지급시는 월 20만원 이내, 현물급식은 전액)
- 국민건강보험, 고용보험, 국민연금 등 회사가 부담하는 4대 보험 금액
- 자가운전보조금(본인 차량을 회사 업무에 이용하고 여비 대신 받는 경우로서 월 20만원 한도로 하며, 회사에서 여비를 별도로 지급받으면서 자가운전보조금을 받는 경우는 과세대상임)
- 자녀보육수당(근로자 또는 배우자의 자녀출산, 6세 이하의 자녀보육과 관련하여 받는 급여로서 월 20만원 이내의 금액)
- 육아휴직수당(고용보험공단에서 지급하는 육아휴직급여, 출산전후 휴가급여, 공무원의 육아휴직수당, 배우자 출산휴가 급여 등)
- 근로자 본인의 학자금 지원액(자녀학자금 지원액은 과세 대상임)
- 대학생이 근로의 대가로 지급받는 근로장학금
- 연구활동비(교원 및 연구 종사자가 받는 월 20만원 이내)
- 생산직근로자의 야간근무수당으로서 전년도 총급여액 3,000만원 이하인 근로자가 받는 월정액급여 210만원 이하의 금액
- 국외근로소득(국외에서 근로를 제공하고 받는 보수 중 월 100만원 한도 등)
- 벽지수당 또는 기자의 취재수당 중 월 20만원 이내 금액
- 이주수당(국가균형발전법에 따라 수도권 외의 지역으로 이전하는 공무원 등이 받는 이주수당 중 월 20만원 이내)
- 비출자 임원과 사용인이 사택을 받음으로써 얻은 이익

복리후생비지만
근로소득세가 과세 되는 대가

1 핸드폰 사용료의 비용인정 요건

핸드폰 사용료는 다음의 3가지 요건을 충족해야 비과세 처리된다.

- 회사의 사규 등에 의해서 지급 기준이 정해져 있고,
- 일반적으로 영업직원만 지급하며(전 직원에게 지급하는 조건일 경우 내근직원은 업무용 사용을 입증해야 한다.)
- 업무용만 비용인정 된다(개인용도와 업무용을 최대한 구분해 두어야 한다.).

2 단체 보장성보험

다음의 경우는 근로소득으로 보지 않는다.

- 종업원의 사망·상해 또는 질병을 보험금의 지급 사유로 하고 종업원을 피보험자·수익자로 하는 보험 또는 만기에 납입보험료를 환

급받지 않는 단체순수보장성보험, 만기에 납입보험료를 초과하지 않는 범위 안에서 환급하는 단체환급부 보장성보험의 보험료

- 연 70만원 이하의 금액

➡ 연 70만 원을 초과하는 금액은 과세대상 근로소득이다.

3 출퇴근용 통근버스

종업원이 출·퇴근을 위해서 차량을 제공받는 경우 운임에 상당하는 금액은 근로소득으로 보지 않는다.

➡ 차량 제공 대신 출·퇴근보조금을 받는 금액은 근로소득에 해당해 근로소득세를 내야 한다.

4 회사 사택을 이용하는 경우 소요 비용

다음의 사택 제공에 대해서는 근로소득을 비과세한다. 다만, 수도료, 전기료, 가스료, 전화료, 인터넷 사용료 등 개인적 사용 공과금이나 생활비를 대신 내주는 경우는 근로소득세를 신고·납부해야 한다.

- 주주 또는 출자자가 아닌 임원(주권상장법인의 주주 중 소액주주인 임원을 포함)과 임원이 아닌 종업원(비영리법인 또는 개인의 종업원 포함) 및 국가·지방자치단체로부터 근로소득을 지급받는 자

➡ 출자 임원(상장법인의 소액주주임원 제외)은 근로소득

• 다음의 사택 범위에 해당해야 한다.

사용자 소유주택을 종업원 등에게 무상 또는 저가로 제공하는 주택 또는 사용자가 직접 임차해서 종업원 등에게 무상으로 제공하는 주택(해외에 소재하는 주택도 포함하며, 주택규모에 대한 제한은 없다.)

➡ 종업원이 일부의 금액을 부담하거나 회사에서 무상 또는 저리로 대여받은 후 종업원 명의로 임대차계약 시에는 사택에 해당하지 않는다(보증금 및 월세 일부를 부담하는 경우).

· 사용자 소유주택 : 무상 또는 저가 제공주택
· 사용자 임차주택 : 무상 제공주택

5 경조사와 관련한 경조사비

경조사비 지급 규정, 경조사 내용, 법인의 지급능력, 종업원의 직위, 연봉 등을 종합적으로 고려해 사회통념상 타당한 범위 내의 금액은 비과세한다.

➡ 이를 초과하는 금액은 급여로 처리 후 근로소득세를 낸다.

구 분	세무상 처리
출산축의금	자녀 출산에 따른 축의금은 원칙적으로 근로소득에 해당한다. 다만, 육아 보조비 지급 규정이 없는 회사에서 출산축의금을 받는 경우 20만 원 이내의 금액은 비과세하고 초과하는 금액은 근로소득으로 과세한다.
생일축하금과 명절선물	종업원이 지급받는 생일축하금과 설날 등 특정한 날에 지급받는 선물이나 상품권은 근로소득이 과세 된다.

선물비용의 근로소득세와 부가가치세

임직원에게 창립기념일, 명절, 생일 기타 이와 유사한 때에 지급하는 선물용품은 원칙적으로 급여에 해당하므로 근로소득으로 과세하는 경우는 법정지출증빙을 받을 필요가 없으나, 실무자들이 근로소득으로 과세하지 않고 복리후생비로 처리를 해버리는 경우가 많다.

그러나 복리후생비로 회계처리 시에는 법정지출증빙을 받아야 하며, 선물을 지급하는 때에 부가가치세가 과세 된다. 이 경우 부가가치세 과세표준은 시가이며, 세금계산서는 작성·발행되지 않는다. 다만, 명절과 관련하여 직원에게 1인당 연간 10만 원 이하의 재화를 공급하는 경우는 간주공급으로 보지 않아 부가가치세가 과세되지 않지만, 근로소득에는 포함된다.

구 분	세무상 처리
근로소득 포함 여부	자사 생산제품을 제공시 수령자에게는 근로소득에 해당한다. 근로소득세를 원천징수 시 근로소득 대상 금액은 원가가 아닌 판매가액 즉 시가가 된다.
비용인정 여부	사회통념상 타당한 범위 내의 금액은 비용인정 된다.
부가가치세 과세대상 여부	금전이나 상품권 등으로 지급하는 경우는 과세대상이 아니나, 현물로 지급하는 경우 개인적 공급으로서 부가가치세 과세대상이다. 다만, 부가가치세법에 따라 명절과 관련하여 직원에게 1인당 연간 10만원 이하의 재화를 공급하는 경우는 간주공급으로 보지 않아 부가가치세가 과세되지 않는다.

부가가치세법 시행령 제19조의2(실비변상적이거나 복리후생적인 목적으로 제공해 재화의 공급으로 보지 않는 경우)

3. 다음 각 목의 어느 하나에 해당하는 재화를 제공하는 경우. 이 경우 각목별로 각각 사용인 1명당 연간 10만 원을 한도로 하며, 10만 원을 초과하는 경우 해당 초과액에 대해서는 재화의 공급으로 본다.

가. 경조사와 관련된 재화

나. 설날·추석, 창립기념일 및 생일 등과 관련된 재화

위 법조문은 부가가치세법 규정으로 부가가치세를 납부하지 않아도 된다는 의미이지, 소득세법에서 규정하는 비과세에 해당한다는 내용은 아니다. 즉 선물비용에 대해 급여에 포함해 근로소득세는 내도 부가가치세는 안 내는 이유이다.

7 부서별 회식비

구 분	세무상 처리
회식비로 회식을 한 경우	법정지출증빙을 받아서 비용 처리한다.
회식비를 받아서 회식을 안 하고 나누어 가진 경우	법정지출증빙을 받을 필요는 없으나 각 직원의 급여로 보아 근로소득세를 원천징수·납부 해야 비용인정이 가능하다.

8 학원 수강료, 도서구입비 보조액

구 분	세무상 처리
회사가 업무와 관련해 강사	회사 : 계산서나 신용카드 매출전표, 현금영수

구 분		세무상 처리
등을 초빙하거나 외부 학원을 이용해서 직접 대가를 지급하는 경우		증 중 하나를 법정지출증빙으로 받아서 비용처리 개인 : 근로소득세 부담이 없음
개인이 학원을 다니는 경우	업무 관련이 있는 학원비로써 내부 규정에 의한 지급	회사 : 계산서나 신용카드매출전표, 현금영수증 중 하나를 법정지출증빙으로 받아서 비용처리 개인 : 근로소득세 부담이 없음
	업무와 관련이 없는 학원비	회사 : 계산서나 신용카드 매출전표, 현금영수증 중 하나를 법정지출증빙으로 받지 않아도 됨(근로소득세 원천징수 후 복리후생비 또는 교육훈련비가 아닌 해당 직원 급여로써 비용처리) 개인 : 해당 직원이 근로소득세를 부담해야 한다.

9 회사에서 종업원에게 빌려준 금액

종업원 주택자금대출의 경우 업무무관가지급금으로 보아 지급이자 손금불산입 및 가지급금 인정이자를 계산(중소기업에 근무하는 직원(지배주주 등인 직원은 제외한다)에 대한 주택구입 또는 전세자금의 대여액은 제외)하는 것이며, 인정이자를 계산할 때 그 이자율은 가중평균이자율 또는 당좌대출이자율 중 선택한 이자율로 이자를 계산한다.

회사의 직원에게 주택자금 대여 시 금전소비대차계약을 체결하고 대여하면 되며, 사내 직원은 법인과 특수관계자이므로 가중평균이자율 또는 당좌대출이자율 중 선택한 방법을 적용한다. 무이자로 대여시 해당 인정이자율만큼 해당 직원의 근로소득에 합산한다.

다음의 경우는 업무무관가지급금으로 보지 않는다.

① 소득세법상 지급한 것으로 보는 배당소득과 상여금에 대한 소득세 대납액(지방소득세 법인세분 포함)으로서 다음 산식에 의한 금액

미지급 소득에 대한 소득세액
= 종합소득 총결정세액 × (미지급 소득 ÷ 종합소득금액)

② 국외에 자본을 투자한 내국법인이 해당 국외 투자법인에 종사하거나 종사할 자의 여비·급료 기타 비용을 대신하여 부담하고 이를 가지급금 등으로 계상한 금액(그 금액을 실지로 환부 받을 때까지의 기간에 상당하는 금액에 한한다)

③ 법인이 근로복지기본법에 따른 우리사주조합 또는 그 조합원에게 해당 우리사주조합이 설립된 회사의 주식취득(조합원 간에 주식을 매매하는 경우와 조합원이 취득한 주식을 교환하거나 현물로 출자함으로써 독점규제 및 공정거래에 관한 법률에 의한 지주회사 또는 금융지주회사법에 의한 금융지주회사의 주식을 취득하는 경우를 포함한다)에 소요되는 자금을 대여한 금액(상환할 때까지의 기간에 상당하는 금액에 한한다)

④ 「국민연금법」에 의하여 근로자가 지급받은 것으로 보는 퇴직금 전환금(당해 근로자가 퇴직할 때까지의 기간에 상당하는 금액에 한한다)

⑤ 소득의 귀속이 불분명하여 대표자에게 상여처분한 금액에 대한 소득세 대납액(특수관계가 소멸될 때까지의 기간에 상당하는 금액에 한한다)

⑥ 직원에 대한 월정급여액의 범위에서의 일시적인 급료의 가불금

⑦ 직원에 대한 경조사비 또는 학자금(자녀의 학자금을 포함한다)의
대여액

⑧ 중소기업에 근무하는 직원(지배주주 등인 직원은 제외한다)에 대
한 주택 구입 또는 전세자금의 대여액

⑨ 한국자산관리공사가 출자총액의 전액을 출자하여 설립한 법인에
대여한 금액

10 직원 병원비 대납액

구 분		세무상 처리
업무상 직원 본인 병원비		비과세
업무 무관 직원 본인 병원비		근로소득세 신고 · 납부
직원 가족 병원비		근로소득세 신고 · 납부
병원의 임직원 가족 병원비 경감액		근로소득세 신고 · 납부
건강검진비	임직원 차별	임원과 직원과의 차이 금액은 과세될 수 있다.
	임직원 무차별	비과세
사내복지기금 지원 의료비		비과세

출장 일비의 세금과 노무관리

 1 출장 일비의 세무 처리

근로자가 업무와 관련하여 지급받는 여비로서 회사가 여비지급규정에 따라 출장목적·출장지·출장 기간에 실제 드는 비용을 감안해서 사회통념상 인정되는 범위 내에서 합리적인 기준에 따라 지급하는 경우 실비변상적인 성질의 급여로 보아 비과세한다.

❶ 여비지급규정에 따른 출장비 지급기준에 따라 지급한다.

❷ 사회통념상 타당한 금액이어야 한다.

출장내용을 별도로 관리하면서 실지 드는 비용을 충당할 정도의 범위 내로 시내출장 및 시외출장을 구분하여 여비 지급 규정에 정하여 지급하는 경우 실비변상적 급여로 보아 근로소득세 비과세 대상에 해당한다.

일비에 대해 어느 정도가 적당한지는 명확한 금액이 없으므로 사회통념상 타당한 금액의 판단은 주관적인 판단이 될 수밖에 없다. 따라서 가장 좋은 방법은 일비 지출에 대한 증빙을 첨부하는 것을 권하며, 과하다 싶으면 급여처리하는 것이 깔끔하다.

> 여비지급규정에 따라 지급받는 현장 체재여비는 출장목적 등을 감안하여 실지 소요
> 되는 비용을 충당할 정도의 범위 내에서는 비과세하는 것으로 이에 해당되는지 여
> 부는 실질내용에 따라 사실판단할 사항임(소득, 원천세과–596, 2011.09.30)

반면 여비 · 체재비로써 당해 회사의 출장비 지급기준에 따라 실지
드는 비용을 정산하여 지급받지 않고 여비출장비 등의 명목으로 일
정 금액을 정기적으로 지급받는 경우에는 과세대상 근로소득에 해당
한다.

구 분	과세방법
여비지급규정에 따른 출장비 지급기준에 따라 지급하는 경우	일비에 대한 법정지출증빙을 첨부하는 경우 해당 근로자의 근로소득으로 보지 않으며, 비용인정이 가능하다. 즉, 사용처별로 거래증빙과 객관적인 자료에 의하여 지급사실을 입증하는 경우 손금산입한다(실비변상적인 비용은 여비교통비로 처리하든 비과세급여로 처리하든 세무상 같음). 개인적으로는 일반비용의 법정지출증빙 한도인 3만원 이하의 경우 법정지출증빙 없이 비용처리가 가능할 것으로 판단되나 너무 자주 별도의 영수증 없이 비과세소득으로 처리하면 세무조사 등의 실사를 받을 경우 쟁점이 될 수 있다.
영업 일비로 1일 2만 원 등으로 한 달간 정기적으로 지급하는 경우	일비를 지급하면서 법정지출증빙에 의한 실비를 지원하는 경우 해당 일비는 비과세 대상 급여로 보나, 실제 지출여부와 상관없이 매일 일정액을 지급하는 경우는 과세대상 근로소득으로 본다. 즉, 근로자가 업무수행을 위한 출장으로 인

구 분	과세방법
	하여 실지 소요되는 비용으로 지급받는 금액은 비과세소득에 해당하나, 실지 소요된 비용과 관계없이 여비출장비 등의 명목으로 일정금액을 정기적으로 지급받는 금액은 근로소득에 해당한다. 따라서 해당 근로자의 급여에 포함해 원천징수를 하지 않을 경우 반드시 법정지출증빙을 첨부해야 한다(소득 46011-3478, 1997.12.30.).
일비를 받으면서 여비교통비에 대해 증빙으로 실비정산도 받는 경우	일비는 원칙적으로 출장여비를 대신해서 일정액을 주는 것이므로 출장여비에 대해서 법정지출증빙에 의해 실비정산하고, 출장여비 실비정산액과 별도로 일비를 주는 경우 해당 일비는 근로소득으로 보아 근로소득세를 신고·납부 해야 한다.

물론 사용인에게 지급하는 여비 중 일비 등은 지출증빙서류 수취대상이 아니라는 국세청 예규는 다음과 같이 있다.

그러나 이 예규는 회사와 임직원 간의 관계에서 지출증빙서류 수취대상이 아니라는 것이지 회사의 비용처리를 위해서는 증빙이 필요하므로 회삿돈을 사용한 임직원은 타인으로부터 법정지출증빙을 대신받아서 회사에 제출해야 하는 것이다.

지출증빙서류 수취에 관한 규정은 사업자로부터 재화 또는 용역을 공급받고 그 대가를 지급할 때 적용하는 것으로, 법인이 사업자로부터 재화 또는 용역을 공급받고 그 대가를 지급하는 경우가 아닌 사용인에게 지급하는 경조사비·여비 중 일비·자가운전보조금 및 일용근로자에 대한 급여, 건물파손보상금 등의 경우에는 지출증빙서류 수취대상이 아님(법인, 법인 46012-296, 1999.01.23.)

🍷 일비를 임금으로 본 사례(통상임금 포함)

❶ 소정근로의 대가로 정기적, 일률적, 고정적으로 지급한 일비는 통상임금에 포함된다.

❷ 통상임금을 다시 산정함에 따라 퇴직금도 추가로 청구하는 것이 신의칙에 어긋난다고 볼 수 없다

❸ 연장근로수당 지급 협약에 따라 이미 발생한 연장근로수당을 포기하는 취지의 노사합의는 무효다.

> 사건번호 : 대법 2014다 27807, 선고 일자 : 2019-04-23
> 사용자가 근로자들에게 실제로 그 해당 명목으로 사용되는지를 불문하고 근무 일마다 실비변상 명목으로 일정 금액을 지급하는 경우, 위와 같이 지급된 금원을 실비변상에 해당한다는 이유를 들어 임금 또는 통상임금에서 제외할 수는 없다.

다음과 같은 사정들을 종합하여 살펴보면, 이 사건 일비는 소정근로의 대가로 정기적, 일률적, 고정적으로 지급한 것이므로 통상임금에 포함된다고 볼 수 있다.

① 피고 노사는 당일 출근하는 운전직 근로자들에게 담뱃값, 장갑대, 음료수대, 청소비 기타 승무 시 소요되는 경비 명목으로 일비 7,000원을 지급하기로 협의하였다.

② 피고는 위 협의에 따라 실제 경비로 사용되는지를 불문하고 근로를 제공한 소속 운전직 근로자 모두에게 이 사건 일비를 지급하였다.

그리고 실제 경비로 사용되지 아니하였다는 이유로 피고가 일비를 지급하지 않거나 감액하였다고 볼 만한 아무런 자료도 없다.

이러한 사정에 비추어 보면, 이 사건 일비는 운전직 근로자의 근로 제공과 관련하여 근로의 대상으로 지급된 것으로 봄이 타당하다.

③ 당일 출근하는 운전직 근로자들은 일률적으로 이 사건 일비를 받았고, 근무일 수에 따라 지급액이 달라지기는 하지만 근무일에 소정 근로를 제공하기만 하면 이 사건 일비를 지급받는 것이 확정되어 있었다.

🍸 일비를 임금으로 보지 않은 사례

피고가 영업직 근로자들에게 1일 14,000원의 일비를 지급한 사실은 당사자 사이에 다툼이 없으나, 영업직 직원들이 직무교육이나 출장 등으로 영업활동을 수행하지 아니한 날에는 일비가 지급되지 아니한 사실이 인정된다. 위 인정 사실에 의하면 일비는 영업활동 수행이라는 추가적인 조건이 성취되어야 지급되는 임금으로서 고정성이 없다 (임금에 해당하지 않는다).

영업활동의 유무에 불과하고 매일 지급하는 일비는 통상임금에 속하나, 영업활동을 수행하지 않은 날에 일비를 지급하지 않는 경우 등 차등이 있는 경우에는 임금에 해당하지 않는다.

식대의 비과세 한도와 적용사례

1. 식사·기타 음식물을 제공받지 아니하는 근로자가 식사대를 월 20만 원 이상 지급받는 경우에는 월 20만 원까지 비과세되는 식사대로 본다.

2. 식사·기타 음식물을 제공받고 있는 근로자가 별도로 식사대를 지급받는 경우에는 식사·기타 음식물에 한하여 비과세되는 급여로 보며, 식사대는 과세이다. 다만, 다른 근로자와 함께 일률적으로 급식수당을 받는 근로자가 야간근무 등 시간외근무를 하는 때에 별도로 제공받는 식사·기타 음식물은 비과세되는 급여에 포함한다.

식사 + 식사대를 받는 경우 비과세소득

사용자로부터 식사 기타 음식물을 제공받지 않는 근로자가 회사의 사규 또는 급여지급기준 등에 의해 받는 월 20만 원 이하의 식사대는 비과세 되는 것이나, 식사 기타 음식물을 제공받고 있는 근로자가 별도로 식사대를 받는 경우는 식사 기타 음식물에 한하여 비과세 되는 급여에 해당한다(서면1팀-1603, 2007. 11. 22.).

다른 근로자와 함께 일률적으로 급식수당을 받는 근로자가 야간근무 등 시간외근무를 하는 때에 별도로 제공받는 식사·기타 음식물은 중식대와 별도로 비과세되는 급여에 포함한다.

3. 외부 음식업자와 식사 제공계약을 체결하고 현금으로 환급할 수 없는 식권을 근로자에게 발급하는 경우 비과세한다. 따라서 현금으로 환급할 수 있는 식권은 과세이다.

> **식권을 제공받는 경우 비과세**
>
> 사용자가 기업 외부의 음식업자와 식사·기타 음식물 공급계약을 체결하고 임직원이 그 사용자가 발급하는 식권에 의하여 제공받는 식사·기타 음식물로서 해당 식권이 현금으로 환금할 수 없는 식권을 근로자에게 발급하는 경우는 비과세되는 식사·기타 음식물로 본다.
>
> 임직원이 음식업자가 아닌 편의점 및 커피숍에서 사용하는 식권은 비과세되는 식사·기타 음식물로 보지 아니한다.

4. 식사 기타 음식물을 제공받지 않는 근로자가 식사대가 25만 원인 경우 20만 원은 비과세하고 5만원은 과세한다.

> **두 곳에서 식대를 받는 경우 비과세**
>
> 근로자에게 식사 기타 음식물을 일부는 현물로 제공하고 일부는 현금으로 지급시 현물 분은 비과세되나 현금 분은 과세됨(법인 46013-1683, 1997.06.23)
>
> 근로자가 2 이상의 회사에 근무하면서 식사대를 각 회사로부터 중복하여 지급받는

경우에는, 각 회사의 식사대 합계금액 중 월 20만원 이내의 금액만 비과세함(서면 1팀-1334, 2005.11.03)

건설공사 현장에서 제공되는 숙식비는 일용근로자의 일급여에 포함되나 현물로 제공되는 식사는 비과세됨(법인 46013-1556, 1997.06.11)

5. 근로자가 두 회사에 다니면서 각 회사로부터 식대를 받는 경우 비과세 방법

근로자가 2 이상의 회사에 근무하면서 식사대를 매월 각 회사로부터 중복하여 지급받는 경우에는, 각 회사의 식사대 합계금액 중 월 20만원 이내의 금액만 비과세됨(서면1팀-1344, 2005.11.3.).

6. 연봉계약서나 급여 지급기준에 포함되지 아니한 식대의 비과세 적용 여부

식사대가 연봉계약서에 포함되어 있고, 회사의 사규 또는 급여 지급 기준 등에 식사대에 대한 지급기준이 정해져 있는 경우로서 당해 종업원이 식사 기타 음식물을 제공받지 아니하는 경우는 비과세되는 식사대에 해당하는 것이나, 연봉계약서에 항목 구분 없이 식사대가 연봉에 포함하여 매월 분할 하여 받거나, 급여 지급기준에 식사대에 대한 지급기준이 정해져 있지 아니한 경우에는 비과세되지 않음(서면 1팀-1614, 2006.11.30)

7. 국외 근로자로서 월 100만 원의 비과세가 적용되는 근로자가 지급받는 월 20만 원의 식대는 소득세 비과세를 적용받을 수 있다(원천세과-616, 2009.07.16)

8. 위탁 급식업체의 식대를 일부는 직원이 부담하고, 일부는 회사가 지급해도 식사대 명목으로 받는 금액을 20만 원까지는 비과세받을 수 있는지요?

사용자로부터 식사 기타 음식물을 제공받지 않는 근로자가 회사의 사규 또는 급여 지급기준 등에 의해 지급받는 월 20만 원 이하의 식사대는 비과세 되는 것이나, 식사 기타 음식물을 제공받고 있는 근로자가 별도로 식사대를 받는 경우는 식사 기타 음식물에 한하여 비과세 되는 급여에 해당한다(서면1팀-1603, 2007.11.22.).

9. 급식수당을 받는 근로자에게 야간근무 시 별도로 제공되는 식사도 비과세 되는지요?

다른 근로자와 함께 일률적으로 급식수당을 받는 근로자가 야간근무 등 시간외근무를 하는 때에 별도로 제공받는 식사 기타 음식물은 비과세되는 급여에 포함된다(소득세법 기본통칙 12-13).

신경 써야 할 복리후생비

1. 직원 카드 경비처리 시 연말정산시 제외

회사경비로 하기 위해서는 반드시 세금계산서, 카드전표, 현금영수증 등의 증빙이 있어야 한다. 이때 직원들의 개인카드도 기업업무추진비를 제외하고는 업무 관련 지출 시 경비처리가 가능하다. 하지만 이 경우 직원은 연말정산 시 해당 비용은 개인 소득공제용 사용금액에서 스스로 제외해야 한다.

2. 직원선물 해당 직원의 급여 처리

직원에게 지급하는 선물은 기본적으로 경비처리가 가능하다. 이때 선물을 구입하고 수취한 세금계산서나 카드전표에 포함된 매입세액을 공제받는 경우 직원들에게 선물지급 시 부가가치세법상 간주공급에 해당해서 부가가치세를 낸다. 다만 당초 매입세액공제를 받지 않은 경우는 간주공급에 해당하지 않으므로 통상 매입세액공제를 받지 않는 것으로 처리한다.

참고로 선물이나 상품권은 세법상 비과세로 규정하고 있지 않으므로 해당 비용을 급여에 포함해서 원천징수 신고·납부 한다.

3. 직원 식대 이중경비 처리하지 마라

구내식당이 없는 회사에서 직원들에게 제공하는 식비는 복리후생비 처리가 가능하다. 하지만 직원들 식대 20만 원을 급여에서 비과세로 처리하고 실제 식비는 법인카드로 결제 후 경비 처리하는 경우 이중 공제가 되므로 주의해야 한다. 이 경우 20만 원은 과세가 된다. 여기서 야근에 따른 식사제공은 별도이다.

4. 자가운전보조금은 누구나 비과세 처리되는 것이 아니다.

모든 직원에 대해 자가운전보조금 20만 원을 비과세 처리하는 회사가 있는데 이는 문제가 있다. 자가운전보조금은 본인 명의 차량을 시내 출장 등 업무용으로 이용하는 경우 실비를 대신해 지급하는 비용이다. 따라서 본인 명의 차량이 없는 직원, 온종일 사무실에서 근무하는 사무직 직원의 급여에서 자가운전보조금을 비과세 처리하는 것은 안 된다.

사택 임차료의 비과세와 세무 처리

회사 임직원용 사택(기숙사)은 일반주택, 아파트 구분 없이 "사택"에 대한 전세보증금은 "임차보증금", 월세는 "지급임차료", 사택을 운영하면서 소요되는 관리비 및 소모성 비용은 "복리후생비" 계정으로 처리한다.

구 분	계정과목	과세 여부
사택 보증금	임차보증금	기업의 자산으로 별도로 과세 문제가 발생하지 않는다.
사택 임차료	지급임차료	사택 임차료는 회사가 부담하는 경우 전액 비용인정이 된다.
사택 관리비	복리후생비	전기료, 수도료, 가스료, 인터넷 사용료 등은 일반적으로 개인이 부담해야 하는 비용이므로, 이를 회사가 부담하는 경우 해당 근로자의 급여에 가산해 근로소득세를 원천징수 한다.

"주주 또는 출자자가 아닌 임원과 임원(소액주주인 임원을 포함)이 아닌 종업원 등이 사택을 제공받는 경우는 근로소득에서 제외되지만, 주주 또는 출자자인 임원(대표이사 포함)이 사택을 사용함에 따라 지출하는 사택 유지·관리비용을 당해 법인의 손금으로 산입한 경우는 손금불산입하고 근로소득에 합산해야 한다.

출자자나 출연자인 임원이 아닌 자가 사택을 제공받은 경우 그 제공받는 이익이 근로소득에서 제외되는 "사택"의 범위는 다음과 같다.

❶ 근무지로부터 통상 출퇴근 가능지역 내에 자기 소유의 주택이 없는 자 전원을 사택 입주대상자로 할 것(근무지로부터 통상 출퇴근이 가능한 지역 내에 자기 소유의 주택을 소유한 자에 대한 사택 제공 이익은 근로소득에 포함하는 것)

❷ 사택을 받는 이유로 사택을 제공받지 아니한 종업원과 급여지급액에 차등을 두지 아니할 것

❸ 사택 제공에 따른 비용이 통상임금 지급액에 포함되지 아니하고 기업의 추가 부담을 주는 것일 것(임원 또는 직원에게 무상으로 제공하는 주택일 것)

1 임대보증금

사용주로부터 자금을 대여받아 종업원 명으로 주택을 임차하는 경우 및 종업원이 임차보증금을 일부 부담하고 사용자 명의로 임대차계약을 체결한 경우 사택 관련 규정을 적용받을 수 없다. 즉, 회사가 직접 임차해야 하며, 임대차계약서의 주체가 회사여야 한다.

직원이 임대차계약을 맺고 회사에서 임차료를 지원해주는 경우 업무

무관비용으로 비용처리가 되지 않는다.

구 분	과세 여부
회사가 회사 명의로 임대차계약을 체결하고 임대료 전액을 부담하는 경우	보증금은 자산 처리하고, 임차료는 비용 처리하며, 전기료, 수도료, 가스료, 인터넷 사용료 등 개인적 비용을 회사가 부담하는 경우 근로소득세 원천징수 신고·납부를 통해 회사경비로 인정받을 수 있다.
직원이 직원 명의로 임대차계약을 체결하고 임대료 일부를 회사에서 받는 경우	해당 보조금을 비용으로 인정받기 위해서는 보조를 받는 직원의 급여로 봐 근로소득세 원천징수 신고·납부를 통해 회사경비로 인정받을 수 있다.

단, 법인이 임직원에게 사택을 제공할 때 임대자의 임대 규정상 내국법인과는 임대차계약을 체결할 수 없는 관계로 부득이 임직원 명의로 임대차계약을 체결한 사실이 인정되는 경우 법인이 지출하는 당해 사택의 임차보증금 및 임차료는 업무와 관련 없는 지출로 보지 않는다. 이 경우 임대차계약서 작성 시 사업자등록번호를 적고 숙소용이라고 기재하면 향후 비용인정을 받는데, 더 도움이 될 것이다.

2 월세 부담액

월세의 경우 임대자가 임대업을 등록한 사업자라면 월세에 대해서 세금계산서를 수취해야 매입세액공제를 받을 수 있다. 단, 임대자가 간이과세자(연 매출 4,800만 원 미만)나 사업자등록이 없는 개인이라면 반드시 금융기관을 통한 "무통장 송금증"을 첨부해야 한다.

구 분	증빙관리
임대인이 임대사업자인 경우	세금계산서를 받아 증빙으로 첨부하면 된다. 간이과세자라도 연 매출 4,800만 원~1억 400만 원인 간이과세자는 세금계산서 발행이 가능하므로 세금계산서를 받으면 된다.
간이과세자나 사업자등록이 없는 개인인 경우	연 매출 4,800만 원 미만 간이과세자나 사업자등록이 없는 개인의 경우 임대료는 금융기관을 통해 송금한다.

3 중개수수료

사택 중개수수료 지급 시는 지급수수료 계정으로 처리하고 건당 3만 원을 초과하는 비용에 대해서는 법정지출증빙을 수취해야 하므로 반드시 세금계산서를 수취해야 하나 부동산중개업자가 4,800만 원 미만 간이과세자이거나 사업자등록이 없는 개인이라면 금융기관을 통한 송금명세서 등을 첨부해야 한다.

즉, 4,800만 원 미만 간이과세자로부터 중개용역을 제공받은 경우는 "경비 등 송금명세서 제출 대상" 거래로서 금융기관을 통하여 송금 사실을 기재한 송금명세서를 법인세 과세표준신고서에 첨부하여 제출해야 한다.

"경비 등 송금명세서 제출 대상" 거래란 공급받은 재화 또는 용역의 거래금액을 금융실명거래 및 비밀보장에 관한 법률에 의한 금융기관을 통하여 지급한 경우로서 종합소득세확정신고 및 법인세 과세표준신고서에 송금 사실을 기재한 경비 등의 송금명세서를 첨부하여 납세지 관할 세무서에 제출하는 경우를 말한다.

그러나 사업자등록증을 소지하지 않은 일반 개인(사업자 미등록 개인)에게 사택 중개수수료를 지급 시는 법정지출증빙을 수취해야 하나 현실적으로는 불가능하므로 이 경우 송금증을 증빙처리하여 비용으로 인정받을 수는 있으나 증빙불비가산세는 납부해야 한다.

4 관리비 등 사적비용

생활비나 전기료, 수도료, 가스료, 개인 인터넷 사용료 등 개인 생활에 필요한 비용은 직원이 직접 부담해야 하며, 이를 회사가 대신 부담하는 경우 급여로 봐 근로소득세를 원천징수 후 신고·납부 한다.

대표이사가 법인소유 아파트 주택(사택)을 무상으로 제공받는 경우

대표이사에게 사택을 제공하는 경우 당해 대표이사가 주주가 아니거나, 소액주주에 해당하는 경우로서, 제공받는 사택이 근로소득에서 제외되는 사택의 범위에 해당하는 경우는 세법상 문제가 없으나, 출자 임원에 해당하는 경우는 법인이 소유(임차)한 주택(사택)을 무상으로 제공받을 시 부당행위계산 부인 규정이 적용된다.

그러므로 이 경우는

1. 적정임대료(시가)에 상당하는 금액을 익금에 산입하고, 대표자에게는 상여(근로소득으로 과세)로 처분하며

2. 이 소유주택은 업무무관자산으로 구분되며

3. 해당 자산에 드는 지급이자 또한 손금불산입 규정이 적용되며, 소득처분은 기타사외유출로 처리한다.

사내근로복지기금
학자금 지원액의 근로소득세 신고

1 근로소득세를 신고해야 하나?

사내근로복지기금에서 지급하는 학자금은 근로소득에 해당하지 않으므로 근로소득세 신고를 할 필요가 없다.

종업원이 사내근로복지기금으로부터 사내근로복지기금법의 규정에 의하여 지급받는 자녀학자금은 지급되는 학자금의 원천이 출연금인지 또는 출연금의 수익금 인지 여부와 관계없이 과세대상 근로소득에 해당하지 않는다(법인, 재소득-67, 2003.12.13. 소득).

2 회사가 임직원에게 자녀학자금 지원시 원천징수 시기

종업원이 사내근로복지기금으로부터 받는 자녀학자금은 근로소득세 과세대상이 아니나, 그 밖의 자녀학자금은 근로소득세 과세대상이 된다. 따라서, 회사가 종업원에게 자녀학자금을 지급하는 경우는 원천징수를 해야 한다.

근로소득에 대한 원천징수는 원천징수의무자가 매월분의 근로소득을 지급할 때 근로소득 간이세액표에 따라 원천징수 한다. 따라서, 자녀학자금을 지급하는 경우는 해당 학자금을 월급여액에 가산하여 소득세를 원천징수 한다.

그러나, 이같이 자녀학자금을 월급여액에 포함하여 원천징수하는 경우에는 근로자의 과도한 세 부담을 초래하는 점을 고려해서 근로소득 간이세액표에서는 과세대상이 되는 학자금을 제외한 월급여액을 기준으로 하여 원천징수 할 수 있도록 하고 있다. 이같이 원천징수를 하지 아니한 학자금은 연말정산 시 과세대상 소득에 포함하여 세액을 계산하면 된다. 따라서, 자녀학자금을 지급하는 경우 월급여액에 추가하여 지급 시마다 원천징수 해도 되고, 지급 시에는 원천징수를 하지 않고 연말정산 시 과세대상 소득에 포함해서 한 번에 원천징수를 해도 된다.

출산휴가급여의 근로소득 원천징수

1 대규모 기업의 경우(고용보험 우선지원대상기업이 아닌 경우)

출산전후휴가급여 총 90일(다태아 출산의 경우 120일) 중 최초 60일(다태아 출산의 경우 75일) 동안 사업주가 부담하는 출산휴가급여는 소득세 및 지방소득세를 과세해야 하며, 최종 30일분(다태아 출산의 경우 45일)에 대해서는 비과세소득에 해당하는 것으로 과세가되지 않으며, 연말정산 시에도 과세대상에서 제외된다.

2 고용보험 우선지원대상기업의 경우

출산전후휴가급여 총 90일(다태아 출산의 경우 120일) 중 최초 60일(다태아 출산의 경우 75일) 동안 고용보험에서 부담하는 월 210만원을 초과하는 근로자의 월 통상임금과의 차액 지급분(사업주 부담액)에 대해서는 소득세 및 지방소득세를 과세하며, 최종 30일분(다태아 출산의 경우 45일)에 대해서는 비과세소득에 해당하는 것으로 과세가 되지 않으며, 연말정산 시에도 과세대상에서 제외된다.

고용보험 출산전후휴가 급여 비과세

근로기준법에 따른 임산부의 보호휴가 기간 중 사용자가 지급하는 출산전후휴가급여 등은 과세대상 근로소득에 해당하는 것이나, 고용보험법에 따라 지급되는 출산전후휴가급여는 소득세법에 따른 비과세소득에 해당하는 것이다(소득, 원천세과 -624, 2010.07.29.).

회사에서 지급하는 출산전후휴가 급여

"고용보험법"의 규정이 아닌 "근로기준법"에 따라 임산부의 보호휴가 기간 중 사용자가 지급하는 출산전후휴가급여 등은 과세대상 근로소득에 해당한다. 따라서 사용자로부터 받는 출산전후휴가급여는 근로소득에 해당되어 소득금액에 합산하여 연말정산을 해야 한다(국세청 답변 2018.06.26.).

출산휴가 대위 신청 비과세

출산휴가 대위 신청은 먼저 급여를 지급하고 받는 형태가 일반적이다.

예를 들어 근로자의 편의를 위해 출산휴가 대위 신청을 하여 출산휴가 3개월 중 2개월은 회사에서 급여 100%를 지급하고 추후 고용노동부에서 지원하는 지원금을 회사가 수령하는 방식을 선택한 경우 해당 출산휴가급여는 비과세소득에 해당한다. 따라서 원천징수는 하지 않는다.

급여대장에 비과세소득으로 반영 후 급여 전액을 지급하면 된다.

고용보험법에 따라 받는 출산휴가급여를 회사가 근로자에게 미리 지급하고 회사가 공단에 대위신청하여 받는 경우도 출산휴가급여는 비과세 근로소득에 해당하는 것이며, 그 수입시기는 고용센터로부터 출산휴가급여를 받은 날이 아닌 해당 근로자의 출산휴가일이 속하는 과세연도이다.

아래 관련 예규를 참고하기를 바란다.

> ### 사업주가 선지급하고 대위신청한 출산전후휴가급여는 비과세소득임
>
> [요 지]
>
> 고용보험법에 따라 근로자가 지급받는 출산전후휴가 급여(사업주가 근로자에게 미리 지급하고 대위신청한 것을 포함한다)는 비과세소득에 해당하며, 그 수입시기는 출산전후휴가일이 되는 것임(소득, 원천세과-695, 2010.09.06.)
>
> [회 신]
>
> 고용보험법에 따라 근로자가 지급받는 출산전후휴가 급여(같은 법에 따라 사업주가 근로자에게 미리 지급하고 대위신청한 것을 포함한다)는 비과세소득에 해당하며, 그 수입시기는 출산전후휴가일이 되는 것입니다.

회계처리는 급여 지급 시점에

급여	XXX	/	보통예금	XXX

으로 처리 후 받는 시점에

보통예금	XXX	/	국고보조금	XXX
국고보조금	XXX		급여	XXX

처리하면 된다.

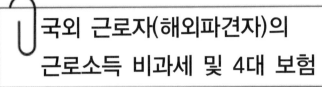

국외 근로자(해외파견자)의
근로소득 비과세 및 4대 보험

1 국외 근로소득에 대한 과세

국내에 주소를 두거나 183일 이상 거소를 둔 개인은 거주자로 보게
되고, 거주자에 해당하면 국외에서 근로를 제공하고 받은 대가라 하
더라도 종합소득세 신고·납부 시 이를 포함하여 신고해야 한다.

국내 근로자가 국내 근로소득만 있는 경우 연말정산으로 종합소득세
신고·납부 의무가 끝나지만 국외근로자의 경우 연말정산을 실시하
지 않으므로 5월에 별도로 종합소득세를 신고·납부한다.

국외근로소득을 정기급여일 이전에 지급받은 경우 외화로 지급받은
날 현재의 기준환율 또는 재정환율로 환산한 금액을 근로소득으로
보게 되며, 정기급여일 또는 정기급여일 이후에 지급받은 경우 정기
급여일 현재의 기준환율 또는 재정환율로 환산한 금액을 근로소득으
로 보게 된다. 따라서 근로계약서상의 정기 급여 일과 실제 급여를
지급받은 날을 비교하여 환율을 적용해야 정확한 근로소득을 산출할
수 있다.

구 분	환율적용
국외근로소득을 정기급여일 이전에 지급받은 경우	외화로 지급받은 날 현재의 기준환율 또는 재정환율로 환산한 금액을 근로소득으로 본다.
정기급여일 또는 정기급여일 이후에 지급받은 경우	정기급여일 현재의 기준환율 또는 재정환율로 환산한 금액을 근로소득으로 본다.

해외에서 근로소득을 받으면서 원천세 등 납부한 세금이 있다면 외국납부세액에 대한 증빙이 필요하다. 그 이유는 외국납부세액공제를 받기 위함이다. 즉, 해외에서 납부한 세금은 국내에서 종합소득세를 신고할 때 공제를 받을 수 있으므로 이에 대한 증빙이 필요하다.

국외근로소득을 신고·납부하기 위해서는 국외소득에 대해서는 다음의 서류가 필요하다.

❶ 국외의 회사와 계약한 근로계약서

❷ 국외에서 근로를 제공하고 받은 급여에 대한 금융거래내용

❸ 국외에서 국외근로소득을 받으면서 납부한 외국납부세액공제신고서

❹ 국외 근로소득 외 국내에서 소득이 발생하였다면 해당 소득에 대한 증빙(근로자의 경우 원천징수영수증, 사업자의 경우 사업소득과 관련된 자료) 즉 국내 근로소득에 대해서는 연말정산 시 제출하는 서류와 같다고 보면 되며, 국외근로소득에 대해서만 ❶~❸의 서류를 추가로 제출한다고 생각하면 된다.

❺ 기타 종합소득세 신고에 필요한 증빙서류(주민등록등본 및 기타 소득공제와 관련된 증빙)

국외근로소득의 경우 외국납부세액공제 뿐만 아니라, 국외근로소득 비과세도 적용받을 수 있으므로 이점도 빼먹지 말아야 한다.

2 국외 근로소득세의 비과세

국외근로소득의 경우 외국납부세액공제 뿐만 아니라, 국외근로소득 비과세도 적용받을 수 있으므로 실질적인 세 부담이 그렇게 크지 않다. 하지만 세금 신고 자체를 하지 않을 때는 가산세가 부과되기 때문에 올바르게 신고하는 것이 무엇보다 중요하다.

국외에서 근로를 제공하고 급여를 받을 때는 월 100만 원까지 비과세된다(원양어업, 선박, 건설 현장의 경우 월 500만 원 비과세).

해당 월의 국외근로소득 한도 이하이면 그 급여를 전액 비과세되며, 다음 달 이후 급여에서 이월공제하면 안 된다.

3 국외근로자의 4대 보험

🍸 건강보험 근무처 변동 신고 및 감면금액

구 분	기산일
본인 및 피부양자가 전부 국외 거주 시	전액 100% 감면
피부양자가 국내에 있고, 본인만 국외 거주 시	반액 50% 감면

국외 근무 시 감면을 적용받지 못하고 전액 납부했어도 3년 치만 소

급적용되어 환급이 가능하다.

직장가입자 중 국외근무 시 근무처변동신고서를 출입국시 신고해야
한다(사전 신고 시 항공권이 필요하다.).

🌱 국외근로소득의 4대 보험 보수월액 산입

국외근로소득 중 비과세금액은 건강보험의 보수월액에는 포함되나
국민연금, 고용보험, 산재보험은 보수월액에 포함되지 않기 때문에
해당 비과세금액을 공제한 후 신고해야 한다.

구 분	보수월액에 포함 여부
건강보험	보수월액에 포함된다. 급여에서 미공제
국민연금, 고용보험, 산재보험	보수월액에 포함되지 않는다. 급여에서 공제

🌱 해외파견자 산재보험

일반적으로 해외사업장이 있거나 해외로 업무 출장 중에 업무상 재
해가 발생한 경우, 국내법에 의거 산재로 인정될 수 있으나, 장기간
해외파견자로 해외사업장에서 근무 중 업무상 재해가 발생할 경우
회사에서 별도의 산재보험 가입신청을 하지 않았을 때는 산재로 인
정되지 않을 수 있다. 이때, 해외파견자가 업무상 재해로 국내법에
의한 산재로 인정받기 위해서는 '해외파견자 산재보험 가입신청'을
해야 하며, 향후 신청서상의 사항이 변경된 경우 근로복지공단에 변
경신고서를 제출해야 한다.

훈련수당 및 취업지원금의 비과세

중소기업이 소속 근로자 직업능력개발훈련을 위해 위탁훈련비 지원 동의서를 노동청에 제출하여 산업인력공단이 훈련비용 지원금을 위탁훈련 운영기관에 직접 지급한 경우, 해당 중소기업은 위 지원금을 수입금액과 필요경비로 산입해야 한다.

"고용노동부가 중소기업 컨소시엄 운영기관에게 위탁지급한 참여기업의 훈련비용 지원금이 성실신고 확인 대상 사업자 수입금액에 포함됨" 과 관련하여 기획재정부는 "고용보험법에 따른 우선지원 대상 기업인 중소기업에 해당하는 참여기업이 소속 근로자의 직업능력개발훈련을 고용노동부의 중소기업 직업훈련 컨소시엄 지원사업을 위탁 수행하는 한국산업인력공단이 선정한 운영기관에 위탁하여 실시한 후 고용노동부에서 제정·고시한 중소기업 훈련 컨소시엄 실시규정에 따라 해당 훈련비용 지원금을 관할지방노동청으로부터 직접 받지 아니하고 위탁훈련비 지원 동의서를 관할지방노동청에 제출하여 공단이 참여기업 명의로 훈련비용 지원금을 운영기관에 입금시키는 경우, 해당 훈련비용 지원금은 참여기업이 수입금액과 필요경비에

산입하고 성실신고 확인 대상 사업자 수입금액에 포함되는 것"이라
고 회신하였다(소득세과-496, 2012.06.15. 참조).

위 회신에 비추어 볼 때, 중소기업이 소속 근로자 직업능력개발훈련
을 위해 위탁훈련비 지원 동의서를 노동청에 제출하여 산업인력공단
이 훈련비용 지원금을 위탁훈련 운영기관에 직접 지급한 경우, 해당
중소기업은 훈련비용 지원금 상당액을 수입금액과 필요경비에 산입
해야 한다.

> "고용디딤돌 프로그램 참가자에게 지급한 훈련수당 및 취업지원금의 소득 구분"과
> 관련하여
> 기획재정부는 "고용보험법 제27조에 근거한 고용디딤돌 프로그램(대기업의 직업훈
> 련 이후 협력업체의 인턴 근무 채용지원 프로그램)에 따라서 대기업이 청년구직자
> 에게 직업훈련을 실시하고 그 직업훈련기간 동안 지급하는 훈련수당은 근로소득 및
> 기타소득에 해당하지 아니하는 것이며, 협력기업에 인턴으로 근무한 채용예정자 또
> 는 구직자가 인턴 근무를 종료하거나 당해 협력기업에 취업하는 경우 지급받는 취
> 업지원금은 근로소득에 해당하는 것"이라고 회신하였다(기획재정부 소득세제과
> -441, 2016.11.08. 참조).
> 위 회신에 비추어 볼 때, 고용보험법상 고용디딤돌 프로그램을 통해 청년구직자가
> 대기업에서 직업훈련을 받고 그 기간동안 지급받은 훈련수당은 소득세법상 근로소
> 득에 해당하지 않는다.

영어학원, 자격증 학원비
보조금의 비과세

일반적으로 회사에서 업무와 관련하여 임직원에게 사내외에서 교육
하는데 드는 학원비, 교재비 등은 교육훈련비로 비용처리할 수 있
다.

이에는 교육장 임차료, 초빙 강사료, 연수비, 교육용 책자 구입비,
세미나 참가비, 학원 수강료 등이 해당한다.

경리실무자들은 업무 관련성과 관련해 직원의 자격증 취득비용이나
학원비 등 직원에게 지원되는 비용이 근로소득으로 세금을 부과해야
하는지, 아니면 동 비용이 업무 관련 비용으로 근로소득세 원천징수
없이 비용으로 인정받을 수 있는지 헷갈릴 수 있다.

직원이 회사 업무와 관련하여 자격증 취득비용인 학원비, 시험응시
료, 교재비 등 자격증 취득 보조금이 회사의 경영 정책상 필수적이
라 할지라도 회사 업무와 관련하여 업무 능력을 향상시키는 결과를
초래한다는 객관적인 입증이 가능해야 교육훈련비로 비용처리를 할
수 있다.

따라서 업무와 관련이 없는 자격증 취득이나 직원 개개인의 자기개

발비의 경우는 해당 직원의 근로소득에 포함하여 원천징수를 해야 한다.

또 회사에서 학원비나 자격증 취득비용을 자기개발비 명목으로 월 10만 원씩 지원하는 것은 실제 이용액을 회사에서 보전해주는 형식이다.

이용 항목 또한 학원비, 자격증 취득비 등 자기개발에 관련한 항목으로 제한되어 있고, 이는 통상적으로 특정 개인에게 이용권이 있는 자기개발비에 해당하므로 근로소득에 포함해서 원천징수 한다.

회사에서 임직원에게 복리후생적 성격으로 지원할 수 있는 세법상 비과세 근로소득에 해당하는 학자금은 초중등교육법 및 고등교육법에 의한 학교와 근로자직업훈련촉진법에 의한 직업능력개발훈련시설의 입학금, 수업료, 수강료 기타 공납금 중 일정 요건을 갖춘 학자금만을 일컫는 것으로 비과세 학자금 요건은 다음과 같다.

비과세 학자금 요건

① 당해 근로자가 종사하는 사업체의 업무와 관련 있는 교육훈련을 위해 지급받는 것

② 당해 근로자가 종사하는 사업체의 사규 등에 의하여 정해진 지급기준에 따라 받는 것

③ 교육·훈련기간이 6개월 이상인 경우 교육·훈련 후 당해 교육기간을 초과하여 근무하지 않을 때는 지급받은 금액을 반납할 것을 조건으로 하여 받는 것

이처럼 회사에서 고용관계에 있는 자에게 지급한 교육비(학원비 등 포함)가 소득세법에서 규정하는 학자금에 해당하지 않는다면 과세대

상 근로소득에 해당하는 것으로 교육비를 비과세로 인정받기 위해서는 '회사 업무와 관련 있는 교육훈련을 위해 지급받는 것'이라는 점에 중점을 두어야 한다.

즉, 소득세법상 과세대상 근로소득의 계산은 급여의 명칭 여하에도 불구하고 근로의 제공으로 인해 받는 모든 급여에서 비과세 근로소득만을 제외하는 것이며, 비정기적 교육비 및 업무 외 능력개발비에 대해서는 위에서 열거된 비과세 근로소득에 해당하지 않으므로 전액 근로소득세 과세 대상이 되는 것이다.

영어학원비, 자격증 응시료, 교재비 등 지원액

판단기준	업무관련성
세무처리	업무관련성이 있고 사규 등에 지원 규정이 있는 경우 → 증빙에 의해 회사경비처리 가능하고, 해당 직원의 급여가 아니므로 원천징수 의무가 발생하지 않는다. 단순 복리후생비 명목으로 지원하는 경우 → 해당 비용은 증빙을 첨부해도 해당 근로자의 급여로 봐 근로소득세를 신고·납부 한다.

회사에서 직원에게 자기개발 차원의 복리후생적인 성격의 영어학원비를 지원한 경우라면 당연히 직원 개인의 비용이기 때문에 근로소득으로 보아야 하지만 직원에게 영어교육을 하는 목적이 회사의 사업목적을 영위하는 데 필요한 경우라면, 예를 들어 해외시장에 진출하기 위하여 외국어가 능통한 인력을 미리 확보하기 위한 경우는 실제 회사 업무와 관련이 있다고 볼 수 있다.

그러나 개인이 꼿꼿이 실습학원에 다닌 후 회사의 근무환경을 쾌적하게 하기 위함이었다고 주장하더라도 업무와 직접적인 관련성이 있다고 보기는 어렵다.

물론 세무 조사관에게 쾌적한 사무실을 유지하기 위한 환경미화 차원의 교육이라거나 심지어는 거래처 화환 등 기업업무추진비가 많이 발생하는 회사에서 그 비용을 줄이고자 화환이나 화분을 직접 만들어서 보내기 위한 비용이라고 주장한다고 하더라도 이를 회사의 사업목적을 영위하는 데 꼭 필요한 비용이라고 주장하기는 무리가 있다.

많은 회사에서 실무적으로는 그 금액이 소액인 경우, 교육훈련비에 포함하여 처리하기도 하나 이는 법인 비용과 직원의 비용을 구분하여야 하는 원칙에 어긋나는 것이라는 사실을 알아야 한다.

전문 건설회사의 종업원이 기술인협회 회원으로서 회원의 가입비 등을 종업원이 속한 건설법인에서 대신 지급하는 경우는 고용관계에 의한 근로소득의 대가로 지급받는 것으로 볼 수 없다.

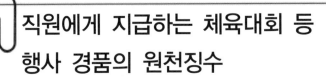

직원에게 지급하는 체육대회 등 행사 경품의 원천징수

1 경품의 소득 구분과 원천징수

근로자가 회사로부터 특정한 날에 지급받는 선물, 상품권 등 금품은 과세되는 근로소득에 해당하는 것으로 금전 외의 현물로 지급하는 때도 시가상당액을 근로소득으로 지급하는 때에 근로소득에 포함하여 소득세를 원천징수 한다. 다만, 회사가 사용인의 실비변상, 복리후생 목적으로 야유회 등 행사를 개최하고 지출하는 비용으로서, 사회통념상 타당하다고 인정되는 범위 내 금액은 복리후생비로 근로소득으로 보지 않는다는 의견을 내는 세무사분들도 있지만, 국세청 상담사례와 예규를 보면 다음과 같이 상담하고 있다.

사내 직원들 이벤트 진행 시 경품 소득세 원천징수 여부

종업원에게 지급하는 공로금·위로금·개업축하금 기타 이와 유사한 성질의 사실상 급여에 속하는 상금은 근로소득에 해당하는 것이며,

---

종업원의 특별한 공로에 대하여 경진·경영·경로대회·전람회 등에서 우수한 자에게 지급하는 상금은 기타소득에 해당합니다.

귀 질의의 경우 종업원의 특별한 공로에 대하여 지급하는 상금이 아닌 사내 체육대회에서 추첨을 통해 직원들에게 경품을 나눠주는 것이라면 종업원에게 지급하는 위로금으로써 근로소득에 해당하는 것으로 보아 원천징수 해야 할 것으로 사료됩니다(국세청 답변일 2018-03-27).

아래 관련 유권해석을 참고하시기 바랍니다.

[관련 유권해석]

서일 46011-11724, 2002.12.20

[제목] 회사 체육대회 시 추첨을 통해 임직원에게 지급하는 경품 가액의 소득 구분 방법

[질의] 당사 임직원 체육대회를 실시하면서, 추첨을 통하여 임직원 수명에게 경품을 지급함. 이때의 경품 가액은 어느 소득으로 귀속되어야 하는지 질의함.

[회신] 귀 질의의 경우 우리청의 기 질의회신문(소득 46011-10094, 2001.2.5)을 참고하기 바람.

(소득 46011-10094, 2001.02.05.)

[제목] 종업원에게 지급하는 위로금 등은 근로소득이며 경진대회 등에서 우수한 자에게 지급하는 상금은 기타소득인바 그 소득 구분은 실질 내용에 따라 사실 판단함

[질의] (질의 1) 연말에 공적 있는 임직원에 대해 상장과 함께 지급하는 상금은 근로소득으로 봐야 하는지?

[회신] 종업원에게 지급하는 공로금·위로금·개업축하금 기타 이와 유사한 성질의 사실상 급여에 속하는 상금은 근로소득에 해당하는 것이며,

종업원의 특별한 공로에 대하여 경진·경영·경로대회·전람회 등에서 우수한 자에게 지급하는 상금은 기타소득에 해당하는 것으로, 귀 질의의 경우 회사의 포상계획·각종 행사계획·지급 사유 등 실질 내용에 따라 사실 판단할 사항임.

직원의 복리후생 목적으로 구입하는 것이므로 매입시 매입세액을 공제하고, 직원 포상으로 무상 공급 시 개인적 공급으로 시가를 과세표준으로 하여 신고를 해야 한다.

즉, 사업자가 체육대회를 개최하면서 추첨을 통하여 당첨된 직원에게 자동차, 노트북, 상품권 등의 경품을 제공한 경우 부가가치세 과세대상이 아닌 상품권을 제외한 자동차, 노트북 등은 구입 시 매입세액공제를 받았다면 개인적 공급에 해당하므로 부가가치세가 과세된다.

부가가치세와 관련한 처리 방법은 2가지 방법 중 선택할 수 있다.

1. 부가가치세 매입세액을 공제받지 않는 방법
2. 부가가치세 매입세액을 공제받고, 개인적 공급으로 인한 간주공급으로 매출세액을 납부하는 방법

직원 야유회비용 매입세액공제

사업자가 직원들의 사기진작과 복리를 위하여 야유회 등을 개최하고 그 비용에 대한 세금계산서를 수취하였을 경우 동 비용은 기업업무추진비 및 이와 유사한 비용에 포함되지 아니하는 것이며, 복리후생비로서 동 비용에 관련된 매입세액은 자기의 매출세액에서 공제되는 것임(부가 46015-1563, 1997.07.11).

체육대회 경품 매입세액공제

체육대회를 개최하고 당첨된 종업원에게 무상으로 재화를 공급하는 경우 개인적 공급으로 부가가치세가 과세됨(부가, 부가 46015-2603, 1998.11.24).

계열사 파견직원 급여

법인이 100% 출자하여 설립한 계열사에 직원을 파견하여 기술지도 및 경영관리 등의 업무를 수행하도록 하고 급여를 법인이 부담하는 경우 손금인정이 가능한지, 아니면 계열사는 별도 법인으로서 계열사의 경영관리 등을 위하여 계열사 파견직원의 급여는 계열사의 손금으로 처리해야 하므로 출자한 법인은 손금에 산입할 수 없는지 문제가 될 수 있다.

법인세법상 손금의 해당 여부는 법인세법 및 다른 법률에 달리 정하고 있는 것을 제외하고 그 법인의 사업과 관련하여 발생하거나 지출된 손실 또는 비용으로서 일반적으로 용인되는 통상적이거나, 수익과 직접 관련된 것으로 하는 것이다. 즉, 수익을 획득하기 위하여 소요된 모든 비용과 기타 당해 법인에게 귀속되는 일체의 경제적 손실을 말하는 것이다.

해외 현지법인에 파견한 내국법인 소속 사용인에 대한 인건비의 손금산입 여부에 대한 국세청 예규는 다음과 같다.

법인과 계열사의 손익계산은 엄격히 분리하여 각각 계산해야 하는
것이 원칙이라 할 수 있으나, 법인에 소속된 직원을 계열사에 파견
한 경우, 파견직원이 행하는 기술지도 및 경영관리 등의 업무는 실
질적으로 회사의 수익 실현을 위한 업무수행이라는 것을 입증할 수
있다면 계열사 파견직원의 급여는 손금 인정이 되는 것이다.

법인이 출자사인 계열사에 직원을 파견하여 용역을 제공하기로 계약
을 체결하고 계열사 파견직원의 급여를 계열사가 부담하는 경우 부
가가치세가 과세되지 않는다. 과거에는 모회사 직원을 자회사에 파
견하고 자회사로부터 인건비 해당액을 모회사가 받는 행위를 인력공
급업으로 보아 부가가치세 과세거래로 해석하였으나, 2020년 5월
조세심판원의 결정에 따라 이는 부가가치세 과세거래가 아니다(조심
2016중 2517, 2016.12.12. 조심 2014서4772, 2015.1.23. 조심 2014
서4842, 2015.1.23.).

사에 파견하여 근무하게 하고, 해당 계열사로부터 파견직원의 인건비를 지급받는 경우 해당 인건비는 부가가치세 과세대상에 해당하지 아니하는 것임(법령해석과 −1567.2020.05.26.)

다만, 파견직원이 수행하는 업무가 본사의 정상적 영업운영, 품질관리, 기술이전 등으로 국내 본사의 고유업무라기보다는 독립법인인 계열사의 순수한 계속적 사업을 위해 필요한 업무만을 수행하고 있거나, 파견직원이 본사의 업무를 수행한 사실이 객관적인 증빙자료로 입증되지 않는다면 파견직원 인건비는 손금인정을 받을 수 없다.

법인세법은 "업무와 관련 없는 비용의 손금불산입"에서 규정하고 있는 내용은 다음과 같다.

내국법인이 각 사업연도에 지출한 비용 중 다음 각호의 금액은 당해 사업연도의 소득금액 계산에 있어서 이를 손금에 산입하지 아니한다.

1. 당해 법인의 업무와 직접 관련이 없다고 인정되는 자산으로서 대통령령이 정하는 자산을 취득·관리함으로써 생기는 비용 등 대통령령이 정하는 금액

2. 제1호 외에 그 법인의 업무와 직접 관련이 없다고 인정되는 지출금액으로서 대통령령이 정하는 것

한편, 법인이 외화획득사업의 원활한 수행을 위하여 해외에 출자한 해외 현지 법인에게 소속 직원을 주재원으로 파견하여 내국법인의 업무를 수행하고 또한 해외에 출자한 해외법인의 업무도 동시에 수행할 수 있는바, 파견 주재원이 내국법인과 해외법인에 모두 겸직하

면서 각 법인으로부터 급여를 받는 경우 주재원의 총급여 중 일부를 내국법인에서 지급할 경우 지급한 급여를 내국법인이 손금산입할 수 있는지? 여부가 문제가 되는데, 해외 현지법인 파견직원이 내국법인 업무와 해외지점 업무를 겸임하는 경우 인건비의 안분계산과 관련한 국세청 예규는 다음과 같다.

해외 파견직원이 국내 및 해외업무 겸업

내국법인이 당해 법인에 소속된 사용인을 해외 현지법인에 파견하여 내국법인의 업무와 해외 현지법인의 업무를 함께 담당하게 하고, 당해 사용인의 급여액을 합리적인 방법으로 배분하여 일부를 내국법인의 손비로 계상하는 경우는 이를 내국법인의 각 사업연도 소득금액 계산상 손금산입할 수 있음(법인, 법인 46012-1532, 1996. 05.28.)

모회사 파견직원 급여를 자회사가 부담

모회사와 자회사 간에 사전약정에 의하여 모회사 소속 직원이 자회사에 파견되어 근무하는 경우 파견직원에 대한 급여 및 복리후생비를 모회사의 급여지급규정에 따라 자회사가 지급하기로 한 경우에 파견직원의 업무수행내용이 자회사의 업무와 직접 관련 있다고 인정되는 부분에 대하여 자회사의 손금에 산입할 수 있는 것임(법인, 제도 46012-10488, 2001.04.09.)

따라서, 부당행위계산의 부인 규정이 적용되는 것을 제외하고는 실제 기여하는 업무량의 정도 등에 따라 각 법인에서 급여, 재직기간 등에 의하여 합리적으로 배분된 금액을 각 법인의 각 사업연도 소득금액 계산 시 손금에 산입할 수 있다.

파견직원의 경조사비(화환) 등 복리후생비

파견받은 직원에 대한 복리후생비도 전액 손금 인정한다. 종전에 근로자파견계약에 따라 파견받은 법인이 파견근로자에게 직접 지급하는 복리후생비는 인력공급용역의 대가로 보아 손금에 산입했고, 계약 없이 지급한 경우에는 기업업무추진비로 보았다.

그러나 현재 기준은 기업업무추진비로 보지 않고 모두 복리후생비로 처리한다.

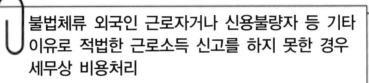

불법체류 외국인 근로자거나 신용불량자 등 기타 이유로 적법한 근로소득 신고를 하지 못한 경우 세무상 비용처리

건설 현장에 외국인 근로자를 합법적으로 채용하기 위해서는

첫째, 외국인 근로자는 건설업에 취업 가능한 체류자격을 갖추어야 한다.

둘째, 외국인 고용허가를 받은 외국인이어야 한다.

하지만 실무적으로 위 두 가지 요건을 충족하기는 행정적으로나 현실적으로 매우 어려우므로 당장에 급한 현장을 돌리기 위해 불법체류자를 고용하는 게 업계 현실이다.

법무부와 고용부는 국민 일자리 잠식에 대한 방지 차원에서 출입국 관리법과 외국인 근로자 고용에 관한 법률에 따라 불법체류자 고용에 대해 제재를 부과하고 있다.

불법 고용이 적발되면 3년 이하의 징역 또는 2,000만 원 이하의 벌금, 고용인원 1인당 150만 원~200만 원의 범칙금 부과, 3년간 외국인 근로자 고용 제한, 불법체류자 출국비용 부담 등 제재를 가한다.

핵심 문제는 불법체류자에 대해 인건비 비용처리가 가능하냐에 관한 문제이다.

세법에서는 불법체류자를 고용해 근로를 제공받고 그 대가를 지급한 금액은 인건비에 해당하는 것이며, 비용의 실재성이 여권 사본 및 지급받는 자의 수령증 등 객관적인 증빙으로 확인되는 경우 인건비 처리가 가능하다는 입장이다.

1 외국인 불법체류자인 근로자 인건비 비용처리 방법

외국인 불법체류자의 인건비는 그 지출이 근로의 대가로서 송금 등 거래증빙을 구비하는 등 지출 사실이 객관적으로 인정되는 경우 비용으로 처리할 수 있으며, 불법체류자의 경우 금융거래를 할 수 없는 경우가 많으므로 근로계약서, 인적 사항을 확인할 수 있는 여권(또는 거소증명서) 사본과 급여대장, 수령증 등을 첨부하면 경비로 인정이 된다. 다만, 중요한 것은 외국인 불법체류 근로자에 대하여 실제 급여를 지급한 자료(급여대장, 자필서명 등 객관적인 지급 근거, 여권 사본 등)을 보관한 경우는 실제 필요경비나 손금으로 인정 받을 수 있지만, 인건비의 경우 적격 지출증명서류는 지급명세서이므로 이를 제출하지 않은 경우는 가산세가 부과된다.

2 개인사업자는 사업용 계좌 사용

외국인 불법체류자에게 인건비를 지급할 때 사업용 계좌를 사용해야 할까?
복식부기 의무자와 복식부기 의무자인 성실신고확인 대상사업자의 경우 급여, 상여 등 인건비를 지출하는 경우 반드시 신고된 사업용 계좌를 이용하여 지급해야 한다. 다만, 외국인 불법체류자(신용불량자 포함)의 경우에는 지급상대방의 사정으로 사업용 계좌를 사용하기 어려운 상황에 해당하므로 금융계좌가 없는 경우 사업용 계좌 미사용 가산세 부과 대상에서 제외가 된다.

따라서 상대적으로 불법체류자에 대한 인건비를 지급하였다는 객관적인 증빙은 매우 부족하므로 외국인 불법체류자인 근로자에 대한 급여지급시 수령자의 여권(체류 증명서) 사본, 인건비 대장, 수령서 명부 등 구비서류가 더욱 중요하게 된다.

3 외국인 근로자 원천징수

계속하여 183일 이상 국내에 거주할 것을 통상 필요로 하는 직업을 가진 때나 국내에 생계를 같이하는 가족이 있고, 그 직업 및 자산 상태에 비추어 계속하여 183일 이상 국내에 거주할 것으로 인정되는 때는 국내 근로자와 같게 봐 동일하게 세법을 적용한다.

합법적인 외국인 근로자는 국내 근로자와 같이 인건비를 신고하고 지급명세서를 제출한다.

4 외국인 불법체류자 인건비에 대한 지급명세서 제출

사업자가 사업과 관련하여 실질적으로 외국인 불법체류자를 직원 또는 일용근로자로 고용하여 근로를 제공받고 급여, 임금 등 인건비를 지급하는 경우는 그 인건비가 사업과 관련하여 지출한 것으로 확인되는 경우는 근로소득세를 원천징수하고 근로소득 지급명세서를 원천징수 관할 세무서에 제출해야만 한다.

따라서 불법체류 외국인의 인건비라 할지라도 실제 지출 여부를 확인하는 서류 외에 소득세법상 법정지출증빙은 불법체류 외국인을 고용한 경우라도 해당 외국인 근로자들에게 지급한 인건비는 원천징수 이행상황신고서와 지급명세서 또는 일용근로소득지급명세서 제출의 예외 사유에 해당하지 않으므로 지급명세서를 반드시 제출해야 하며, 제출하지 않은 경우는 지급명세서 제출불성실가산세를 부담하게 된다.

지급명세서를 작성할 때 주민등록번호란에는 외국인의 경우 외국인 등록표상의 외국인등록번호를 기재하면 되고, 외국인등록을 하지 않은 자일 경우에는 여권번호를 기재하고, 여권번호가 확인되지 않는 경우는 거주지국 납세번호를 기재하면 된다. 만약 전자신고 시 해당 납세자 번호, 여권번호 등을 홈택스에서 인식하지 못할 경우는 서면으로 제출하면 된다.

불법체류 외국인의 인건비의 경우 지급명세서를 제출하되 이름과 여권번호를 넣어 제출하면 오류가 생겨도 사실대로 제출한 것이므로 가산세 적용대상이 아니다.

5 외국인 근로자에 대한 증빙처리

구체적으로 어떠한 증빙자료가 있어야 외국인 근로자 인건비가 법인의 비용으로 인정받을 수 있을까? 먼저, 근로 사실에 대한 증빙으로 여권 사본, 외국인등록증 등을 통하여 근로자의 주소, 성명, 외국인

등록번호 등 인적 사항이 확인되어야 한다.

이와 함께 근로계약서, 근무일지, 출퇴근 카드 등을 작성하여 근무자별 입·퇴사 일자, 근무시간, 업무 범위 등이 상세하게 기록되어 있어야 한다.

때에 따라서는 직원 단체 사진, 현장 근로 사진도 정황 증거로 활용될 수 있을 것이다. 다음으로 임금 지급 사실을 증명할 수 있는 통장 이체 내용이 필요하다. 만약, 금융계좌가 없는 근로자에게 급여를 지급하는 경우는 근로자가 서명한 임금 수령증으로 이를 대신해야 할 것이다.

외국인 불법체류자 인건비 비용처리

법인이 외국인 불법체류자를 고용하여 근로를 제공받고 그 대가로 지급한 금액은 법인세법 규정에 의한 인건비로서 소득금액 계산상 손금에 산입하는 것이라고 밝히고 있다.

조세심판원에서도 "위탁가공업은 이른바 3D 업종으로서 내국인의 취업 기피현상이 심하여 모자라는 인력을 외국인 근로자로 대체할 수밖에 없었던 것이 현실"이라고 하면서 "외국인 근로자 불법체류로 인해 단속당하여 과태료를 부과받은 사실이 확인되는바, 인건비를 손금에 산입"하는 것으로 판단한 바 있다(조심 2016중 3784, 2017.1.9.). 즉, 법인이 지급한 인건비에 대한 증빙으로서 그 비용이 당해 법인에 귀속되고 실질적으로 결제되었음이 객관적으로 확인 가능한 서류가 있는 경우에는 세무상 비용으로 인정이 가능할 것이다(법인 46012-1896, 1995.07.11.).

인정상여에서 세금을 공제하는 방법

법인의 사업연도 중 매출누락, 가공경비 등의 실제 귀속자 미확인시 대표자에 대한 상여처분이 되며, 이는 자진신고 또는 세무조사 결과에 의한 처분에 의해 발생한다.

법인세법에 의하여 상여로 소득처분(인정상여)을 하는 경우는 해당 법인에게 그 귀속자의 소득에 대한 원천징수 의무가 발생한다.

일반적으로 급여, 상여를 지급하는 시점에 소득세 등을 원천징수하고 세후 금액을 귀속자에게 지급하게 되는데, 인정상여가 발생하였을 때는 원천징수가 이루어지지 않았기 때문에 사후적으로 원천징수를 하고 그에 따라 원천세 신고를 하게 된다.

상여 처분받은 대표자 등은 근로소득세를 부담하는바, 당해 법인의 원천징수 등 세무 절차는 다음과 같다.

① 해당 금액을 포함하여 연말정산 수정

② 해당 금액에 대한 소득세 및 지방소득세 원천징수

③ 원천징수 이행상황신고서 및 지급명세서 재작성 제출

1 인정상여의 발생원인 및 지급시기 의제

구 분	세무처리
자진신고	정기분 또는 수정신고 시 신고 일자에 지급한 것으로 의제한다.
세무조사	세무서장이 통보하는 소득금액변동통지서를 받은 날 지급한 것으로 의제한다.

2 근로소득세 신고 절차

인정상여 금액과 해당 과세연도에 발생한 근로소득을 합산하여 연말정산을 수정한 후 원천징수 이행상황신고서 및 지급명세서를 재작성 제출한다.

법인세 신고에 따라 인정상여가 발생한 경우 인정상여에 대한 지급시기는 법인세 신고일이 되고, 법인세 신고일의 다음 달 10일까지 연말정산을 재정산하여 신고납부·해야 한다.

인정상여에 대해서는 근로소득만 있는 경우와 다른 종합소득이 있는 경우 다음과 같이 처리한다.

구 분	세무처리
근로소득만 있는 경우	해당 연도 근로소득에 대한 연말정산을 지급시기 의제일 다음 달 10일까지 재 연말정산 한다.
다른 종합소득이 있는 경우	지급시기 의제일 다음 달 10일까지 재 연말정산 후 다음다음 달 말일까지 해당 연도 종합소득세 신고를 다시 한다.

3 기타 고려사항

인정상여의 귀속시기는 지급시기가 아닌 해당 사유가 발생한 날(근로를 제공한 날)이 속하는 사업연도로 한다.

인정상여 분을 추가하여 재 연말정산, 재 종합소득세 신고는 수정신고가 아닌 추가 자진신고로 보므로, 신고 및 납부불성실가산세를 부과하지 않는다.

인정상여 분도 당연히 근로소득공제, 근로소득세액공제가 적용된다.

인정상여로 발생하는 원천징수 세액은 반기별 납부 대상에서 제외된다(반기별이라도 해당 월에 신고납부해야 함.).

4 원천징수이행상황신고서 작성 요령

인정상여가 발생하였을 때는 당초 신고서를 수정신고하지 않고, 소득처분에 따른 금액과 추가 정산세액만을 기재한 신고서를 별도로 작성하여 지급연월의 다음 달 10일까지 제출해야 한다.

[인정상여 원천징수이행상황신고서]

인정상여 발생 시 원천징수이행상황신고서 작성 방법

① 신고구분 : 소득처분 선택

② 귀속연월 : 당초 연말정산 시 귀속연월. 2024년 귀속 연말정산의 경우 2025년 2월에 하므로 2025년 2월로 기재한다.

③ 지급연월 : 소득처분이 있는 때가 속하는 연월. 소득금액변동통지서를 수령한 달

④ A04란

가. 인원 : 소득처분 인원

나. 총지급액 : 소득처분 금액

다. 소득세 등 : 연말정산 수정분 추가 납부세액

⑤ A90 수정신고 세액에 기재하지 않는 것에 주의한다.

■ 소득세법 시행규칙 [별지 제21호서식] (10쪽 중 제1쪽)

① 신고구분						[ ]원천징수이행상황신고서 [ ]원천징수세액환급신청서		② 귀속연월	2025년 2월
매월	반기	수정	연말	소득처분	환급신청			③ 지급연월	2025년 3월

원천징수 의무자	법인명(상호)		대표자(성명)		일괄납부 여부	여, ㉕
					사업자단위과세 여부	여, ㉕
	사업자(주민) 등록번호		사업장 소재지		전화번호	
					전자우편주소	@

❶ 원천징수 명세 및 납부세액 (단위: 원)

소득자 소득구분				코드	원 천 징 수 명 세						납부세액	
					소 득 지 급 (과세 미달, 일부 비과세 포함)		징수세액			⑨ 당월 조정 환급세액	⑩ 소득세 등 (가산세 포함)	⑪ 농어촌 특별세
					④ 인원	⑤ 총지급액	⑥ 소득세 등	⑦ 농어촌 특별세	⑧ 가산세			
개인 (거주자·비거주자)	근로소득		간이세액	A01								
			중도퇴사	A02								
			일용근로	A03								
		연말정산	합계	A04	1	50,000,000	10,000,000					
			분납신청	A05								
			납부금액	A06			10,000,000					
		가감계		A10	1	50,000,000	10,000,000					
	수정신고(세액)			A90								
	총 합 계			A99								

5 지급명세서 제출

재작성된 지급명세서(원천징수영수증)를 원천징수이행상황신고서와 함께 제출해야 한다.

퇴직 후 추가로 지급하는 성과급의 원천세 신고

해당 성과급이 영업실적, 인사고과에 따른 계량적, 비계량적 요소를 평가하여 그 결과에 따라 차등 지급하는 성과상여금에 해당하는 경우라면, 해당 성과상여금은 직원들의 개인별 지급액이 확정되는 연도가 되는 것이며, 퇴직 후 지급받는 해당 성과급은 근로소득에 포함된다. 따라서 근로자가 퇴직한 후에 2024년도의 업무성과 등의 계량적, 비계량적 요소를 평가하여 확정했다면, 해당 성과급을 지급하는 때에 2024년 중도퇴사 근로소득 연말정산 분과 합산하여 재정산한 소득세를 원천징수 한다.

이 경우 원천징수이행상황신고서는 수정신고를 하는 것이 아니며, 성과급에 대하여 근로소득 연말정산만 다시 하여 추가 납부할 세액만 납부하면 된다.
수정신고가 아니라, 2024년 2월 귀속, 2024년 3월 지급분으로 별도의 원천세 신고를 한다.
퇴사 이후에 퇴사자에 대하여 미확정된 성과급여 건 등이 발생하였다면, 해당 성과급에 대하여 근로소득 연말정산만 다시 하여 추가 납부할 세액만 납부하면 된다는 의미다.
즉 2월 중도퇴사자에 대한 근로소득 연말정산에 따른원천징수이행상황신고서는 그대로 두고 2월 귀속, 3월 지급분 원천징수이행상황신고서로 하여, 중도퇴사란에 근로소득 재연말정산에 따른 추가 지급액과 추가 납부세액을 기재하면 된다.
중도퇴사 시 근로소득 연말정산자는 이후 성과급 지급 시 정기분 신고자의 간이세액(A01)란은 기재 대상에 해당하지 않고, 중도퇴사(A02)란에 근로소득 재 연말정산에 따른 추가 지급액과 추가 납부세액만 기재하면 되는 것이다.

직원대여금의 세무 처리 방법

특수관계자인 종업원에게 자금을 무상 또는 저율로 대여한 경우 부당행위계산부인 규정을 적용받아 세법이 정하는 인정이자율이나 인정이자율과의 차이 상당액을 계산한 금액을 익금에 반영한다.

이때 인정이자 상당액은 법인의 익금산입은 물론 금전을 대여받은 직원에게 귀속되는 것으로 하여 금전을 대여받은 직원의 상여로 처분함으로써 직원의 개인 근로소득세를 추가로 납부해야 한다.

• 회사에서 임직원에게 돈을 빌려주었을 때는 단기대여금으로 회계처리한다. 가불금으로 볼 수 있는 정도의 금액을 일시적으로 종업원에게 지급하는 경우는 가지급금 인정이자를 계산하지 않는다.

• 대여금을 해당 직원의 통장으로 송금하고 송금증에 대해서 전표처리를 했어도 회사 내부규정으로 "임직원 가계대출 규정"이나 대여금에 대한 "품의서" 등에 대출기한, 이율, 상환 방법 등을 기재하여 증빙으로 처리한다. 또한 임직원에게 가계 자금 대출 시 관련 증빙으로 "무통장 입금증 및 통장 사본"과 "임직원 가계 자금 대출 규정" , "임직원 가계 자금 대출 약정 및 연대보증서"를 증빙으로 첨부해야 한다.

> 인정이자 계산 = (인정이자율 − 실질 대여금리) × 가지급금 등의 적수 ÷ 365일(윤년 : 366일)
>
> 업무무관가지급금의 적용 인정이자율 = 가중평균차입이자율과 당좌대출이자율

 원칙 : 가중평균차입이자율

가중평균차입이자율은 법인이 대여 시점 현재 각각의 차입금 잔액(특수관계자로부터의 차입금은 제외한다)에 차입 당시의 각각의 이자율을 곱한 금액의 합계액을 해당 차입금 잔액의 총액으로 나눈 비율을 말한다.

> 가중평균차입이자율 =
> (대여 시점 차입금 잔액 × 차입금별 이자율)의 합계액 ÷ 차입금 잔액 합계

 가중평균차입이자율의 계산

[차입금 잔액 상황]

차입금명	차입일자	차입금잔액	이자율
운영자금	2024. 4. 01	100,000,000원	5%
시설자금	2023. 3. 20	200,000,000원	4.5%
무역금융자금	2024. 6. 15	50,000,000원	5.2%
운영자금(특수관계자)	2024. 5. 03	50,000,000원	9%

가중평균차입이자율 = 100,000,000원 × 5% + 200,000,000원 × 4.5% + 50,000,000원 × 5.2% ÷ (100,000,000원 + 200,000,000원 + 50,000,000원)

※ 특수관계자로부터 차입한 운영자금 50,000,000원은 가중평균차입이자율 계산 시 제외함.

2 예외 : 당좌대출이자율

다음의 경우에는 당좌대출이자율(4.6%)을 적용한다.

구 분	내 용
당좌대출이자율을 시가로 선택한 경우	당좌대출이자율을 시가로 선택한 사업연도와 이후 2개 사업연도는 당좌대출이자율을 시가로 한다. 결국 3년간 당좌대출이자율을 적용해야 한다(이후 재선택 가능).
가중평균차입이자율의 적용이 불가능한 경우 ❶	해당 대여금 또는 차입금에 한정하여 당좌대출이자율을 시가로 한다.
대여기간이 5년을 초과하는 대여금이 있는 경우 ❷	해당 대여금 또는 차입금에 한정하여 당좌대출이자율을 시가로 한다.

❶은 다음의 경우를 말한다.

가. 특수관계인이 아닌 자로부터 차입한 금액이 없는 경우

나. 차입금 전액이 채권자가 불투명한 사채 또는 매입자가 불분명한 채권·증권의 발행으로 조달된 경우

다. 자금을 대여한 법인이 가중평균차입이자율 또는 대여금리가 해당 대여시점 현재 자금을 차입한 법인의 가중평균차입이자율보다 높아 가중평균차입이자율이 없는 것으로 보는 경우

❷ 대여한 날(계약을 갱신한 경우는 그 계약일)부터 해당 사업연도 종료일(해당 사업연도에 상환하는 경우는 상환일)까지의 기간이 5년을 초과하는 대여금이 있는 경우를 말한다.

법인이 직원에 대한 급여범위 내 가불금, 경조사비 대여금, 학자금 대여금, <u>법인인 중소기업이 소속 직원의 주택구입 또는 전세자금을 빌려줬을 경우</u> 업무와 관련이 있는 대여금으로 봐 거기서 발생하는 이자 등을 비용으로 인정받을 수 있으며, 가지급금에 해당하지 않아 인정이자 계산을 안 한다. 다만 법인인 중소기업이 소속 직원을 제외한 주택자금대여금인 경우는 직원에 대한 대여금일지라도 법인세법상 가지급금에 해당한다.

따라서, 대기업이 직원에게 주택자금대여를 할 경우는 가지급금에 대한 인정이자를 계산한다.

원천징수 세액을 대납하는 경우(퇴사한 직원에게 못 받은 근로소득 원천징수세액 대납액의 처리 방법)

1 임직원 4대 보험 및 근로소득세 대납액

국민연금이나 건강보험료 등 4대 보험료 근로자부담분, 근로소득세, 지방소득세를 회사에서 대납한 금액은 근로자의 과세대상 근로소득에 해당한다. 따라서 회사는 회사가 대납한 금액을 총급여에 포함하여 소득세를 연말정산하고, 소득세 결정세액이 연도 중 기납부세액에 미달하여 환급금이 발생한 때도 이를 근로자에게 지급해야 한다.

 4대 보험 대납액의 퇴직금 계산 시 평균임금 포함 여부

4대 보험료 중 국민연금, 건강보험, 고용보험은 사용자와 근로자가 함께 보험료를 부담해야 한다. 근로자의 보험료 납부는 사용자가 근로자의 임금에서 보험료를 공제하는 방법으로 이루어진다. 그런데 간혹 복지 차원에서 근로자의 임금에서 보험료를 공제하지 않고 회사가 대납하는 때도 있는데, 이 경우 대납보험료를 퇴직금 계산시 포함되는 임금으로 볼 것인지에 대한 분쟁이 발생할 수 있다. 즉, 대납보험료가 평균임금에 포함되는지? 여부가 문제다.

고용노동부 행정해석은 이와 유사하게 회사의 취업규칙에 근거해 근로자의 건강보험료를 대납해온 사업장에 대해 취업규칙에 의해 법령상 근로자가 부담해야 하는 건강보험료를 회사가 납부하고 그에 해당하는 금액을 계속적·정기적으로 근로자에게 지급해 온 경우라면 이는 근로의 대가로서 임금에 해당한다고 판단한바 있다(근로기준정책과-3623, 2015.08.10.).

결국, 고용노동부 행정해석에 따른다면 보험료 대납이 근로계약·취업규칙·단체협약 또는 노사 관행에 따라 계속이고 정기적으로 이루어졌다면 대납된 보험료 역시 평균임금에 해당해 퇴직금 계산 시 반영해야 한다. 즉, 회사는 보험료 대납을 근로계약·취업규칙·단체협약 등에 명시하거나, 관행적으로 이뤄져 왔다면 근로자 퇴직시 예측하지 못한 퇴직금을 지급해야 하는 사태가 발생할 수 있다.

2 임직원에 대한 벌금 등 대납액

법인이 임직원에게 부과된 벌금·과료·과태료 또는 교통사고 벌과금을 대신 부담한 때도 그 벌금 등의 부과대상이 된 행위가 법인의 업무수행과 관련된 것일 때는 해당 법인에게 귀속되는 것으로 보아, 손금불산입하고 기타사외유출로 처분한다. 다만, 내부규정에 의해서 원인유발자에게 변상 조치 하기로 되어있는 경우는 그 원인유발자에 대한 상여로 처분한다.

3 퇴사자에게 받지 못한 근로소득세 및 건강보험 대납액

퇴직정산을 잘못해서 아니면 해당 직원이 퇴직 후 정산이 이루어져

근로자에게 연락하면 차이 금액을 돌려주면 문제가 없으나 이를 돌려주지 않는 경우도 발생하는데, 이에 대한 회계처리는 잡손실로 회계상 비용처리가 가능하나, 세무상으로는 해당 금액을 손금불산입 처리한다. 즉 퇴사한 직원에게 못 받은 근로소득 원천징수 세액 대납액 및 가산세는 손금불산입한다. 따라서 해당 금액을 복리후생비, 잡손실 등으로 회계상 비용처리 했거나 가지급금으로 처리했을 때는 손금불산입 세무조정이 필요하다.

원천징수 세액을 징수하지 아니하고 대신 납부한 원천징수 세액은 법인세법상 손금불산입대상(법인, 수원지방법원-2018-구합-61698, 2018.12.05.)

[요지]

직원들은 원천징수분 근로소득세 징수·고지의 존재나 원고의 이 사건 직원분 소득세 납부 사실은 물론, 원고의 구상권 포기 사실도 알 수 없었으므로, 원고의 구상권 포기가 인건비 지급에 갈음한 것이라고 볼 수 없고, 직원분 소득세 상당액을 현재의 근로에 대한 대가로 볼 수 없다.

[법인] [사업자가 직원들의 소득세를 대납하고, 구상권을 임의 포기한 채, 이를 직원들에 대한 인정상여로 계상한 경우, 이는 손금에 해당하지 않는다.

[법인, 서울행정법원-2017-구합-90261, 2018.11.09]

과거 세후 소득금액에 대한 합의가 존재하지 아니함에도 비합리적인 기대를 훼손하지 아니한다는 명목으로 임의로 직원들이 납부해야 할 소득세를 납부하고 구상권을 포기하는 것은 과거에 제공된 근로의 대가로 볼 수 없을 뿐 아니라 특별한 사정이 없으면 이를 통상적이라고 보기도 어려우므로 손금을 요건을 충족하지 아니함

4 타인 원천징수 세액 대납액

법인이 원천징수의무의 불이행으로 인하여 당초 납세의무자로부터 징수하여 납부할 원천세액을 가산세와 별도로 징수당한 경우는 당초 납세의무자에 대한 구상권을 형성하는 채권이 되며, 당해 대납액에 대하여는 다음과 같이 처리한다.

👤 특수 관계없는 자의 원천세대납액

타인의 원천세액 대납액

특수관계자에 해당하지 아니하는 자와의 거래에 대한 원천징수불이행 등으로 인하여 대신 납부한 세액을 가지급금 등으로 처리한 경우는 동 가지급금 등에 대하여 인정이자를 계산하지 않는다. 다만, 동 가지급금 등을 손금으로 계상한 때에는 이를 손금부인하고, 기타사외유출로 처분한다(법기통 67-106…7). 즉, 원천징수의무자가 원천징수 세액을 징수하지 않고 대신 납부한 원천징수 세액은 법인의 손금에 산입하지 아니한다(법기통 21-0…1·2).

이러한 타인의 원천징수 세액 대납액은 법인이 구상권을 가지는 채권이므로 손금산입될 수 없고, 대손 요건이 충족될 때 대손금으로 처리될 수 있을 뿐이다.

그러나 원천징수의무 불이행에 따른 가산세 부담액은 구상채권이 아니며, 손금불산입 항목이 된다.

세금 부담조건 약정에 의한 대납액

국내사업장이 없는 비거주자 또는 외국법인에게 지급한 사용료 등 대가에 대하여 원천징수 할 세액 상당액을 내국법인이 부담하는 조건으로 계약을 체결한 경우는 당해 계약에 따라 내국법인이 부담한 원천징수 세액 상당액을 지급대가의 일부로 보아 손금에 산입한다 (법기통 19-19…27).

그러나 이때에도 당해 내국법인이 부담하기로 한 원천징수 세액을 납부하지 않아 추징당하는 원천세액 상당액은 추징 일이 속하는 사업연도의 손금에 산입하나, 징수불이행으로 인하여 부과되는 가산세는 손금불산입 된다(법인 1264.21-2596, 1984.8.8.).

특수관계자의 원천세대납액

특수관계자와의 거래에서 발생한 대납액은 특수관계자에 대한 가지급금으로 인정이자의 계산 대상이 되며, 법인의 회계처리 방법에 따라 다음과 같이 처분한다.

구 분	처리방법
가지급금 등으로 계상한 경우	회수할 때까지 인정이자를 계산하여 익금산입하고, 귀속자에 따라 배당·상여·기타사외유출·기타소득으로 처분
법인의 손비로 처리한 경우	구상권을 정당하게 행사하지 아니하고 포기한 채권으로서 손금불산입하고, 귀속자에 따라 배당·상여·기타사외유출·기타소득으로 처분

구 분	귀속자가 불분명하여 대표자 상여로 처분된 금액	대표자에게 귀속되었음이 분명한 경우
대납시 손비처리한 경우	손금불산입하고 기타사외유출로 처분한다.	손금불산입하고 상여 처분한다.
대납시 대여금처리 하고 특수관계 소멸시 손비처리 한 경우	소득세 대납액을 업무무관 가지급금으로 보지 아니함 → 지급이자 손금불산입 및 인정이자를 계산하지 않음	소득세 대납액을 업무무관 가지급금으로 봄 → 지급이자 손금불산입 및 인정이자 계산함
	특수관계 소멸로 손비처리시 손금불산입하고 기타사외유출로 처분한다.	특수관계 소멸로 손비처리시 손금불산입하고 상여처분한다.

특수관계 소멸 후 원천세대납액의 대손처리

[요 지]

법인이 소득금액의 경정으로 해당 사업연도에 재직하던 대표자에게 상여처분된 금액에 대하여 해당 세액을 원천징수의무자로서 법인이 대납하였으나 대표자의 무재산 등으로 법정 대손 사유에 해당하는 경우는 이를 손금에 산입할 수 있음

[회 신]

법인이 소득금액의 경정으로 해당 사업연도에 재직하던 대표자(경정일이 속하는 사업연도에는 특수관계자에 해당하지 않음)에게 상여처분된 금액에 대하여 해당 세액을 원천징수의무자로서 법인이 대납하였으나, 동 대표자의 무재산 등으로 대손 사유에 해당하는 경우는 이를 손금에 산입할 수 있는 것인바, 귀 질의의 사례가 이에 해당하는지? 여부는 거래의 실질 내용에 따라 사실 판단하는 것입니다(법인, 서면 인터넷 방문 상담 2팀-659, 2006.04.24.).

고문료의 원천징수와 4대 보험

상근고문은 일반적으로 사업주 또는 사업경영 담당자 등의 경영자문 요청에 응하는 자를 말한다.

일정액의 보수를 받고 있다 하더라도 사용종속관계에 있다고 볼 수 없으므로 근로자로 인정되지 않는 것이 원칙이다.

사용종속관계가 인정되지 않는 위원, 고문, 상담역, 촉탁의사 등 비 상근 위촉계약자는 일반적으로 특정 사무처리에 관한 민법상의 위임 관계에 있으며, 근로기준법상 근로자로 볼 수 없다(근기 01254-6463, 1988.04.08.). 근로자인지 판단하는 기준은 다음과 같다.

- 근로자가 업무를 수행함에 있어 사용자로부터의 정상적인 업무수 행 명령과 지휘·감독에 대하여 거부할 수 없어야 함
- 시업과 종업시간이 정해지고 작업장소가 일정 장소로 특정되어 있 어야 함
- 업무의 내용이 사용자에 의하여 정해지고 업무의 수행과정도 구체 적으로 지휘·감독을 받아야 함
- 지급받은 금품이 업무처리의 수수료(수당) 성격이 아닌 순수한 근

로의 대가이어야 함

• 위 내용이 충족되고, 복무 위반에 대해서는 일반 근로자와 동일하게 징계 등 제재를 받아야 함

1 고문료의 원천징수

고용계약에 의해서 지급받는 용역의 경우는 근로소득에 해당하며, 일시적인 용역을 제공하고 지급받는 경우는 기타소득, 독립된 자격으로 계속적, 반복적으로 용역을 제공하고 지급받는 경우는 사업소득에 해당한다.

고용관계의 판단은 위의 근로자 판단기준을 근거로 판단하면 된다. 즉, 근로자가 업무, 작업에 대한 거부를 할 수 있는지, 시간적, 장소적 제약을 받는지, 업무수행 과정에 있어서 구체적인 지시를 받는지, 복무규정의 준수 의무가 있는지? 여부 등 민법 제655조에 따라 종합적으로 판단한다(법인–서면 인터넷 방문 상담 1팀–1440, 2004.10.25.).

실무적으로 고문계약을 일정기간 맺고 고문료를 지속적으로 지급하는 경우 사업소득으로 신고해야 하며, 세금을 줄이기 위해 기타소득으로 신고하는 경우 나중에 세금을 추징당할 수 있다.

경영 자문용역의 소득 구분

거주자가 비영리법인에 경영 자문용역을 제공하고 매월 정액으로 받은 경영고문료는 다음의 기준에 따라 소득을 구분한다(재경부 소득 46073–136, 2000.08.18.).

가. 근로소득 : 거주자가 근로계약에 의한 고용관계에 의하여 비상임 자문역으로

근로자의 지위에서 경영 자문용역을 제공하고 얻는 소득, 이 경우 고용관계 여부는 근로계약 내용 등을 종합적으로 고려하여 판단할 사항임.

나. 사업소득 : 전문직 또는 컨설팅 등을 전문적으로 하는 사업자가 독립적인 지위에서 사업상 또는 부수적인 용역인 경영 자문용역을 계속적 또는 반복적으로 제공하고 얻는 소득

다. 기타소득 : 상기 가목 및 나목 외의 소득으로서 고용 관계없이 일시적으로 경영 자문용역을 제공하고 얻는 소득

2 고문료의 4대 보험

보수를 지급하는 경우 건강보험과 국민연금의 가입대상이 될 수 있다. 고용보험과 관련해서 고용보험은 근로자를 대상으로 가입할 수 있는 자, 대학교수나 변호사 등 별도의 직업이 있는 자가 평상시에는 자신의 본업에 종사하면서 간헐적으로 회사의 이사회 등에 참석하여 의견을 진술하거나 기타 자문에 응하는 이른바 사외이사의 경우에는 일반적으로 사용자의 지휘·감독하에 근로를 제공하고 임금을 지급받는 근로자로 볼 수 없다. 따라서 고용보험피보험자의 대상이 되지 않는다. 다만, 사외이사라 하더라도 정상적인 근로자와 같이 출·퇴근이 이루어지고 대표이사 등의 지휘에 따라 근로를 제공하고 그 대가로서 임금을 지급받는 경우에는 근로자이므로 피보험자의 자격이 있다.

참고로 가끔 4대 보험 중 원하는 것만 골라서 가입할 수 있는지 물어보는 경우가 있는데, 본인이 유리한 것만 선택해서 가입하는 것은 사실상 불가능하다.

부당해고기간 급여에 대한 연말정산과 원천징수

1 수입시기

법원의 판결·화해 등에 의하여 부당해고기간의 급여를 일시에 지급받는 경우에는 해고기간에 근로를 제공하고 지급받는 근로소득으로 본다.

2 원천징수(연말정산)

부당해고기간의 급여에 대해 해당 원천징수의무자는 다음과 같이 원천징수를 해야 한다.

① 해당 과세기간 내인 경우(해당 과세기간분에 대한 부당해고급여)

매월분 근로소득에 포함하여 간이세액표에 따른 세액을 원천징수하고, 해당 연도 근로소득에 포함하여 2월분 급여를 지급할 때(중도 퇴직자의 경우에는 퇴직하는 달의 급여를 지급할 때) 연말정산을 한다.

② 해당 과세기간이 경과한 경우(직전 과세기간 이전분에 대한 부당해고 급여)

판결이 있는 날의 다음 달 말일까지(다음 달 말일 이전에 지급하는 경우는 지급하는 때까지) 부당해고 급여에 대한 수입 시기별로 연말정산(연말정산이 이미 이루어졌던 경우에는 연말정산 재정산) 한다.

3 부당해고 기간의 4대 보험

해고에 대해 지방노동위원회로부터 부당해고로 판정이 나고 원직 복직했으며, 해고기간 중의 임금을 지급받은 경우 해고기간의 국민연금, 국민건강보험, 고용보험에 대해서도 사용자는 해고되지 않았으면 마땅히 부담해야 할 보험료 등의 부담금을 부담해야 한다.

해고로 인해 근로자가 손실이 발생한 부분이 있었다면 사용자는 이를 보전해주어야 한다.

국민연금은 가입기간도 수급권에 영향이 있으므로 관할 지사에 해고기간 추납보험료 납부 신청을 통해 사용자와 근로자의 부담금에 월수(月數)를 곱해 납부하면 된다. 즉, 해당 기간의 근로자분만큼을 공제하면 된다.

국민건강보험료는 해고되지 않았으면 노사 간에 각각 1/2씩 부담하므로 해고기간 임직원이 지역 가입해서 보험료를 납부했다면, 직장 가입 시의 근로자의 보험료와 지역 가입 시에 납부했던 보험료 차액을 지급하면 된다(피부양자로 속해 있었다면 문제가 없다).

고용보험의 경우에는 추후 피보험기간 단절로 인해 근로자가 손해를 보게 되는 경우가 발생할 수 있으니, 상실신고 정정 신청서와 정정 사유서 및 이를 입증할 수 있는 서류를 고용센터에 제출하여 수정하면 된다.

산재보험은 개별근로자가 아닌 사업장 단위로 신고하므로 해고와 복직으로 인한 차후 산재보험 혜택에는 영향이 없다. 즉, 취득신고만 하면 된다.

4 퇴직금 반환 여부

해고가 무효로 확정되었다면, 퇴직금 명목으로 지급한 금품은 원인 없는 부당이득이 되므로 근로자는 즉시 이를 반환해야 한다. 이때 근로자는 선의의 수익자이므로, 이자를 가산하여 반환할 필요는 없다. 다만, 부당이득임을 알고도 계속 반환하지 않는다면, 그 시기부터는 악의의 수익자가 되므로 가산이자를 더하여 반환해야 한다.

5 계속근로 인정 여부

해고 자체가 무효 또는 취소되는 것이므로, 단절은 없었던 것이 된다. 따라서 퇴직금이나 승진의 계산을 위한 계속근로로 인정한다.

6 연차휴가 부여

사용자의 귀책 사유에 의한 해고기간은 연차휴가 계산 시 소정근로

일수에서 제외한다. 따라서 이 기간이 출근한 것으로 간주되어 연차휴가 일수를 모두 주거나, 이 기간이 결근으로 간주되어 연차휴가를 부여하지 않아도 되는 것이 아니라, 회사의 연간 총 소정근로일수로 해고되었던 근로자의 제외되지 않고 남아 있는 소정근로일수를 나누어 나온 비율에 원래의 해당 근로자의 연차휴가일수 곱한 일수를 부여하면 된다.

7 복직 시 부여되는 직무

특별한 사유가 없는 한 원직 복직이란 근로자가 해고당하기 이전에 담당하였던 그대로의 업무를 의미한다.

그러나 해고 후 사정에 따라 해당 직무에 그대로 복직시키기가 여의 찮다면 반드시 동일 부서 동일 업무를 부여하지는 않아도 무관하다. 다만, 사용자의 경영상 필요, 작업환경의 변화 등을 고려하여 복직된 근로자에게 그에 합당한 일을 시킨다면 그 일이 비록 종전의 일과 다소 다르더라도 원직에 복직시킨 것으로 볼 수 있다는 것이 판례의 입장이다(대판 96다47074).

추가 납부세액에 대한 대납액의 귀속시기를 2024년으로 하는 이유

1. 실무상 불가능

만약 2023년도 근로소득에 대한 추가 납부세액 10만원 회사대납액을 2024년 귀속으로 처리한다면 2024년도 원천징수영수증 ⑯금액을 수정해야 하고, 그러면 차감징수세액이 증가되고, 증가된 차감징수세액을 회사가 대납하게 되면 다시 ⑯금액이 변동되는 순환과정을 반복하게 된다. 이는 실무상 가능하지 않으며, 확정된 세금에 다시 과세하는 결과(이중과세)를 초래하기 때문에 논리상 맞지 않는다.

2. 소득세법상 수입시기

수입시기(귀속시기)는 해당연도의 근로소득을 확정하기 위한 기준으로, 연말정산 대상 금액의 범위를 확정하기 위해 매우 중요하며, 근로소득의 발생 원인에 따라 차이가 있다.

소득세법상 "급여"의 수입시기는 근로를 제공한 날이다(소령 제49조①.

하지만 세법상 수입시기를 결정하는 대원칙은 "권리의무확정주의"이다.

폐업한 회사에서 퇴직할 때 근로소득세 연말정산 방법

1 원천징수영수증 확보가 핵심

구 분	처리 방법
폐업하여 퇴직하게 된 경우	폐업하여 퇴직하는 경우 퇴직하는 달에 근무지에서 근로소득원천징수 영수증을 받아두어야 한다. 근로소득 원천징수영수증을 보관하고 있다가 재취업하는 근무지에 제출해서 합산하여 연말정산을 한다.
이미 폐업해 버린 경우	근로소득 원천징수영수증을 받지 못했는데 이미 폐업해 버린 경우는 폐업한 전 직장의 세무대리인 또는 가까운 세무서에 가서 근로소득 원천징수영수증을 수령해야 한다.
세무서에서도 처리해주지 않는 경우	근로소득 원천징수영수증을 발급받는 방법이 없다면 우선 재취업한 근무지에서 받은 금액만 가지고 연말정산을 한다. 그리고 연말정산 영수증을 받아두거나, 근로소득공제신고서에 관련 금액들을 기록해 둔다(영수증을 잘 가지고 있어야 나중에 다시 신고할 때 사용할 수 있다.). 그 후, 5월 종합소득세 확정신고 시 국세청에서 조회하여 합산 신고하면 된다(폐업한 회사에서 지급명세서를 제출한 경우만 가능).

구 분	처리 방법
	국세청에서 소득 누락으로 추징한다고 통보가 오기도 한다.
	이때 받은 서류로 종합소득세 신고 시에 함께 신고하면 된다.

2 지급명세서를 제출한 경우와 안 한 경우

구 분	처리 방법
폐업한 회사가 지급명세서를 제출한 경우	폐업한 회사가 법 규정대로 폐업 시 지급명세서를 제출하였다면 그 지급명세서를 세무서로부터 받아 종합소득세 신고기한인 5월 말일까지 주소지 관할 세무서에 종합소득세 과세표준 확정신고로 공제받을 수 있다. 지급명세서 제출내용 확인은 국세청 홈택스 → 지급명세서·자료제출·공익법인 → 근로·퇴직소득 → 근로소득 지급명세서 조회(근로자용)에서 조회할 수 있다.
폐업한 회사가 지급명세서를 제출하지 않은 경우	세법은 회사가 폐업하면 폐업 후 일정 기간 내에 근로소득에 대해 지급명세서를 제출하게 되어있지만 제출하지 않고 사라진 예도 있다. 회사가 지급명세서 제출을 하지 않았기 때문에 세무서로부터 확인할 수 있는 것은 매월 신고한 원천징수이행상황신고서 뿐이다. 하지만 원천징수이행상황신고서는 전체 인원에 대한 금액으로 각각 개개인의 금액으로 신고한 자료가 아니다 보니 이 자료만으로는 근로소득세 연말정산을 신고할 수가 없을 뿐 아니라 합산신고도 불가능하다. 근로소득만 있는 경우에는 홈택스를 이용하여 홈택스 → 세금신고 → 종합소득세 신고 → 근로소득 신고로 신고할 수 있다.

고용유지지원금과 고용안정지원금, 재난지원금 세무회계 처리방법

고용한 직원에게 정부지원금으로 급여를 지급한 경우 해당 급여는 비과세 근로소득에 해당하지 않는 것이므로, 회사에서 급여 지급 시 지원금을 합산하여 연말정산 후 원천징수 해야 한다.

회사에서 지원금을 합산하여 연말정산을 하였고 해당 근로소득 외 다른 소득이 발생하지 않았다면 추가로 종합소득세 신고 의무는 없다. 다만, 회사에서 지원금을 합산하지 않고 연말정산을 하였다면 지금이라도 회사에 지원금을 합산하여 재정산하도록 요구하거나, 근로자 본인이 직접 종합소득세 확정신고를 통하여 합산 정산해야 한다. 또한, 지원금 내용은 국세청 홈택스를 통하여 조회가 불가하므로 회사 또는 고용노동부에 문의해야 할 것이다.

> 근로소득은 근로의 제공으로 인하여 받는 봉급 · 급료 · 보수 · 세비 · 임금 · 상여 · 수당과 이와 유사한 성질의 급여를 말하는 것으로 고용유지지원금으로 지급받는 급여 중 비과세소득으로 특별히 규정된 것을 제외하고는 과세대상 근로소득에 해당하는 것임(원천-250, 2009.03.27.).

구분	사업주	근로자
재난지원금, 지자체 재난기본소득, 긴급생계비 지원사업	1. (재난지원금) 사업자여부를 불문하고 전 국민의 생계안정지원을 위해 지급하는 것은 소득세 과세대상 아님 2. (긴급고용안전지원금) 특고, 프리랜서 고용생활안정지원을 위해 국가가 직접 지급하는 지원금은 비과세(사전-2020-법령해석 소득-0413, 2020.11.19) 3. (소상공인 새희망, 버팀목 자금) 소상공인은 선별기준에 불과하며 생계지원목적으로 정부가 정액 지급한 지원금으로 비과세 4. (근로자 지급 고용유지지원금) 정부가 근로자에게 직접 지급하는 고용유지지원금은 과세 대상 아님(기재부 소득세제과-407, 2020.08.05) 5. (사업주 통한 고용유지지원금) 사업주의 총수입금액에 산입하고 근로자에게 지급시 경비처리(국심2001부0784, 2001.08.14) * 이 경우 근로자가 지급받은 지원금은 근로소득임(원천세과-250, 2009.03.27) 6. (기타 지자체 재난지원금) 지원금의 성격을 개별적으로 검토해 생계지원목적으로 지급되는 경우 비과세이나, 사업과 관련하여 사업보전의 성격을 가지면 총수입금액 산입함 7. (소상공인 보호 및 지원에 관한 법률에 따른 손실보상금) 코로나19 방역조치를 이행한 소상공인 등에게 지급된 해당 지원금은 사업소득 총수입금액에 포함되지 않음 (기재부 소득세제과-209, 2022.05.04.) 8. (소상공인방역지원금) 코로나19 방역 조치를 이행한 소상공인 등에게 지급된 해당 지원금은 사업소득 총수입금액에 포함되지 않음 (국세청 소득세과-584, 2022.05.03.)	

구분	사업주	근로자
휴업이나 휴직수당의 일정액을 지원받는 고용유지지원금과 특수고용직 등 사업자가 받는 고용안정지원금	국가나 지자체로부터 휴업이나 휴직수당의 일정액을 지원받는 고용유지지원금과 특수고용직 등 사업자가 받는 고용안정지원금은 고용 등 사업과 관련해 받은 것이므로 사업소득세(법인세)가 과세된다. 그러므로 개인과 법인이 받는 고용안정지원금이나 고용유지지원금은 사업 관련 소득으로 결산과 세무조정 시 영업외수익으로 계상하거나 세무조정 시 개인사업자는 총수입금액에 산입하고 법인은 익금산입하는 등 과세소득에 전액 포함해야 한다. 1. 개인사업자 : 사업소득으로 종합소득세 과세 2. 법인사업자 : 법인소득으로 법인세 과세	사업자로부터 지원금을 급여로 받는 근로자의 경우도 다른 근로소득과 합하여 과세대상이 된다.
정부보조금 (국고보조금)	세법상 정부보조금은 익금 및 총수입금액산입항목이다. 그러나 자산 관련 보조금을 익금 및 총수입금액산입항목으로 보면 일시에 과세되어 자산 취득자금이 세금으로 유출되어 자산취득에 어려움이 발생할 수 있다. 이에 따라 세법은 자산 관련 보조금에 대해 일시상각충당금(압축기장충당금)으로 과세이연하는 제도를 두고 있다.	
법인의 경우	업무와 관련 없이 법인이 지급받는 보조금도 영업외수익으로 익금에 해당하며, 코로나19 지원금에 대해 익금에서 제외한다는 별도의 규정이 없으므로 권리의무확정주의에 의하여 익금산입 대상이다. 국고보조금이 재화 또는 용역의 공급에 대한 대가에 해당하는 경우는 수입금액에 포함하여야 할 것이나, 재화 또는 용역의 공급과 무관하게 받은 보조금은 수입금액에 해당하지 않으며, 영업외 수익으로 하여 익금에 산입하면 된다.	

급여를 실제보다 적게 신고하는 경우 발생하는 세금 문제

1 소득세(법인세) 증가

인건비를 줄여서 신고하면 매월 납부하는 4대 보험료는 감소하지만, 납부해야 하는 종합소득세(법인세)는 증가한다는 사실을 잊지 말아야 한다.

특히나 법인의 경우 그 차액이 가지급금으로 계상되기 때문에 유의해야 한다. 즉, 300만 원으로 급여 신고해야 할 직원의 급여를 200만 원으로 축소 신고하는 경우 100만 원의 비용 부분이 모자랄 것이고 특별한 증빙이 없으면 100만 원은 가지급금으로 처리한다.

2 근로소득자 탈세 혐의

실제 받는 급여보다 적은 금액이 신고되었으므로 직원의 경우 탈세가 된다.

따라서 추후 적발 시 본세와 더불어 가산세까지 추징당할 수 있다.

3 4대 보험 문제

인건비를 줄여서 신고했는데 만약 직원이 출산휴가를 신청하거나 해고되어서 실업급여를 신청하는 경우는 해당 직원의 통상임금이 줄어들게 되어서 직원과 분쟁할 소지가 있으므로 특히 주의해야 한다.
또한, 직원은 국민연금도 적게 내므로, 나중에 받는 국민연금액도 줄어들 수 있다.

4 각종 수당계산 시

시간외근로수당 계산 시 세금 신고 등의 기준금액과 맞추기 위해 각종 수당도 축소 신고된 금액으로 지급할 때는 근로자는 실제액보다 수당을 적게 받게 되고 이 경우 임금체불 문제가 발생할 수 있다.

5 퇴직금 문제

퇴직금 산정은 4대 보험에 신고된 금액과 별개로 실제 지급받은 금액을 기준으로 퇴직금을 계산해야 하는데, 사용자가 4대 보험 신고된 금액을 기준으로 퇴직금을 지급하였다면 실 지급된 임금을 입증

할 수 있는 자료(월급명세서 또는 월급 입금통장)를 근거로 노동청
에 임금체불 신고를 당할 수 있다.

그렇다고 신고된 금액과 다르게 실제 금액으로 지급하는 경우 걸리
고 안 걸리고를 떠나 신고금액과 실제 금액과의 차이만큼 법인의 경
우 세법상 가지급금이 발생할 수 있다.

6 조세범처벌 및 특정범죄가중처벌

월급을 축소 신고하는 것은 불법이다. 조세범 처벌법 제3조에 따라
사기나 그 밖의 부정한 방법으로 조세를 포탈하면 2년 이하의 징역
또는 포탈 세액의 2배 이하에 상당하는 벌금에 처한다.

특정범죄가중처벌법에 따르면, 내지 않은 세액이 연간 5억 원 이상
인 자는 3년 이상의 징역, 10억 원 이상이면 무기 또는 5년 이상의
징역형을 받을 수 있다.

그리고 그 포탈 세액 등의 2배 이상 5배 이하에 상당하는 벌금을
병과 한다.

대표이사 급여는 무보수보다 지급하는 게 세법상 유리하다.

법인의 대표이사나 이사, 감사 등 임원에게 지급하는 인건비는 법인의 소득금액 계산상 손금(세법상 경비)에 산입된다.

즉, 법인의 임원은 법인 그 자체와는 다른 별개의 인격체로서 법인과는 고용관계에 의하므로 회사는 그 임원에게 근로용역 제공의 대가로 급여나 상여금은 물론 퇴직금도 지급할 수 있는 것이다.

그런데 가족기업 형태의 신설법인의 경우 창업 초기 매출이 발생하지 않는다는 이유로 또는 운영자금이 모자라서 임원에게 급여를 지급할 여력이 없다는 이유로 해서, 사업이 안정될 때까지 임원 급여에 대한 세무 처리를 유보하는 경우를 가끔 보게 된다.

그러나 법인의 임원 급여에 대한 세무 처리는 정기적으로 확실하게 처리하는 것이 좋다. 법인은 그 자체가 별개의 인격체로서 법인의 임원도 회사에 근로 용역을 제공하는 한 당연히 급여를 받을 권리가 있는데, 매출이 없다는 이유로 또는 자금 여유가 없다고 해서 이들의 급여에 대한 세무 처리를 하지 않으면 세금 부담 상으로도 회사에게 불리하게 적용될 수도 있기 때문이다.

당연한 얘기지만 급여처리를 하게 되면 근로소득세를 원천징수해야 하고 4대 사회보험에도 가입해야 하는 문제는 있으나, 세무상 급여로 처리된 금액은 법인의 소득금액 계산 시 손금에 산입되므로, 그만큼 법인의 과세소득을 줄여주게 된다. 또 사업이 부진하여 결손금이 생기면 그 결손금은 향후 발생하는 법인소득에서 공제되므로 결손법인의 경우에도 임원의 급여에 대하여 세무처리를 해 두면 미래에 발생하는 법인의 과세소득을 줄여줌으로써 결과적으로 다음 사업연도 이후에 소득이 생겼을 때 내야 하는 법인세 부담을 줄일 수 있다.

따라서 매출이 발생하지 않는 창업 초기나 사업이 부진한 경우에도 법인의 임원에 대한 급여는 책정된 대로 세무 처리를 해주는 것이 좋다. 회사의 자금 사정이 좋지 않아서 급여를 지급할 여유자금이 없으면 급여를 지급하기로 한 시점에 미지급급여로 계정 처리하면 된다. 또 대표자 개인이 여유자금이 있으면 개인 자금을 가수금으로 입금시켜서 그 돈으로 급여를 지급해도 된다.

사업이 부진한 경우에도 법인의 임원 보수에 대한 세무 처리를 확실하게 해 두자.

사업이 부진하다고 해서 또는 회사의 자금 사정이 좋지 않다고 해서 법인의 임원 보수를 책정하지 않고 무보수로 일한 다음 나중에 사업이 잘되어 자금 여유가 생겼을 때 법인의 임원이 회삿돈을 가져가려면 여러 가지 세무상의 문제가 발생하고 그때부터 한꺼번에 높은 보수를 지급하게 되면 원천징수 되는 근로소득세만 많아지게 된다.

법인이 임원에게 보수를 지급할 때는 세무상 몇 가지 유의하여야 할 사항이 있다.

우선 법인이 임원에게 지급하는 상여금 중 정관, 주주총회 또는 이사회의 결의에 의하여 결정된 급여지급기준을 초과하여 지급한 경우 그 초과금액은 법인의 소득금액 계산상 손금에 산입하지 않는다.

또 임원에게 퇴직금을 지급하는 경우에도 정관에 퇴직금으로 지급할 금액이 정해진 경우에는 그 금액 범위 내에서 법인의 손금으로 인정되며, 정관에 정해진 퇴직금이 없으면 그 임원이 퇴직하는 날로부터 소급하여 1년 동안 그 임원에게 지급한 총급여액의 1/10에 근속연수를 곱한 금액만큼만 손금에 산입된다.

따라서 임원의 상여금이나 퇴직금 지급에 대해서 회사는 이러한 세법 규정에 유의하여 관련 사항을 미리 정관에 반영해 놓거나 주주총회 또는 이사회 결의에 따라서 임원 보수지급 한도, 지급기준 등을 미리 마련해 놓아야 할 것이다.

구 분	장단점
무보수로 신고	• 직장 4대 보험 납부를 안 한다. 대신 지역가입자로 납부한다. • 급여를 비용으로 인정받지 못한다.
급여를 신고하는 경우	• 직장 건강보험이 지역 건강보험보다 유리하다. • 국민연금의 경우 어차피 낸 만큼 돌려받을 수 있다. • 급여를 비용으로 인정받아 세금을 줄여준다. • 회사가 결손이 나면 이월해서 공제받을 수 있다. • 가수금으로 처리 후 나중에 발생하는 가지급금을 줄여줄 수 있다. • 미지급급여 회계처리 후 나중에 발생하는 가지급금을 줄여줄 수 있다. • 무보수 처리로 인한 4대 보험 실익보다 가지급금을 줄이는 효과에 의한 실익이 더 크다.

외부가 아닌 회사 내부의 기고나 강연 활동도 있다. 이 경우 전문지식을 이용해서 강의한다고 해도 자신의 업무와 관련된 내용으로 사내 강의 또는 사내 기고를 통해 받은 소득은 근로소득에 해당한다. 고용계약을 전제로 맡은 일로 보기 때문이다. 다만 업무와 관련이 없는 주제로 한 강연이나 기고는 근로소득이 아닌 기타소득으로 분류한다. 즉, 사원이 업무와 관계없이 독립된 자격으로 사내에서 발행하는 사보 등에 원고를 게재하고 받는 대가는 기타소득이다.

일례로 사내 발행 사보에 취미활동 등을 주제로 기고한 경우는 기타소득이다. 설사 원고료를 회사 측으로부터 받았다고 해도 마찬가지이다.

• 업무와 관련 있는 사보 기고 : 근로소득
• 업무와 관련 없는 사보 기고 : 기타소득

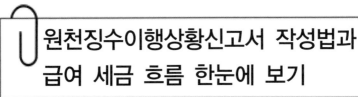

원천징수이행상황신고서 작성법과 급여 세금 흐름 한눈에 보기

지출된 인건비에 대해 적법하게 인정받기 위해서는 원천징수 세액 신고를 꼭 해야 한다.

원천징수를 하면 원천징수한 사실에 대해 상대방에게 원천징수영수 증을 발행해주어야 한다.

그리고 1달간 원천징수한 모든 소득을 합쳐 원천징수이행상황신고서 라는 세무서식에 집계 작성한 후 제출하면 된다. 이때 발행해준 원 천징수영수증은 제출하지 않는다.

원천징수영수증은 다른 말로 지급명세서라고도 부르는데, 이 지급명 세서는 그 제출 시기가 다음과 같이 나누어져 있다.

> **원천징수 세액이 0원이라도 신고는 꼭 해야 한다.**

원천징수는 1인 사업자를 제외하고, 정규직, 일용직, 프리랜서(사업소득자)와 같은 근로자 를 고용하는 사업자는 반드시 원천징수 세액을 신고 · 납부 해야 한다.

원천징수 세액이 크지 않아 납부할 세액이 없는 경우에도 원천세 신고는 해야 인건비를 비용으로 인정받을 수 있다. 즉, 지급액은 있고 원천징수 세액이 없는 경우에도 신고는 해야 나중에 소득세나 법인세 신고 때 비용으로 인정받을 수 있다. 반면 지방세(지방소득세)의 경우 납부할 세금이 없으면 신고를 하지 않아도 된다.

간이지급명세서

구 분	지급시기	제출기한
사업소득, 인적용역 기타소득	01월~12월	다음 달 말일
근로소득	1월~6월	7월 말일
	7월~12월	다음 연도 1월 말일

사업소득 및 인적용역 기타소득은 매달 간이지급명세서 제출 시 지급명세서 제출 생략 이미 제출한 지급명세서에 근로소득에 대한 경정청구 · 수정신고 · 인정상여 처분 등에 따라 수정상황이 발생한 경우는 지급명세서를 수정하여 원천징수 관할세무서에 제출한다.

2024년 12월분 근로소득을 2025년에 1월에 지급한 경우에는 2024년 12월에 지급한 것으로 보아 작성해야 한다. 예를 들어, 사업자가 근로자에게 2024년 12월분 근로소득 200만원을 2025년 1월에 지급한 경우, 2024년 하반기 지급분 간이지급명세서(근로소득)의 지급월 12월에 200만원을 기재해 2025년 1월 말일까지 제출하면 된다.

지급명세서

구 분	지급시기	제출기한
일용근로소득	1월~12월	다음 달 말일
이자 · 배당 · 연금 · 기타소득	1월~12월	다음 연도 2월 말일
근로 · 퇴직 · 사업 · 종교인소득 · 봉사료	1월~12월	다음 연도 3월 10일
이용 경로	홈택스 홈페이지 → 지급명세서 · 자료제출 · 공익법인	

지급명세서는 전자 제출이 원칙이다.

이미 제출한 지급명세서에 근로소득에 대한 경정청구 · 수정신고 · 인정상여 처분 등에 따라 수정상황이 발생한 경우는 지급명세서를 수정하여 원천징수 관할 세무서에 제출한다.

지급명세서 제출 면제

- ○ (적용대상) 원천징수대상 사업소득, 인적용역 관련 기타소득
- ○ (적용방법) 간이지급명세서(매월)를 모두 제출 시 지급명세서(연 1회) 제출 면제
- ※ 다만, 연말정산 사업소득은 간이지급명세서와 지급명세서를 모두 제출하여야 함

 유령직원은 인건비 신고를 하면 걸린다.

비용을 많이 인정받아 세금을 적게 내기 위해서 유령직원 즉 회사에 근무하지도 않은 가족이나 아는 사람 하물며, 종전에 근무했던 직원까지 마구잡이로 급여 신고를 하는 경우 세무조사의 대상이 되므로 주의해야 한다. 특히 일용근로자의 경우 이런 경우가 많은데 세무조사 시 필수 점검 사항이며, 대충 보지 않고 상상을 초월한 점검을 하므로 주의해야 한다. 또한, 최근에는 탈세 제보제도가 있어 본인이 근무하지도 않는 회사에서 급여 신고가 되어 있는 경우 탈세 신고를 하는 경우도 있으므로, 예전 생각해서 마음대로 급여 신고를 했다가는 큰코다친다.

원천징수이행상황신고서는 아래 형식으로 되어있다.
서식을 보면 우선은 원천징수 대상이 되는 소득이 무엇인지 자동으로 알 수 있다.
원천징수이행상황신고서의 작성 방법을 헷갈리는 부분만 간략히 살펴보면 다음과 같다.

① 신고 구분						□ 원천징수이행상황신고서		② 귀속연월		2024년 7월	
매월	반기	수정	연말	소득처분	환급신청	□ 원천징수세액환급신청서		③ 지급연월		2024년 7월	

원천징수 의 무 자	법인명(상호)	○○○	대표자(성명)	△△△	일괄납부 여부	여 부
					사업자단위과세 여부	여 부
	사업자(주민)등록번호	xxx-xx-xxxxx	사업장 소재지	○○○○○	전화번호	xxx-xxx-xxxx
					전자우편주소	00@00.00

❶ 원천징수 명세 및 납부세액   (단위 : 원)

소득자 소득구분			코드	원천징수명세					⑨ 당월 조정 환급세액	납부 세액	
				소득지급 (과세 미달, 일부 비과세 포함)		징수세액				⑩ 소득세 등 (가산세 포함)	⑪ 농어촌 특별세
				④ 인원	⑤ 총지급액	⑥ 소득세등	⑦ 농어촌 특별세	⑧ 가산세			
개인(거주자·비거주자)	근로소득	간이세액	A01	5	20,000,000	900,000					
		중도퇴사	A02								
		일용근로	A03	2	2,000,000	0					
		연말정산 합계	A04								
		연말정산 분납신청	A05								
		연말정산 납부금액	A06								
		가감계	A10	7	22,000,000	900,000				900,000	
	퇴직소득	연금계좌	A21								
		그 외	A22	1	25,000,000	500,000					
		가감계	A20	1	25,000,000	500,000				500,000	
	사업소득	매월징수	A25								
		연말정산	A26								
		가감계	A30								
	기타소득	연금계좌	A41								
		종교인소득 매월징수	A43								
		종교인소득 연말정산	A44								
		그 외	A42	2	1,000,000	200,000					
		가감계	A40	2	1,000,000	200,000				200,000	
	연금소득	연금계좌	A48								
		공적연금(매월)	A45								
		연말정산	A46								
		가감계	A47								
	이자소득		A50								
	배당소득		A60								
	저축 등 해지 추징세액 등		A69								
	비거주자 양도소득		A70								
법인	내·외국법인원천		A80								
	수정신고(세액)		A90								
	총합계		A99	10	48.000.000	1.600.000				1.600.000	

❷ 환급세액 조정   (단위 : 원)

전월 미환급 세액의 계산			당월 발생 환급세액			⑰ 그밖의 환급세액			⑱조정대상 환급세액계 (⑭+⑮+⑯+⑰)	⑲ 당월조정 환급세액계	⑳ 차월이월 환급세액 (⑱-⑲)	㉑ 환급 신청액
⑫ 전월미환급 세액	⑬ 기 환 급 신청세액	⑭ 차감잔액 (⑫-⑬)	⑮ 일반 환급	⑯ 신탁재산 (금융회사 등)		금융 회사 등	합병 등					

1 신고구분란 작성방법

① 신고구분란은 매월분 신고서는 "매월"에, 반기별 신고서는 "반기"에, 수정신고서는 "수정"에, 소득처분에 따른 신고 시에는 "소득처분"에 "○"표시(지점법인·국가기관 및 개인은 제외한다)를 하며, 매월분 신고서에 계속 근무자의 연말정산 분이 포함된 경우는 "매월" 및 "연말"란 두 곳에 모두 "○"표시를 한다. 원천징수세액을 환급신청하려는 경우 "환급신청"란에도 "○" 표시를 한다.

2 귀속연월과 지급연월 작성방법

❶ 귀속연월이 다른 소득을 당월분과 함께 원천징수 하는 경우는 이 서식을 **귀속 월별로 각각 별지로 작성**하여 제출한다.

예를 들어 1월 귀속 2월 지급과 2월 귀속 2월 지급이 있는 경우 한 장에 작성하지 않고 귀속월이 다르므로 각각 2장을 작성해야 한다.

신고 구분	귀속연월	지급연월	제출연월
매월(1월 귀속)	1월	2월	3월 10일
연말	2월	2월	3월 10일

❷ 귀속연월일란 : ② 귀속연월란은 소득발생 연월[반기별납부자는 반기 개시 월(예 : 상반기는 ××년 1월)을 말한다]을 적는다.

예를 들어 2월 급여를 3월에 주는 경우 귀속연월일은 2월이 되며, 반기별 납부자의 경우 1월이 된다.

2024년 귀속 근로소득 연말정산의 경우 귀속연월은 2025년 2월(반기별 1월)로 기재한다.

구 분	귀속연월
반기별 납부자	상반기는 ××년 1월, 하반기는 ××년 7월
연말정산	상반기는 ××년 2월(반기별 납부자 1월)

❸ 지급연월란 : ③ 지급연월란은 지급한 월(또는 지급시기 의제월) [반기별납부자는 반기 종료월(예 : 상반기는 ××년 6월)을 말한다]을 적는다.

예를 들어 2월 급여를 3월에 주는 경우 지급연월일은 3월이 되며, 반기별 납부자의 경우 6월이 된다.

2024년 귀속 근로소득 연말정산의 경우 지급 연월은 2025년 2월로 기재한다. 「소득처분」의 경우 소득금액 변동통지서를 받은 연월 또는 법인세 과세표준 신고일(수정신고일)의 연월을 기재한다.

구 분	지급연월
반기별 납부자	상반기는 ××년 6월, 하반기는 ××년 12월
연말정산	상반기는 ××년 2월

❹ 제출연월일은 지급연월이 속하는 날의 다음 달 10일을 기재한다.

예를 들어 1월분 급여를 2월에 지급하는 경우

신고 구분	귀속연월	지급연월	제출연월
매월(1월 귀속)	1월	2월	3월 10일

🌱 지급시기의제의 경우

1월~11월분의 급여를 연말까지 지급하지 않고, 12월분의 급여를 다음 연도 2월 말까지 지급하지 않은 경우에도 원천징수 시기 특례규정에 따라 1월~11월분은 12월 말, 12월분은 다음 연도 2월 말에 지급한 것으로 보아 원천징수이행상황신고서를 귀속연월별로 각각 별지로 작성하여 제출하고 신고·납부 한다.

2024년 11월 급여와 12월 급여를 2025년 3월 말에 지급한 경우 다음과 같이 두 장의 원천징수이행상황신고서를 작성, 소득세 등을 납부한다.

구분	신고구분	귀속연월	지급연월
11월 급여	매월	11월	12월
12월 급여	매월	12월	다음 해 2월

🌱 소득처분의 경우

법인세법에 따른 **소득처분으로 증가된 금액과 세액은 수정신고 대상에 해당하지 않으며**, 반기별 납부자도 소득처분이 있는 경우 매월 납부자와 동일하게 소득금액 변동통지일, 법인세 과세표준 신고일(수정신고일)의 다음 달 10일까지 원천징수이행상황신고서를 별도로 작성하여 제출하고 추가 납부(가산세 대상 아님)한다.

> 소득처분으로 인하여 증가되는 금액에 대해 수정신고를 하는 것이 아니다.
> 소득처분이 있는 때에 소득처분의 귀속연월의 소득을 지급한 것으로 보아 증가액만 원천징수이행상황신고서에 기재하여 신고 · 납부한다.
> 다만, 지급명세서(원천징수영수증)는 당초 분에 소득처분된 금액을 반영하여 작성한 수정 지급명세서를 제출한다.
> 연말정산이 종료되지 않은 귀속연도 분에 대하여 소득처분이 있는 경우 지급대상기간이 없는 상여 등으로 보아 근로소득세 등으로 원천징수하여 다음 달 10일까지 신고 · 납부한다.

12월 말 법인으로 2024년 3월 법인세 정기신고에 의한 소득(상여)처분이 1명에 1억 원, 세액 3천만 원과 2024년 3월분(정기분) 급여가 20명에 8천만 원, 세액은 1백 만원이 있는 경우

❶ 당초 연말정산분

신고구분	귀속연월	지급연월	제출연월일	A04(연말정산)		
				인원	총지급액	소득세등
매월, 연말	2024년 2월	2024년 2월	2024년 3월 10일	20명	10억원	△천만원

❷ 소득처분에 따른 신고는 각각 별지를 작성해서 신고한다.

가. 정기분 신고서

신고구분	귀속연월	지급연월	제출연월일	A04(연말정산)		
				인원	총지급액	소득세등
매월	2024년 3월	2024년 3월	2024년 4월 10일	20명	8천만원	1백만원

나. 소득처분 신고서(인정상여)

신고구분	귀속연월	지급연월	제출연월일	A04(연말정산)		
				인원	총지급액	소득세등
매월, 소득처분	2024년 2월	2024년 3월	2024년 4월 10일	1명	1억원	3천만원

3 인원란과 총지급액란 작성방법

📍 인원

④ 인원란에는 원천징수 대상 소득을 지급받는 자의 인원수를 기재한다.

반기별납부자의 경우 간이세액(A01)은 반기의 마지막 달 인원, 중도퇴사(A02)는 반기 중 중도퇴사자 총인원, 일용근로(A03)는 월별 순인원 6개월 합계, 그 외의 소득의 경우 지급명세서 제출대상 인원(순인원)을 기재한다.

인원을 잘못 기재하여 1인당 지급액이 전월대비 큰폭으로 변동할 경우 오류검증 대상이 될 수 있다.

🍄 총지급액

⑤ 총지급액란은 비과세 및 과세미달을 포함한 총지급액을 적는다. 다만, 비과세 근로소득 중 다음의 소득은 제외한다.

가. 국민건강보험법 등에 따라 사용자가 부담하는 부담금 등

나. 일직료, 숙직료 등

다. 자가운전보조금

라. 복무 중인 병이 받는 급여

마. 동원직장에서 받는 급여

바. 요양급여, 요양보상금

사. 육아휴직급여, 육아휴직수당

아. 공무원연금법 등에 따라 받는 요양비 등

자. 국민연금법에 따라 받는 반환일시금 및 사망일시금

4 소득지급란과 징수세액란 작성방법

🍄 소득지급

소득지급(④·⑤)란에는 과세미달 분과 비과세를 포함한 총지급액과 총인원을 적고, 퇴직·기타·연금소득의 연금계좌란은 연금계좌에서 지급된 금액을 적는다(그 외는 연금계좌 외로 지급되는 금액을 적음). 다만, 총지급액은 근로소득(A02, A04) 퇴직소득(A20), 사업소득(A26), 기타소득(A44)의 경우는 주(현), 종(전) 근무지 등으로부터 지급받은 소득을 합산하여 원천징수하는 경우에는 총지급액의 합계액을 적는다.

🍷 징수액

징수세액(⑥~⑧)란은 원천징수의무자가 소득을 지급시 원천징수하는 ⑥ 소득세 등(원천징수한 법인세 포함), ⑦ 농어촌특별세, ⑧ 가산세로 구성되어 있다.

❶ 각 소득별로 발생한 납부 또는 환급할 세액을 적되, 납부할 세액의 합계는 총합계 (A99의 ⑥ ~ ⑧)에 적고, 환급할 세액은 해당란에 "△"표시하여 적은 후 그 합계액은 ⑮ 일반환급란에 적는다["△" 표시된 세액은 어떠한 경우에도 총합계를 (A99의 ⑥~⑪)란에는 적지 않는다].

❷ ⑧ 가산세란은 원천징수 대상 세액을 과소납부하거나 지연납부에 따른 원천징수 납부지연 가산세로 소득세·법인세 또는 농어촌특별세의 가산세가 있는 경우 이를 기재한다.

❸ 총합계(A99) 행의 ⑥~⑧란에 소득별 가감계(A10, A20, A30··)를 합산기재하며, 이때 ⑥ 소득세 등란에 "△"표시된 세액은 총합계(A99의 ⑥~ ⑪란) 계산 시에는 포함하지 않고, 그 합계액은 [2. 환급세액조정 ⑮ 일반환급란]에 별도로 기재한다.

소득세등 징수세액의 총합계가 ⑱ 조정대상환급세액보다 많은 경우에는 ⑱ 조정대상환급세액란의 금액을 ⑨ 당월조정환급세액란에 코드[A10, A20,··] 순서대로 적어 조정환급하고, 잔액은 납부세액(⑩·⑪)란에 기재하고, 납부세액란에는 △세액이 기재되지 않는다.

⑨ 당월조정환급세액란은 △세액이 있는 경우, 납부할 세액과 상계내용을 기재한다.

환급세액 조정

❶ 징수세액의 총합계가 환급할 세액인 ⑱ 조정대상환급세액보다 작은 경우에는 징수세액 총합계를 한도로 위와 같은 방법으로 조정하여 환급하고, ⑱ 조정대상환급세액의 나머지는 납부세액(⑩·⑪)란에 기재하지 아니하고 ⑳ 차월이월환급세액에 기재한다.

❷ 총합계(A99)코드의 ⑨ 당월조정 환급세액(당월조정환급세액의 합계액)을 ⑲ 당월조정환급세액계란에 그대로 옮겨 기재한다.

❸ 납부세액의 ⑩ 소득세 등(가산세 포함)과 ⑪ 농어촌특별세란에는 소득세·법인세 또는 농어촌특별세의 가산세가 있는 경우 이를 포함하여 기재한다.

❹ ⑳ 차월이월 환급세액 중 환급받고자 하는 금액을 ㉑ 환급신청액에 적고 원천징수세액환급신청서 부표를 작성(부표를 작성하지 아니한 경우 신고서 오류 발생)한다.

6 간이세액과 중도퇴사, 일용근로 작성방법

❶ 간이세액란은 매달 간이세액표에 따라 원천징수한 인원과 총지급액 및 소득세 등을 기재한다.

A01란에는 중도퇴사자 포함. 비과세 제외한 총지급 원천징수 소득세를 기재한다. 즉, A01란에는 중도퇴사자를 포함한 재직자에게 해당 신고기간에 지급한 지급액과 소득세를 기재한다.

❷ 중도퇴사(A02)란은 중도퇴사자가 당해연도 퇴사 시까지 비과세 제외한 총지급액을 기재하고 퇴사자 연말정산 후 원천소득세는 소득세 등란에 기재한다. 즉, A02란에는 연도 중 중도퇴사자 지급액과 결정세액을 기재(퇴직 시 연말정산 결과)한다.

❸ 일용근로자를 고용해서 일당을 준 경우 그 인원과 지급액 및 소득세 원천징수액을 기재한다.

7 연말정산 작성 방법

원천세 월별 납부자의 경우 3월 10일까지 세무서에 제출하는 원천징수이행상황신고서의 경우 "연말정산"과 "매월분"에 "○"표시를 한다.

원천징수세액을 환급 신청하려는 경우 "환급신청"란에 "○" 표시하고 ㉑ 환급신청액을 표기한 후 원천징수세액환급신청서 부표를 작성해야 한다.

연말정산 결과 근로자의 추가 납부세액이 10만 원을 초과하는 경우 원천징수 의무자는 해당 과세기간의 다음 연도 2월분부터 4월분의 근로소득(3월~5월 신고분)을 지급할 때 (3회 분납)까지 추가 납부세액을 나누어 원천징수하여 납부가 가능한데, 이는 연말정산 〉 분납신청(A05)란에 기재해 신고하면 된다.

원천징수의무자는 근로자의 분납 신청에 따라 원천징수하고 분납자 명세서를 작성, 보관한다. 다만, <u>분납 신청한 근로자가 분납기간 중 퇴사(전출)하는 경우 퇴사(전출)시 분납금액 전액을 원천징수 한다.</u>

근로소득 연말정산 분납신청(A05)은 분납할 인원(④), 징수세액(⑥~⑧)만 기재, 징수세액란은 A04 = A05 + A06이 되도록 기재한다.

인원(④), 총지급액(⑤)의 가감계(A10) = (A01 + A02 + A03 + A04), 징수세액(⑥~⑧)의 가감계(A10) = (A01 + A02 + A03 + A06)

3월 신고분 분납 신청(A05) = 4월 신고분 납부 금액(A06) + 5월 신고분 납부 금액(A06)

[2024년 귀속 연말정산]

근로자	① 총 지급액	② 소득세	③ 3월10일	④ 4월10일	⑤ 5월10일	비고
합계	330,000,000	△200,000	△800,000	300,000	300,000	
김○○	100,000,000	600,000	200,000	200,000	200,000	분납신청O
이○○	80,000,000	△600,000	△600,000			
박○○	70,000,000	300,000	100,000	100,000	100,000	분납신청O
최○○	50,000,000	△300,000	△300,000			
정○○	30,000,000	△200,000	△200,000			

[간이세액표 원천징수 내용]

급여 지급	인원	총 지급액	원천징수 소득세 ⑥	비고
2024년 2월	5	80,000,000	600,000	24년 3월 10일
2024년 3월	5	50,000,000	500,000	24년 4월 10일
2024년 4월	5	40,000,000	400,000	25년 5월 10일

[3월 10일 원천징수이행상황신고서 내용]

소득자 소득구분		코드	원 천 징 수 명 세					⑨ 당월 조정 환급세액	납부세액	
			소득지급 (과세 미달, 일부 비과세 포함)		징수세액				⑩ 소득세 등 (가산세 포함)	⑪ 농어촌 특별세
			④ 인원	⑤ 총지급액	⑥ 소득세 등	⑦ 농어촌 특별세	⑧ 가산세			
근 로 소 득	간이세액	A01	5	80,000,000	600,000	⑥				
	중도퇴사	A02								
	일용근로	A03	①		②					
	연말정산 합계	A04	5	330,000,000	△200,000					
	연말정산 분납금액	A05	2		600,000	4+5				
	연말정산 납부금액	A06			△800,000	③				
	가감계	A10	10	410,000,000	△200,000	3+6				

[4월 10일 원천징수이행상황신고서 내용]

소득자 소득구분		코드	원 천 징 수 명 세					⑨ 당월 조정 환급세액	납부세액	
			소득지급 (과세 미달, 일부 비과세 포함)		징수세액				⑩ 소득세 등 (가산세 포함)	⑪ 농어촌 특별세
			④ 인원	⑤ 총지급액	⑥ 소득세 등	⑦ 농어촌 특별세	⑧ 가산세			
근 로 소 득	간이세액	A01	5	50,000,000	500,000					
	중도퇴사	A02								
	일용근로	A03								
	연말정산 합계	A04			300,000					
	연말정산 분납액	A05								
	연말정산 납부금액	A06			300,000	④				
	가감계	A10	5	50,000,000	800,000	A01(500,000)+A06(300,000)				

[5월 10일 원천징수이행상황신고서 내용]

소득자 소득구분		코드	원 천 징 수 명 세					⑨ 당월 조정 환급세액	납부세액	
			소 득 지 급 (과세 미달, 일부 비과세 포함)		징수세액				⑩ 소득세 등 (가산세 포함)	⑪ 농어촌 특별세
			④ 인원	⑤ 총지급액	⑥ 소득세 등	⑦ 농어촌 특별세	⑧ 가산세			
근 로 소 득	간이세액	A01	5	40,000,000	400,000					
	중도퇴사	A02								
	일용근로	A03								
	연말정산 합계	A04			300,000					
	연말정산 분납금액	A05								
	연말정산 납부금액	A06			300,000	⑤				
	가감계	A10	5	40,000,000	700,000	A01(400,000) +A06(300,000)				

8 기타 소득구분 코드별 작성방법

❶ 비거주자 국내원천소득 중 개인분은 소득 종류별로 거주자분과 합산하여 해당 소득란에 기재하고, 비거주자 중 법인 분은 법인 원천 [A80]란에 합산하여 기재한다.

(예) 임대·인적용역·사용료 소득 등은 사업소득 [A25, A26, A30]란, 유가증권 양도소득 등은 비거주자 양도소득 [A70]란에 합산한다.

❷ 개인(거주자·비거주자) 소득구분 중 2013년 신설된 퇴직소득·기타소득·연금소득의 연금계좌(A21, A41, A48) 항목은 연금계좌(DC형, IRP, 연금저축)사업자인 금융기관만 제출하는 것으로 일반사업자는 기재하지 아니하는 것이다.

❸ 징수세액(⑥~⑧)란에 납부할 세액만 있는 경우에는 소득별로 납부세액(⑩·⑪)란에 그대로 옮겨 기재한다. 다만, 근로소득, 퇴직소득, 사업소득, 기타소득, 연금소득의 경우 가감계(A10, A20, A30, A40, A47)를 납부세액(⑩·⑪)란에 옮겨 기재한다.

9 신고서 부표 작성 여부란

원천징수이행상황신고서(부표) 작성 여부란에는 원천징수이행상황신고서(부표) 작성 여부를 해당란에 "○" 표시해야 한다.

아울러, 근로소득(A01, A02, A03, A04, A10) 중 파견근로에 대한 대가, 이자소득(A50), 배당소득(A60), 법인원천(A80)에 해당하는 소득을 지급하거나 저축해지추징세액(A69) 및 연금저축해지가산세를 징수한 원천징수의무자와 비거주자 또는 외국법인에게 국내원천소득을 지급한 원천징수의무자는 반드시 원천징수이행상황신고서(부표)를 작성하여 신고해야 한다.

10 국세환급금계좌신고

국세환급금 계좌신고란은 환급금액이 2천만 원 미만인 경우에 적고, 2천만 원 이상의 경우 별도 "계좌개설신고서"[국세기본법 시행규칙 별지 제22호 서식(1)]를 원천징수 관할 세무서에 제출해야 한다.
원천징수세액을 환급신청하는 경우 환급신청대상자의 지급명세서를 제출해야 한다.

11 납부서 작성

납부세액의 납부서는 신고서·소득 종류별(근로소득세, 퇴직소득세 등)로 별지에 작성하여 납부한다.
관할 세무서에서 직접 신용카드로 국세를 납부하거나, 신용카드 국세납부 홈페이지(www.carrotax.or.kr)를 통해 국세를 납부 가능하며, 지방세는 위택스(www.wetax.go.kr)를 통해서 납부가 가능하다.

12 반기별 납부자의 작성방법

🔧 인원

❶ 간이세액(A01) : 반기(6개월)의 마지막 달의 인원을 적는다.

❷ 중도퇴사(A02) : 반기(6개월) 중 중도퇴사자의 총인원을 적는다.

❸ 일용근로(A03) : 월별 순인원의 6개월 합계 인원을 적는다.

❹ 사업(A25)·기타소득(A40) : 지급명세서 제출 대상 인원(순인원)을 적는다.

❺ 퇴직(A20)·이자(A50)·배당(A60)·법인원천(A80) : 지급명세서 제출 대상 인원을 적는다.

🔧 지급액, 귀속월, 지급월 작성방법

❶ 지급액 : 신고·납부 대상 6개월 합계액을 적는다.

❷ 귀속월, 지급월, 제출일은 다음과 같이 적는다.

가. 1월 신고·납부 : 귀속월 201X년 7월, 지급월 201X년 12월, 제출일 201X년 1월

나. 7월 신고·납부 : 귀속월 201X년 1월, 지급월 201X년 6월, 제출일 201X년 7월

🔧 반기별 납부를 포기하는 경우

반기별 납부를 포기하는 경우 반기납 개시 월부터 포기 월까지의 신고서를 한 장으로 작성한다.

예를 들어 2024년 4월 반기납을 포기한 경우 귀속연월에는 반기납 개시 월(2024년 1월)을, 지급연월에는 반기납 포기 월(2024년 4월)을 적는다.

13 수정 원천징수이행상황신고서 작성방법

당초 신고분 자체의 오류정정에 대해서만 원천징수이행상황신고서를 수정할 수 있다.

원천징수 대상 소득을 추가로 지급하는 경우 해당 세액은 지급시점에 원천징수하고 지급시점 기준으로 수정 원천징수이행상황신고서를 작성하여 제출해야 한다.

❶ 신고구분란 매월과 수정에 "○" 표시해야 한다.

❷ 수정 원천징수이행상황신고서는 해당 월의 신고서와 별도로 작성·제출하며, 귀속연월과 지급연월은 반드시 수정 대상 원천징수이행상황신고서와 동일하게 기재한다.

❸ 수정 전의 모든 숫자는 상단에 빨간색으로, 수정 후 모든 숫자는 하단에 검은색으로 기재한다.

❹ 수정신고로 발생한 납부 또는 환급할 세액은 수정신고서의 [A90]란에는 기재하지 않고, 동 세액을 수정 원천징수이행상황신고서를 제출하고자 하는 달에 함께 제출하는 당월분 신고서의 수정신고 [A90]란에 옮겨 적어 납부·환급세액을 조정한다.

예를 들어 2월 연말정산 분을 10월 10일에 수정 제출하는 경우 다음과 같이 2장의 원천징수이행상황신고서를 각각 작성해 제출해야 한다.

[**❶ 수정 원천징수이행상황신고서(2024년 2월 귀속분 수정 → 2024년 10월 10일 제출)**]

① 신고구분					☑ 원천징수이행상황신고서			②귀속연월	2024년 2월
매월 / 반기 / (수정) / (연말) / 소득처분 / (환급신청)					☐ 원천징수세액환급신청서			③지급연월	2024년 2월

● 원천징수 명세 및 납부세액(단위 : 원)

소득자 소득구분			코드	원천징수명세						⑨ 당월 조정 환급세액	납부 세액	
				소득지급		징수세액					⑩ 소득세 등 (가산세 포함)	⑪ 농어촌 특별세
				④ 인원	⑤ 총지급액	⑥ 소득세 등	⑦농어촌 특별세	⑧ 가산세				
근로소득	간 이 세 액		A01	8 8	22,230,000 22,230,000	1,198,170 1,198,170					
	중 도 퇴 사		A02								
	일 용 근 로		A03								
	연말정산	합 계	A04	8 8	323,231,250 323,231,250	-3,901,030 -3,701,030		18,600			
		분 납 신 청	A05								
		납 부 금 액	A06			-3,901,030 -3,701,030		18,600			
	가 감 계		A10	16 16	345,461,250 345,461,250	-2,702,860 -2,502,860		18,600	-200,000	218,600	
기 타 소 득				1 1	1,000,000 1,000,000	40,000 40,000			40,000 40,000		
수 정 신 고 (세액)			A90								
총 합 계			A99	17 17	346,461,250 346,461,250	40,000 40,000		18,600	40,000 -160,000	218,600	

● 환급세액 조정(단위 : 원)

전월 미환급 세액의 계산				당월 발생 환급세액					⑱ 조정대상 환급세액 (⑭+⑮+⑯+⑰)	⑲ 당월조정 환급세액계	⑳ 차월이월 환급세액 (⑱-⑲)	㉑ 환급 신청액
⑫ 전월 미환급 세액	⑬ 기 환급 신청세액	⑭차감잔액 (⑫-⑬)	⑮ 일반환급	⑯ 신탁재산 (금융회사 등)	⑰그밖의 환급세액							
					금융 회사 등	합병 등						
			2,702,860 2,502,860						2,702,860 2,502,860	40,000 -160,000	2,662,860 2,662,860	2,662,860 2,662,860

※ 수정분 근로소득 지급명세서는 원천징수이행상황신고서와 별도로 관할 세무서에 수동
으로 제출

※ 당초 신고한 내용을 빨간색으로 각 항목의 상단에 기재하고 수정한 신고내용을 검정색
으로 각 항목의 하단에 기재

[**❷ 정기 원천징수이행상황신고서(2024년 9월 귀속 → 2024년 10월 10일 제출)**]

① 신고구분					☑ 원천징수이행상황신고서			②귀속연월	2024년 9월
(매월) / 반기 / 수정 / 연말 / 소득처분 / 환급신청					☐ 원천징수세액환급신청서			③지급연월	2024년 9월

● 원천징수 명세 및 납부세액(단위 : 원)

소득자 소득구분		코드	원천징수명세					⑨ 당월 조정 환급세액	납부 세액	
			소득지급		징수세액				⑩ 소득세 등 (가산세 포함)	⑪ 농어촌 특별세
			④ 인원	⑤ 총지급액	⑥ 소득세 등	⑦농어촌 특별세	⑧ 가산세			
근로소득	간 이 세 액	A01	8	22,230,000	1,198,170					
	가 감 계	A10	8	22,230,000	1,198,170				1,198,170	
수 정 신 고(세액)		A90			200,000		18,600		218,600	
총 합 계		A99	2	6,000,000	1,398,170		18,600		1,416,770	

원천징수이행상황신고서 수정분 작성 요령

① 신고서 수정분은 귀속연월과 지급연월을 반드시 수정 전 신고서와 동일하게 적는다.

② 수정 전의 모든 숫자는 상단에 빨간색으로, 수정 후 모든 숫자는 하단에 검은색으로 적는다.

③ 과소납부된 세액에 대하여 원천징수 등 납부지연 가산세가 부과되며, 원천징수이행상황신고서의 8. 가산세란에 기재하고 납부하는 것이다.

④ 수정신고로 발생한 추가납부세액은 수정분 원천징수이행상황신고서의 A90란에 적지 아니하며, 동 세액은 수정신고하는 월에 제출하는 당월분 원천징수이행상황신고서의 "수정신고 A90란"에 옮겨 적어 납부 · 환급세액을 조정해야 한다.

📄🔍 **근로자 3.3% 사업소득 계약 시 폭탄 맞을 수 있다.**

1. 4대 보험 폭탄주의(사업주 폭탄)

4대 보험 부담 때문에 사업주와 근로자 모두 4대 보험 가입을 꺼리는 경우가 많다.

평상시에는 미가입문제가 잘 적발되지 않고 적발되는 경우도 많지 않지만, 문제가 되는 시점은 퇴사 시점에 근로자가 실업급여를 받고 싶거나 사업주와 문제가 있어 노동청에 진정하는 경우 4대 보험이 적발되게 된다.

적발되는 경우 3년 치가 소급 적용되어 사업주부담 분뿐만 아니라 근로자 부담분까지 3년 치를 내야 한다.

그리고 3년 치 부담분은 우선 사업주가 전액 부담해야 한다. 왜냐하면, 사업주가 4대 보험 원천징수 의무자인데, 원천징수를 안 한 책임이 있기 때문이다(근로자 부담분 근로자에게 청구하지만, 퇴사 후 연락이 안 돼 못 받는 경우 많음).

또한 각종 정부에서 지원하는 금액을 받으려면 4대 보험 가입이 필요하므로 꼭 가입하는 것이 결국은 사업주에게 유리할 수 있다.

참고로 4대 보험 신고 시 보험료를 적게 내기 위해 급여를 낮추어 신고하는 경우도 있는데, 이것은 나중에 세금문제와 관련해 비용을 적게 인정받게 되어 세금을 더 납부해야 하는 문제점이 발생한다.

2. 세금 폭탄주의(근로자 폭탄)

근로자 중에는 모집공고를 보고 입사했는데, 3.3%의 의미를 모른 채 3.3%로 계약했다는 사람이 의외로 많다.

3.3%의 의미는 근로소득자가 아닌 사업소득자로 계약한 것이다. 우선 사업소득자로 계약을 하면 지금 당장은 4대 보험 공제 부분이 없어서 급여가 많아 보이지만 다음과 같은 문제를 발생시킬 수 있다.

1. 다른 가족의 피보험자로 등록할 수 없는 경우 지역 건강보험료 부담분이 발생한다.
2. 국민연금 납부는 지역에서 납부를 해야 한다.
3. 회사를 그만둘 때 근로자도 아니고 고용보험 납부액도 없어 실업급여를 타지 못한다.
4. 회사에서 소속 근로자가 아니므로 연말정산의 대상이 되지 않는다.
5. 다음 해 5월 종합소득세 신고 시 세금 폭탄을 맞을 수 있다.

3.3% 사업소득자로 계약을 하는 경우

첫째, 회사 직원이 아니므로 고용보험 공제를 안 해, 급여를 많이 받을 수는 있지만, 이는 곧 퇴사 시 실업급여를 받을 수 없다는 결론이 나온다.

둘째, 세법상 근로소득자가 아니라 사업소득자이므로 회사의 연말정산 대상자에 포함되지 않으며, 다음 해 5월에 종합소득세 신고 및 납부를 해야 한다. 이때 문제가 발생한다. 왜냐하면, 사업소득자의 종합소득세 신고 방법은 기장에 의한 신고와 추계에 의한 신고가 있다.

기장의 의한 신고는 본인이 작성한 장부에 따라 신고하는 방법이고, 추계에 의한 신고는 기장한 장부가 없는 경우 소득을 추정해서 신고하는 방법이다.

그런데 대다수 3.3% 계약자는 장부를 기장하지 않아, 추계에 의해 신고를 하게 되며, 추계 신고 시 프리랜서로 취급되어 소득 대비 높은 세금을 내게 된다.

월 100만 원을 기준으로 근로소득세, 사업소득세, 기타소득세로 신고했을 경우 근로자의 세금 부담액은 다음과 같다.

1. 근로소득세 : 0원
2. 사업소득세 3.3% 기준 : 33,000원

3. 기타소득세 8.8% 기준 : 88,000원

그리고 3.3% 사업소득자로 신고 시 건강보험료 본인부담금, 장기요양보험료 본인부담금, 국민연금 본인부담금, 고용보험 본인부담금만 급여에서 차감되지 않는다.

국민연금 본인부담금은 나중에 결국 돌려받는 돈이므로 건강보험료, 장기요양보험료, 고용보험료 본인부담금이 근로자가 순수 내는 돈이다.

흔히 사업소득 3.3% 신고를 하면 문제가 될 것 같아서 아이디어를 내 기타소득으로 신고하는 방법이 있다고는 하나 이는 4대 보험 무서워 피하려다 오히려 동료인 직원의 부담을 더 증가시키는 업무처리가 된다. 즉 8.8%를 4대 보험 대신 세금으로 납부해야 하는 일이 생긴다.

물론 사업주 입장에서 사업주 부담분을 덜기 위해 기타소득으로 신고하는 경우는 직원이 손해를 봐도 어쩔 수 없는 일이다.

근로소득 원천징수영수증(지급명세서) 작성 방법

근무처별 소득명세와 비과세소득, 기납부세액은 주(현), 종(전)근무지별로 각각 작성해야 한다.

외국인 근로자가 "외국인단일세율적용신청서"를 제출한 경우 외국인단일세율적용란에 "여 " 표시하면 된다.

1 근무처별 소득명세 관련 사항

① 근무기간, 감면기간을 정확히 기재 : 주(현), 종(전)근무처별 근로소득 발생(재직) 기간을 기재(특히 중도 입사자는 입사 일자, 중도 퇴사자는 퇴직 일자를 정확히 기재)한다.

② 근무처별 소득명세란에는 비과세소득을 제외한 금액을 기재한다. (다만, 외국인 근로자가 외국인단일세율적용신청서를 제출한 경우 총급여란에는 [I. 근무처별소득명세 16번 계의 합계]의 금액에 당해 근로자의 비과세소득을 합한 총금액을 기재하면 된다.)

2 비과세소득 관련 사항

① 주(현)근무지, 종(전)근무지별로 구분하여 기재하며, 지급명세서 작성대상 비과세소득을 해당 기재란에 해당 코드와 비과세금액을 기재한다.

② 비과세소득 종류가 많은 근로자의 경우 원천징수영수증 비과세소득란에 해당 번호별 총액을 기재하고 비과세소득 세부 내용은 별지를 이용하여 기재할 수 있다.

3 세액명세 관련 사항

① 기납부세액(소득세)

가. 주(현)근무지의 기납부세액(소득세)은 매월 급여 지급시 원천징수한 세액의 합계금액을 기재한다.

나. 종(전)근무지의 기납부세액(소득세)은 종(전)근무지에서 발급받은 근로소득 원천징수영수증의 "74번 결정세액"란의 금액을 기재한다.

이 경우 종(전)근무지의 사업자등록번호란은 반드시 기재해야 한다.

② 농어촌특별세 납부대상

41번 투자조합출자등소득공제, 46번 목돈 안 드는 전세 이자상환액 소득공제, 47번 장기집합투자증권저축 소득공제, 69번 주택차입금 이자세액공제가 있는 경우 해당한다.

4 소득세액공제 명세 관련 사항

① 근로자 본인을 포함한 부양가족의 성명, 주민등록번호, 근로자와의 관계, 내/외국인, 장애인(구분코드 기재) 여부, 인적공제 항목을 기재한다.

② 외국인 근로자가 외국인단일세율적용신청서를 제출하여 단일세율을 적용하는 경우 소득 세액공제명세 기재 대상에 해당하지 않는다 (단, 근로소득공제, 인적공제, 특별소득공제, 그 밖의 소득공제, 세액공제 등을 적용하지 아니한다.).

5 연금저축 등 소득 세액공제 명세서 관련 사항

퇴직연금계좌, 연금저축계좌, 주택마련저축, 장기집합투자증권저축 소득공제를 신청하는 근로자에 대해 소득 세액공제 내용을 작성해야 한다.

6 주택임차차입금 원리금 상환액 소득 세액공제 명세서

월세액과 거주자 간 주택임차차입금 원리금 상환액 소득 세액공제를 신청하는 근로자에 대해 소득 세액공제 내용을 작성해야 한다.

비용을 지출할 때 인건비와 인건비가 아닌 지출로 구분해 증빙 문제를 생각해보겠다. 인건비와 관련된 지출은 근로자에게 주는 근로소득세, 상대방이 일한 대가로 주는 용역비로 사업소득 또는 기타소득을 구성한다.

근로소득은 계정과목이 급여가 될 수도 있고 복리후생비로 될 수도 있다. 반면 용역비는 일반적으로 지급수수료 또는 외주비로 처리한다.

이중 근로소득세는 지급영수증으로 지급명세서 즉 원천징수영수증을 사용한다. 반면 사업소득은 상대방이 세금계산서를 발행하거나 원천징수를 하는 것 중 선택을 한다.

이같이 원천징수영수증에 포함되는 지출은 별도로 세금계산서 등 법정지출증빙을 필요로 하지 않는다. 그 자체가 법정지출증빙이 된다.

예를 들어 직원에게 체력단련비나 생일선물 등을 지급하는 경우 그 지출액은 근로자의 근로소득이 되고 원천징수 후 세금 신고 및 납부를 하며, 원천징수영수증에 그 내용이 남게 된다. 이 같은 경우는 헬스장에서 받은 신용카드 매출전표나 생일선물 구입시 결제한 신용카드 매출전표는 사실상 필요 없다.

원천징수영수증을 통해 이미 회사의 지출이 공식적으로 소명되었기 때문이다. 다만, 부가가치세 매입세액공제를 받기 위해 필요한 증빙일 뿐이다.

결론은 원천징수영수증이 있으면 증빙을 못 받았다고 불안해할 필요는 없다는 것이다.

원천징수이행상황신고서의 총지급과 지급명세서 제출 대상(근로소득 간이지급명세서 기재)

원천세 신고대상이 아닌 비과세금액을 총지급액에 포함한다. 단, 정액급식비 중 비과세(월 20만 원 이내) 금액은 원천세 신고서상 총지급액 기재대상이며(아래 비과세 및 감면 소득 코드표 지급명세서 작성 여부의 ×), 지급명세서 제출 대상도 아니다. 이를 원천세 신고시 총지급액란에 포함하여 원천세 신고하는 경우 지급명세서 제출 시 에러가 발생한다.

원천세 신고서상 총지급액과 지급명세서상 총지급액의 차이가 발생하면 안 된다.

원천세 신고서상 간이세액(A01)의 총지급액은 과세대상 근로소득(총급여액)과 지급명세서 제출대상 비과세소득을 합산한 금액과 일치해야 한다.

1 비과세의 올바른 개념

총급여액 = 급여총액 – 비과세급여

소득금액 = 총급여액(수입금액 개념) - 근로소득 공제액(필요경비 개념)

비과세급여의 의미는 급여총액에는 포함되지만, 과세하지 않는 경우를 말한다. 즉 아예 근로소득으로 보지 않는다는 의미가 아니다.

총급여액 = 연봉 - 비과세소득으로 계산된다.

비과세급여는 비과세소득에 해당해 연봉에 포함된 후 비과세소득으로 차감되기 때문에 연말정산 시 근로소득에는 해당하지만, 총급여액에는 포함되지 않는다.

사업자가 받는 각종 지원금이 일반적으로 총수입금액(익금)에 포함되는 것과 같이 개인이 근로자의 신분으로 받는 지원금은 근로소득으로 보는 것이다. 다만, 세금을 부과하지 않기 위해 정책상 비과세로 해주는 것이다.

(8쪽 중 제5쪽)

				비과세 및 감면 소득 코드	
구분	법조문	코드	기재란	비과세항목	지급명세서 작성 여부
비과세	소득세법 § 123 가	A01		복무 중인 병(兵)이 받는 급여	×
	소득세법 § 123 나	B01		법률에 따라 동원 직장에서 받는 급여	×
	소득세법 § 123 다	C01		산업재해보상보험법에 따라 지급받는 요양급여 등	×
	소득세법 § 123 라	D01		근로기준법 등에 따라 지급받는 요양보상금 등	×
	소득세법 § 123 마	E01		고용보험법 등에 따라 받는 육아휴직급여 등	×
		E02		국가공무원법 등에 따라 받는 육아휴직수당 등	×

구분	법조문	코드	기재란	비과세항목	지급명세서 작성 여부
비과세	소득세법 § 12 3 바	E10		국민연금법에 따라 받는 반환일시금(사망으로 받는 것에 한함) 및 사망일시금	×
	소득세법 § 12 3 사	F01		공무원연금법 등에 따라 받는 요양비 등	×
	소득세법 § 12 3 아	G01	⑱-5	비과세 학자금	O
	소득세법 § 123 자	H01	⑱-9	법령 · 조례에 따른 보수를 받지 않는 위원 등이 받는 수당	O
		H02		일직료 · 숙직료 등	×
		H03		자가운전보조금	×
		H04		법령에 따라 착용하는 제복 등	×
		H05	⑱-18	경호수당, 승선수당 등	O
		H06	⑱-4	연구보조비 등–유아교육법, 초 · 중등교육법	O
		H07	⑱-4	연구보조비 등–고등교육법	O
		H08	⑱-4	연구보조비 등–특별법에 따른 교육기관	O
		H09	⑱-4	연구보조비 등	O
		H10	⑱-4	연구보조비 등	O
		H14	⑱-22	보육교사 근무환경개선비–영유아보육법 시행령	O
		H15	⑱-23	사립유치원 수석교사 · 교사의 인건비–유아교육법 시행령	O
		H11	⑱-6	취재수당	O
		H12	⑱-7	벽지수당	O
		H13	⑱-8	천재 · 지변 등 재해로 받는 급여	O
		H16	⑱-24	정부 · 공공기관 중 지방이전기관 종사자 이전지원금	O
		H17	⑱-30	종교 관련 종사자가 소속 종교단체의 규약 또는 소속 종교단체의 의결기구의 의결 · 승인 등을 통하여 결정된 지급 기준에 따라 종교 활동을 위하여 통상적으로 사용할 목적으로 지급받은 금액 및 물품	O

구분	법조문	코드	기재란	비과세항목	지급명세서 작성 여부
비과세	소득세법 § 12 3 차	I01	⑱-19	외국 정부 또는 국제기관에 근무하는 사람에 대한 비과세	○
	소득세법 § 12 3 카	J01		국가유공자 등 예우 및 지원에 관한 법률」에 따라 받는 보훈 급여 및 학습보조비	×
	소득세법 § 12 3 타	J10		전직대통령 예우에 관한 법률에 따라 받는 연금	×
	소득세법 § 12 3 파	K01	⑱-10	작전 임무 수행을 위해 외국에 주둔하는 군인 등이 받는 급여	○
	소득세법 § 12 3 하	L01		종군한 군인 등이 전사한 경우 해당 과세기간의 급여	×
	소득세법 § 12 3 거	M01	⑱	국외 등에서 근로에 대한 보수 100만 원	○
		M02	⑱	국외 등에서 근로에 대한 보수 500만 원	○
		M03	⑱	국외 근로	○
	소득세법 § 12 3 너	N01		국민건강보험법 등에 따라 사용자 등이 부담하는 보험료	×
	소득세법 § 12 3 더	O01	⑱-1	생산직 등에 종사하는 근로자의 야간 수당 등	○
	소득세법 § 12 3 러	P01		비과세 식사대(월 20만원 이하)	○
		P02		현물급식	×
	소득세법 § 12 3 머	Q01	⑱-2	출산, 6세 이하의 자녀보육 관련 비과세 급여(월 20만원 이내)	○
	소득세법 § 12 3 버	R01		국군포로가 지급받는 보수 등	×
	소득세법 § 12 3 서	R10	⑱-21	교육기본법 제28조 제1항에 따라 받는 장학금	○
	소득세법 § 12 3 어	R11	⑱-29	비과세 직무발명보상금	○
	소득세법 § 12 3 저	V01		사택 제공 이익	×
		V02		주택자금 저리·무상 대여 이익	×

구분	법조문	코드	기재란	비과세항목	지급명세서 작성 여부
비과세		V03		종업원 등을 수익자로 하는 보험료 · 신탁부금 · 공제부금	×
		V04		공무원이 받는 상금과 부상(연 240만원 이내)	×
	구조특법 § 15	S01	⑱-11	주식매수선택권 비과세	○
	조특법§ 16의2	U01	⑱-31	벤처기업 주식매수 선택권 행사이익 비과세	○
	조특법§ 88의4⑥	Y02	⑱-14	우리사주조합 인출금 비과세(50%)	○
		Y03	⑱-15	우리사주조합 인출금 비과세(75%)	○
		Y04	⑱-16	우리사주조합 인출금 비과세(100%)	○
	소득세법 § 12 3 자	Y22	⑲	전공의 수련보조수당	○
감면	조특법 § 18	T01	⑱-12	외국인 기술자 소득세 감면(50%)	○
		T02	⑱-36	외국인 기술자 소득세 감면(70%)	○
	조특법 § 19	T30	⑱-33	성과공유 중소기업의 경영성과급에 대한 세액공제 등	○
	조특법§ 29조의6	T40	⑱-34	중소기업 청년근로자 및 핵심인력 성과보상기금 수령액에 대한 소득세 감면 등	○
	조특법 § 18조의3	T50	⑱-35	내국인 우수인력의 국내복귀에 대한 소득세 감면	○
	조특법 § 30	T11	⑱-26	중소기업 취업자 소득세 감면(50%)	○
		T12	⑱-27	중소기업 취업자 소득세 감면(70%)	○
		T13	⑱-32	중소기업 취업자 소득세 감면(90%)	○
	조세조약	T20	⑱-28	조세조약상 소득세 면제(교사 · 교수)	○

2 근로소득 간이지급명세서 비과세소득 기재

근로소득 간이지급명세서에 기재하는 급여액은 총급여액에서 인정상여 금액을 제외한 금액을 기재하는 것이다.

총급여액은 비과세소득은 제외하고 있으므로, 간이지급명세서에 기재하는 급여에 비과세소득은 제외되는 것이다.

> 📑 육아휴직수당(고용보험공단에서 지급하는 육아휴직급여, 출산전후 휴가
> 급여, 공무원의 육아휴직수당, 배우자 출산휴가 급여 등) 비과세

고용보험법에 따라 근로자가 지급받는 출산전후휴가 급여(사업주가 미리 지급하고 대위신
청한 것을 포함)는 비과세소득에 해당하며 출산전후 휴가일이 수입시기가 되는 것이다.
육아휴직수당(고용보험공단에서 지급하는 육아휴직급여, 출산전후휴가급여, 공무원의 육
아휴직수당, 육아기 근로시간 단축 급여, 배우자 출산휴가 급여 등)은 근로소득으로써 연
말정산에는 포함해서 연말정산을 하되 비과세로 처리하는 것이다. 결국 해당 지원금으로
인해 납부할 세금이 추가로 발생하는 것은 아니다.
근로소득 간이지급명세서 신고 시 비과세급여를 제외하고 신고한다.

> 국세청 질의회신 : 소득, 원천세과-624, 2010.07.29
> 근로기준법에 따른 임산부의 보호 휴가 기간 중 사용자가 지급하는 산전후휴가 급
> 여 등은 과세대상 근로소득에 해당하는 것이나, 고용보험법에 따라 지급되는 산전
> 후휴가 급여는 소득세법에 따른 비과세소득에 해당하는 것입니다
>
> 국민신문고 국세청 답변(2018.06.26)
> "고용보험법"의 규정이 아닌 "근로기준법"에 따라 임산부의 보호 휴가 기간 중 사용
> 자가 지급하는 출산전후휴가급여 등은 과세 대상 근로소득에 해당됩니다. 따라서
> 사용자로부터 받는 출산후휴가급여는 근로소득에 해당되어 소득금액에 합산하여
> 연말정산을 하여야 합니다.

퇴직금과 퇴직연금제도의 차이점

유 형	내 용
퇴직(일시)금	▶ 계속근로기간 1년에 대하여 30일분 이상의 평균임금을 퇴직금으로 퇴직하는 근로자에게 지급
확정급여형 (DB) 퇴직연금	▶ 근로자가 받을 퇴직급여(퇴직금과 동일, 근속기간 1년에 대해 30일분 평균임금)가 확정되어있는 제도 ▶ 사용자는 매년 부담금을 금융기관에 사외적립하여 운용하며, 퇴직시 근로자는 사전에 확정된 급여 수준만큼의 연금 또는 일시금으로 수령이 가능함.
확정기여형 (DC) 퇴직연금	▶ 사용자가 납입할 부담금(연간 임금총액의 1/12 이상)이 확정된 제도. ▶ 사용자는 금융기관에 개설한 근로자 개별계좌에 부담금을 불입하고, 근로자는 자기 책임하에 적립금을 운영하여 퇴직 시 연금 또는 일시금으로 수령(급여 수준은 운용성과에 따라 변동)이 가능함.
개인형 퇴직연금 (IRP)	▶ 이직 시 수령한 퇴직급여를 적립·축적하여 노후 소득 재원으로 활용할 수 있도록 한 통산 정치(portability) 제도

유 형	내 용
	▸ 퇴직연금 가입 근로자 이직 시 퇴직급여를 가입자의 IRP 계좌로 이전하고, 연금수령 시점까지 적립된 퇴직급여를 과세이연 혜택을 받으며 운영하다 일시금 또는 연금수령이 가능함 ▸ 연금수령 시점까지 적립금을 직접 가입자 책임하에 운영하다가 연금 또는 일시금으로 수령하게 됨

근로자퇴직급여보장법은 기존 퇴직금제도를 그대로 유지하던지, 아니면 퇴직연금 제도 중 하나를 선택하든지, 3가지 종류 중 하나 이상을 병렬로 선택하면 된다. 사용자는 퇴직하는 근로자에게 급여를 지급하기 위하여 퇴직급여제도 중 하나 이상의 제도를 설정하여야 한다(법 제4조 제1항).

🔍 퇴직급여제도 유형별 특징

구 분	퇴직금	DB형	DC형	IRP	IRP 특례
적용 대상	모든 사업장			퇴직급여 발생자 DB/DC 가입자	10인 미만 사업장
규약	취업규칙	퇴직연금 규약		퇴직연금 규약 불필요	
수수료 부담	–	사용자		가입 근로자	
중도 인출	특정 사유 시 가능	불가	가능(특정 사유)		
담보제공	불가	50%까지			
퇴직급여 형태	일시금	연금 또는 일시금			
수령요건	없음	55세 이상 (가입 10년 이상)		55세 이상	55세 이상 (10년 이상)

퇴직연금의 납입금액 계산

 확정급여형(DB형) 퇴직연금의 납입

확정급여형 퇴직연금(DB형)의 납입액은 일반적인 퇴직금의 계산방식과 같다고 보면 된다. 즉, 30일분의 평균임금 × 계속근로연수의 금액을 납입한다고 보면 된다.

구 분		연차수당 포함금액
월 단위 연차휴가		3/12을 퇴직금 계산을 위한 평균임금에 가산
연 단위 연차휴가	전년도 발생 연차휴가를 당해연도 사용 도중 퇴사로 인해 지급하는 연차수당	퇴직금 계산에 미포함
	전전년도 발생 연차휴가를 전연도에 미사용해 당해연도에 지급해야 하는 연차수당	3/12을 퇴직금 계산을 위한 평균임금에 가산

2 확정기여형(DC형) 퇴직연금의 납입

확정기여형 퇴직연금제도(DC형)를 설정한 회사는 근로자의 연간 임금 총액의 1/12 이상에 해당하는 부담금을 가입자의 DC형 퇴직연금 계정에 납입해야 하며, 이에 DC형 퇴직연금제도를 설정한 회사는 매년 1회 또는 매월 정기적으로 부담금을 납입하고 있다. 즉, 퇴직 시 평균임금으로 계산하여 급여를 산정하지 않는다.

여기서 임금은 근로기준법에서 정의된 사용자가 근로의 대가로 근로자에게 임금, 봉급, 그 밖에 어떠한 명칭으로든지 지급하는 일체의 금품을 말한다.

따라서 기본급과 장기근속수당, 직책수당, 시간외근무수당(연장근로, 야간근로, 휴일근로), 연차수당(연차휴가미사용 수당의 경우 전전년도 출근율에 따라 전년도에 발생한 연차휴가 미사용분을 올해 지급받은 것이라면 이를 임금 총액에 포함)은 임금 총액에 포함한다.

반면, 학자금과 의료비, 교통비의 경우 자녀의 입학금이나 등록금에 대해 실비 지원하거나, 의료 실비를 지원하고, 실제 업무에 드는 교통비를 정산하는 차원이라면 실비변상적 성격의 금품으로 임금 총액에 포함되지 않으나 취업규칙이나 근로계약을 통해 지급요건과 지급율을 정해 고정적으로 일정 금액을 지급한다면 이는 임금 총액에 포함된다. 또한 사용자가 포괄임금제를 이유로 법정수당에 미달하는 금액을 기준으로 산정한 임금 총액에 따라 DC형 부담금을 납입한 경우라면 법정수당을 포함한 임금 총액을 기준으로 부담금을 산정·납입해야 한다. 즉, 포괄임금 제도를 채택하는 회사가 포괄임금을 이유로 법정수당에 미달하는 임금을 지급했다고 하더라도 법정수당을 기준으로 산정·납입 해야 한다.

구 분	연차수당 포함금액
계속근로자의 연차수당 퇴직연금 부담금 계산	전전년도 출근율에 따라 전년도에 발생한 연차휴가 미사용분을 올해 지급받은 것
퇴직근로자의 연차수당 퇴직연금 부담금 계산	전전년도 출근율에 따라 전년도에 발생한 연차휴가 미사용분을 올해 지급받은 것 + 퇴직으로 인해 비로 소 지급의무가 발생한 미사용 연차휴가수당 연간 임금총액이란 당해 사업연도 중에 근로자에게 지급된 임금의 총액이라는 점에서 근로자의 퇴직으로 인해 비로소 지급사유가 발생한 연차유급휴가미사용 수당도 근로의 대가로 발생한 임금에 해당함으로 DC 형 퇴직연금 부담금 산정시 산입(부담)하여야 할 것으 로 사료된다(퇴직연금복지과-87, 2008.4.1.).

$$총 부담금 = \frac{(각 연도별 계약 연봉 + 연차휴가수당 + 기타 지급 상여금, 수당 등)}{12}$$

1. 출산휴가기간

$$부담금 = \frac{출산전후휴직기간 중 지급된 급여를 제외한 해당연도의 임금총액}{12 - 출산전후휴직기간}$$

2. 육아휴직기간

$$부담금 = \frac{육아휴직기간 중 지급된 급여를 제외한 해당연도의 임금총액}{12 - 육아휴직기간}$$

3. 개인사유로 인한 휴직기간

$$부담금 = \frac{개인사유로\ 인한\ 휴직기간\ 중\ 지급된\ 급여를\ 제외한\ 해당연도의\ 임금총액}{12 - 개인사유로\ 인한\ 휴직기간}$$

4. 산재로 인한 휴업기간

산재로 인한 요양기간 중 근로자에게 퇴직금 불이익이 없어야 한다.

휴업급여 지급 기간에도 매 월 퇴직적립금이 납입되어야 하며, 해당 기간 중 월 퇴직적립금 계산 방법은 아래와 같다.

$$부담금 = \frac{산재요양기간을\ 제외한\ 해당연도의\ 임금총액}{12 - 산재로\ 인한\ 휴직기간}$$

---

3 출산휴가기간 및 육아휴직기간 중 DC형 퇴직연금의 납입

🍸 출산휴가기간 및 육아휴직기간 중에 퇴직시 퇴직금 계산

근로기준법 시행령 제2조 제1항에 따라

① 사용자의 귀책사유로 인하여 휴업한 기간

② 출산전후휴가기간

③ 업무수행으로 인한 부상·질병의 요양을 위하여 휴업한 기간

④ 육아휴직기간

⑤ 쟁의행위 기간

⑥ 병역법·예비군법 또는 민방위기본법에 의한 의무 이행을 위하여 휴직하거나 근로하지 못한 기간(다만, 그 기간 중 임금을 지급받은 경우에는 그러지 아니함)

⑦ 업무외 부상·질병 기타의 사유로 인하여 사용자의 승인을 얻어 휴업한 기간이 있는 경우에는 그 일수와 그 기간 중에 지급된 임금

은 평균임금 산정기간 및 임금에서 공제한다.

따라서 평균임금 산정 시 산정 제외 기간이 포함된 경우는 아래의 산식으로 평균임금을 산정한다.

(퇴직 전 3월간 금품합계 − 3월 중 산정 제외 기간에 지급된 금품) ÷ (3개월 간 총일수 − 3개월 중 산정 제외 기간의 일수)

만약 퇴직 전 3월간이 모두 산정 제외 기간에 해당한다면, 산정 제외 사유 발생전 3개월을 기준으로 평균임금을 산정한다.

또한 해당 기간을 근속연수에 포함해서 계산한다.

예를 들어 2024년 6월 3일부터 8월 31일까지 90일간의 출산휴가를 마치고 업무에 복귀한 다음 11월 1일에 퇴직했다고 가정해보겠다.

이 경우 평균임금 산정 기간(8월 1일~10월 31일)과 출산휴가기간이 1달 정도 중복된다. 이때는 중복되는 기간을 뺀 9월 1일부터 10월 31일까지 기간만으로 평균임금을 산출한다.

정상 임금을 받은 기간만 갖고 평균임금을 산정해 근로자에게 불이익이 돌아가지 않도록 하는 것이다.

육아휴직으로 3개월 이상 쉬던 중 퇴직하면 평균임금은 어떻게 산출할까?

이때는 육아휴직 직전 3개월 기간을 가지고 평균임금을 계산한다. 2024년 8월 1일부터 육아휴직을 받아 쉬던 중 그해 11월 1일에 퇴직했다. 이렇게 되면 평균임금 산정에 필요한 퇴직 이전 3개월이 전부 휴직기간과 겹치게 된다. 이때는 육아휴직 직전 3개월(4월 1일~6월 30일) 동안 받은 임금으로 평균임금을 산정하게 된다.

🐦 육아휴직기간 중의 DC형 퇴직연금 적립

DC형 퇴직연금제도를 도입한 사업장에서는 사용자는 매년 근로자의 임금총액의 12분의 1에 해당하는 금액을 근로자 명의로 된 퇴직연금 계정에 입금해 준다. 이때 사용자가 납부하는 금액을 부담금이라고 한다. 부담금은 1년에 1회 이상 정기적으로 지급해야 하는데, 회사에 따라 1년 치를 한 번에 하는 곳도 있고, 다달이 납입하는 곳도 있다. 출산휴가나 육아휴직기간도 근로기간에 포함되므로, 회사는 근로자의 퇴직연금 계정으로 부담금을 납입해야 한다.

이때 부담금은 정상적으로 일한기간 동안 받은 임금을 기준으로 산정한다. 먼저 근로자가 한 해 동안 수령한 임금 총액에서 출산휴가나 육아휴직 기간 동안 받은 임금을 뺀다.

그리고 1년 중 출산휴가나 육아휴직으로 쉰 기간을 빼고 정상적으로 일한 기간을 월 단위로 계산한다. 전자를 후자로 나누면 그해 회사가 납부해야 할 부담금이 된다.

$$\frac{\text{연간 임금총액} - \text{출산휴가} \cdot \text{육아휴직기간 동안 받은 임금}}{12월 - \text{출산휴가} \cdot \text{육아휴직기간(월)}}$$

예를 들어 2024년 8월 1일부터 2025년 7월 31일까지 육아휴직을 가진 다음 바로 퇴직했다. 육아휴직 이전에 회사에서는 임금으로 360만원을 받았고, 휴직기간에는 임금을 받지 않았다. 이 경우 회사가 2024년과 2025년 연말에 퇴직연금 계정으로 납부해야 할 부담금은 얼마나 될까?

회사는 DC형 퇴직연금제도를 설정하고 있고, 부담금은 연말에 한 번 지급하고 있다.

먼저 2024년에 회사가 퇴직연금 계정으로 입금해야 할 부담금부터 계산해보겠다.

육아휴직간을 제외하면 정상적으로 일한 기간은 1월부터 7월까지이다. 7개월 동안 받은 임금을 전부 더하고, 이를 다시 정상 근무기간(7개월)으로 나누면 360만원이 된다. 회사는 이 금액을 2024년 연말에 퇴직연금 계정에 납부하면 된다.

근로자 입장에서는 출산휴가나 육아휴직과 상관없이 정상근무를 할 때와 같은 금액을 퇴직급여로 수령한다고 보면 된다.

$$\frac{\text{연간 임금 총액} - \text{출산휴가 · 육아휴직기간 동안 받은 임금}}{\text{12월} - \text{출산휴가 · 육아휴직기간(월)}}$$

$$\frac{(3{,}600{,}000원 \times 7개월) - 0원}{12월 - 5월} = 3{,}600{,}000원$$

결국은 1년에 대해서 1달분을 부담하는데, 육아휴직기간도 근무한 것으로 보므로 2024년은 12개월을 근무한 것과 같다. 따라서 이의 1달분인 360만 원을 부담하는 것이다.

이번에는 2025년에 회사가 납부해야 할 부담금을 계산해보겠다.

육아휴직을 끝나자마자 퇴직했다면, 회사가 2025년에 지급해야 할 부담금은 얼마나 될까? 2025년에는 하루도 일한 기간이 없으므로 2024년에 납부한 부담금을 기초로 계산할 수밖에 없다. 2024년 회사 부담금은 360만 원이고, 2025년에 근무한 기간은 7개월이다(육아휴직기간 동안을 근무기간으로 본다.).

따라서 2025년 회사가 퇴직연금 계정에 입금해야 할 부담금은 210만원(= 360만원 × 7/12)이다. 즉 1년에 한 달분을 부담하면 되는데, 7개월 근무했으므로 7/12을 부담한다.

만약 근무하는 회사에서 부담금을 매달 입금하고 있었다면, 출산휴가나 휴직기간 동안에도 매달 30만원(= 360만원 ÷ 12)씩 입금할 것이다. 따라서 출산휴가나 육아휴직 기간중에도 정상근무를 할 때와 동일한 부담금을 지급하는 셈이다.

• 출산휴가 기간 : 2024년 06월 01일 ~ 2024년 08월 29일(90일)
• 육아휴직 기간 : 2024년 08월 30일 ~ 2025년 08월 29일

출산휴가 기간 및 육아휴직 기간에도 퇴직연금 적립이 이루어져야 한다.

출산휴가기간 적립금 = 2024년 1/1 ~ 5/31까지 지급한 임금총액 / 5개월 = 연간 퇴직적립금총액

육아휴직기간 적립금 = 연간 퇴직적립금 총액 / 12 = 1월분 퇴직적립금으로 계산해서 출산휴가 및 육아휴직 기간동안 매월 퇴직 적립금액을 납입하면 된다.

임원 확정기여형(DC형) 퇴직연금 납입액의 처리

임원에 대하여 확정기여형 퇴직연금(DC형)에 가입하고 법인이 그 부담금은 일단 법인의 손금으로 처리하되, 해당 임원이 현실적으로 퇴직하는 사업연도에 퇴직 시까지 납부한 회사 부담금의 누계액(운용수익 제외)을 퇴직급여로 보아 손금산입 한도 초과 여부를 계산해야 한다.

계산 결과 한도초과액이 있는 경우 퇴직일이 속하는 사업연도의 부담금 중 한도초과 상당액을 손금불산입하고, 한도초과액이 퇴직일이 속하는 사업연도의 부담금 등을 초과하는 경우 그 초과액은 퇴직일이 속하는 사업연도에 익금산입한다.

임원이 근무하고 있다면 확정기여형 퇴직연금 선납액도 모두 손금으로 인정된다.

그러나 임원이 퇴직하면 퇴직 시까지 납부한 금액을 임원 퇴직급여로 보아 한도초과 여부를 따지므로 임원 퇴직 시 한도초과액에 대하여 법인세가 과세되고, 한도초과액에 대하여 상여처분하므로 소득세 부담이 늘어날 수 있다. 따라서 실적이 좋은 사업연도는 확정기여형 퇴직연금을 임원퇴직급여 한도액보다 더 납부하였다면 실적이 안 좋은 사업연도에는 덜 납부해서 퇴직 시 한도초과가 나오지 않도록 조절할 필요가 있다.

구 분	손금산입
납부한 보험료의 손금처리	법인이 확정기여형 퇴직연금에 가입 후 퇴직연금 기관에 납부한 보험료 등은 전액 손금에 산입한다.
미 불입한 보험료 손금처리	내국법인이 퇴직연금 규약에 따라 매년 지급해야 할 부담금 중 일부를 납입기일에 미 불입한 경우, 해당 미 불입 금액은 실제로 불입한 날이 속하는 사업연도의 손금에 산입한다.
선 불입한 보험료 손금처리	퇴직연금 규약상 납입기일이 도래하기 전에 선 불입한 금액은 손금에 산입한 후 퇴직 시점에 퇴직급여 한도초과액을 손금불산입한다.

임원의 확정기여형 퇴직연금을 퇴직급여 추계액보다 더 많이 불입한 경우, 불입한 퇴직연금 전액의 손금산입 가능 여부

내국법인이 임원의 퇴직을 퇴직급여의 지급사유로 하고 확정기여형 퇴직연금의 부담금을 당해 사업연도 종료일 현재 정관상 산정되는 퇴직급여를 초과하여 선 불입하는 경우 미리 불입한 부담금은 납입한 사업연도의 손금에 산입한 후 퇴직시점에 퇴직급여 한도초과액을 손금불산입함(서면-2020-법령해석법인-5074, 2020.12.18).

육아휴직 후 바로 퇴사 시 업무처리

1 퇴직금 지급

육아휴직기간은 남녀고용평등법에 따라 근속기간으로 인정해야 한다. 따라서 해당 육아휴직기간 전체를 근속기간에 포함한다.

퇴직금 산정을 위한 평균임금은 육아휴직 이전 정상 임금을 지급받던 기간을 기준으로 산정하여 육아휴직기간을 포함 재직일 수만큼 퇴직금을 지급해야 한다.

만약 해당 육아휴직기간을 임의로 제외하고 퇴직금을 지급할 경우 남녀고용평등법 위반 및 퇴직급여보장법 위반으로 처벌받게 된다.

2 연차휴가 지급

2018년 5월 29일 이후 개시되는 육아휴직의 경우 연차휴가 산출을 위한 출근율 계산 시 출근으로 간주한다. 이에 육아휴직 후 복귀하는 시점에 연차휴가가 정상적으로 발생한다.

육아휴직 종료 후 복직하지 않고 바로 퇴사하는 경우도 연차휴가일 수는 동일하다.

퇴직으로 발생하는 미사용 연차수당의 경우 퇴직 월 통상임금을 기준으로 계산되어야 하는바, 육아휴직 중 호봉 상승이 이루어졌다면 오른 호봉 기준으로 미사용 연차수당을 계산한다.

3 4대 보험 지급

구 분	업무처리
국민연금	노사 합의 하에 2가지 방법 중 선택 • 별도 신고 절차 없이 휴가 직전 납입하던 연금보험료 그대로 납입 • 사업주가 국민연금 납입예외신고를 한다. 이 경우 육아휴직 기간동안 연금보험료를 납부하지 않게 된다. → 납부예외 기간만큼 연금 수급기간이 단축된다. → 납부예외 신고를 하지 않을 경우는 국민연금보험료 정기 통지 전 소득총액신고서를 제출해야 한다.
건강보험	• 사업주가 건강보험공단에 휴직자 등 직장가입자 보험료 납입고지 유예를 신청한다. 이 경우 육아휴직 기간 내내 월별보험료가 부과되지 않고 고지 유예 해지 시 일괄부과된다. • 육아휴직 기간에 보험료 납입고지 유예를 신청하면 그 기간 보험료는 직장가입자 보수월액보험료 하한액으로 산정된다. • 육아휴직 종료 시 일괄 부과된 보험료를 분할하여 납부할 수도 있다.
고용보험 산재보험	• 회사는 육아휴직 후 14일 이내에 근로복지공단에 노동자 휴직 등 신고를 해야 한다. • 육아휴직 기간에는 회사가 급여를 지급하지 않으므로 고용 및 산재보험 월별보험료를 부과하지 않는다.

육아휴직 기간 중 출산휴가 사용

육아휴직 중이라 하더라도 둘째 자녀를 출산할 예정이라면, 육아휴직을 종료하고 둘째 자녀에 대한 출산전후휴가를 사용하도록 해야 한다.

그리고 잔여 육아휴직 기간을 다시 사용할 수 있다.

고용노동부 행정해석(여성고용정책과−1864, 2011.8.4.)에 따르면 남녀고용평등과 일·가정 양립 지원에 관한 법률 제19조의 4는 육아휴직을 분할 사용 가능하도록 명백히 규정하고 있고, 동법 시행령 제14조 제4항이 육아휴직과 출산전후휴가, 기존 육아휴직과 새로운 육아휴직이 동시에 진행될 수 없다는 취지일 뿐 기존 자녀에 대한 육아휴직 잔여 일이 남아 있음에도 불구하고 이를 사용할 수 없다는 취지로 볼 수 없다고 해석하고 있다.

따라서 직원이 시기를 정하여 남아 있는 육아휴직의 사용을 신청하면 이를 허용해야 한다.

퇴직금과 퇴직연금의
지급명세서 작성과 세금 신고납부

사내 퇴직금을 지급하는 경우는 퇴직소득세를 원천징수 후 징수일이
속하는 달의 다음 달 10일까지 신고 및 납부를 해야 한다.

반면, 사외에 적립한 퇴직연금의 경우 일시금으로 수령하는 경우는
사내 퇴직금과 같이 퇴직소득으로 보아 원천징수 후 징수일이 속하
는 달의 다음 달 10일까지 신고 및 납부를 하나, 연금 형태로 받는
경우는 과세를 이연하게 된다.

퇴직금 지급

퇴직금 지급(사업장 → 근로자) : 위 표 ❷

구 분	처리 방법
퇴직금 지급과 원천징수영수증 발급	원천징수의무자인 사업장은 근로자에게 세금(퇴직소득세와 지방소득세)을 원천징수 한 후에 잔액을 지급하고 퇴직소득원천징수영수증을 발급한다.
원천세 신고 및 납부	지급일이 속하는 달의 다음 달 10일까지 원천징수이행상황신고서를 세무서에 제출하고, 원천징수 한 세금은 금융기관에 납부한다.
지급명세서 제출	퇴직소득원천징수영수증(지급명세서)은 다음 해 3월 10일까지 세무서에 제출한다.

퇴직금 과세이연(사업장 → IRP계좌) : 위 표 ❶

구 분	처리 방법
퇴직금 이전과 원천징수영수증 발급	원천징수의무자인 사업장은 IRP 계좌로 퇴직금을 이전하면서 퇴직소득원천징수영수증을 퇴직연금 사업자에게 통보하며, 근로자에게도 퇴직소득원천징수영수증을 발급한다.
원천세 신고 및 납부	지급일이 속하는 달의 다음 달 10일까지 과세이연한 내용을 기재한 원천징수이행상황신고서를 세무서에 제출해야 한다. 원천징수 하지 않고 과세이연하였으므로 납부할 세금은 없다.

구 분	처리 방법
지급명세서 제출	퇴직소득원천징수영수증(지급명세서)은 다음 해 3월 10일까지 세무서에 제출해야 한다.

2 확정급여형 퇴직연금제도(DB형)

적립금과 운용수익 귀속자가 사용자(회사)이고 퇴직연금 사업자는 회사를 대신하여 퇴직급여를 지급할 뿐이므로 확정급여형퇴직연금 제도에서 퇴직금을 지급할 경우 회사가 원천징수 한다.

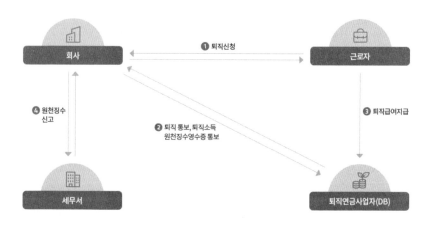

구 분	처리 방법
부담금 납입	급여 지급 능력 확보를 위해 최소적립금 이상을 유지하는 부담금을 납입 해야 한다.
퇴직연금 이전 및 원천징수영수증 발급	DB 계좌에 있는 적립금을 IRP 계좌로 이전하고 그 금액이 퇴직급여에 부족한 경우 사업장에서 잔액을 IRP 계좌

구 분	처리 방법
	로 이전한다. 원천징수의무자인 사업장은 퇴직소득원천징수영수증을 작성하여 퇴직연금 사업자에게 제출하고, 근로자에게도 원천징수영수증을 발급한다.
원천세 신고 및 납부	원천징수의무자는 사업장으로, 사업장은 지급일이 속하는 달의 다음 달 10일까지 과세이연한 내용(연금계좌란)을 기재한 원천징수이행상황신고서를 세무서에 제출해야 한다. 원천징수하지 않고 과세이연을 하였으므로 납부할 세금은 없다.
지급명세서 제출	회사가 퇴직소득 지급일이 속하는 과세기간의 다음연도 3월 10일까지 제출(과세이연 시 원천징수세액 0으로 하여 지급명세서 제출)

3 확정기여형 퇴직연금제도(DC형)

회사의 퇴직금 적립과 동시에 퇴직금 지급 의무가 퇴직연금 사업자에게 위임되고, 퇴직연금사업자는 근로자의 지시에 따라 적립금을 운용하다가 근로자 퇴직 시 원천징수 한다.

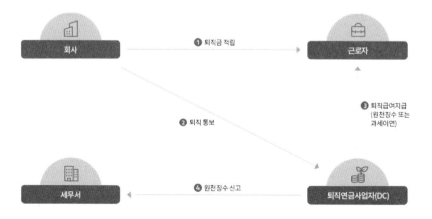

🐾 사업장에서 근로자에게 직접 지급하는 금액이 없는 경우

구 분	처리 방법
사업자 부담금 납입	납입한 부담금은 사업장의 경비로 처리한다(전액 손금산입).
퇴직연금 이전 및 원천징수영수증 발급	퇴직연금 사업자가 DC 계좌에서 IRP 계좌로 이전을 하면서 연금계좌 원천징수영수증을 이전받는 퇴직연금 사업자에게 통보한다. 그리고 퇴직연금 사업자가 연금계좌 원천징수영수증을 근로자에게도 발급한다.
원천세 신고 및 납부	원천징수의무자인 퇴직연금 사업자는 지급일이 속하는 달의 다음 달 10일까지 과세이연한 내용을 기재한 원천징수이행상황신고서를 세무서에 제출해야 한다. 원천징수하지 않고 과세이연을 하였으므로 납부할 세금은 없다.
지급명세서 제출	회사가 지급할 서류는 없음. 퇴직연금 사업자가 퇴직소득 지급일이 속하는 과세기간의 다음 연도 3월 10일까지 연금계좌 지급명세서를 제출한다.

🐾 사업장에서 근로자에게 직접 지급하는 금액이 있는 경우

구 분	처리 방법
사업자 부담금 납입	납입한 부담금은 사업장의 경비로 처리한다(전액 손금산입).
퇴직연금 이전 및 원천징수영수증 발급	DC형 퇴직연금은 퇴직연금사업자가, 회사지급분은 회사가 원천징수 한 후에 잔액을 지급하고 퇴직소득원천징수영수증을 근로자에게 발급한다.

구 분	처리 방법
원천세 신고 및 납부	원천징수 이전 추가납입액은 퇴직연금 사업자가 기존 퇴직연금과 합산해 원천징수하고, 원천징수 이후 추가지급이나 추가 납입이 불가능한 금액의 추가지급은 회사에서 퇴직소득 원천징수 후 신고 및 납부를 해야 한다. ❶ 1단계 : DC형 퇴직연금사업자와 회사 중 퇴직금을 먼저 지급하는 쪽이 퇴직소득원천징수영수증을 작성하여 나중에 지급하는 쪽에 이를 통보한다. ❷ 2단계 : 나중에 퇴직금을 지급하는 쪽은 퇴직소득원천징수영수증 작성 시 "중간지급 등" 란에 먼저 지급된 퇴직금을 기재하고 "최종" 란에 본인이 지급하는 퇴직금을 기재하여 합산된 퇴직금으로 퇴직소득세를 계산한 후 먼저 지급된 퇴직금에 대한 퇴직소득세액을 기납부세액으로 차감하여 신고한다.
지급명세서 제출	연금계좌 원천징수영수증(지급명세서)은 다음 해 3월 10일까지 세무서에 제출해야 한다.

🌱 가입자부담금이 있는 경우

구 분	처리 방법
퇴직연금 이전 및 원천징수영수증 발급	퇴직연금 사업자가 DC 계좌에서 IRP 계좌로 이전을 하면서 연금계좌 원천징수영수증을 이전받는 퇴직연금 사업자에게 통보하고 근로자에게도 발급한다. 가입자부담금이 있으므로 연금계좌 이체명세서와 연금납입확인서도 이관 퇴직연금 사업자에게 통보한다.
원천세 신고 및 납부	지급일이 속하는 달의 다음 달 10일까지 과세이연한 내용을 기재한 원천징수이행상황신고서를 세무서에 제출해

구 분	처리 방법
	야 한다. 원청징수하지 않고 과세이연을 하였으므로 납부할 세금은 없다.
지급명세서 제출	연금계좌 원천징수영수증(지급명세서)은 다음 해 3월 10일까지 세무서에 제출해야 한다.

4 확정급여형 확정기여형이 동시에 있는 경우

동시에 다른 유형이 있는 경우도 각각 DB형은 회사가 원천징수 하며, DC형은 퇴직연금 사업자(금융기관)가 원천징수 한다.

DB형은 회사가 원천징수의무를 지며, DC형을 원천징수 하는 방법은 다음과 같다.

❶ 1단계 : DC형 퇴직연금사업자와 회사 중 퇴직금을 먼저 지급하는 쪽이 퇴직소득원천징수영수증을 작성하여 나중에 지급하는 쪽에 이를 통보한다.

❷ 2단계 : 나중에 퇴직금을 지급하는 쪽은 퇴직소득원천징수영수증 작성시 "중간지급 등"란에 먼저 지급된 퇴직금을 기재하고 "최종"란에 본인이 지급하는 퇴직금을 기재하여 합산된 퇴직금으로 퇴직소득세를 계산한 후 먼저 지급된 퇴직금에 대한 퇴직소득세액을 기납부세액으로 차감하여 신고한다.

5 과세이연된 퇴직연금의 연금소득 과세

사적연금 중 퇴직연금은 무조건 분리과세로, 종합소득세 과세대상이 아니다. 연금 개시 후 10년 이내 연금에 대해서는 퇴직소득세 상당액의 30%를 감면해 주고, 10년 이후에는 퇴직소득세 상당액의 40%를 감면받을 수 있다. 일시금으로 수령하는 경우 퇴직소득세를 100% 부담할 수 있음을 주의해야 한다.

구 분	과세방법
무조건 분리과세	• 이연퇴직소득세를 연금수령하는 연금소득 • 연금계좌세액공제를 받는 연금계좌 납입액 및 운용수익을 의료목적이나 부득이한 사유로 인출하는 연금소득
선택적 분리과세	• 무조건 분리과세 연금소득 외의 사적 연금소득의 합계액이 연 1,500만 원 이하인 경우의 연금소득은 분리과세와 종합과세 중 선택 가능 • 다른 소득이 있는 경우 종합과세보다 분리과세 선택이 유리 • 다른 소득이 없는 경우 분리과세보다 종합과세 선택이 유리(연금소득만 있다면 종합과세, 연금외소득이 있는 경우 분리과세)
무조건 종합과세	• 무조건 분리과세 연금소득 외의 사적연금소득의 합계액이 연 1,500만 원 초과인 경우의 연금소득

인사발령과 관련한 퇴직소득 판단

근로자 · 종업원의 각 인사 문제와 관련해서 퇴직금 등을 퇴직소득으로 보는 구체적인 상황을 비교해보면 다음과 같다.

구분	퇴직소득이 되는 경우	퇴직소득 아닌 근로소득 또는 가지급금인 경우
관계회사 전출	특수관계없이 임의적 전출인 경우	그룹 차원의 인사발령으로 통합되는 경우
임원에서 고문으로	사용인은 근로자가 아니므로 퇴직이다.	해당 안 됨
조직변경 · 합병 · 분할	근로자와 회사 간에 모두 임의 합의로 사직 후 재취업하는 경우	모든 권리 · 의무를 포괄승계 · 계속 근무
사용인의 임원승진	• 사용인과 임원 퇴직급여 규정이 아주 다른 상황에서 퇴직 정산이 쌍방 간에 이의 없이 완료 • 사용인 기간 · 임원 기간의 퇴직금이 각각 별도 계산되는 경우	• 퇴직급여 규정이 별 차이 없고 사용인이 퇴직 정산에 이의를 제기하는 경우 • 근속기간을 통산해서 임원에서 퇴임 시 합산지급
사업포괄 양수도	가 법인의 사업을 나 법인에 완전 양수도 종료	해당 안 됨

확정기여형 퇴직연금(DC형)제도 소급가입시 총급여의 계산

퇴직연금 설정 전에 제공한 근로기간을 퇴직연금 가입기간으로 함과 동시에 당해 기간에 대한 부담금을 전액 납부해야 하는 것이 원칙이다(퇴직급여보장팀-1439, 2006.4.28.). 이때 부담금 납부 방법은 소급 적용을 결정한 시점(부담금 납부 시점) 이전 1년간의 임금 총액을 기준으로 산정한다는 것이 고용노동부 행정해석이다(퇴직연금복지과-259, 2009.

02.04.).

[예시] 2024년 1월 1일 DC 제도 도입시 2020년 1월 1일부터 가입기간을 소급하여 가입할 경우 2023년도 임금총액의 "임금총액 × 1/12 × 4년"에 해당하는 금액 전액을 납부한다.

다만, 규약에 따라 실제 과거 근속기간을 순차적으로 소급하기로 정한 경우에는 그에 따를 수 있다(퇴직급여보장팀-718, 2006.03.06.).

2024년 1월 1일 DC 제도 도입 시 근속기간이 5년이며, 이를 5년간 정률로 납부하기로 했을 경우 부담금 납부방법은 도래하는 1 부담금 납입 기일(2024년 12월 31일)까지 당해연도 부담금(2024년)과 입사 후 1년 차(2020년분)에 해당하는 부담금(2024년 임금총액의 1/12)을 납입하고, 2 부담금 납입 기일(2025년 12월 31일)에는 당해연도 부담금(2025년)과 입사 후 2년차(2021년 분)에 해당하는 부담금(2025년 임금총액의 1/12)을 납입한다.

확정기여형(DB형)에서 퇴직연금 확정기여형(DC형) 퇴직연금 변경 시 원천징수 및 지급명세서 제출

DC형의 경우 회사의 퇴직금 적립과 동시에 퇴직금 지급의무가 퇴직연금 사업자에게 위임되고, 퇴직연금사업자는 근로자의 지시에 따라 적립금을 운용하다가 근로자 퇴직시 퇴직금을 지급하면서 원천징수 한다. 따라서 DC형의 경우 회사에서 퇴직연금 사업자에게 퇴직통보만 하면 퇴직연금 사업자가 퇴직급여를 지급할 때 해당 퇴직소득에 대한 소득세를 원천징수하고, 징수한 세액을 신고·납부 한다.

소득세법상 퇴직소득은 현실적인 퇴직을 원인으로 지급받는 소득에 해당하며, 퇴직연금제도를 DB형에서 DC형으로 변경한 것은 현실적인 퇴직 또는 퇴직의 판정 특례(중간정산 등)에 해당하지 않기 때문에 DB형에서 DC형으로 퇴직연금제도를 변경에 따라 원천세 신고 및 지급명세서 제출 의무가 없다.

퇴직금을 IRP계좌로 과세이연한 사업장의 원천징수이행상황신고서 작성은 일반퇴직금은 그외(A22)란에 총지급액을 기재하고, 소득세와 지방소득세는 0원으로 기재한다.

그리고 DB형 퇴직연금 또는 회사가 직접 지급하는 퇴직금 등 원천 징수의무자가 일반회사인 경우는 "그외(A22)"란에 인원, 총지급액을 기재하여 제출한다. IRP 계좌로 지급하여 과세이연된 경우 징수세 액란은 0원으로 공란으로 한다.

"연금계좌(A21)"란은 원천징수의무자가 연금계좌(DC형 퇴직연금, IRP, 연금저축에서 지급되는 경우)를 취급하는 금융기관만 연금계좌 란에 기재하는 것이다.

연금계좌(A21)란은 연금계좌사업자만 작성하는 란이고, 연금계좌사 업자가 아닌 일반사업자는 그 외(A22)란에 이연 퇴직소득세를 작성 한다.

확정기여형(DC형)	확정급여형(DB형)과 퇴직금
DC형 퇴직연금 가입 퇴직자들은 금융 사에서 원천징수이행상황신고서와 퇴직 소득원천징수지급명세서(=퇴직소득원천 징수영수증)를 신고해준다. DC형 퇴직연금과 관련해서는 불입하는 것 이외에는 신경 쓰지 않아도 된다.	회사에서 원천징수이행상황신고서는 퇴 직 월의 다음 달 10일까지 신고한다. 퇴직금을 안 줬어도 1~12월 중 발생한 퇴직금을 2월 말까지 준 것으로 간주하 여 3월 10일까지 신고한다. 회사에서 퇴직소득원천징수지급명세서 (=퇴직소득원천징수영수증)를 다음 해 3월 10일까지 제출한다.

퇴직연금의 과세이연시 퇴직소득원천징수영수증상 15번 퇴직급여에
는 총퇴직금 400만 원을 기재하고 15번 금액에서 비과세 급여를 차
감한 후 금액이 17번 퇴직급여에 기재되면 된다. 38번에 계좌 입금
금액에는 퇴직금 총액 400만 원이 기재되어야 한다. 그래서 40번
이연퇴직소득세액이 퇴직소득세 전체 금액이 되므로 원천징수할 세
액이 없게 된다.

퇴직소득세를 원천징수할 세액이 없으므로 원천징수이행상황신고서
상에는 기재 될 금액이 없다.

					거주구분	거주자1 / 비거주자2
관리번호		**퇴직소득원천징수영수증/지급명세서**			내외국인	내국인1/ 외국인9
		([ ] 소득자 보관용 [ ] 발행자 보관용 [ ] 발행자 보고용)			종교관련종사자 여부	여 1/ 부 2
					거주지국	거주지국코드
					징수의무자구분	사업장

징수의무자	①사업자등록번호		②법인명(상호)		③대표자(성명)	
	④법인(주민)등록번호		⑤소재지(주소)			
소득자	⑥성 명		⑦주민등록번호			
	⑧주 소				(9) 임원여부	부
	(10) 확정급여형 퇴직연금 제도 가입일				(11) 2011.12.31.퇴직금	

귀 속 연 도	2023-01-01 부터 2023-03-02 까지	(12) 퇴직사유	[ ]정년퇴직 [ ]정리해고 [●]자발적 퇴직 [ ]임원퇴직 [ ]중간정산 [ ]기 타

퇴직급여현황	근 무 처 구 분		중간지급 등	최종	정산
	(13) 근무처명				
	(14) 사업자등록번호				
	(15) 퇴직급여		-	4,000,000	4,000,000
	(16) 비과세 퇴직급여		-	-	-
	(17) 과세대상 퇴직급여(15-16)		-	4,000,000	4,000,000

근속연수	구 분	(18)입사일	(19)기산일	(20)퇴사일	(21)지급일	(22)근속월수	(23)제외월수	(24)가산월수	(25)중복월수	(26)근속연수
	중간지급 근속연수					-	-	-	-	-
	최종 근속연수	2022-01-02	2022-01-02	2023-03-02	2023-03-15	15	-	-		2
	정산 근속연수		2022-01-02	2023-03-02		15	-	-		2

과세표준계산	계 산 내 용	금 액
	(27)퇴직소득(17)	4,000,000
	(28)근속연수공제	2,000,000
	(29) 환산급여 [(27-28) × 12배 /정산근속연수]	12,000,000
	(30) 환산급여별공제	10,400,000
	(31) 퇴직소득과세표준(29-30)	1,600,000

퇴직소득세액계산	계 산 내 용	금 액
	(32) 환산산출세액(31 × 세율)	96,000
	(33) 퇴직소득 산출세액(32 × 정산근속연수 / 12배)	16,000
	(34) 세액공제	-
	(35) 기납부(또는 기과세이연) 세액	-
	(36) 신고대상세액(33 - 34 - 35)	16,000

이연퇴직소득세액계산	(37) 신고대상세액(36)	연금계좌 입금명세					(39) 퇴직급여(17)	(40) 이연 퇴직소득세 (37 × 38 / 39)
		연금계좌취급자	사업자등록번호	계좌번호	입금일	(38)계좌입금금액		
		하나은행	000-00-00000	00-000-000-000	2023-03-15	4,000,000		
	16,000					-	4,000,000	16,000
		(41) 합 계				4,000,000		

납부명세	구 분	소득세	지방소득세	농어촌특별세	계
	(42) 신고대상세액(36)	16,000	1,600	-	17,600
	(43) 이연퇴직소득세(40)	16,000	1,600	-	17,600
	(44) 차감원천징수세액(42-43)	-	-	-	-

위의 원천징수세액(퇴직소득)을 정히 영수(지급)합니다.

년 월 일

징수(보고)의무자

(서명 또는 인)

세무서장 귀하

① 신고구분						□ 원천징수이행상황신고서		② 귀속연월		2024년 3월
매월	반기	수정	연말	소득처분	환급신청	□ 원천징수세액환급신청서		③ 지급연월		2024년 3월

원천징수 의 무 자	법인명(상호)	○○○	대표자(성명)	△△△	일괄납부 여부	여 부
					사업자단위과세 여부	여 부
	사업자(주민)등록번호	xxx-xx-xxxxx	사업장 소재지	○○○○○	전화번호	xxx-xxx-xxxx
					전자우편주소	00@00.00

❶ 원천징수 명세 및 납부세액
(단위 : 원)

소득자 소득구분			코드	원천징수명세					⑨ 당월 조정 환급세액	납부 세액	
				소득지급 (과세 미달, 일부 비과세 포함)		징수세액				⑩ 소득세 등 (가산세 포함)	⑪ 농어촌 특별세
				④ 인원	⑤ 총지급액	⑥ 소득세등	⑦ 농어촌 특별세	⑧ 가산세			
개인 (거주자·비거주자)	근로소득	간이세액	A01	5	20,000,000	900,000					
		중도퇴사	A02								
		일용근로	A03	2	2,000,000	0					
		연말정산 합계	A04								
		연말정산 분납신청	A05								
		연말정산 납부금액	A06								
		가감계	A10	7	22,000,000	900,000				900,000	
	퇴직소득	연금계좌	A21								
		그 외	A22	1	4,000,000	0					
		가감계	A20	1	4,000,000	0				0	
	사업소득	매월징수	A25								
		연말정산	A26								
		가감계	A30								
	기타소득	연금계좌	A41								
		종교인소득 매월징수	A43								
		종교인소득 연말정산	A44								
		그 외	A42	2	1,000,000	200,000					
		가감계	A40	2	1,000,000	200,000				200,000	
	연금소득	연금계좌	A48								
		공적연금(매월)	A45								
		연말정산	A46								
		가감계	A47								
	이자소득		A50								
	배당소득		A60								
	저축 등 해지 추징세액 등		A69								
	비거주자 양도소득		A70								
법인	내·외국법인원천		A80								
	수정신고(세액)		A90								
	총합계		A99	10	27,000,000	1,100,000				1,100,000	

❷ 환급세액 조정
(단위 : 원)

전월 미환급 세액의 계산			당월 발생 환급세액					⑱조정대상 환급세액 (⑭+⑮+⑯+⑰)	⑲ 당월조정 환급세액계	⑳ 차월이월 환급세액 (⑱-⑲)	㉑ 환 급 신청액
⑫ 전월미환급 세액	⑬ 기 환 급 신청세액	⑭ 차감잔액 (⑫-⑬)	⑮ 일반 환급	⑯ 신탁재산 (금융회사 등)	⑰ 그밖의 환급세액						
					금융 회사 등	합병 등					

퇴직소득세 계산 방법

1 퇴직소득세의 계산구조

(퇴직소득금액 − 근속연수공제) × $\dfrac{1}{전체근속연수}$ × 12 = 환산급여

환산급여 − 환산급여공제 = 과세표준

과세표준 × 기본세율 × $\dfrac{1}{12}$ × 근속연수 = 산출세액

2 근속연수공제

근속연수	공제액
5년 이하	100만원 × 근속연수
5년 초과 10년 이하	500만원 + 200만원 × (근속연수 − 5년)
10년 초과 20년 이하	1,500만원 + 250만원 × (근속연수 − 10년)
20년 초과	4,000만원 + 300만원 × (근속연수 − 20년)

☒ 근속연수는 퇴직금 산정기준이 되는 기간을 말하며, 근속연수 계산 시 1년 미만은 1년으로 한다. 예를 들어 근속연수가 1년 1개월인 경우 2년으로 한다.

☒ 당해 연도에 2회 이상 퇴직한 때도 퇴직소득공제는 1회만 적용한다.

3 환산급여공제

환산급여	공제액
800만 원이하	환산급여 × 100%
800만원 ~ 7,000만원	800만원 + (환산급여 – 800만원) × 60%
7,000만원 ~ 1억 원	4,520만원 + (환산급여 – 7,000만원) × 55%
1억 원 ~ 3억 원	6,170만원 + (환산급여 – 1억 원) × 45%
3억 원 ~	1억 5,170만원 + (환산급여 – 3억 원) × 35%

4 퇴직소득 세액계산 프로그램 안내

❯ 국세청 홈페이지(http : //www.nts.go.kr)에서 퇴직소득 세액계산 프로그램을 제공(왼쪽 상단의 배너에서 국세 정보→국세청프로그램)

❯ 홈택스 홈페이지(http : //www.hometax.go.kr) 오른쪽 상단 「모의계산」을 클릭 → 「퇴직소득 세액계산」에서 프로그램을 제공

5 퇴직소득세 계산사례

■ 소득세법 시행규칙[별지 제24호서식(2)]

	거주구분	거주자1 / 비거주자2

퇴직소득원천징수영수증/지급명세서

([ ] 소득자 보관용   [ ] 발행자 보관용   [ ] 발행자 보고용)

관리 번호			거주구분	거주자1 / 비거주자2
			내외국인	내국인1/ 외국인9
			종교관련종사자 여부	여 1/ 부 2
			거주지국	거주지국코드
			징수의무자구분	사업장

징수 의무자	①사업자등록번호	②법인명(상호)	③대표자(성명)
	④법인(주민)등록번호	⑤소재지(주소)	

소득자	⑥성 명	⑦주민등록번호		
	⑧주 소		(9) 임원여부	부
	(10) 확정급여형 퇴직연금 제도 가입일		(11) 2011.12.31.퇴직금	

귀 속 연 도	2024-01-01 부터	(12) 퇴직사유	[ ]정년퇴직 [ ]정리해고 [●]자발적 퇴직
	2024-10-15 까지		[ ]임원퇴직 [ ]중간정산 [ ]기 타

	근 무 처 구 분		중간지급 등	최종	정산
퇴직 급여 현황	(13) 근무처명				
	(14) 사업자등록번호				
	(15) 퇴직급여		-	41,441,080	41,441,080
	(16) 비과세 퇴직급여		-	-	-
	(17) 과세대상 퇴직급여(15-16)		-	41,441,080	41,441,080

근속 연수	구 분	(18)입사일	(19)기산일	(20)퇴사일	(21)지급일	(22)근속월수	(23)제외월수	(24)가산월수	(25)중복월수	(26)근속연수
	중간지급 근속연수							-	-	-
	최종 근속연수	2013-01-01	2013-01-01	2024-10-15	2024-10-15	142	-	-	-	12
	정산 근속연수		2013-01-01	2024-10-15		142	-	-	-	12

	계 산 내 용	금 액
과세 표준 계산	(27)퇴직소득(17)	41,441,080
	(28)근속연수공제	20,000,000
	(29) 환산급여 [(27-28) × 12배 /정산근속연수]	21,441,080
	(30) 환산급여별공제	16,064,648
	(31) 퇴직소득과세표준(29-30)	5,376,432

	계 산 내 용	금 액
퇴직 소득 세액 계산	(32) 환산산출세액(31 × 세율)	322,585
	(33) 퇴직소득 산출세액(32 × 정산근속연수 / 12배)	322,585
	(34) 세액공제	
	(35) 기납부(또는 기과세이연) 세액	
	(36) 신고대상세액(33 - 34 - 35)	322,585

	(37) 신고대상세액(36)	연금계좌 입금명세					(39) 퇴직급여(17)	(40) 이연 퇴직소득세 (37 × 38 / 39)
이연 퇴직 소득 세액 계산		연금계좌취급자	사업자등록번호	계좌번호	입금일	(38)계좌입금액		
	-				-		-	
		(41) 합 계				-		

납 부 명 세	구 분	소득세	지방소득세	농어촌특별세	계
	(42) 신고대상세액(36)	322,585	32,258		354,843
	(43) 이연퇴직소득세(40)				
	(44) 차감원천징수세액(42-43)	322,580	32,250	-	354,830

위의 원천징수세액(퇴직소득)을 정히 영수(지급)합니다.

징수(보고)의무자   년   월   일

(서명 또는 인)

세무서장   귀하

$(41,441,080원 - 20,000,000원) \times \dfrac{1}{12} \times 12 = 21,441,080원$

$21,441,080원 - 16,064,648원 = 5,376,432원$

- 환산급여공제 $= 8,000,000원 + (21,441,080원 - 8,000,000원) \times 60\%$

$5,376,432원 \times 기본세율 \times \dfrac{1}{12} \times 12 = 322,585원$

6 퇴직소득세의 이연

이연퇴직소득

거주자의 퇴직소득이 다음의 하나에 해당하는 경우는 퇴직소득을 지급하더라도 해당 퇴직소득에 대한 소득세를 연금외수령하기 전까지는 원천징수하지 않는다.

❱ 퇴직일 현재 연금계좌에 있거나 연금계좌로 지급되는 경우

❱ 퇴직하여 지급받은 날부터 60일 이내에 연금계좌에 입금되는 경우

이 경우 이연퇴직소득에 대한 소득세가 이미 원천징수된 경우 해당 거주자가 원천징수세액에 대한 환급신청이 가능하다.

이연퇴직소득세 계산

이연퇴직소득세는 다음의 계산식에 따라 계산한 금액으로 하며, 이연퇴직소득세를 환급하는 경우 퇴직소득금액은 이미 원천징수한 세액을 뺀 금액으로 한다.

$$\text{이연퇴직소득세} = \text{퇴직소득 산출세액} \times \frac{\text{연금계좌로 지급 · 이체된 금액}}{\text{퇴직소득금액}}$$

이연퇴직소득을 연금외수령하는 경우 원천징수의무자는 다음의 계산식에 따라 계산한 이연퇴직소득세를 원천징수 한다.

$$\frac{\text{원천징수할}}{\text{이연퇴직소득세}} = \frac{\text{연금외수령 당시}}{\text{이연퇴직소득세}} \times \frac{\text{연금외수령한 이연퇴직소득}}{\text{연금외수령 당시 이연퇴직소득}}$$

7 퇴직소득 원천징수 방법

구 분	원천징수 방법
일반적인 경우	국내에서 퇴직소득을 지급하는 원천징수의무자는 퇴직소득세를 원천징수 해 그 징수일이 속하는 달의 다음 달 10일까지 납부해야 한다.
확정급여형 퇴직연금제도 (DB형)	적립금과 운용수익 귀속자가 사용자(회사)이고, 퇴직연금사업자는 회사를 대신하여 퇴직급여를 지급할 뿐이므로 확정급여형퇴직연금제도에서 퇴직금을 지급할 경우 회사가 원천징수한다.
확정기여형 퇴직연금제도 (DC형)	회사의 퇴직금 적립과 동시에 퇴직금 지급의무가 퇴직연금사업자에게 위임되고, 퇴직연금사업자는 근로자의 지시에 따라 적립금을 운용하다가 근로자 퇴직 시 퇴직금을 지급하면서 원천징수한다.

- 입사일 : 2013년 1월 11일
- 퇴사일 : 2024년 10월 15일
- 퇴직금 : 41,441,080원인 경우

■ 소득세법 시행규칙[별지 제24호서식(2)]

					거주구분	거주자1 / 비거주자2
관리번호		**퇴직소득원천징수영수증/지급명세서**			내외국인	내국인1/ 외국인9
		([ ] 소득자 보관용 [ ] 발행자 보관용 [ ] 발행자 보고용)			종교관련종사자 여부	여 1 / ● 2
					거주지국	거주지국코드
					징수의무자구분	사업장

징수 의무자	①사업자등록번호		②법인명(상호)		③대표자(성명)	
	④법인(주민)등록번호		⑤소재지(주소)			
소득자	⑥성 명		⑦주민등록번호			
	⑧주 소				(9) 임원여부	부
	(10) 확정급여형 퇴직연금 제도 가입일				(11) 2011.12.31.퇴직급	

귀 속 연 도	2024-01-01 부터 2024-10-15 까지	(12) 퇴직사유	[ ]정년퇴직 [ ]정리해고 [●]자발적 퇴직 [ ]임원퇴직 [ ]중간정산 [ ]기 타

퇴직 급여 현황	근 무 처 구 분	중간지급 등	최종	정산
	(13) 근무처명			
	(14) 사업자등록번호			
	(15) 퇴직급여	-	41,441,080	41,441,080
	(16) 비과세 퇴직급여			
	(17) 과세대상 퇴직급여(15-16)	-	41,441,080	41,441,080

근속 연수	구 분	(18)입사일	(19)기산일	(20)퇴사일	(21)지급일	(22)근속월수	(23)제외월수	(24)가산월수	(25)중복월수	(26)근속연수
	중간지급 근속연수					-	-	-	-	-
	최종 근속연수	2013-01-01	2013-01-01	2024-10-15	2024-10-15	142	-	-		12
	정산 근속연수		2013-01-01	2024-10-15		142	-	-	-	12

과세 표준 계산	계 산 내 용	금 액
	(27)퇴직소득(17)	41,441,080
	(28)근속연수공제	20,000,000
	(29) 환산급여 [(27-28) × 12배 /정산근속연수]	21,441,080
	(30) 환산급여별공제	16,064,648
	(31) 퇴직소득과세표준(29-30)	5,376,432

퇴직 소득 세액 계산	계 산 내 용	금 액
	(32) 환산산출세액(31 × 세율)	322,585
	(33) 퇴직소득 산출세액(32 × 정산근속연수 / 12배)	322,585
	(34) 세액공제	-
	(35) 기납부(또는 기과세이연) 세액	-
	(36) 신고대상세액(33 - 34 - 35)	322,585

이연 퇴직 소득 세액 계산	(37) 신고대상세액(36)	연금계좌 입금명세				(39) 퇴직급여(17)	(40) 이연 퇴직소득세 (37 × 38 / 39)
		연금계좌취급자	사업자등록번호	계좌번호	입금일	(38)계좌입금금액	
	322,585	하나은행	000-00-00000	081-00-0000	2024-03-15	41,441,080	41,441,080	322,585
		(41) 합 계				41,441,080	

납 부 명 세	구 분	소득세	지방소득세	농어촌특별세	계
	(42) 신고대상세액(36)	322,585	32,258		354,843
	(43) 이연퇴직소득세(40)	322,585	32,258		354,843
	(44) 차감원천징수세액(42-43)	-	-	-	-

위의 원천징수세액(퇴직소득)을 정히 영수(지급)합니다.

년   월   일

징수(보고)의무자   (서명 또는 인)

세무서장   귀하

임원 퇴직금의 퇴직소득세 신고납부

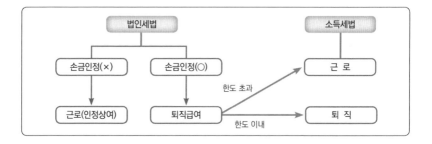

1 법인세법의 임원 퇴직급여 손금산입

임원에 대한 확정기여형 퇴직연금(DC형) 불입액은 불입 시점에는 세무상 비용으로 인정되고, 세무상 비용 한도 초과 여부는 퇴직시점에 판단한다.

법인이 임원에게 지급한 퇴직급여 중 다음의 어느 하나에 해당하는 금액을 초과하는 금액은 손금에 산입하지 않는다.

❱ 정관에 퇴직급여(퇴직위로금 등을 포함)로 지급할 금액이 정해진 경우에는 정관에 정해진 금액을 손금산입한다.

이 경우 정관에 임원의 퇴직급여를 계산할 수 있는 기준이 기재된 경우를 포함하며, 정관에서 위임된 퇴직급여지급규정이 따로 있는 경우에는 해당 규정에 의한 금액으로 한다.

❱ 그 외의 경우에는 그 임원이 퇴직하는 날부터 소급하여 1년 동안 해당 임원에게 지급한 총급여액의 10분의 1에 상당하는 금액에 근속연수를 곱한 금액을 손금산입한다.

> **임원의 퇴직급여액 한도 = 1년간 총급여액[*] × 1/10 × 근속연수^{**}**

* 총급여액 : 소득세법 제20조에 따른 금액(비과세소득 제외)으로 하되, 법인세법시행령 제43조에 따라 손금에 산입하지 않는 금액(인정상여)은 제외한다.

** 근속연수 : 역년에 의해 계산하며 1년 미만은 월수로 계산하되, 1개월 미만은 산입하지 않는다. 이 경우 사용인에서 임원으로 된 때에 퇴직금을 지급하지 않은 경우는 사용인으로 근무한 기간을 근속연수에 합산할 수 있다.

법인세법상 한도 이내 금액은 손금산입되지만, 소득세법상 한도를 초과한 금액은 근로소득으로 과세한다.

정관에 또는 정관에서 위임한 임원 퇴직급여 규정이 있는 경우

정관 또는 정관에서 위임된 규정	손금산입 여부(법인세법)	소득구분(소득세법)
규정 이내	○	퇴직소득세 단, 소득세법상 임원 퇴직소득 한도초과액은 근로소득세
규정 초과	×	근로소득세

정관에 또는 정관에서 위임한 임원 퇴직급여 규정이 없는 경우

퇴직 전 1년간 총급여 × 10% × 근속연수로 산출된 금액	손금산입 여부 (법인세법)	소득구분 (소득세법)
규정 이내	○	퇴직소득세
규정 초과	×	근로소득세

소득세법상 임원 퇴직소득 한도가 개정되어 2020년 이후 근무분에 대한 퇴직금에 대한 한도가 종전보다 축소되었다.

종종 임원퇴직금 관련하여 법인세법상 한도와 소득세법상 한도를 혼동하는 경우가 있는데 법인세법에서는 다음과 같이 손금산입 한도를 정하고 있으므로 소득세법상 한도와 구분해야 한다.

구 분	법인세법상 한도
❶ 정관이나 정관에서 위임한 규정이 임원 퇴직급여 규정이 있는 경우	임원 퇴직급여 규정에 따른 금액
❷ ❶이 아닌 경우	퇴직전 1년간 총급여의 10% × 근속연수

2 소득세법상 임원의 퇴직소득금액

임원에게 지급하는 퇴직소득 금액이 다음의 금액을 초과하는 경우 그 초과하는 금액은 근로소득으로 본다.

퇴직 전 3년간 평균급여(퇴직한 날부터 소급해서 3년 동안 지급받은 총급여의 연평균환산액) × 1/10 × 근속연수(2012.1.1. 이후의 근무기간/12) × 3배 + 퇴직 전 3년간 평균급여(퇴직한 날부터 소급해서 3년 동안 지급받은 총급여의 연평균환산액) × 1/10 × 근속연수(2020.1.1. 이후의 근무기간/12) × 2배

※ 근무기간 : 개월 수로 계산(1개월 미만의 기간이 있는 경우 1개월로 봄)
※ 총 급 여 : 소득세법 제20조에 따른 근로소득(비과세소득은 제외)을 합산

거주자인 임원 홍길동씨는 2018년 5월 6일 입사하여 2022년 6월 20일에 퇴사하였다. 퇴사시 지급받은 퇴직금은 3억 원이며, 2019년 12월 31일 퇴사하였다면 받았을 퇴직급여는 2천만 원이다. 근무기간동안 지급받은 총급여액은 다음과 같다.

기 간	총급여액
2018년 5월 6일~2018년 12월 31일	1억 1천만 원
2019년 1월 1일~2019년 12월 31일	2억 4천만 원
2020년 1월 1일~2020년 12월 31일	2억 6천만 원
2021년 1월 1일~2021년 12월 31일	2억 8천만 원
2022년 1월 1일~2022년 6월 20일	1억 4천만 원

2018년 7월 5일~2018년 12월 31일의 급여 1억 1천만 원 중에는 인정상여 1천만 원이 포함되어 있으며, 2022년 1월 1일~2022년 6월 20일의 1억 4천만 원에는 비과세 급여 1천만 원이 포함되어 있다.

계산 내용

$$(\frac{1억 1천만 원 - 1천만 원 + 2억 4천만 원}{20개월} \times 12 \times \frac{1}{10} \times \frac{20}{12} \times 3) +$$

$$(\frac{2억 6천만 원 + 2억 8천만 원 + 1억 4천만 원 - 1천만 원}{30개월} \times 12 \times \frac{1}{10} \times \frac{30}{12} \times 2)$$

= 1억 2백만 원 + 1억 3천 4백만 원

= 236,000,000원(퇴직소득)

1. 퇴직소득 = 236,000,000원

2. 근로소득(한도 초과액) = 64,000,000원

300,000,000원 - 236,000,000원 = 64,000,000원

소득세법상 임원 퇴직소득 한도와 관련하여 주의해야 할 점은 임원이 DC형 퇴직연금에 가입한 경우 회사가 납입한 사용자부담금에서 발생한 운용수익도 소득세법상 임원 퇴직소득 한도 계산 시 포함하여 계산해야 한다는 점이다.

3 임원 확정기여형퇴직연금의 세무조정

임원에 대하여 확정기여형 퇴직연금(DC형)에 가입했을 때는 법인이 그 부담금은 일단 법인의 손금으로 처리하되, 해당 임원이 현실적으로 퇴직하는 사업연도에 퇴직 시까지 납부한 회사 부담금의 누계액을 퇴직급여로 보아 손금산입 한도 초과 여부를 계산해야 한다.

계산 결과 한도초과액이 있는 경우 퇴직일이 속하는 사업연도의 부담금 중 한도 초과 상당액을 손금불산입하고, 한도초과액이 퇴직일이 속하는 사업연도의 부담금 등을 초과하는 경우 그 초과액은 퇴직일이 속하는 사업연도에 익금산입한다.

〈사례1〉

임원의 확정기여형퇴직연금(DC) 한도 초과 불입액에 대한 세무조정

① 1년간 총급여 : 70,000,000, 상여 : 40,000,000

② 2018년 11월 15일 입사, 2022년 11월 30일 퇴사

③ 퇴직연금불입액

· 2018년 퇴직연금불입액 : 1,000,000원

· 2019년 퇴직연금불입액 : 10,000,000원

· 2020년 퇴직연금불입액 : 10,000,000원

· 2021년 퇴직연금불입액 : 10,000,000원

· 2022년 퇴직연금불입액 : 10,000,000원

· 총불입액   41,000,000원

계산 내용

임원의 퇴직급여액 한도 = 1년간 총급여액[*] × 1/10 × 근속연수[**]

 [*] 총급여액 : 소득세법 제20조에 따른 금액(비과세소득 제외)으로 하되, 법인세법시행령 제43조에 따라 손금에 산입하지 않는 금액(인정상여)은 제외한다.

[**] 근속연수 : 역년에 의해 계산하며 1년 미만은 월수로 계산하되, 1개월 미만은 산입하지 않는다. 이 경우 사용인에서 임원으로 된 때에 퇴직금을 지급하지 않은 경우는 사용인으로 근무한 기간을 근속연수에 합산할 수 있다.

① 한도 : 70,000,000원 × 1/10 × 48/12 = 28,000,000원

② 한도초과액 : 41,000,000원 - 28,000,000원 = 13,000,000원

[세무조정]

손금불산입 10,000,000원(2022년 퇴직연금 불입액)

익금산입   3,000,000원

한도초과액 1,300만원 중 먼저 퇴직일이 속하는 사업연도(2022년)에 불입한 퇴직연금 불입액 1,000만원은 손금불산입하고, 차액 300만원은 익금산입한다.

〈사례2〉

위의 〈사례 1〉에서

① 1년간 총급여 : 90,000,000, 상여 : 20,000,000원이고 다른 조건은 동일하다면 세무조정은?

계산 내용

① 한도 : 90,000,000원 × 1/10 × 48/12 = 36,000,000원
② 한도초과액 : 41,000,000원 - 36,000,000 = 5,000,000원

[세무조정]

손금불산입 5,000,000원(2022년 퇴직연금 불입액)

익금산입한 금액은 없다.

한도초과액 500만원 중 먼저 퇴직일이 속하는 사업연도(2022년)에 불입한 퇴직연금 불입액 1,000만원 중에서 500만원은 손금불산입하면 된다.

> **임원의 확정기여형 퇴직연금을 퇴직급여 추계액보다 더 많이 불입한 경우, 불입한 퇴직연금 전액의 손금산입 가능 여부**

내국법인이 임원의 퇴직을 퇴직급여의 지급 사유로 하고 확정기여형 퇴직연금의 부담금을 당해 사업연도 종료일 현재 정관상 산정되는 퇴직급여를 초과하여 선불입하는 경우 미리 불입한 부담금은 납입한 사업연도의 손금에 산입한 후 퇴직 시점에 퇴직급여 한도초과액을 손금불산입함(법인, 서면-2020-법령해석법인-5074, 2020.12.18.).

출국만기보험 퇴직소득세 신고납부

출국만기보험금도 퇴직금 일부로 보므로 퇴직소득으로 신고해야 하며 외국인이 실제로 출국함으로써 퇴사하게 될 때 원천징수의무자가 퇴직소득세를 원천징수 한다.

출국만기보험은 외국인근로자의 퇴직금 보장을 위한 보험으로 피보험자 또는 수익자를 외국인으로 하고 있으며, 고용허가서에 기재된 월임금의 일정률을 매월 납부하도록 하고 있다.

지급은 외국인근로자 본인이 요청할 수 있으며, 출국시에 인출이 된다.

1년 미만 근속하고, 퇴사 또는 이직할 경우는 해당 보험금은 사업주에게 귀속된다.

일반적으로 연차수당, 잔업, 주말 작업 등으로 지급해야 할 퇴직금 금액이 보험금 수령액보다 크기 때문에 퇴사 시 회사는 해당 차액만 추가로 지급하면 되고, 그 차액에 원천징수 금액을 제외한 순액만을 지급하면 된다.

예를 들어 중국교포 중 출국만기보험을 의무사항으로 하고 있어 가입하였다가 해당 직원이 중국으로 돌아가게 되어 보험회사에서 출국만기보험금 200만 원을 지급하여 주었다. 실제 퇴직금으로 주어야 할 금액은 500만 원 정도이고 퇴직소득세는 지방세를 포함해서 11만 원 정도이다.

해설

보험회사에서 출국만기보험금이 퇴직소득세를 떼지 않고 200만 원을 지급하였다면 실제 퇴직금 500만 원에서 지방세 포함한 퇴직소득세 11만원을 차감한 489만원 중 이미 보험회사에서 지급한 출국만기보험금 200만원을 제외한 289만원을 해당 직원에게 입금시키면 되고, 원천징수의무자는 퇴직소득세에 대하여 지급한 달의 다음 달 10일까지 퇴직소득세를 납부하면 된다.

1 출국만기보험의 회계처리

외국인 근로자도 근로기준법 등의 법 적용대상자이므로 내국인과 동일하게 퇴직금을 지급해야 하며, 결국 출국만기보험과 퇴직금 계산방식에 의해 계산한 퇴직금과의 차액을 지급한다. 따라서 퇴직연금 DB형과 동일하게 회계처리 해야 한다. 즉 IFRS 평가시 출국만기보험 금액도 사외적립자산에 포함시키는 것이 합리적으로 보인다.

보험료 납입시 퇴직보험예치금(퇴직급여충당부채 차감계정)으로 계정과목 처리하며, 퇴사 시에 해당 금액을 상계 제거해야 한다. 당연히 내국인과 동일하게 퇴직급여 추계액만큼 퇴직급여충당부채를 계상해야 한다.

🌰 출국만기보험의 회계처리

1. 퇴직보험료 납부시

퇴직보험예치금	××× /,현금		×××
지급수수료	××× 퇴직보험충당부채		×××

이 경우 퇴직보험예치금 해당액을 손금산입한도 내에서 손금산입(△유보)하며 지급수수료는 퇴직보험료 납입일에 손금산입한다.

2. 이자수익 및 배당금 발생시

퇴직보험예치금	××× / 이자수익	×××

이 경우 퇴직보험예치금 증가액을 손금산입 한도 내에서 손금산입(△유보)한다.

3. 퇴직자에 대한 출국만기보험 지급시

가. 법인세법 기본통칙에 의한 방법

퇴직급여	××× / 퇴직보험예치금		×××
퇴직급여충당부채	××× 현금		×××

이 경우 퇴직보험예치금 지분해당액으로서 퇴직급여로 비용계상한 금액을 손금불산입하고 유보(당초 퇴직보험예치금으로 △유보한 것의 소멸)처분 한다(법인세법 기본통칙 26-44의 2…2).

나. 기업회계기준에 의한 방법

퇴직급여충당금	××× / 퇴직보험예치금		×××
지급수수료	××× 현금		×××

이 경우 퇴직보험예치금 감소액을 익금산입(유보처분/당초 퇴직보험예치금으로 △유보한 것의 소멸)하고 퇴직급여충당부채 중 퇴직보험예치금 해당액(동 금액은 퇴직보험충당금 해당액으로서 퇴직급여충당금의 부인누계액 해당액임)은 손금산입(△유보/퇴직급여충당금)한다.

🐦 퇴직보험예치금의 재무상태표상 표시 방법

퇴직보험예치금은 퇴직급여충당금에서 차감하여 표시하는 형식으로 기재한다.

왜냐하면 퇴직보험의 수급권자가 근로자이므로 당해 법인의 자산이 아니기 때문이다. 이 경우 퇴직보험예치금액이 퇴직급여충당금을 초과하는 경우의 당해 초과액은 투자자산의 과목(퇴직보험예치금)으로 표시한다.

2 출국만기보험의 세무 처리

현재 퇴직급여충당부채의 전입액은 법인세법상 전액 비용으로 인정되지 않으며, 퇴직연금 불입액은 추계액 한도에서 손금으로 산입된다. 핵심은 출국만기보험이 퇴직연금에 해당하는지? 여부이다.

> 국세청 유권해석을 보면 외국인 근로자를 고용하는 법인이 외국인근로자의 고용 등에 관한 법률 제13조의 규정에 따라 당해 외국인 근로자를 피보험자 또는 수익자로 하고, 동 외국인 근로자의 사업장 이탈 및 근로계약 해지 또는 출국 등을 보험금 지급사유로 하여 가입하는 출국만기보험은 구 법인세법 시행규칙 제23조에서 규정

하는 퇴직보험 등에 해당하는 것으로 규정하고 있으므로 "퇴직보험 등"의 보험료 등으로 보아 지출하는 연도에 손금에 산입한다.

출국만기보험은 퇴직보험 등에 해당

[제목]

외국인 근로자를 피보험자 또는 수익자로 하고 동 외국인 근로자의 사업장 이탈 및 근로계약 해지 또는 출국 등을 보험금 지급사유로 하여 법인이 부담한 출국만기보험은 손금산입 대상 퇴직보험 등에 해당함(서면 2팀-1453, 2006.07.31.).

[질의]

법인이 외국인근로자의 고용 등에 관한 법률에 의하여 법인이 부담한 출국만기보험이 법인세법 시행규칙 제23조에서 규정하는 퇴직보험 등 범위에 해당하는지 여부

[회신]

외국인 근로자를 고용하는 법인이 외국인근로자의 고용 등에 관한 법률 제13조의 규정에 따라 당해 외국인 근로자를 피보험자 또는 수익자로 하고, 동 외국인 근로자의 사업장 이탈 및 근로계약 해지 또는 출국 등을 보험금 지급 사유로 하여 가입하는 출국만기보험은 법인세법 시행 규칙 제23조에서 규정하는 퇴직보험 등에 해당하는 것임.

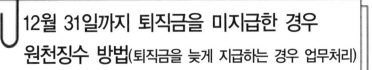

12월 31일까지 퇴직금을 미지급한 경우
원천징수 방법(퇴직금을 늦게 지급하는 경우 업무처리)

퇴직금을 지급할 때 원천징수를 하고, 다음 달 10일 신고·납부 하는 것이 원칙이나 예외적으로 지급하기 전이라도 퇴직소득을 지급한 것으로 보아 퇴직소득세를 회사가 먼저 내야 하는 경우가 있다.

퇴직소득 원천징수 시기에 대한 특례

① 퇴직소득을 지급하여야 할 원천징수의무자가 1월부터 11월까지의 사이에 퇴직한 사람의 퇴직소득을 해당 과세기간의 12월 31일까지 지급하지 아니한 경우에는 그 퇴직소득을 12월 31일에 지급한 것으로 보아 소득세를 원천징수한다.

② 원천징수의무자가 12월에 퇴직한 사람의 퇴직소득을 다음 연도 2월 말일까지 지급하지 아니한 경우에는 그 퇴직소득을 다음 연도 2월 말일에 지급한 것으로 보아 소득세를 원천징수한다. 즉, 1월부터 11월까지 퇴사한 사람의 원천징수는 12월 31일에 지급한 것으로 보아 다음연도 1월 10일에 원천징수금액을 납부하고, 12월에 퇴사한 사람의 경우 2월 말일까지 지급하지 않은 경우 2월 말에 지급한 것으로 보아 3월 10일까지 원천징수금액을 납부한다(소득세법 제147조).

퇴직소득을 지급하지는 않았지만, 퇴직소득의 수입시기는 "퇴직일"로 보아야 하므로 그 귀속시기를 달리할 수 없다. 회사의 경우는 퇴사일이 속하는 해당연도에 퇴직금으로 무조건 경비처리를 해야 한다.

그리고 다음 연도 3월 10일까지 지급명세서를 작성하고 제출해야 한다.

참고로 회사의 경우 이렇게 지급되지 않은 퇴직금은 다음과 같이 처리해둔다.

퇴직급여	×××	/	미지급비용	×××
			예수금(퇴직소득세)	×××

이후 원천징수 금액을 차감한 실제 퇴직금을 지급시

미지급비용	×××	/	보통예금	×××

으로 상계하면 된다.

이렇게 실제 지급이 발생하지 않았지만 지급한 것으로 보아 원천징수를 하는 것을 지급 시기의 의제라고 한다.

 신고서 작성방법

퇴직소득원천영수증시 ㉑지급일에 미지급된 퇴직금을 12월 31일 또는 2월 28일로 작성하고

원천징수 이행상황 신고서에는 귀속연월은 2024년 1월(~11월), 지급연월 2024년 12월로 하여 원천징수하고 2025년 1월 10일 납부 또는 귀속연월에는 2024년 12월, 지급연월 2025년 2월로 하여 원천징

수하고 2025년 3월 10일 낸다.

구 분	지급시기의 의제	신고서 작성
1월~11월 퇴직자의 퇴직소득을 12월 31일까지 미지급	12월 31일 지급한 것으로 본다.	귀속연월에는 2024년 1월(~11월), 지급연월 2024년 12월로 하여 원천징수하고 2025년 1월 10일 납부
12월 퇴직자의 퇴직소득을 다음연도 2월 말일까지 미지급	2월 말일 지급한 것으로 본다.	귀속연월에는 2024년 12월, 지급연월 2025년 2월로 하여 원천징수하고 2025년 3월 10일 납부

2 퇴직금을 늦게 지급하면서 해당연도 내에 신고납부를 안 한 경우

2024년 12월 31일 퇴사자의 경우 다음 해인 2025년 2월에 퇴직금을 지급한 것으로 보아 퇴직소득세를 신고납부해야 했는데 미신고한 경우 앞서 설명한 바와 같이

❯ 퇴직소득원천영수증시 ㉑지급일에 미지급된 퇴직금을 2025년 2월 28일로 작성하고

❯ 원천징수 이행상황 신고서에 귀속연월은 2024년 12월, 지급연월 2025년 2월로 하여 원천징수하고, 2025년 3월 10일 납부해야 한다.

회계처리는 미지급급여로 처리 후 나중에 지급시 미지급급여와 상계 처리하는 것이 원칙적인 처리이다.

따라서 해당 기간에 신고를 누락한 경우 수정신고를 해야 한다.

계산착오로 인해 퇴직금 추가 지급시 퇴직소득세 계산

종업원에게 퇴직금을 지급 후 근무기간에 대한 퇴직금이 추가 발생하여 퇴직금을 추가로 지급하는 경우 추가 지급하는 퇴직금을 종전 지급한 퇴직금과 합산하여 납부할 소득세액을 계산해야 할 것이며, 원천징수이행상황신고시 귀속연도는 퇴사한 날이다. 지급연도는 추가 퇴직금을 지급하는 날로 기재하여 제출하면 된다.

기존에 신고한 원천징수이행상황신고서를 수정하여 제출하는 것이 아님에 유의하며(수정신고가 아니므로 가산세는 없음), 원천징수이행상황신고서의 지급금액은 추가로 지급하는 퇴직금을 기재하고, 원천징수세액란에는 추가로 납부할 소득세액을 기재하면 된다.

무보수 대표이사의 퇴직금

임원의 퇴직금은 정관에 퇴직금 액수가 명시되어 있어야 한다. 만약 정관에 퇴직금과 관련된 규정이 없다면 주주총회에서 결의해야 하며 이사회의 결의만으로 지급할 수 없다.

별도의 퇴직금 지급 규정이 없고 퇴직 직전 1년간 급여를 받지 아니한 경우의 유권해석을 살펴보면, 법인의 임원이 무급여로 근로를 제공한 후 퇴직하는 경우 당해 임원에 대한 퇴직금을 계산함에 있어서 근속연수는 무급여로 근무한 기간을 포함할 수 있으며, 이 경우 임원퇴직금의 손금용인 한도액을 계산하기 위한 총급여액은 급여수령을 포기하기 전 1년 동안 지급한 총급여액으로 할 수 있다고 해석하고 있다(법인46012-487, 1998. 2. 26.).

따라서 정관에 퇴직금 지급 규정이 없는 경우에는 급여수령을 포기하기 전 1년 동안 지급한 총급여액의 10%에 무보수 근무기간을 포함한 근속연수를 곱하여 계산하면 될 것으로 판단된다. 다만, 다른 유권해석에 따르면, 법인세법 시행령 제44조 제4항 제2호에 따른 총급여액 계산시 '퇴직하는 날부터 소급하여 1년 동안 임원에게 실제로 지급한 금액'으로 하도록 규정하는 해석도 존재하고 있는 바(법인 22601-3002, 1985. 10. 7.), 더욱 명확한 업무처리를 위하여는 유관기관에 질의하기를 권고한다.

미국인 강사료 세금 신고납부

우리나라가 체결한 조세조약 별로 우리나라에 많이 오는 영어권 원어민 교사의 거주지국과 체결한 조세조약 상의 구체적인 면세요건은 조세조약 체결국마다 다르다. 따라서 실제 조세조약을 적용할 때는 반드시 조세조약 원문을 통하여 직접 확인해야 한다.

미국 거주자가 국내에서 강연하고 지급받는 대가는 한미조세조약 제18조의 독립적 인적용역 소득에 해당하는 것이며, 아래의 ❶, ❷, ❸ 중 하나 이상에 해당하는 경우는 인적용역 소득을 지급하는 때에 그 지급금액의 20%(주민세 2% 별도, 총 22%)를 원천징수 하는 것이다.

❶ 미국거주자가 과세연도 중 총 183일 이상 한국 내에 체재하는 경우

❷ 소득이 과세연도중 미화 3,000$ 또는 이에 상당하는 원화를 초과하는 경우

❸ 미국 거주자가 과세연도 중 총 183일 이상 한국 내에 고정시설을 유지하는 경우. 즉 미국 거주자가 한국에서 강의하고 받는 대가가 과세연도 중 US $3,000 미만이고 국내에 183일 미만 체재하는 경

우는 국내에서 대가지급 시 원천징수를 하지 않는다.

원어민 교사가 소득세법상 거주자에 해당하는 경우 내국인과 동일한 절차에 따라 원천징수 및 연말정산을 하게 되며, 다음 해 5월에 종합소득세 확정신고를 하면 된다.

소득세 신고를 위해 소득자의 성명(영문), 주소(영문), 등록번호(여권번호), 거주지국을 확인할 수 있는 증빙(여권 등)을 확인하면 될 것으로 판단된다. 다만, 비거주자의 국내 원천 인적용역 소득에 대하여 국내에서 원천징수 하지 않는 경우는 지급명세서를 제출하지 않아도 된다.

원어민 교사의 근로소득에 대한 과세방법은 일반적으로 거주자인 내국인과 동일한 절차에 따라 과세된다. 다만, 조세조약은 국가 간의 문화·학술교류를 촉진하기 위하여 대학 등 인가된 교육기관에 초청되어 2년(또는 3년)을 초과하지 않는 기간동안 강의나 연구 활동 등 인적용역을 제공하고 받는 보수에 대하여 면세하도록 규정하고 있다. 그러나 대학 또는 인가된 교육기관 등에서 강의 또는 연구 활동이 공공의 이익을 위한 것이 아니고 특정인들의 개인적인 이익을 위한 것일 경우에는 면세를 배제한다. 조세조약상 교사·교수 조항에 의하여 2년간의 근로소득에 대한 세금이 면세된다고 하더라도 동 조항에 의하여 퇴직소득에 대한 세금까지 면세되는 것은 아니다.

조세조약 상의 면세요건이 충족되지 않은 경우 또는 조세조약에 교수의 보수에 관한 별도의 규정이 없는 경우에는 인적용역 조항이 적용되는바, 독립적인 자격으로 교수의 용역을 수행하는 경우는 독립적 인적용역에 관한 조항이 적용되며, 피고용인으로서 수행하는 경우는 종속적 인적용역에 관한 조항을 적용하여 과세한다.

사례금의 기타소득세 신고납부

상금, 현상금, 경품, 사례금 등은 기타소득으로 소득세가 과세되는 것이므로, 예를 들어 행사 진행으로 인한 사례금을 지급하는 경우는 기타소득에 해당하는 것이다.

기타소득(사례금, 경품)은 필요경비가 인정되지 않는 기타소득으로서 지급하는 자가 지급금액의 22%(지방소득세 포함)의 세율로 기타소득세 및 지방소득세를 원천징수한다.

해당 세금을 대납하는 경우는 지급액 × 1/(1-0.22)를 지급액으로 보면 된다. 다만, 기타소득금액(지급액 - 필요경비)이 5만원 이하인 경우는 기타소득 과세최저한으로 과세대상에 해당하지 않으므로 경품 지급금액이 5만 원 이하인 경우는 기타소득 원천징수 의무는 없는 것이나, 원천징수이행상황신고서에 지급 인원과 지급금액은 기재해야 하며, 기타소득 지급에 대한 지급명세서 제출의무가 면제된다.

과세최저한으로 소득세가 과세 되지 않은 기타소득은 지급명세서 제출의무가 면제되나 일시적 문예창작소득 및 일시적 인적용역 소득은 제출의무가 면제되지 않는다(소득세법 집행기준 84-0-2).

제4장

부가가치세 핵심 실무

부가가치세의 기본원리를 이해한 후 다양한 실무사례를 통해 즉시 실무를 할 수 있는 실력을 배양한다. 또한 신고서 작성 방법을 통해 부가가치세 전체에 대한 흐름을 파악하고 세무 업무처리 방법을 익힐 수 있는 장이다.

세금에 있어 가장 기본인 부가가치세를 확실히 익혀 절세하는 방법을 익히기를 바란다.

세금에서 부가가치세의 중요성

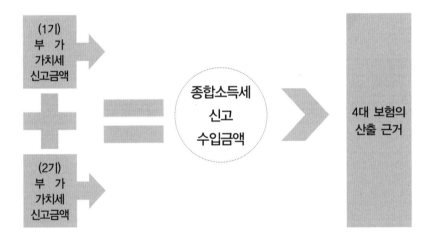

부가가치세 신고자료(면세사업자는 면세사업장 현황 신고)는 종합소득세를 납부하는 기초자료가 되고, 종합소득세 납부자료는 4대 보험을 납부하는 자료로 활용된다.

즉 부가가치세 신고 시 적어내는 매출액은 소득세 신고 시 매출액(소득)이 되는 것이고, 종합소득세의 소득이 높으면, 이를 근거로 부과하는 4대 보험료도 올라가는 구조로 되어있다.

따라서 부가가치세 절세 또는 탈세는 세금을 적게 내는 지름길이 된다. 그래서 자료 상이 있고 거래처 상호 간에 자료를 맞추는 일이 성행하는 것이다.

1 빼기가 많아야 부가가치세를 적게 낸다.

부가가치세는 (매출액 × 10%) − (매입액 × 10%)의 계산구조에서 (+)면 내야하고, (−)면 환급(돌려받는 것)을 받게 된다. 따라서 대다수 사업자는 매입을 많이 잡으려 할 것이다.

2 거래 때 모든 증빙이 따라다닌다.

사업자는 부가가치세를 적게 내기 위해 수단과 방법을 안 가리고 매출은 적게, 매입을 많이 잡을 것이다.

따라서 자의적인 매출, 매입을 막기 위해 만들어 낸 것이 세금계산서 등 증빙이다.

매출이 안 잡히고 싶은 판매자에게 구입자는 세금계산서를 받아서 신고하면 공제를 해줌으로써 구입자가 판매자에게 필사적으로 세금계산서를 받도록 구조를 만들어 놓은 것이다.

그리고 판매자와 구매자 모두 증빙을 제출하게 해 상호 체크하는 시스템을 만들었다(각 증빙은 한 장 한 장 모두 제출하는 것이 아니라 이를 모아서 신고 서식에 기록하는 것이며, 나중에 세무조사에 대비해 증빙을 5년간 보관하는 것이다. 즉, 소명자료는 모두 일일이 제출하는 것이 아니라 보관하는 것이다.).

세금계산서, 신용카드매출전표, (지출증빙용) 현금영수증은 세금에서
는 모두 같은 기능을 한다.

세금계산서는 거래시 상호 간에 주고받는 가장 기본적인 증빙이고,
신용카드매출전표는 카드 결제 시, 현금영수증은 현금 결제 시 주고
받는 증빙이다. 즉, 결제 수단에 따라 증빙이 다를 뿐이다.

현금거래를 하면 사업자들이 매출 신고를 안 하는 경우가 많은데,
이를 막고자 현금영수증을 의무적으로 발행하도록 하고, 이를 받는
사람에게는 개인은 연말정산 시 소득공제, 사업자는 매입세액공제
혜택을 줌으로써 매출 신고 누락을 감시하고, 미발행 신고 시 포상
금을 지급한다.

이같이 촘촘한 그물망을 쳐도 세금계산서를 받으려면 부가가치세를
추가로 부담해야 한다는 등 각종 이유를 들어 끝까지 세금계산서 발
행을 거부하는 사업자가 많았나 보다. 이에 국세청은 판매자가 발행
을 안 해주면 구입자가 발행할 수 있는 매입자발행세금계산서 제도
를 만들었으니 이도 참고로 알아두면 좋다.

4 부가가치세 절세 방법

- 홈택스에 사업용 신용카드 등록하기
- 비용지출에 대해서는 반드시 전자세금계산서 받기
- 배우자 명의 카드도 사업용으로 썼다면 사업비용으로 인정받을 수 있다.
- 현금영수증은 반드시 지출 증빙용으로 발행받는다.
- 사업용 차량 구매 시 부가가치세 세액공제가 가능한 차량 구매하기(트럭, 경차 등)
- 의제매입세액공제 등 특혜를 활용하기

부가가치세 계산과 신고하는 방법

1 부가가치세 계산구조

부가가치세의 계산구조는 아래와 같이 간단하다. 따라서 한번 부가
가치세 신고를 해본 대다수의 사장님 및 실무자는 직접 부가가치세
신고를 하는 경우도 많다.

판매액×10%		구입액×10%		부가가치세
• 일반과세분 → 세율 10% • 영세율분 → 세율 0% • 면세분 → 매출 신고만 함 면세사업자는 2월에 사업장현황신고		• 매입세액불공제 → 매입세액에서 차감 • 공제·감면세액 → 추가로 공제		

세금계산서(계산서 포함), 신용카드매출전표, 현금영수증 등 법정지출증빙은 홈택스를 통해서 조회할 수 있다. 따라서 홈택스에서 조회가 불가능한 자료는 추가로 준비해야 한다.

- 사업자등록증 사본(신고 대행 시)
- 대표자 신분증 사본(신고 대행 시)
- 홈택스 수임 동의 + 홈택스 아이디 및 패스워드(신고대행 시) : 수임 동의 방법 : 홈택스 로그인 〉 조회/발급 〉 세무대리 정보의 나의 세무 대리 수임 동의 〉 동의 여부에 동의 체크
- 매출, 매입 관련 세금계산서(전자세금계산서 포함) 홈택스 수임동의가 이루어지면 전자세금계산서 및 전자계산서는 조회할 수 있으므로 따로 준비하지 않아도 된다(신고대행 시).
- 수입세금계산서
- 신용카드매출전표/현금영수증(사업자 지출증빙용) 매출/매입 내용 (전표, 사용 내용서). (신용카드 단말기 대리점 문의 또는 국세청 홈택스 조회) : 여신금융협회, 신용카드 매출자료 조회 사이트에 회원가입을 한 경우 아이디 패스워드를 알면, 조회가 가능하다.
- 기타 수수료 매출, 현금매출 등 순수 현금매출 집계 내용 현금영수증을 발행하지 않은 순수 현금매출 집계 내용을 알고 있어야 한다.
- 신용카드·직불카드·체크카드 영수증
- 수출(영세율)이 있다면 관련 증빙서류

항목	증빙서류
직수출	수출신고필증, 소포수령증
대행수출	수출대행계약서 사본과 수출신고필증
중계무역, 위탁판매수출, 외국인도수출	수출계약서 사본 또는 외화입금증명서
내국신용장(구매확인서)에 의한 공급	세금계산서, 내국신용장(구매확인서)
용역의 국외 공급, 기타 외화획득	계약서, 외화입금증명서

- 매출·매입계산서(면세 관련 매출·매입, 전자세금계산서 포함)
- 무역업(수출입업) : 수출실적명세서 및 수출신고필증, 인보이스, 수출·입 계약서, 내국신용장, 소포 수령증, 선하증권 등 영세율 관련 붙임 서류와 수입신고필증 등
- 부동산임대업 : 부동산 임대현황 및 임대인 변경 시 임대차계약서 사본
- 전자상거래업 : 쇼핑몰 사이트 매출내용(PG사 매출내용, 오픈 마켓 매출내용, 소셜커머스 매출내용)
- 구매대행업 : 구매대행 수수료 산출내용
- 음식점업 : 면세 농·축·임산물 매입계산서

3 인터넷 판매 시 부가가치세 신고자료 조회

쇼핑몰에서 기간별로 제공하는 세금 신고용 자료에 따라 신고하면 문제없다.

- 나이스페이 : 정산조회 〉 세금계산서 〉 부가세 참고자료 〉 거래 기간설정 후 엑셀 다운로드
- 이니시스 : 정산내역 〉 세금계산서 〉 세무신고 조회 〉 거래 기간 설정 후 엑셀 다운로드
- 카카오페이 : 정산조회 〉 정산보고서 〉 거래일 선택 〉 기간설정 후 조회 〉 엑셀 다운로드
- 유플러스 : 통합정산 내역 조회 〉 부가세 신고자료 조회 〉 기간 선택 매출 조회
- 다날 : 일별/월별 매출 〉 기간 선택 조회 〉 엑셀 다운로드
- 네이버페이 : 정산관리(네이버) 〉 부가세 신고 〉 기간선택 후 조회 〉 엑셀 파일 다운로드
- 배달의 민족 : 배달의 민족 사장님 광장 〉 우리 가게 관리 〉 정산·주문 〉 부가세 신고자료
- 요기요 : 요기요 사장님 광장 〉 내 업소 관리 〉 부가가치세 신고자료

4 홈택스를 통해 부가가치세 직접 신고하기

부가가치세 신고를 직접 혼자서 하는 경우, 네이버 등 검색사이트에서 부가가치세 신고 방법을 검색하면 신고 방법을 자세히 가르쳐주고 있으며, 국세청 TV(http://webtv.nts.go.kr)에서도 동영상으로 자세히 설명해주고 있다. 따라서 홈택스 아이디와 비번만 있으면, 누구나 손쉽게 신고 및 납부를 할 수 있다.

전자신고 시 입력 서식 선택에는 입력 서식 도움말을 이용하거나 아래의 신고할 때 제출할 서류를 참고하기를 바란다.

홈택스를 통한 부가가치세 신고 방법은 아래의 유튜브 영상을 보면 많은 도움이 되리라 본다.

항목	유튜브 주소
제1편	https://www.youtube.com/watch?v=ikIP3IkSl8Q
제2편	https://www.youtube.com/watch?v=MqriWxz6TDE

 매출이 없다고 해서 부가가치세를 신고하지 않는다면 다음과 같은 불이익을 받을 수 있다.

1. 공제받을 수 있는 매입세액 환급 불가

부가가치세 납부세액을 계산할 때 매입세액이 매출세액보다 크면, 그 초과하는 금액을 환급받을 수 있다. 매출이 없다면 매출세액은 0원일 것이고, 그럼 공제 가능한 매입세액은 전액 환급받을 수 있는 것이다. 그런데 부가가치세 신고를 진행하지 않는다면 매입세액을 공제받지 못하니 당연히 환급도 받을 수 없다.

2. 가산세 부과

매입 시 세금계산서를 발급받은 내용이 있다면 부가가치세 신고 시 매입처별 세금계산서합계표를 제출해야 하는데, 기한 내 신고한다면 매입처별 세금계산서합계표를 제출하고 가산세 부담 없이 매입세액을 환급받을 수 있다.

그러나 기한 후 신고를 하여 매입세액을 공제받을 경우 매입처별 세금계산서합계표 미제출가산세를 부담하게 된다. 과거에 제출했어야 하는 서류인데 제출하지 않았으니 이번에 가산세를 부담해야만 공제받을 수 있는 것이다.

부가가치세 신고 때 챙겨야 하는 서류(온라인 결제 등)

1 매출 및 매입자료

구분	준비서류	비고
매출 자료	① 전자 외 세금계산서 및 계산서(종이)	전자세금계산서는 홈택스에서 조회 가능
	② 신용카드 및 현금영수증 매출내용	카드단말기회사 문의나 단말기 내 조회가 가능하며, 홈택스에서 조회 가능
	③ 현금매출 및 기타 수수료 매출 등	현금영수증이 발행되지 않은 현금매출은 확인이 어렵기 때문에 정리해 두어야 한다.
	④ 업종별 필요서류	• 부동산입대업 : 부동산임대현황 관련 서류, 임대내용 변경 시 임대차계약서 • 전자상거래업 : 인터넷 쇼핑 사이트 매출내용 • 수출입업 : 수출신고필증, invoice, 수출/입 계약서, 내국신용장, 외화입출금 내용 등
	① 전자 외 세금계산서 및 계산서(종이)	전자세금계산서는 홈택스에서 조회 가능. 종이 세금계산서는 별도로 입력

구분	준비서류	비고
매입 자료	② 신용카드 및 현금 영수증 매출내용	카드단말기회사 문의나 단말기 내 조회가 가능하 며, 홈택스에서 조회 가능
	③ 현금매출 및 기타 수수료 매출 등	현금영수증이 발행되지 않은 현금매출은 확인이 어렵기 때문에 정리해 두어야 한다.
	④ 업종별 필요서류	• 부동산입대업 : 부동산 임차 현황 관련 서류, 임대내용 변경 시 임대차계약서 • 전자상거래업 : 인터넷 쇼핑 사이트 매입내용 • 수출입업 : 수출신고필증, invoice, 수출/입 계 약서, 내국신용장, 외화입출금 내용 등

2 업종별 부가가치세 신고서 주요 첨부서류

서식명	업종별 제출대상
매출처별세금계산서합계표	모든 업종(일반, 간이)
매입처별세금계산서합계표	모든 업종(일반, 간이)
공제받지 못할 매입세액 명세서	모든 업종(일반, 간이)
부동산임대공급가액명세서	부동산임대업종(일반, 간이)
현금매출명세서	전문 직종, 예식장 등
의제매입세액공제신고서	모든 업종(일반)
신용카드매출전표 등 발행금액 집계표	모든 업종(일반(개인), 간이)
사업장현황명세서	음식, 숙박, 서비스(일반, 간이)

서식명	업종별 제출대상
신용카드 매출전표 등 수령명세서	모든 업종(일반, 간이)
재활용 폐자원 및 중고자동차 매입세액 공제신고서	재활용, 중고자동차 수집업(일반)
건물 등 감가상각자산 취득명세서	고정자산 취득자
수출실적명세서 등 영세율 첨부서류	영세율매출신고자(일반, 간이)

※ 위에서 간이는 연 매출 4,800만 원~1억 400만 원인 간이과세자를 말한다.

3 부가가치세 신고시 추가로 챙겨야 하는 서류

홈택스 수임동의란 세무대리인이 수임 회사의 세무신고를 진행할 수 있도록 관련 정보제공에 동의하는 절차이다. 수임 회사로부터 전달받은 서류를 확인 후 세무대리인이 먼저 홈택스 수임동의 요청을 하며, 수임회사는 이를 확인 후 수락해주면 된다.

❶ 조회/발급을 클릭하여 다음 화면으로 이동

❷ 세무대리 정보 → 나의세무대리수임동의를 클릭

❸ 세무대리인 상호와 사업자번호를 확인하신 후 동의 버튼을 클릭

구 분	내 용
수기 세금계산서/계산서	• 홈택스를 통해 전자로 발급되지 않고, 수기로 작성하거나 프린트하여 발행되는 세금계산서 • 전자(세금)계산서는 일괄 수집한다.

구 분	내 용
국외 매출내용	수출, 어플리케이션 매출, 광고 매출 등의 국외에서 발생된 매출내용을 신고한다(페이팔, 이베이, 아마존, 구글, 애플 등 해외쇼핑몰 매출내용). • 선적을 통한 물품 수출 : 수출신고필증 • 어플리케이션 매출 : 구글, 애플 앱스토어 정산서 : 구글 애플 앱스토어 매출 조회 • 광고 매출 등 기타 인보이스 발행을 통한 서비스매출 : 외환매입증명서(부가가치세 신고용) : 입금된 은행 창구에서 발급받을 수 있다.
오픈마켓/소셜커머스 매출내용	오픈마켓 및 소셜커머스(쿠팡, 인터파크, 지마켓, 옥션, 티몬, 위메프, 11번가, 네이버 스토어팜, 카카오 등)를 통해 발생하는 매출내용이다. : 각 오픈마켓, 소셜커머스 홈페이지 내 판매자 관리페이지에서 조회할 수 있다.
현금매출 내용	세금계산서, 계산서, 현금영수증을 발급하지 않고 법인계좌(개인사업자의 경우 사업용 계좌)로 입금되는 현금매출내용을 현금매출이 입금되는 계좌의 금융기관 홈페이지에서 해당 부가가치세 기간의 거래내용을 조회 후 다운로드한 엑셀 파일에서 현금매출 입금 분만 정리한다.
카드 매출 승인내용	나이스페이, 이니시스, 카카오페이, 유플러스, 다날, 네이버페이 등 결제대행사, PG사, VAN사 등에서 제공하는 매출내용으로 온·오프라인 카드, 가상계좌결제 등이 이에 해당한다. : 각 결제대행사의 홈페이지에서 직접 조회 또는 결제대행사의 고객센터 유선상담을 통한 자료 수취가 가능하다.
개인신용카드 사용분	• 사업 관련 비용을 임직원의 개인카드로 대금을 지급한 경우 매입세액공제가 가능하다.

구 분	내 용
	• 매출처의 사업자번호가 반드시 기재되어 있어야 부가세 공제가 가능하다. (Excel 파일 다운로드 시 카드사 사이트상에서 사업자번호가 기재되지 않은 파일만 다운로드 가능하다면, 해당 카드사에 직접 요청할 수 있다.)
기타매출 승인내용	• 결제 대행 : 배달의민족, 요기요 등 • 배달 대행 결제 내용
홈택스 미등록 카드내용	(개인사업자 대상) 사업용으로 사용한 카드에 대해 카드사에 세금 신고용으로 자료 조회 후 전달
사업자등록 전 매입세액	신설법인의 경우, 법인설립 전 사용한 비용에 대해 적격증빙을 구비한 경우 매입세액공제가 가능하다. 개인의 경우 주민등록번호로 발급받는다.

4 배달앱 등 온라인 부가가치세 자료수집

구 분	매출 형태	국세청 중복 여부
배달의 민족 (https://ceo.baemin.com)	기타매출	기타 현금매출(별도 인식, 건별)
	카드 매출	카드 매출(별도 인식, 카과)
	현금매출	현금매출(국세청 중복, 중복입력×)
	만나서 결제 카드매출	카드매출(국세청 중복, 중복입력×)
	만나서 결제 현금매출	기타 현금매출(별도 인식, 건별)

구 분	매출 형태	국세청 중복 여부
요기요 (https://owner.yogiyo. co.kr/owner/login)	온라인 신용카드	카드매출(별도 인식, 카과)
	온라인 휴대폰 결제	현금매출(별도 인식, 건별))
	온라인 기타	현금매출(별도 인식, 건별)
	현장 신용카드	카드매출(국세청 중복, 중복입력×)
	현장 현금	현금매출(별도 인식, 건별)
배달통 (https://myshop.bdton g.co.kr/login.php)	모바일 결제	현금매출(별도 인식, 건별)
	배달원 현금 결제	현금매출(별도 인식, 건별)
	배달원 카드 결제	카드매출(국세청 중복, 중복입력×)
	신용카드 매출	카드매출(별도 인식, 건별)
쿠팡이츠 (https://store.coupang eats.com/merchant/log in)	신용카드 매출	카드매출(별도 인식, 카과)
	현금영수증 매출	현금매출(국세청 중복, 중복입력×)
	기타 매출	현금매출(별도 인식, 건별)
배달특급(경기도) (https://partner.payco. com)	페이코에서 조회(아이디 : 사업자등록번호 / 패스워드 : 사업자등록번호 뒤 !p 붙이면 된다.) 매출내용 : 부가세 신고자료 탭에서 상단 경기도로 조회	
	신용카드 매출	카드매출(별도 인식, 카과)
	현금영수증 매출	현금매출(국세청 중복, 중복입력×)
	기타 매출	현금매출(별도 인식, 건별)
제로페이(매입 세금자료 없음) (https://www.zeropay. or.kr/main.do?pgmId= PGM0081)	가맹점 신청 탭 가맹점 신청/조회 클릭해서 사업자번호 입력 후 가맹점인지 확인 가맹점관리 - 결제내역조회 - 기간 - 조회 - 결제완료금액 (거래처 등록 시 직불, 기명식 선불전자 지급수단에 여 체크 / 카과로 신용카드사에 제로페이 걸어줘야 함) 결제 완료 - 카과(전자 지급수단으로 따로 계산)	

구 분	매출 형태	국세청 중복 여부
네이버페이 (https://admin.pay.naver.com) 휴대폰 인증해야 함	신용카드 매출	카드매출(별도 인식, 카과)
	현금영수증 매출	현금매출(국세청 중복, 중복입력×)
	기타매출	카과(전자지급수단으로 따로 계산)
KG이니시스 (https://iniweb.inicis.com/security/login.do) 이메일 인증	신용카드 매출	카드매출(별도 인식, 카과)
	현금성 매출	현금매출(별도 인식, 건별)
	기타매출액	카과(전자지급수단으로 따로 계산)
카카오 주문하기 (https://webpos.cntt.co.kr/user/login)	후결제현금	현금매출(국세청 중복, 중복입력×)
	후결제카드	카드매출(국세청 중복, 중복입력×)
	선결제카드	카드매출(별도 인식, 카과)
	카카오 머니	현금매출(별도 인식, 건별)
	카카오페이	카과(전자지급수단으로 따로 계산)
나이스페이먼츠 (https://pg.nicepay.co.kr/home/Login.jsp)	가맹점 관리자 : 이메일 인증	
	정산 내역 - 세금계산서 - 부가가치세 신고자료	
	신용카드 매출	카드매출(별도 인식, 카과)
	현금영수증 매출	현금매출(국세청 중복, 중복입력×)
케이에스넷 (https://pgims.ksnet.co.kr/pg_inc/login/login.jsp)	세금 계산 : 부가세 신고자료	
	기관명(신용카드)	카드매출(별도 인식, 카과)
	기관명(계좌이체)	현금매출(별도 인식, 건별)
다날(삼성페이) (https://partner.danalpay.com/account/login?next=%2F#)	결제완료	카과(전자지급수단으로 따로 계산)

구 분	매출 형태	국세청 중복 여부
위메프 (https://partner.wmpo. co.kr/login/default)	상/하반기 구분 조회	
	온라인 매출	별도 인식, 건별
	현금매출	현금매출(국세청 중복, 중복입력×)
티몬 (https://ps.tmon.co.kr)	신용카드 매출액	카드매출(별도 인식, 카과)
	현금영수증 매출액	현금매출(국세청 중복, 중복입력×)
	휴대폰 매출액	현금매출(별도 인식, 건별)
	기타매출액	현금매출(별도 인식, 건별)
	현금영수증 미발급 매출액	현금매출(별도 인식, 건별)
G마켓 (15991507.com)	합계	건별

온라인 쇼핑몰 매출 인식 시기와
해외 구매 시 매입세액공제

사업자가 재화를 판매하는 경우는 원칙적으로 재화가 인도되는 때를 공급시기로 하여 매출 신고를 해야 한다.

사업자가 인터넷 쇼핑몰 운영업체를 이용한 전자상거래 시 또는 사업자가 신용카드사와 약정에 의해 상품을 통신 판매하는 경우의 공급시기는 재화를 우편 또는 택배로 발송하는 때로 하고 있다.

만약 부가가치세법 시행령의 규정에 따라서 온라인 쇼핑몰 등에서 고객이 물품을 받아보고 구매를 결정하는 약관이 별도로 있는 경우에는 동의 조건부 판매에 해당하는 것으로서 이 경우에는 고객이 구매 결정을 한 날을 판매일로 볼 수 있다.

구 분	매출 인식 시기
통상적인 재화의 공급시기	재화가 인도되는 때(발송일)
동의 조건부 계약	구매확정일이나 제품 수령 후 구매확정을 하지 않은 경우 7일 경과 시 자동으로 구매가 확정되는 조건부 계약일 경우 : 7일이 경과한 날

구 분	매출 인식 시기
공급시기 도래 전 신용카드 또는 현금영수증을 발급한 경우	신용카드 또는 현금영수증 발급 시, 이후 고객이 취소한다면 취소일에 반품으로 처리

1 매출 인식 시기 사례

쇼핑몰의 물품 등을 구매하고자 하는 소비자가 전자화폐를 구매한 후 해당 전자화폐로 구매할 수 있는 경우 매출 인식 시점은 전자화폐 판매시점이 아닌 재화나 용역의 공급 시점이 거래 시기이다.

세법은 카드 결제일을 매출 인식 시기로, 온라인 쇼핑몰은 구매확정일을 매출 시점으로 인식하는 경우 판매업체의 매출 인식은 신용카드매출전표를 발급한 경우는 그 발급일을 공급시기로 보아야 하며, 신용카드 매출자료와 장부상 공급가액이 차이가 있는 경우 관련 증빙을 소명하면 된다.

2 온라인 쇼핑몰 매출 과세표준

쇼핑몰 업체에 등록하여 판매하고, 당해 쇼핑몰 업체는 판매액의 일정수수료를 받는 계약을 하였다면 당해 수수료에 대하여 쇼핑몰 업체는 세금계산서를 발급하고, 회사는 쇼핑몰에서의 총판매금액(총결제금액)을 과세표준으로 하여 신고하면 된다.

외부업체와 자사가 계약을 맺은 온라인 쇼핑몰에 자사 상품을 등록하여 승인을 통해 상품을 판매하고, 배송은 주문배송정보를 전달하여 외부업체가 배송하면서, 판매 대행 용역만 제공하고 물품 대금과 대행수수료를 구분하여 받는 경우 부가가치세의 과세표준은 판매대행수수료가 된다.

3 해외 온라인 쇼핑몰 매출 시 영세율 적용

해외 온라인 쇼핑몰에 제품매출을 한 경우 소비자가 해외 온라인 쇼핑몰 사이트를 통해 제품을 구매한 국내 거주자일 경우 영세율이 적용될까?

사업자가 내국물품을 외국으로 반출하는 경우에는 수출에 해당이 되어 영세율이 적용된다.

이 경우는 내국물품을 해외로 반출하여 해외에서 국내 거주자에게 판매하는 경우 영세율이 적용된다. 하지만 내국물품을 외국으로 반출하지 아니하고 단순히 해외 온라인 사이트에 국내 거주자가 주문하여 국내에서 거주자에게 배송하는 국내 판매라면 수출에 해당하지 아니하여 영세율이 적용되지 않는다.

[참고] : 아마존 매출 인식

아래 블로그를 참고하면 많은 도움이 된다.

https://m.blog.naver.com/PostView.nhn?blogId=wmf89&logNo=221555512744&proxyReferer=https:%2F%2Fwww.google.com%2F

4 해외 매입 물품의 매입세액공제

부가가치세법에 따라 신용카드 사용액에 대한 매입세액공제를 받기 위해서는 우리나라의 일반과세 사업자로부터 부가가치세가 구분 기재된 신용카드매출전표를 수취해야 하는 것이므로 국외 사업자에게 구매한 경우는 신용카드 매입세액공제가 불가능하다.

해외 매입 부분은 신용카드 결제를 했어도 부가가치세 공제는 불가능하다. 단, 종합소득세(법인세) 계산 시 필요경비로는 인정받을 수 있다.

🐛 해외사이트 구매 시 매입세액공제

사업자가 일반과세자로부터 재화 또는 용역을 공급받고 부가가치세액이 별도로 구분되는 신용카드매출전표를 발급받은 때에는 매입세액공제가 가능하다. 즉 부가가치세 매입세액공제가 가능한 신용카드 지출금액은 부가가치세법에서 정하는 일반과세자와 거래한 때이다. 그런데 해외사업자라면 당연히 일반과세자에 해당하지 않으므로 관련 금액은 공제대상이 아니다.

🐛 해외직구 매입세액공제

사업자가 해외직구로 사업에 필요한 물품을 구입했을 때 부가가치세를 공제받으려면 세관장으로부터 수입자 명의로 수입세금계산서를 발급받아야 한다. 이렇게 발급받은 수입세금계산서를 통해 부가가치세 신고 시에 매입세액공제를 받을 수 있다. 단, 업무와 관련 없는 물품에 대해서는 공제받지 못한다.

🍸 해외 매입은 종합소득세 신고 시에는 비용처리 된다.

신용카드로 사용했고 사업에 관련되어 있으니 종합소득세(법인세) 신고에는 비용으로 잡을 수 있다.

🍸 앱스토어/구글스토어의 앱 매입

아래 블로그를 참고하면 많은 도움이 된다.
https://m.blog.naver.com/PostView.naver?isHttpsRedirect=true
&blogId=cks972579&logNo=221426093414

주민등록번호로 세금계산서를 발급받았을 때 처리 방법

 1 **주민등록번호로 세금계산서를 발행하는 것이 인정되는 경우**

매입 세금계산서를 발급받은 후 필요적 기재 사항의 전부 또는 일부가 적히지 않았거나 사실과 다르게 적혔으면 세금계산서의 매입세액은 공제받을 수 없다.

그러나 예외적으로 사업자등록을 신청한 사업자가 사업자등록증 발급일까지의 거래에 대하여 해당 사업자 또는 대표자의 주민등록번호를 적어 발급받은 경우는 매입세액공제가 허용된다.

구 분	내 용
공급받는 자가 사업자가 아닌 경우	고유번호 또는 주민등록번호를 기재하여 발급한 경우
면세사업자인 경우	면세사업자등록번호 또는 주민등록번호를 기재하여 발급한 경우

현금수입 업종의 경우 원칙적으로 세금계산서 발급 대상이 아니므로 주민등록번호 기재분 세금계산서보다 현금영수증 발급이 우선으로 적용된다.

🔖 주민등록번호로 세금계산서 발급 방법

종이 세금계산서

① 공급받는자 부분의 사업자등록번호를 공란으로 비워둔다.

② 비고란에 "주민등록기재분"이라 기재, 공급받는자의 주민등록번호를 기입한다.

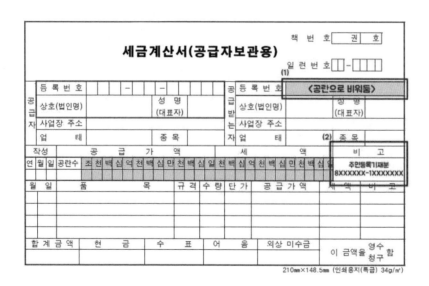

전자세금계산서

전자세금계산서로 발급하는 경우는 세금계산서 발급 화면 상단에 주민등록번호를 선택하는 부분이 있으므로 선택해서 발급하면 된다.

🐜 사업자등록 전 주민등록발행 분 전환 방법

공급시기가 속하는 과세기간이 끝난 후 20일 이내 사업자등록을 신청한 경우의 자료만 전환할 수 있다.

작성일자가 사업자등록 일자(신청 일자 포함) 이후 자료는 전환할 수 없다.

① 홈택스 접속 후 로그인 후 전자(세금)계산서·현금영수증·신용카드 〉 전자세금계산서 〉 조회 〉 주민번호 수취분 조회·전환 〉 전자(세금)계산서 주민등록번호 수취분 전환

② 작성월 – 조회하기 – 선택 – 전환하기

🍷 매입세액공제

① 사업자등록을 신청한 사업자가 사업자등록증 발급일까지의 거래에 대하여 사업자 또는 대표자의 주민등록번호를 기재하여 세금계산서를 발급받을 때는 매입세액공제가 가능하다.

② 주민등록번호로 발급받은 매입 세금계산서를 사업자등록번호로 변경하여 재발급받은 경우, 세금계산서의 필요적 기재사항 중 일부가 착오로 기재되었으나 그 밖의 필요적 기재사항 또는 임의적 기재사항에 의하여 거래사실이 확인되고 법정신고기한 내에 신고되었다면 사실과 다른 세금계산서로 볼 수 없으며, 매입세액공제가 가능하다.

2 사업자등록을 한 사업자가 주민등록번호를 기재하여 세금계산서를 발급받은 경우

🍷 매입세액공제

등록한 사업자가 부가가치세가 과세되는 재화를 구입하고 주민등록번호로 기재한 세금계산서를 발급받은 경우 당해 세금계산서의 매입세액은 매출세액에서 공제되지 아니하는 것이 원칙이다(부가, 서삼 46015-12022, 2002.11.26.).

다만, 사업자로 등록을 한 자가 세금계산서 상 공급받는 자의 등록번호를 착오로 대표자 주민등록번호로 발급받은 사실을 확인한 후 과세표준 및 세액이 경정될 것을 미리 알지 못한 상태에서 사업자등록번호로 수정하여 발급받은 경우는 매입세액공제가 가능하다(부가, 사전-2015-법령해석 부가-22453, 2015.02.27.).

> ### 사업자등록을 한 사업자가 주민등록번호로 발급받은 세금계산서의 매입세액공제
>
> 부가가치세법 제5조의 규정에 의하여 등록한 사업자가 부가가치세가 과세되는 재화를 구입하고 주민등록번호로 기재한 세금계산서를 발급받은 경우 당해 세금계산서의 매입세액은 매출세액에서 공제되지 아니하는 것이며, 부가가치세법시행령 제59의 규정에 의하여 주민등록번호를 사업자등록번호로 수정한 세금계산서를 발급받아야 하는 것임(부가 46015-1577, 1995.08.31.).
>
> ### 사업자등록번호로 수정하여 세금계산서를 발급받은 경우에는 매입세액공제가 가능
>
> 청구인이 납부한 전기료 고객 종합정보 내역서상 상호는 쟁점사업장으로 기재되어 있으나 사업자등록번호로 발행된 것이 아닌 주민등록번호로 전기사용료를 납부한 사실이 확인되어 정상적인 매입세금계산서에 해당하지 아니하는 점 등에 비추어 사업자등록 이후 주민등록번호로 발급받은 매입세금계산서 해당 매입세액을 불공제하고 부가가치세를 과세한 처분은 잘못이 없음. 다만 과세처분 전에 한국전력에 요청하여 사업자등록번호로 수정하여 세금계산서를 발급받은 경우는 매입세액공제가 가능하다(부가, 조심-2016-구-0623, 2016.04.27.).

🍵 가산세

① 사업자등록이 되어있는 자에게 주민등록번호를 기재하여 세금계산서를 발급한 경우 원칙적으로 세금계산서 부실기재 가산세가 적용되는 것이다.

② 사업자가 사업자등록을 한 자에게 재화 또는 용역을 공급하고 당해 공급시기에 주민등록번호를 기재한 세금계산서를 발급하였으나 관할 세무서장이 경정하여 통지하기 전에 수정세금계산서를 발급하

고 수정신고를 하는 때에는 당초 발급한 세금계산서에 대하여 세금계산서 부실기재 가산세를 적용하지 않는다.

③ 주민등록번호를 기재하여 세금계산서를 발급하였으나 주민등록번호의 일부 생략 또는 오류가 발생하는 경우는 세금계산서 부실기재 가산세가 적용된다.

세금계산서를 못 받을 때 대처 방법

1 매입자발행세금계산서

공급일이 속하는 과세기간의 종료일부터 6개월 내에 관할 세무서장에게 거래사실확인신청서를 제출하여 확인받는 경우, 매입자가 세금계산서를 발행할 수 있다.

물론 거래사실을 입증할 수 있는 서류, 예를 들어, 계약서 사본. 공사대금 지급 근거 등을 첨부해야 한다.

2 손해배상청구

국세청은 세금계산서를 주고받는 질서를 확립하기 위해 세금계산서를 발행하지 않는 사업자를 전산으로 누적 관리한 뒤 계속 세금계산서를 발급하지 않는 사업자에 대해서는 세무조사를 실시해 탈루세액과 가산세액을 추징하고 조세범으로 고발한다.

사업자가 세금계산서를 발급하지 않으면 공급가액의 2%(세액의 20%)에 상당하는 미발급가산세가 부과되고 1년 이하의 징역이나 세액의 2배 이하에 상당하는 벌금형 대상이 될 수 있다.

세금계산서 미발행을 통해 과소 신고하는 경우는 포탈 세액의 70% (과소신고가산세 40%, 미납부가산세 연 10%, 세금계산서 미발급가산세 20%)에 달하는 가산세가 부과되고 3년 이하의 징역이나 포탈세액의 3배 이하에 상당하는 벌금형을 받을 수 있다.

따라서 세금계산서 미발행 신고에 따른 불이익이 없기를 바란다.

판매자는 부가가치세법에서 정한 공급시기에 세금계산서를 발행할 의무가 있으며, 상대방이 세금계산서를 발급해 주지 않는 경우 매입자는 매입세액공제를 받지 못하게 된다. 이를 위반하여 구매자에게 손해를 입히면 불법행위로 인한 손해배상을 해야 한다.

> 민법상 손해배상청구권의 발생 원인에는 채무불이행에 의한 경우(민법 544, 545, 546조)와 불법행위에 의한 경우(민법 755조)가 있다.

'재화 또는 용역을 공급한 사업자가 공급받은 자로부터 부가가치세액을 지급받았음에도 정당한 사유 없이 세금계산서를 발급하지 않는 바람에 공급을 받은 자가 매입세액을 공제받지 못하였다면, 공급자는 원칙적으로 공급받은 자에 대하여 공제받지 못한 매입세액 상당의 손해를 배상할 책임이 있다. 이는 공급자는 공급받는 자에게 세금계산서를 의무적으로 발급해야 하는 점, 매입자발행세금계산서 발행 제도의 입법취지 내지 목적, 기능과 그 이용에 시간적 제한이 있는 점 등에 비추어 공급받는 자가 매입자발행세금계산서 발행 절차를 통하여 매입세액을 공제받지 않았다고 하더라도 특별한 사정이 없는 한 마찬가지이다.'라는 것이다(대법원 2017. 12. 28. 선고 2017다265266 판결).

다만, 계약을 체결하면서 부가가치세를 별도로 지급하기로 약정하였음에도 불구하고 구매자가 판매자에게 대금 일부를 지급하면서 부가가치세 상당액을 지급하지 아니한 경우, 판매자가 이같이 부가가치세를 지급받지 못하여 세금계산서를 작성·발급하지 않았고, 이로 인하여 구매자가 매입세액공제를 받지 못하게 되었다고 하더라도 이는 세금계산서를 발급하지 않은 판매자의 잘못에 기인한 것이 아니라 약정한 부가가치세 상당액을 지급하지 아니한 구매자 자기 잘못에 기인하였다고 보아야 하므로, 판매자의 대금 청구 금액과 구매자가 받지 못한 부가가치세 매입세액공제 손해액을 대등액에서 상계할 수 없다(대법원 1996.12.6., 선고, 95다49738, 판결).

구 분	처리방법
부가가치세를 주었는데, 세금계산서 발행을 안 해주는 경우	1. 매입자발행세금계산서 제도 활용 2. 손해배상청구
구매자가 부가가치세를 안 주어서, 세금계산서 발행을 안 해주는 경우	판매자는 손해배상 의무가 없으며, 세금계산서를 발행하지 않았다는 이유로 부가가치세를 차감하고 대금을 지급할 수 없다.

간이과세자와 일반과세자 이것은 부가가치세법상의 사업자 구분방식이므로 사업자 유형이 변경되어도 종합소득세나 법인세에는 영향을 미치지 않는다.

간이과세자는 직전 연도의 매출액이 1억 400만 원 이하인 사업자를 말하고, 과세사업자 중 간이과세자를 제외한 사업자가 일반과세자이다(법인은 모두 일반과세자임).

간이과세자는 직전연도의 매출이 1억 400만 원 이하인 경우에만 적용이 되고 있으며, 해당 금액을 초과하게 되면 다음 연도 7월부터는 일반과세자로 전환된다. 즉 사업을 처음 시작하는 영세 개인사업자는 대다수 간이과세자로 시작을 하는데, 시간이 흘러 일정 규모 이상이 되면 일반과세자로 전환된다.

문제는 전환 시점에 부가가치세 신고를 어떻게 하는가? 이다. 많은 실무자가 궁금해하는 부분이기도 하다.

결론은 6월까지는 간이과세가 적용되며, 7월부터는 일반과세자가 적용되고 부가가치세 신고도 간이과세자 때의 신고와 일반과세자 때의 신고를 각각 구분해서 진행해야 한다.

즉, 1~6월 신고기간의 간이과세자 내역에 대해서 7월 25일에 신고를 해주어야 하며, 7~12월의 일반과세자 내역에 대해서는 다음 연도 1월 25일까지 신고해주면 된다.

사업자등록증상 부동산임대업이 없는 경우 부동산임대소득 부가세 신고

사업장의 사업자등록증상 부동산임대업이 업종으로 기재되어 있지 아니해도 실제 법인이 부동산임대업을 영위하고 있다면 부가가치세 신고 시 부동산임대 공급가액 명세서를 작성하여 부가가치세 신고를 이행해야 한다.

부동산임대공급가액 명세서 작성 예외 규정 등은 존재하지 아니하는 것으로 실제 부동산임대업을 영위하는 사업자가 부가가치세 신고 시 부동산임대 공급가액 명세서를 작성하지 아니하여 미제출한 경우 부동산임대공급가액명세서 미제출 가산세가 적용된다.

이의 법적 근거는 실질과세의 원칙이다. 사업자등록증에 형식상 해당 업종이 없다고 해도 실질에 따라 신고 및 납부를 하면 나중에 세무상 문제가 되지 않는다.

특히 부동산임대업을 하면서 사업자등록 정정신고를 안 하고 간주임대료의 계산 없이 사업자등록증상 업종으로 세금계산서를 발행하는 경우 결과적으로 매출 누락이 발생하는 경우이므로 나중에 세무상 문제가 발생할 수 있다.

[주의] 해당 소득을 수입금액 제외에 입력 후 신고하면 안 된다. 주업종 코드와 수입금액 제외 코드가 다르면 오류가 발생함으로 인해 수입금액 제외 코드와 주업종 코드가 동일해야 해서 수입금액 제외로 신고하는 경우가 있는데, 원칙적으로 주업종 밑에 임대업 업종 코드 따고 사업자등록 정정신고 부동산공급가액명세서 작성 제출의 흐름으로 가는 것이 원칙적인 실무처리이다.

그렇다고 기타 업종 매출에 포함해서 신고하는 경우 나중에 세무조사 시 문제가 될 수 있다(5년간 안 걸리고 무사하면 그만이지만).

부가가치세법 제60조(가산세)

⑧ 사업자가 제55조 제1항에 따른 현금매출명세서 또는 같은 조 제2항에 따른 부동산임대공급가액명세서를 제출하지 아니하거나 제출한 수입금액(현금매출명세서의 경우에는 현금매출을 말한다.)이 사실과 다르게 적혀 있으면 제출하지 아니한 부분의 수입금액 또는 제출한 수입금액과 실제 수입금액과의 차액의 1퍼센트를 납부세액에 더하거나 환급세액에서 뺀다.

국세기본법 제14조(실질과세)

① 과세의 대상이 되는 소득, 수익, 재산, 행위 또는 거래의 귀속이 명의(名義)일 뿐이고 사실상 귀속되는 자가 따로 있을 때는 사실상 귀속되는 자를 납세의무자로 하여 세법을 적용한다.

② 세법 중 과세표준의 계산에 관한 규정은 소득, 수익, 재산, 행위 또는 거래의 명칭이나 형식과 관계없이 그 실질 내용에 따라 적용한다.

③ 제3자를 통한 간접적인 방법이나 둘 이상의 행위 또는 거래를 거치는 방법으로 이 법 또는 세법의 혜택을 부당하게 받기 위한 것으로 인정되는 경우는 그 경제적 실질 내용에 따라 당사자가 직접 거래를 한 것으로 보거나 연속된 하나의 행위 또는 거래를 한 것으로 보아 이 법 또는 세법을 적용한다.

세금계산서와 신용카드매출전표 중복발행과 수취시 세금 신고납부

신용카드매출전표 등을 발급한 경우는 세금계산서를 발급하지 아니한다(부가가치세법 제33조 제2항).

> 사업자가 재화 또는 용역을 공급하고 그 공급시기에 신용카드매출전표 또는 현금영수증을 발급한 경우는 세금계산서를 발급하지 않는다. 즉 신용카드로 결제하여 매출전표를 발급하였다면 세금계산서를 발급하지 않는 것입니다(국세청 2015-02-13 상담내용).

세금계산서(또는 계산서) = 신용카드매출전표 = 지출증빙용 현금영수증

세 증빙은 동격이다. 즉 하나의 거래에 대해서 셋 중 한 가지만 발행하면 나머지 2가지는 발행을 안 하는 것이 원칙이다. 왜냐하면, 거래는 하나인데 증빙은 두 개가 되기 때문이다.

그런데 구입자는 모르고 신용카드매출전표 말고 세금계산서 발행을 요청하고 판매자로 모르고 세금계산서를 또 발행해준다. 이 경우 둘다 신고하지 않도록 주의한다.

🐣 세금계산서 발행 후 결제를 카드로 하는 경우

공급시기에 세금계산서를 발행했는데, 이후 대금결제를 신용카드로 결제하는 경우는 정상적인 거래에 해당한다.

① 공급자

공급자는 매출 세금계산서를 기준으로 부가가치세 신고를 하면 되고, 신용카드 발행분에 대해서는 신용카드매출전표발행집계표 서식에서 세금계산서 발급금액으로 중복분 제외한다.

② 공급받는자

공급받는자 또한 매입 세금계산서를 기준으로 부가가치세 매입세액 공제받고, 신용카드 매입분에 대해서는 중복으로 공제를 받지 않도록 공제내용에서 제외한다.

🐣 카드결제 후 세금계산서를 발행하는 경우

카드로 먼저 결제한 부분에 대해서는 이후 세금계산서를 발급해서는 안 되고, 이는 비정상적 거래에 해당한다.

만약 카드결제분에 대해 이후 세금계산서를 발급했다면 이는 착오에 의한 이중발급 사유로 수정세금계산서를 발급한다.

수정세금계산서를 발급하지 못한 경우는 위 경우와 같이 공급자와 공급받는자 모두 세금계산서를 기준으로 부가가치세 신고하고, 카드 결제 분에 대해서는 중복으로 반영하지 않도록 해야 한다.

만약 공급받는자가 세금계산서 매입분과 신용카드 매입분에 대해서 중복으로 매입세액공제를 받을 경우 과다 공제받은 매입세액을 납부하는 것은 물론 신고불성실 가산세 및 납부불성실 가산세를 같이 부담하게 되니 주의가 필요하다.

1 발행자의 부가가치세 신고

신용카드매출전표발행집계표 상에
1. 신용카드매출전표 등 발행금액 현황에 중복발행 매출액을 포함하여 작성 후 밑에
2. 신용카드매출전표 등 발행금액 중 세금계산서(계산서) 발급내역에 중복발행 매출액을 기입한다.
부가가치세 신고서 세금계산서 발급분에 중복발행 매출액을 포함하여 기재하고 신용카드 및 현금영수증 발행분에는 중복발행 매출액을 제외한 금액을 기입한 후 신고하면 된다.

2 수취자의 부가가치세 신고

현행 부가가치세법에서는 세금계산서뿐 아니라 신용카드(현금영수증)에 대해서도 부가가치세 신고 시 매입세액공제를 허용하고 있다. 다만, 이 경우 주의할 것은 재화, 용역공급 시 신용카드 결제분에 대해서는 세금계산서를 발급받을 수 없으며, 이를 중복으로 신고할 때는 추후 해명 및 부가가치세 추징 문제가 있을 수 있으니 주의해야 한다. 이때 매입세액은 세금계산서 매입으로 신고한다.

수정 전자세금계산서의 원리와 유용한 팁 및 가산세

1 수정 전자세금계산서의 기본원리

종이 세금계산서는 특성상 잘못 발행했으면 찢어 버리고 새로 발행해주면 되지만 전자세금계산서는 전송이라는 단계를 거치기 때문에 세금계산서의 변경사항이 생기면 수정 발행할 수밖에 없다.

수정하는 사유는 두 가지 경우로 나누어 볼 수 있다.

① 내가 손가락이 잘못되거나 딴생각을 하거나 작성방법을 몰라 개인적 실수로 잘못 발행했을 때 즉 내 실수로 잘못 발행한 경우

② 나는 ①번과 같은 잘못을 안 했는데, 상대방이 갑자기 계약을 해지할지, 상품을 반품할지 거래처가 깎아 달라고 해서 사장님이 갑자기 거래 관계상 어쩔 수 없이 깎아 줄지 어찌 알아요. 어쩔 수 없이 거래상황이 바뀌어서 발행하는 경우다.

①은 내 잘못, ②는 아무도 예측 불가능한 거래의 흐름

따라서 ①의 경우는 원래 작성 자체가 실수이므로 기재 내용을 바르게 수정해야 하고

②의 경우는 전에 발행한 전자세금계산서 자체가 잘못된 것은 아니므로 새로운 거래로 생각해 새로운 전자세금계산서를 발행하면 된다.

②는 엄밀히 말하면 수정이 아니다.

2 내 잘못이 아닌 수정 전자세금계산서 발행

내 잘못이 아닌 수정 전자세금계산서 발행사유는 다음의 경우가 있다.

❶ 환입 = 판매한 상품 일부가 반품되는 경우 : 반품된 날을 작성일자로 적고, 비고란에 처음 작성일자를 적은 후 환입된 금액만큼 마이너스(-) 세금계산서 발행

이 거래는 일부취소를 하는 경우가 해당한다.

❷ 계약의 해제 = 계약의 해제로 상품이 공급되지 않거나 상품 전체가 반품된 경우 : 계약이 해제된 날을 작성일자로 적고, 비고란에 처음 작성일자(내국신용장 개설일)를 적은 후 환입된 금액만큼 마이너스(-) 세금계산서 발행

이 거래는 전부 취소하는 경우가 해당한다.

❸ 공급가액 변동 = 기존 판매 상품의 가격을 깎아 주거나 올리는 경우 : 증감 사유가 발생한 날을 작성일자로 적고, 비고란에 처음 작성일자를 적은 후 환입된 금액만큼 마이너스(-) 세금계산서 발행

❹ 내국신용장 사후 개설 = 내국신용장 등이 사후에 발급된 경우

내국신용장이 개설된 때에 그 작성일은 처음 작성일로 적고 비고란에 내국신용장 개설일 등을 적어서 발행한다.

[사례]

환입, 계약의 해제, 공급가액 변동의 구분과 세금계산서 발행

> **11월 1일 공급가액 1,000,000원(세액 100,000원)인 상품을 판매했다.**

[해설]

❶ 환입 : 12월 12일 500,000원(세액 50,000원)에 해당하는 상품이 반품된 경우
❷ 계약의 해제 : 12월 12일 1,000,000원(세액 100,000원)에 해당하는 상품이 반품된 경우
❸ 공급가액 변동 : 12월 12일 거래처 부탁으로 1,000,000원(세액 100,000원)의 상품을 800,000원(세액 80,000원)으로 깎아 준 경우

각각 발행일은 12월 12일, 비고란에 11월 1일 기재 후 다음 달 1월 10일까지 수정 전자세금계산서를 발행하면 가산세는 없으나 이후 발행하면 전자세금계산서의 수정 때문이 아닌 전자세금계산서 미발행 및 지연전송에 따른 가산세를 내야 한다.

예를 들어 6월 20일 재화를 100만 원에 공급한 후, 7월 5일에 20만 원에 대해서 반품(환입)이 발생한 경우 100만 원에 대해서는 6월 20일을 작성일자로 해서 발행하고, 반품된 20만 원에 대해서는 7월 2일을 작성일자로 해서 환입으로 발행한다.
100만 원은 1기 확정(개인) 때 신고하고, 20만 원에 대해서는 2기 예정(법인) 또는 확정(예정)신고 때 신고한다.

구 분	의미	작성발급방법			발급기한
		방 법	작성연월	비고란	
새로운 작성 일자 생성	공급 가액 변동	증감되는 분에 대하여 정(+) 또는 음(-)의 세금계산서 1장 발급	변동사유 발생일	처음 세금계산서 작성일	변동사유 발생일 다음 달 10일까지 발급
	계약 의 해제	음(-)의 세금계산서 1장 발급	계약해제일	처음 세금계산서 작성일	계약해제일 다음 달 10일까지 발급

구분	의미	작성발급방법			발급기한
		방법	작성연월	비고란	
	환입	환입 금액분에 대하여 음(-)의 세금계산서 1장 발급	환입된 날	처음 세금계산서 작성일	환입된 날 다음 달 10일까지 발급
당초 작성일자	내국 신용 장 사후 발급	음(-)의 세금계산서 1장과 영세율 세금계산서 1장 발급	당초 세금계산서 작성일자	내국신용장 개설일	내국신용장 개설일 다음 달 10일까지 발급(과세기간 종료 후 25일 이내에 개설된 경우 25일까지 발급

3 내 잘못으로 전자세금계산서 발행

내가 손가락이 잘못되거나 딴생각을 하거나 작성 방법을 몰라 개인
적 실수로 잘못 발행했을 때이다. 이는 노트에 틀린 글자를 쓰면 지
우고 그 자리에 다시 쓰는 것과 같이 틀린 내용을 고치는 것이다.

전자세금계산서 발행 시 내 사업자등록 내역은 자동으로 표시되므로
상대방의 사업자등록 내용을 잘못 적거나, 발행일을 잘못적거나 금
액을 잘못 적는 경우가 많다.

이 경우는 수정사항을 고친 후 처음 발급한 세금계산서의 내용대로
마이너스(-)로 발급한 후 올바르게 수정해서 다시 발행한다.

필요적 기재 사항의 정정은 착오 정정과 착오 외의 사유 정정으로
나눈다.

필요적 기재 사항의 정정은 착오정정과 착오외의 사유 정정으로 나눈다.

이것은 구분은 명확히 할 수 없다. 개별적인 사항에 따라 종합적인 판단을 거쳐 착오인지 착오 외의 사유인지 판단을 해야 한다.

1. 필요적 기재 사항 등이 착오로 잘못 적힌 경우(착오로 보는 경우)

• 작성연월일 잘못 기재(부가 22601-746, 1991.6.15)

• 세금계산서 발급의무 면제 거래에 대해 세금계산서 발급(부가 22601-1789, 1987.8.31)

• 과세 · 면세비율 계산 착오로 공급가액이 달리 표기(부가 46015-1109, 1995.6.19)

• 당초 착오로 주민등록번호를 기재하여 발급하고 이를 사업자등록번호로 수정하는 경우 (부가 46015-2135, 1999.7.26)

2. 필요적 기재사항 등이 착오 외의 사유로 잘못 적힌 경우(착오 외로 보는 경우)

• 공급자 및 공급받는 자를 당초 다르게 기재한 경우(부가 46015-3833, 2000.11.27)

• 본점에서 재화를 공급하고 지점 명의로 세금계산서를 발급한 경우(서면3팀-1818, 2007.6.26)

• 과세대상 재화를 공급하고 계산서를 발급한 경우((부가 22601-794, 1985.4.30)

🌿 필요적 기재사항을 착오로 잘못 적은 경우

당초분을 취소하는 세금계산서 1장을 발행한 후 바르게 정정한 세금계산서 1장을 발행한다. 총 2장 발행이다.

틀린 내용 수정이므로 작성일자는 당초 일자가 되고, 금액란에는 당초 분 취소 세금계산서에는 당초 금액 전체를 마이너스(-)로 작성하고, 정정 세금계산서에 올바른 금액을 기재한다.

공급받는 자를 제외한 필요적 기재 사항을 잘못 기재하여 수정세금계산서를 발급한 경우 자진하여 수정하면 가산세가 부과되지 않는다. 다만, 틀린 세금계산서로 부가가치세 신고를 한 경우 당초 납부해야 할 부가가치세를 적게 낸 결과가 되면 수정 세금계산서 자체에 대한 가산세는 없지만, 부가가치세 과소 납부에 대한 신고 관련 가산세는 있다.

🕯️ 필요적 기재사항이 착오 외의 사유로 잘못 적힌 경우

수정세금계산서 발급 사유 중 필요적 기재 사항의 정정은 사실을 인지한 날 동일 과세기간 내가 아니라도 언제든지 가능하지만(가산세도 없음), 착오 외의 사유는 당초 세금계산서의 확정신고기한 다음날부터 1년까지 기한이 지난 후에는 수정발행 할 수 없다.

착오 외의 사유로 가장 대표적인 경우가 공급받는 자를 전혀 다르게 기재하는 경우이다. 사업자번호가 있음에도 주민등록번호로 발행하는 경우, A 거래처에 발행해야 하는데, B 거래처에 발행하는 경우 등이다. 수정발급 방법은 앞서 설명한 필요적 기재 사항을 착오로 잘못 적은 경우와 같다.

❶ 공급받는 자를 착오로 잘못 기재하여 수정하는 경우는 착오 여부를 불문하고 가산세 부과대상이 된다. 즉 필요적 기재 사항 중 공급받는 자에 대한 기재 사항 오류는 확정신고기한 다음날부터 1년 이내에 수정세금계산서를 발행하면 공급자에게 지연발행가산세를, 공급받는 자에게는 지연수취가산세를 부과한다.

❷ 확정신고기한 다음날부터 1년이 지난 후 수정을 할 경우는 공급자에게는 미발행가산세를 부과하며, 공급받는 자는 매입세액공제를 받을 수 없다.

🐜 전자세금계산서를 착오로 이중발급한 경우

처음 발급한 세금계산서의 내용대로 한 장을 마이너스(-)로 발급한다.

🐜 면세 등 발급대상이 아닌 거래 등에 대하여 발급한 경우

면세는 세금계산서 발급대상이 아니므로 처음 발급한 세금계산서의 내용대로 한 장을 마이너스(-)로 발급한다.

🐜 세율을 잘못 적용하여 발급한 경우

처음 발급한 세금계산서의 내용대로 마이너스(-)로 발급한 후, 정상 세율을 적용해 다시 발행한다.

구분	의 미		작성발급방법			발급기한
			방 법	작성연월	비고	
당초 작성일자	기재사항 등이 잘못 적힌 경우	착오	당초 발급 건음(-)의 세금계산서 1장과 정확한 세금계산서 1장 발급	당초 세금계산서 작성일자	-	착오 사실을 인식한 날
		착오외				확정 신고기한 다음날부터 1년까지 발급
	세율을 착오로 잘못 작성한 경우					착오 사실을 인식한 날
	착오에 의한 이중발급				-	착오 사실을 인식한 날
	면세 등 발급대상이 아닌 거래					착오 사실을 인식한 날

4 수정세금계산서 발급과 관련해 유용한 팁

구 분	해 설
작성 연월일을 변경해서 수정	12월 10일 발행된 세금계산서의 작성일자를 12월 12일로 수정할 수 없다.
국세청에 전송된 경우 삭제, 폐기, 정정이 불가능	거래상대방에게 전자세금계산서를 발급하고 국세청에 전송된 분에 대해서는 임의로 삭제, 폐기, 정정이 불가능하므로, 착오로 기재한 사항이 있는 경우는 수정세금계산서를 발급해야 한다.
수정계산서를 재차 수정 가능	수정계산서를 발급했다고 재수정이 안 되는 것이 아니며, 재차 수정세금계산서를 수정해서 발급할 수 있다.
수정발행이 아닌 마이너스로 발행한 경우	상황에 따라서 가산세를 납부하는 경우도 있으며 당초 발급한 거래와는 별개의 거래로 인식되어 추후 국세청에 소명해야 하는 경우도 있다.
거래 당사자의 폐업 시 수정발급 하는 방법	공급자가 폐업한 경우는 폐업 전의 거래에 대하여 수정세금계산서를 발행할 수 없다. 단, 공급자의 지위가 포괄적 사업양도로 승계된 경우는 승계한 사업자가 수정계산서 발급이 가능하다. 공급받는 자가 폐업을 한 경우는 수정세금계산서 발급 당시 공급받는 자가 사업자의 지위가 아니므로 발급할 수 없다. 단, '착오 외 사유'로 상대방의 주민등록번호로 수정세금계산서를 발급할 수 있다. 폐업일 이후 수정세금계산서의 발행이 불가능 한 것이지 폐업일 이전의 공급분에 대해서 세금계산서 발행은 가능하며, 폐업일 이후의 공급분에 대해서는 사업자가 아닌 상태에서의 공급이기 때문에 세금계산서 발행이 불가능하다. 따라서 폐업 시 발행해야 할 세금계산서가

구 분	해 설
	있는 경우 폐업일을 세금계산서 발행일 이후로 잡아야 한다.
종이 발급분을 전자로 수정 발행한 경우	당초 종이 세금계산서 발급분을 전자로 수정발급이 가능하다. 수정발급 시 전자 발급분이 없는 경우를 선택하여 발급할 수 있다.

5 세금계산서 미발급, 지연발급 가산세

발급 여부	상세 설명	가산세 비율
미발급	발급시기가 지난 후 공급시기가 속하는 과세기간에 대한 확정신고기한 내에 미발급	발급자 : 2% 가산세 수취자 : 매입세액불공제
지연발급	발급시기가 지난 후 공급시기가 속하는 과세기간에 대한 확정신고기한 내에 발급	발급자 : 1% 가산세 수취자 : 0.5% 가산세 (매입세액공제)
종이발급	발급시기에 전자세금계산서 외의 세금계산서 발급	발급자 : 1% 가산세 수취자 : 해당 없음
미전송	발급일의 다음 날이 지난 후 공급시기가 속하는 과세기간의 확정신고기한까지 미전송	발급자 : 0.5% 가산세 수취자 : 해당 없음
지연전송	발급일의 다음 날이 지난 후 공급시기가 속하는 과세기간의 확정신고기한까지 전송	발급자 : 0.3% 가산세 수취자 : 해당 없음

수정 전자세금계산서에 대한 가산세

구 분	사 유
가산세가 없는 경우	① 계약해제 · 취소 ② 공급된 재화의 환입 ③ 계약해지로 추가 · 차감 금액 발생 ④ 일반재화 · 용역공급 후 과세기간(6개월) 종료 후 25일 이내에 내국신용장 · 구매승인서 발급(영세율) ⑤ 세금계산서 필요적 기재 사항의 착오 기재 ⑥ 기타 사항의 착오기재 ⑦ 전자세금계산서의 착오 이중 발행 ⑧ 면세거래를 과세로 잘못 발행 기재 ⑨ 세율을 잘못 적용하여 발행
조건부 가산세 면제	① 필요적 기재 사항 착오 기재 : 자진 수정시 가산세 없으나, 세무조사 통지, 세무조사관 현지 확인, 과세자료 해명 안내 등이 경정할 것을 미리 알고 수정한 경우는 가산세 부과됨. ② 필요적 기재 사항 이외 착오 기재 : 과세표준 확정신고기한 다음날부터 1년 이내에 수정 시 가산세 없으나, 세무조사 통지 · 현지 확인 · 해명 안내 등 이후에는 가산세 부과임.

7 부가가치세 신고

신고기간 내에 발견 시

부가가치세 신고의 경우 당초 세금계산서 발행일의 확정신고기한 전에 수정발행 하였다면 해당 확정신고에 포함하여 부가가치세를 신고

한다. 물론 가산세도 없다.

🐦 신고기간 이후 발견 시

당초 세금계산서의 확정신고기한 다음날부터 1년이 지난 후 필요적 기재사항의 착오정정사유의 수정세금계산서를 발행한 경우는 <u>부가가 치세 경정청구, 수정신고를 하여 수정발행 한 세금계산서를 반영해 주어야 한다.</u>

예를 들어 100만원에 발행해야 할 세금계산서를 1,000만원으로 발행한 것을 신고기간이 경과한 후에 발견한 경우 부가가치세가 과다하게 신고된 경우이므로 경정청구를 통해 환급받으면 되고, 100만원에 발행해야 할 세금계산서를 10만원으로 발행한 경우는 부가가치세 신고 시 매출을 과소신고한 것에 해당하므로 수정신고와 함께 가산세를 납부해야 한다.

구 분	사 유	부가가치세 수정신고 대상 여부		
		작성연월	대상	사 유
당초 작성일자	신고기한 내 수정 사유 발생	당초 작성일자	대상 아님	신고기한 내 당초 및 수정세금계산서가 발급된 경우 합산신고
	신고기한 경과 후 수정 사유 발생	당초 작성일자	대상	신고기한 경과 후 수정세금계 산서 발급한 경우 합산신고 불가로 수정신고 대상임

구 분	사 유	부가가치세 수정신고 대상 여부		
		작성연월	대 상	사 유
새로운 작성일자 생성	공급가액 변동	변동 사유 발생일	대상 아님	환입 등 수정사유가 발생한 시기가 공급시기 이므로 사유 발생한 과세기간에 신고대상임
	계약의 해제	계약해제일		
환입	환입된 날	환입된 날		

폐업한 사업자의 수정세금계산서 발행

1. 거래처가 폐업한 사실을 알지 못하고, 사업자등록번호로 세금계산서를 발급했을 경우

폐업한 사업자에게 재화나 용역을 공급한 경우 폐업한 사업자는 사업자가 아니므로, 폐업한 사업자의 사업자등록번호로 세금계산서를 발급할 수 없다. 이 경우는 세금계산서 발급시 일반개인과의 거래로 봐 폐업한 사업자의 주민등록번호를 기재한 세금계산서를 발행해야 한다.

따라서 거래처가 폐업자인 줄 모르고 공급받는 자에 사업자등록번호를 기재하여 세금계산서를 발급한 경우는 수정세금계산서를 발급해야 한다.

이 경우, 수정세금계산서의 발급 사유는 '착오 외의 사유'로서 재화나 용역의 공급일이 속하는 과세기간에 대한 확정신고기한까지 폐업자의 주민등록번호를 기재한 수정세금계산서를 발급하면 된다. 세금계산서와 관련된 별도의 가산세는 없다.

주의할 점은 착오 외의 수정세금계산서 발급은 공급시기가 속하는 과세기간의 확정 신고기한 다음날부터 1년까지만 발급할 수 있다.

구 분	업무처리
발행가능 여부	수정세금계산서 발행이 가능하다.
발급 사유	착오 외의 사유

구 분	업무처리
공급받는 자	폐업한 자의 사업자등록번호가 아닌 주민등록번호 기재 후 발행
발급기한	재화나 용역의 공급일이 속하는 과세기간에 대한 확정 신고기한 다음날부터 1년까지
가산세	세금계산서 관련 가산세는 없다.

2. 거래처가 폐업하기 전에 세금계산서를 발행했지만, 폐업 후 수정세금계산서 발급 사유가 발생한 경우

거래처의 폐업일 전에 재화나 용역을 공급했으나 폐업 이후 수정세금계산서 발급 사유가 발생한 때는 수정세금계산서를 발급할 수 없다. 이 경우 이미 공제받은 매입세액 또는 납부한 매출세액은 납부세액에서 차가감 해야 한다((구) 부가가치세법 집행기준 16–59–2). 즉, 공급자는 수정세금계산서 발급 없이 감액되는 매출세액을 반품일이 속하는 과세기간의 납부할 세액에서 차감하여 신고하고, 공급받는 자는 수정세금계산서 수수 없이 해당 매입세액을 불공제하여 부가가치세를 신고, 납부해야 하며 세금계산서 관련 가산세는 적용되지 않는다.

구 분	업무처리
발행가능 여부	수정세금계산서 발행이 불가능하다.
부가가치세 신고	수정세금계산서 발급 사유 발생일이 속하는 과세기간의 매출세액이나 매입세액에 차가감 한다.
가산세	세금계산서 관련 가산세는 없다.

가짜 세금계산서 의심 유발
(가공 또는 위장) 거래유형 및 대책

부가가치세 신고 시 매출 및 매입 세금계산서를 임의로 조절하여 부가가치세를 낮추려는 불법행위에 대한 국세청의 사후관리가 대폭 강화되었다. 특히, 매입 세금계산서가 가공 또는 위장거래로 수수한 것으로 판명될 경우 매입세액불공제는 물론, 소득세와 연계하여 추징하거나 거액일 때에는 조세범처벌법에 따라 검찰에 고발 조치하는 등 제재 강도가 높아진다.

따라서 매입 세금계산서와 관련해서 선의의 피해를 볼 수 있을 뿐만 아니라 세무당국의 적출에 대해 소명해야 하는 등 어려움에 부닥칠 수 있으므로 매입 세금계산서의 내용을 의심받을 수 있는 거래유형과 대책을 알아두는 게 좋다.

1 사업내용과 다른 상품매입

사업자등록상 내용과 다른 물품의 매입 세금계산서가 있다면 일단 세무 당국으로부터 의심받게 된다. 왜냐하면 취급 종목이 늘어날 경우는 부가율[(매출과표−매입과표)/매출과표]이 달라질 뿐만 아니라, 그에 대한 매출 세금계산서가 없을 경우 일부 위장사업을 하는 것으로 간주되기 때문이다. 따라서 과거 신고내용에 나타나 있지 않은 새로운 물품의 매입 세금계산서가 있을 때는 반드시 사업자등록증에 종목추가를 신청하거나 정확한 매입목적을 설명할 수 있어야 한다.

2 생산품과 관련이 없는 상품매입

과거의 신고내용에 없는 전혀 다른 품목이나 규격의 물품과 관련된 매입 세금계산서가 있을 때는 즉, 매출 세금계산서는 제대로 발급하였으나 매입 세금계산서를 받지 못해 다른 자료를 매입처리 한 경우 부가가치세액을 일부 낮출 수는 있으나 결국 상품수불부 작성이 어려워져 가공 출고를 해야 하는 사정이 생긴다. 따라서 보다 정확한 상품수불부를 작성해서 재고자산으로 표시하거나 거래상대방에 대한 물품대금의 지급에 대한 정확한 증빙을 보관하고 있어야 할 것이다. 이러한 경우는 사실을 규명한 후에도 물품 공급자에 대한 추적조사가 실시된다는 점에도 유의해야 한다.

3 동종 도·소매업자 간의 거래

동업자간 재고자산을 조정하기 위한 것으로 빈번하게 사용된다. 도매로 매입한 거래를 소매로 판매하는 방법으로 가공처리 하는 데 국세청은 이를 가공자료로 판정해서 무거운 세금을 부과하므로 주의해야 한다.

4 매입 및 매출처가 같은 거래

매입·매출 시기가 거의 같거나 금액이 동일한 경우에는 정상거래 시에도 의심받게 되니 주의할 필요가 있다.

5 매입 단가가 높은 매입

매입 단가를 의도적으로 높여 부가율을 낮추려고 할 때는 세무 당국으로부터 경정 조사를 받게 된다. 높은 매입 단가로 구입하였을 경우 반드시 원인을 정리해 두어야 불이익을 피할 수 있다.

사업자 간 세금계산서 발행 시기를 맞추는 경우(매출시점과 다른 세금계산서 발행)

세금계산서 발행은 회계기준 관점에서 보면 현금주의가 아닌 발생주의라고 보면 된다. 즉 회계적 사건이 발생하면 현금의 수불과 관계없이 전표를 발행하듯 세금계산서도 동일하게 현금의 수불과 관계없이 재화의 인도 또는 용역의 제공이 완료된 시점에 발행하는 것이 원칙이다.

1 매출 시점과 다른 세금계산서 발행

세금계산서는 언제 발급하고 발급받는 것일까요?

물건을 팔거나 샀다면 물건을 팔거나 샀을 때 세금계산서를 발급하고 발급받아야 한다. 물건이 아니라 서비스를 제공하거나 받았다면, 서비스 제공이 완료되었을 때 세금계산서를 발급하고 발급받아야 한다. 이는 현금이 오가는 것과 별개이다.

물건을 부가가치세법에서는 재화라 하고 서비스는 용역이라고 한다. 재화를 팔았을 때와 용역을 제공했을 때를 부가가치세법에서는 재화와 용역의 공급시기라고 하며, 동시에 세금계산서 발급시기로 규정하고 있다.

그런데 실무상 문제는 재화를 파는 것과 동시에 또는 서비스 제공의 완료와 동시에 대금을 바로 받고 세금계산서를 발행하면 아무 문제 없이 좋은데 현실은 그렇지 않은 일이 자주 발생한다.

예를 들어 거래 업체에서 대금 정산 지연으로 11월 판매대금을 1월에 지급하게 되었다.

업체에서 지급하는 월로 세금계산서 발행을 요청하였는데,

이런 경우 매출 발생 월과 현금수취일이 상이하게 현금을 받은 날로 세금계산서를 발행해도 되는지?

이와 같은 일은 실무상 흔히 발생한다.

그러나 법 원칙은 세금계산서는 공급시기에 발급하는 것이 원칙이며, 대금 정산 시점에 발급하는 것이 아니다. 다만, 1달의 거래내역을 모아 말 일을 발행일자로 해서 다음 달 10일까지 발행은 가능하다.

임의로 공급시기가 아닌 대금 정산 시기를 공급시기로 하여 세금계산서 발급하면, 사실과 다른 세금계산서로 인정되어 미발급 가산세(판매자) 및 매입세액불공제(구입자) 등의 불이익을 받을 수 있다.

이는 평상시에는 상호 간에 세금계산서 날짜가 맞아 문제가 없어 보이나 세무조사 때 세무 조사관이 세금추징을 위해 많이 보는 점검 사항이다.

결국 대금은 나중에 받아도 재화의 인도 시점이나 용역제공의 완료 시점에 세금계산서를 발행해야 하며, 상호 부가가치세 자료 상황을 파악한 후 상호 간 발행일자를 조정하는 것은 실무상 많이 발생하나 위법이다.

또한 상대방이 부도 등으로 대손이 발생하는 경우 발행한 세금계산서의 신고를 누락하는 실무자도 있는데, 이도 매출누락으로 가산세를 부담할 수 있으니 신고 후 나중에 대손세액공제를 받으면 된다.

2 임차료를 연체하는 경우 세금계산서 발급시기

부가가치세법에서 부동산임대용역은 일반적인 용역의 공급과는 달리 보고 있다. 대부분 용역은 한 번 제공하고 끝나는 것이 일반적이지만, 부동산임대용역은 계속적으로 공급되기 때문에 대가의 각 부분을 받기로 한때를 공급시기로 규정하고 있다. 따라서 매달 말일 임대료를 받기로 한 경우 말일자를 발행일자로 해서 발행해야 한다. 즉 부동산 임대차 계약서상 월세 지불일자가 공급시기가 되고 임대인은 해당 일자에 세금계산서를 발급해야 한다. 이때 실제 월세를 수취하였는지? 여부는 세금계산서 발급의무에 영향을 주지 않기 때문에, 임대료 연체가 발생하였더라도 세금계산서 발급을 해야 한다. 만일 세금계산서를 발급하지 않은 경우 세금계산서 지연발급 또는 미발급 가산세 등의 추가 부담이 발생한다.

부가가치세법 집행기준 16-29-5 [부동산임대용역의 공급시기]

부동산임대업자가 부동산임대용역을 계속적으로 공급하고 그 대가를 월별, 분기별 또는 반기별로 기일을 정하여 받기로 한 경우 그 대가의 각 부분을 받기로 한때를 공급시기로 본다. 따라서 부동산임대용역을 계속적으로 공급하고 그 대가를 월별로 기일을 정하여 받기로 한 경우라면, 임대인은 대가(임대료)를 받았는지 여부와 관계없이 임차인에게 약정한 기일에 세금계산서를 발급하여야 합니다.

> 부동산임대업을 영위하는 일반과세자가 실질적으로 임대용역을 제공하는 경우는
> 그 대가의 영수 여부와 관계없이 그 공급시기에 임차인에게 세금계산서를 발급하고
> 부가가치세를 신고·납부해야 하는 것임(부가, 부가가치세과-4583, 2008.12.03.)

3 선발행 세금계산서

재화나 용역을 공급하기 전에 세금계산서를 발급하면 해당 세금계산서는 사실과 다른 세금계산서로 본다.

해당 연도의 실적 때문에 아직 재화나 용역을 공급하지 않았음에도 세금계산서를 먼저 발급하는 경우가 있다. 금융기관에 재무제표를 제출해야 하는 차입금이 많은 법인에서 자주 볼 수 있는 현상이다.

재화나 용역을 공급하기 전에 먼저 세금계산서를 발급하면 어떤 문제가 발생할까요?

세금계산서를 발급하고 같은 과세기간에 재화나 용역이 공급된다면 매출자가 세금계산서불성실가산세를 부담하는 것 외에 다른 문제는 발생하지 않는다.

그러나 세금계산서를 발급한 과세기간과 재화나 용역이 공급된 과세기간이 다르면 문제가 생긴다. 세금계산서 발급시기와 재화나 용역의 공급시기가 다른 경우 해당 세금계산서를 사실과 다른 세금계산서라고 부른다.

사실과 다른 세금계산서가 발급되면 발급자는 세금계산서 관련 가산세와 과소신고가산세를 부담하게 된다. 그리고 매입자는 세금계산서를 수취했음에도 매입세액을 공제받을 수 없다.

예를 들어 2023년 12월에 5억 원 상당의 제품을 공급하기로 약정하고 다음 연도 1월에 제품을 인도하기로 한 경우 재화의 공급시기는 2024년 1기다. 세금계산서도 이때 발급해야 하는데, 만일 공급자의 실적 때문에 2023년 12월에 매출 세금계산서를 발급했다면 해당 세금계산서는 세금계산서 발급시기(2023년 2기)와 재화의 공급시기(2024년 1기)가 다르므로 사실과 다른 세금계산서가 된다.

이 경우 매입자는 매입세액공제를 받을 수가 없다.

부가가치세를 부담하고도 매입세액을 공제받지 못하는 것은 엄청난 불이익이다. 세무조사 시 납세자들이 가장 억울해하는 경우이다. 특히 규모가 있는 건설업에서 이런 사례가 자주 발생한다. 불공제 규모가 수십억 원이 되는 경우도 자주 발생하므로 실무를 담당하는 실무자는 유의해야 한다.

다만, 일정 요건을 갖춘 경우 재화나 용역을 공급하기 전에 세금계산서를 발급하는 것이 허용된다.

> 재화나 용역을 공급하기 전에 세금계산서를 미리 발급하면 해당 세금계산서는 사실과 다른 세금계산서로 보아 매입자는 매입세액불공제, 매출자는 가산세를 부담해야 하는 불이익이 발생한다.

실무적으로는 재화나 용역을 공급하기 전에 세금계산서를 미리 발급(선발행 세금계산서)해야 하는 경우가 부득이하게 발생할 수 있다. 실무를 반영하여 부가가치세법에서는 선발행 세금계산서를 발급할 수 있는 사유를 별도로 열거하고 있다.

선발행 세금계산서 발급을 무제한 허용할 경우 세금계산서 질서가 문란해질 수 있으므로 아래의 요건을 갖춘 경우에만 선발행 세금계산서 발급이 허용된다.

▶ 사업자가 재화나 용역을 공급하기 전에 대가의 전부 또는 일부를 받고 그 받은 대가에 대하여 세금계산서를 발급하는 경우

▶ 사업자가 재화나 용역의 공급시기가 되기 전에 세금계산서를 발급하고 발급일로부터 7일 이내에 대가를 받는 경우

▶ 재화나 용역의 공급시기가 되기 전에 세금계산서를 발급하고 발급일로부터 7일이 지나 대가를 받더라도 다음 중 하나에 해당하는 경우

① 거래 당사자 간의 계약서 및 약정서 등에 대금 청구 시기(세금계산서 발급일을 말한다)와 지급 시기를 따로 적고, 대금 청구 시기와 지급 시기 사이의 기간이 30일 이내인 경우

② 세금계산서 발급일이 속하는 과세기간 내(조기환급을 받는 경우 30일 이내)에 재화나 용역의 공급시기가 도래하는 경우

▶ 다음의 공급시기가 되기 전에 세금계산서를 발급하는 경우(다음의 경우는 재화나 용역을 미리 공급했으므로 세금계산서를 공급시기보다 먼저 발급해도 문제가 발생하지 않음)

① 장기할부판매로 재화를 공급하거나 장기할부조건부로 용역을 공급하는 경우의 공급시기

② 전력이나 그 밖의 공급 단위를 구획할 수 없는 재화를 계속적으로 공급하는 경우의 공급시기

③ 공급 단위를 구획할 수 없는 용역을 계속적으로 공급하는 경우의 공급시기

부득이하게 세금계산서를 미리 발급해야 하는 경우 위에서 열거한 선발행 세금계산서 요건을 충족해야 다른 불이익이 없으며, 부득이하게 위 요건을 갖추지 못할 경우에도 세금계산서를 미리 발급하고 같은 과세기간 내에 재화나 용역이 공급되어야 매입세액을 공제받지 못하는 불상사를 피할 수 있다.

청구할인 시 부가가치세 신고납부

고객이 제휴 신용카드의 포인트·청구할인을 통해 물품을 구매했다면 해당 할인금액은 '에누리액'에 해당해 부가가치세 과세 대상이 아니다.

고객에게 지급하는 적립 포인트를 물품구매에 사용할 경우 그 포인트 금액은 에누리액에 해당한다. 부가가치세법에 따르면 소비자가 물건을 구매하며 직접 지급한 금액에만 부가가치세를 물리고, 에누리액은 과세에서 제외한다. 즉, 부가가치세는 과세대상이 아니다.

신용카드 청구할인도 사전에 특정 카드 사용에 따른 할인금액을 분담하기로 하는 공동마케팅 약정을 체결한 것으로 신용카드 포인트 할인 방식과 같으므로 고객과의 물품 거래에서 공급대가로 볼 수 없어 공급가액에서 제외되는 에누리액에 해당한다.

구 분	회계처리
판매자	매출에누리 또는 판매촉진비
구매자	잡이익 또는 청구할인액을 제외한 청구금액으로 처리

신용카드 청구할인액이 매출에누리에 해당하는지 여부

"신용카드 청구할인액이 매출에누리에 해당하는지 여부"에 관하여 기획재정부는 "사업자가 신용카드 사업자와 "소비자가 사업자의 특정 상품을 신용카드 사업자의 특정 카드로 결제하면 일정금액을 신용카드 결제 대금 청구 시점에 할인하여 주는 청구할인 제도를 운용하되, 할인대금은 사업자와 신용카드 사업자가 함께 분담하는 약정"을 체결한 뒤 사업자가 소비자에게 청구할인 조건을 사전에 제시하고 상품을 판매하는 경우, 약정에 따라 사업자가 부담한 청구할인금액은 「부가가치세법」 제29조 제5항 제1호에 따라 부가가치세 공급가액에 포함하지 아니하는 것"이라고 회신하였다 (기획재정부 부가가치세제과-800, 2018.12.20. 참조).

KTX나 택시, 고속버스, 항공기, 택시, 버스 교통비 매입세액공제

시내버스, 지하철은 면세사업이기 때문에 당연히 부가가치세 매입세액공제를 받을 수 없다. 한마디로 대표적인 매입세액불공제 항목이다.

반면, KTX나 택시, 고속버스, 항공기는 여객운송용역으로 부가가치세가 붙기 때문에 매입세액공제를 받을 수 있다고 생각할 수 있다.

그러나 동 여객운송용역(철도, 버스, 택시. 단, 전세버스 운송용역 제외)에 대해서는 부가가치세가 과세 되는 사업자에 해당하기는 하나 세금계산서를 발급받을 수 없고, 영수증만 발급할 수 있는 사업자에 해당하므로 관련된 매입세액은 공제받을 수 없다.

또한, 신용카드매출전표 등에 의한 매입세액공제 특례의 적용대상도 아니므로 결국 어떠한 경우라도 공제받을 수 없다.

반면, 출장, 워크숍 등을 위해 전세버스(관광버스)를 빌린 경우에는 업무용으로 이용했다면 매입세액공제가 가능하다. 또한 여객운송용역이 아닌 화물운송용역의 경우에는 매입세액공제를 받을 수 있다. 즉 항공화물에 대해서는 매입세액공제가 가능하다.

구 분	매입세액공제 여부
KTX나 택시, 고속버스, 항공기, 버스, 지하철	매입세액불공제. 신용카드매출전표를 받아도 매입세액불공제
전세버스(관광버스)	매입세액공제. 신용카드매출전표를 받아도 매입세액공제

1. KTX(고속철도) 요금의 카드결제 시 매입세액공제 여부

KTX(고속철도) 요금은 부가가치세 과세대상으로 부가가치세가 포함되어 있으나, 영수증 발급대상에 해당하므로 신용카드 결제 시에도 매입세액공제를 받을 수 없다.

2. 항공요금의 카드결제 시 매입세액공제 여부

항공요금은 부가가치세 과세대상으로 부가가치세가 포함되어 있으나, 영수증 발급대상에 해당하므로 신용카드 결제 시에도 매입세액공제를 받을 수 없다.

3. 고속버스 요금의 카드결제 시 매입세액공제 여부

고속버스 요금은 부가가치세 과세대상으로 부가가치세가 포함되어 있으나, 영수증 발급대상에 해당하므로 신용카드 결제 시에도 매입세액공제를 받을 수 없다.

4. 철도요금의 카드결제 시 매입세액 공제 여부

철도에 의한 여객운송용역은 부가가치세 과세대상이 아니며, 면세이므로 매입세액공제 대상이 아니다.

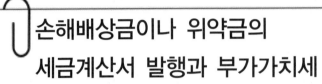

손해배상금이나 위약금의
세금계산서 발행과 부가가치세

1 손해배상금이나 위약금

부가가치세는 재화나 용역을 공급한 경우 과세되는 것으로, 재화가 공급되지 않고, 거래상대방으로부터 위약금 또는 손해배상금 성격으로 지급받는 금액의 경우에는 부가가치세가 과세되지 않는다.

따라서 위약금은 부가가치세 과세 대상거래가 아니므로, 신고대상에도 해당하지 않는다. 또한 세금계산서의 발급대상에서 제외된다. 즉, 부가가치세는 과세대상이 되는 재화나 용역의 공급거래에 부과되는 것인데 다음의 경우는 부가가치세 과세대상에서 제외된다.

① 기업이 소유하고 있는 재화의 파손이나 훼손 등의 사유로 가해자로부터 지급받는 손해배상금(택배 분실 시 부가가치세를 제외한 상품가격만 물어 주는 이유)

② 재화나 용역의 공급계약 해지로 공급자가 받는 위약금

③ 공급기일 등의 지연으로 인해 공급받는 자가 받는 지체상금

④ 대여한 재화의 망실에 대한 변상금

이러한 손해배상금이나 위약금 등은 재화나 용역의 공급에 대한 대가라기보다는 계약의 파기 또는 재화 등의 파손에 따른 배상의 성격으로 수수되는 금액으로 인정되므로 부가가치세가 과세 되지 않는 것이다.

따라서 이들 거래에 대해서는 세금계산서 발행 의무가 없으며, 입금표나 영수증 등으로 거래 사실을 입증하면 된다.

🍸 계약의 해지에 따른 위약금의 처리

구 분		세무처리	
재화 또는 용역의 공급없이 수취하는 위약금, 배상금	세금계산서 발행	위약금은 재화와 용역의 공급대가가 아니므로 세금계산서 발급대상이 되지 않아 지출증빙서류 수취 및 보관 대상도 아니므로 청구서 및 영수증, 계좌이체 증빙으로 증빙을 대신한다.	
	손익인식시기	계약불이행으로 위약금이 발생하는 경우 해약이 확정되는 날을 그 수입시기로 한다. 과세소득에 포함하여 신고한다.	
	원천징수의무	법인에게 지급하는 경우	원천징수의무 없음
		개인에게 지급하는 경우	기타소득으로 보아 원천징수함 (22%). 다만, 계약금이 위약금, 배상금으로 대체되는 경우는 제외 (계약이 존재하는 경우)
예외	당해 위약금이 임차인 퇴거 시 임차인이 직접 시설물을 원상복구 하지 않고 원상복구에 필요한 대가를 임대인에게 별도로 지급하는 것은 부가가치세 과세대상임(부가 46015-1779, 1994.9.1.).		

🦐 법원의 판결 등에 따른 손해배상금의 처리

구 분		세무처리
손해배상금, 변상금	세금계산서 발행	위약금은 재화와 용역의 공급대가가 아니므로 세금계산서 발급대상이 되지 않아 지출증빙서류 수취 및 보관 대상도 아니므로 청구서 및 영수증, 계좌이체 증빙으로 증빙을 대신한다.
	과세소득여부	법인이 수취하는 손해배상금은 법인의 익금으로 보아야 하며, 개인의 경우 손해배상금이 계약의 위약 또는 해약에 의한 위약금(기타소득)이나 사례금(기타소득)에 해당하는 경우는 과세 된다. 손해배상금 및 변상금 등이 기타소득에 해당하는지 여부는 구체적인 손해배상금의 지급 사유, 손해배상금의 성격 및 지급금액, 상대방과의 관계 등을 종합적으로 검토하여 사실판단할 사항이다.
	손익인식시기	법원의 판결에 의하여 지급하거나 지급받는 손해배상금 등은 법원의 판결이 확정되는 날의 익금 또는 손금에 산입한다. 대법원판결 일자 또는 당해 판결에 대하여 상소를 제기하지 아니한 때에는 상소 제기의 기한의 종료한 날의 다음 날을 확정일로 본다.
	원천징수의무	법인에게 지급하는 경우 → 원천징수 의무 없음 개인에게 지급하는 경우 → 기타소득으로 보는 경우 원천징수함(22%).
예외		거주자가 사업과 관련하여 타인의 재산이나 권리를 침해하고 지급하는 손해배상금은 필요경비에 산입하는 것이나, 고의 또는 중대한 과실이 있는 경우에는 필요경비에 산입하지 아니함(소득 46011-734, 1995. 3. 15). 임대인이 임차기간 만료 후 명도소송을 통하여 임차인으로부터 실질적인 임대용역의 대가로 받는 손해배상금 또는 부당이득금은 부가가치세 과세대상으로 판단됨.

부가가치세법 기본통칙 1-0-2(손해배상금 등)

① 각종 원인에 의하여 사업자가 받는 다음 각호에 예시하는 손해배상금 등은 과세대상이 되지 아니한다.

3. 공급받을 자의 해약으로 인하여 공급할 자가 재화 또는 용역의 공급없이 받는 위약금 또는 이와 유사한 손해배상금

서면 3팀-3452, 2007.12.31

자동차대여 사업자가 대여차량으로 사고를 낸 고객으로부터 수리비 및 면책금 명목으로 받는 변상금은 과세대상에 해당되지 아니함.

서삼-2283, 2007.08.16

사업자가 소유재산의 파손, 훼손, 도난 등으로 인하여 가해자로부터 받는 손해배상금 또는 대여한 재화의 망실에 대하여 받는 변상금은 부가가치세의 과세대상이 되지 아니하는 것이나 재산적 가치 있는 파손 또는 훼손된 재화를 가해자에게 인도하는 경우 당해 재산적 가치 상당액은 부가가치세의 과세대상이 되는 것임.

부가 46015-371, 2001.2.23

사업자가 공급받을 자의 해약으로 인하여 재화 또는 용역의 공급 없이 받는 위약금 또는 이와 유사한 손해배상금은 부가가치세 과세대상이 되지 아니하는 것임.

서삼-225, 2007.01.23

지급지연으로 인하여 연체이자를 받는 경우 당해 연체이자는 부가가치세 과세표준에 포함하지 아니하는 것임

2 입회금과 보증금

계약기간이나 일정기간이 경과한 후에 반환받기로 약정한 보증금이

나 입회금도 재화나 용역의 공급대가에 해당하지 않으므로 부가가치세 과세 대상거래가 아니다.

따라서 체육시설, 콘도, 골프장 이용을 위한 입회금으로써 일정기간 경과 후 반환받기로 한 입회금은 부가가치세 과세대상이 아니다. 하지만 일정기간 경과 후에도 반환하지 아니하는 입회금은 재화·용역의 공급대가로 보아 부가가치세 과세대상에 해당한다. 또한 계약기간 종료 후에 반환하는 임대보증금 등의 보증금도 과세대상이 아니므로 금융기관을 통해 거래하고 입금표 등으로 증빙을 해도 세무상으로 문제가 없다.

휴양시설 입회금의 부가가치세

휴양시설 경영자가 동 시설 이용자로부터 받는 입회금으로서 당초 계약 시 반환하기로 한 입회금에 대하여는 부가가치세가 과세되지 아니하는 것이나 계약내용에 따라 반환하지 아니하기로 한 입회금에 대하여는 부가가치세가 과세되는 것임(부가 46015-1831, 1995.10.5.)

재고자산이 멸실된 경우 부가가치세

파손·부패 등의 사유로 재고자산이 멸실된 경우는 부가가치세가 과세되지 않는다. 다만 비용으로 인정받기 위해서 폐기 사실을 객관적으로 입증할 수 있는 증거를 갖추어야 한다.

부가가치세 기본통칙

9-18-4 【재고자산 등의 폐품처리 시 과세】 사업자가 고정자산 또는 재고자산을 폐품처리하여 장부가액을 소멸시키고 장부 외 자산으로 소유하고 있는 경우에는 재화의 공급

으로 보지 아니한다. 다만, 해당 재화가 법 제9조에 따른 재화의 공급에 해당되는 경우에는 그러하지 아니하다.

9-18-5 【화재ㆍ도난물품 등의 과세】 수재ㆍ화재ㆍ도난ㆍ파손ㆍ재고감모손 등으로 인하여 재화를 잃어버리거나 재화가 멸실된 경우는 재화의 공급으로 보지 아니한다.

매입세액공제를 받은 상품, 원재료, 고정자산 등 잔존재화가 폐업 때 남았다면 취득한 지 2년이 넘지 않은 고정자산(건물 제외)은 매각 후 세금계산서를 발행하여 장부상에 남지 않도록 하고, 파손ㆍ부패 등으로 폐기처분 할 재고자산은 품목, 수량, 원가 등을 작성한 리스트와 사진 등 폐기처분을 입증할 수 있는 증거를 갖추어 비용으로 인정받으면 된다.

항공권 대행 수수료 매입세액공제와 항공권 취소에 따른 위약금

 1 **항공권 대행 수수료 매입세액공제**

항공권 대행 수수료에 대해서는 매입세액공제가 가능하나 항공권 자체는 불가능하다.

소비자는 여행사를 통해 항공권을 구입하는 경우 세금계산서를 발급받을 수 없으며, 영수증으로 증빙을 대신한다. 고객은 항공권에 대하여 신용카드매출전표나 현금영수증을 수취하더라고 매입세액공제는 받을 수 없다. 다만, 기업고객의 경우 항공권 대행수수료에 대해서는 매입세액공제가 가능하므로 세금계산서를 발급받을 수 있다. 항공권에 대하여 기업고객은 여행사의 입금표와 항공권 사본으로 지출 증빙을 할 수 있다.

사업자가 사업과 관련하여 출장 시 항공기를 이용하여 항공권의 구입 대금을 신용카드로 결제하고 신용카드 매출전표를 발급받은 경우에도 매입세액공제를 받을 수 없다.

항공권에 대하여는 매입세액공제가 불가능하다는 점을 기억해야 할 것이다.

> **여행사가 고객에게 항공권 판매금액과 서비스 요금을 함께 받는 경우 여행사의 부가가치세 과세표준을 얼마로 할 것인지?**
>
> [요지]
>
> 여행업을 영위하는 사업자가 고객에게 별도로 항공권의 판매에 따른 상담, 항공정보의 제공, 항공권의 발행 등 각종 서비스를 제공하고 받는 대가는 부가가치세가 과세되는 것이며, 항공권을 항공사에 지급할 가액 이하로 판매하여 손실이 발생하더라도 그 손실액을 서비스 요금 등의 과세표준에서 차감하지 아니하는 것입니다.
>
> [회신]
>
> 귀 질의의 경우, 여행업을 영위하는 사업자가 항공사의 항공권을 판매대행하고 고객으로부터 받는 항공권의 대가는 부가가치세 과세대상이 아니고, 고객에게 별도로 항공권의 판매에 따른 상담, 항공 정보의 제공, 항공권의 발행 등 각종 서비스를 제공하고 받는 대가는 용역의 공급에 대한 대가로서 부가가치세가 과세되는 것입니다. 또한, 항공권을 항공사에 지급할 가액 이하로 판매하여 손실이 발생하더라도 그 손실액을 서비스 요금 등의 과세표준에서 차감하지 아니하는 것입니다(부가가치세과-451, 2012.4.19.).

2 항공권 취소에 따른 위약금

항공권 취소로 인한 위약금의 경우엔 재화나 용역의 공급으로 인한 대가가 아니기 때문에 부가가치세 과세대상이 아니다.

부가가치세는 구입자가 매입세액공제를 받으려면 공급자인 상대방이 부가가치세를 납부해야 하는데, 과세대상이 아닌 위약금은 공급자(항공사)가 부가가치세를 내지 않으므로, 공급받는 자(승객)도 매입세액공제를 받지 못하는 것이다.

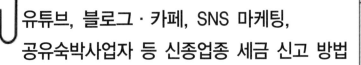

유튜브, 블로그 · 카페, SNS 마케팅,
공유숙박사업자 등 신종업종 세금 신고 방법

유튜버들도 세금신고를 잘해야 한다. 구글 매출과 지출을 파악하기 위해 부가가치세법도 계속해서 개정되고 있고, 광고수익과 클라우드 서비스까지 과세대상에 포함됐다. 구글 광고수익 매출이 파악된다면 그에 따른 지출과 유튜버들의 수익도 파악이 가능해진다.

그 외 크리에이터들의 기획사로 볼 수 있는 MCN(다중채널네트워크) 사업자를 통한 수익도 있는데, 국내에서 인적용역을 제공하고 그 대가를 수령하는 것으로 국내 MCN 사업자들이 이미 지출을 다 신고하고 있으므로 이 부분은 예전부터 100% 세원 포착이 됐던 부분이다.

1 1인 미디어(유튜버) 창작자

사업자등록

사업자등록은 사업개시일로부터 20일 이내에 본인 신분증, 사업장 임대차계약서, 사업자등록 신청서(대리인의 경우 위임장)를 지참해 홈택스 또는 세무서에서 신청할 수 있다.

광고수익이 대부분이기 때문에 업종도 광고업으로 등록해야 하는 것 아닌가 하는 의견도 있지만, 국세청에서 제공하는 세무정보에 의하면 과세사업자의 경우 921505(미디어 콘텐츠 창작업), 면세사업자의 경우 940306(1인 미디어 콘텐츠 창작자)로 우선 분류하고 있다.

사업자등록 때 간이과세와 일반과세를 선택하는 부분은 종합적인 판단이 필요한데, 일반적으로 간이과세(부가가치율 30%)를 선호하지만, 유튜버들은 달리 볼 필요가 있다고 생각한다. 앞서 말한 것처럼 애드센스 광고 수익은 영세율이 적용되기 때문에 어차피 매출에 의한 부가가치세 부담이 없다고 본다면, 환급을 받을 수 있는 일반과세자를 선택하는 것이 합리적이라고 보여 진다. 영세율도 적용받고 매입세액공제도 받는 것이 유리하기 때문이다.

구 분	과세사업자	면세사업자
사업자 등록	인적 시설(영상 편집자, 시나리오 작성자 등을 고용) 또는 물적 시설(별도의 방송용 스튜디오 등)을 갖춘 경우는 과세 사업자로 등록해야 한다.	근로자를 고용하지 아니하고 물적 시설이 없는 경우에는 면세사업자로 등록할 수 있다.
미등록 불이익	① 사업개시일로부터 20일 이내에 사업자등록을 하지 않은 경우는 사업개시일로부터 예정신고기간 또는 해당 과세기간까지의 공급가액에 대하여 1%에 상당하는 금액을 가산세로 부담해야 한다. ② 사업자등록을 하기 전의 매입세액은 매출세액에서 공제하지 않는다.	① 면세사업자에게는 사업자 미등록에 따른 가산세를 부과하지 않는다. ② 면세사업자는 부가가치세 신고를 하지 않기 때문에 원래 매입세액을 공제받을 수 없다.

구 분	과세사업자	면세사업자
업종 코드	921505 (미디어 콘텐츠 창작업)	940306 (1인 미디어 콘텐츠 창작자)
	단순경비율 : 87.3% 기준경비율 : 20.3%	단순경비율 : 64.1% 기준경비율 : 19.2%

🍄 부가가치세 신고

과세 사업자로서 부가가치세를 신고해야 하며, 일반과세자는 6개월 단위로, 간이과세자는 1년 단위로 신고한다.

사업자	과세기간	확정신고 대상	납부기한
일 반 과세자	제1기 1.1.~6.30.	1.1.~6.30.까지 사업 실적	7.1.~7.25.
	제2기 7.1.~12.31.	7.1.~12.31.까지 사업 실적	다음 해 1.1.~1.25.
간 이 과세자	1.1.~12.31.	1.1.~12.31.까지 사업 실적	다음 해 1.1.~1.25.

▶ (예시) 국외 플랫폼 운영사인 유튜브로부터 외화로 받는 수익은 부가가치세 신고 시 영세율이 적용되고 촬영장비 구입, 사무실 임차 시 부담한 부가가치세는 공제(환급)받을 수 있다.

▶ (예시) A씨가 '23.1.1.~6.30.까지 제작한 콘텐츠를 해외 플랫폼 운영사에 업로드하고 받은 수익이 $50,000(환율 1$ = 1,200원 가정)이고, 사무실을 임차하여 1천 1백만 원(부가세 포함) 지급하고 세금계산서를 수취하였다.

해설

사업자등록 시	사업자 미등록 시
• 매출세액(영세율) : 60,000,000원 × 0% = 0원 • 매입세액(공제) : 10,000,000원 × 10% 　= △1,000,000원 환급세액 : 1백만 원	• 매출세액(영세율) : 60,000,000원 × 0% = 0원 • 매입세액(불공제) • 미등록가산세(1%) : 60만 원 • 영세율 과세표준 무신고가산세(0.5%) : 30만 원 부과 세액 : 90만 원

부가가치세법에서는 수출하는 재화나 용역에 대해 영세율(세율 0%)을 적용해서 국내에서 과세가 되지 않도록 규정하고 있다.

부가가치세는 MCN을 통한 사업자는 프리랜서로 구분되는데, 인적용역은 부가가치세 과세 대상이 아니기 때문에 5월에 종합소득세만 신고하면 된다. MCN을 통하지 않고 직접 구글로부터 수익(유튜브 애드센스 수입)을 받는 개인사업자는 부가가치세 과세 대상이긴 한데, 이 부분도 국외로 인적용역을 제공하는 것이기 때문에 영(0)세율을 적용받는다. 실질적으로 구글로부터 직접 받는 매출에 대한 부가가치세 부담은 없다고 보면 된다.

영세율이 적용되는 경우 부가가치세 납부가 면제되는 것이지 면세대상 품목이 아니므로 법에서 정한 신고 절차를 거쳐야 한다.

이 경우 법에서는 특정 서류를 첨부하여 신고하도록 요구하고 있다. 내야 할 부가가치세는 없더라도 매입세액공제를 통해 환급 가능한 부가가치세는 있을 수 있으므로 신고는 반드시 해야 한다.

[부가가치세 신고 시 영세율 첨부 서류]

구 분	첨부서류
영세율 매출명세서	영세율 매출명세서의 경우 과세기간 동안 입금된 외화를 입금된 날의 환율을 적용하여 합산하면 된다.
외화입금증명서	외화입금증명서는 수출 등의 경우에 영세율 적용대상임을 증명하는 서류이다. 외화입금증명서를 발급받으려면 필요서류를 구비하여 해당 은행으로 가야 한다. 필요한 구비서류로는 다음과 같다.

구 분	첨부서류
개인사업자	신분증, 사업자등록증, 통장 사본
법인사업자	신분증, 사업자등록증, 통장 사본, 위임장, 법인등기부등본, 법인인감증명서, 법인인감

🍸 종합소득세 신고

유튜브 광고 수익 등은 사업소득에 해당하고, 1년간의 모든 과세 대상 소득을 합산하여 다음 해 5월 종합소득세 신고를 해야 한다.

적절한 신고 절차 이행시 세금 부담이 거의 없는 부가가치세와 달리 종합소득세는 유튜버에게 중요한 세금이라고 볼 수 있다.

종합소득세는 1월에서 12월 사이에 벌어들인 소득을 합산하여 다음 해 5월에 신고하는 소득세이다.

해외에서 국내로 바로 송금되는 유튜버 구글 애드센스 수입의 특성상 5월 종합소득세 신고 시 누락하는 경우가 있다. 만약 종합소득세 신고를 누락 한다면, 납부해야 할 세금에 추가하여 가산세가 부과되므로 주의해야 한다.

따라서 다른 소득이 있다면 애드센스 수입과 합산하여 5월에 종합소득세 신고를 해야 한다.

소득세 신고에 있어서는 다른 업종에 비해 필요경비 입증이 유리한 특징이 있다. 일반적인 업종은 퇴근 시간 이후나 주말 사용분은 경비인정이 어렵지만, 유튜버들은 하는 일이 모두 동영상으로 노출되고 기록되니까 필요경비 적용이 훨씬 수월하다. 다만 가족이나 지인들끼리 모여서 콘텐츠를 제작하는 등의 사례가 많아서 인건비 처리를 하지 못하는 때도 있는데, 이런 부분은 정확한 수익 배분과 인건비 처리가 필요하다.

한편 종합소득세를 줄이기 위해서는 다음과 같은 방법이 이용될 수 있다.

❶ 신용카드나 체크카드를 사용하고, 현금을 사용한다면 현금영수증을 발급받아 비용을 늘리는 방법

❷ 다양한 세액감면을 받기 위해서 사업자등록 고려하기

❸ 고소득 유튜버의 경우 1인 법인전환 고려하기

그리고 유튜브 수익 외에 근로소득이 있거나 다른 사업소득이 있는 경우에는 5월에 합산해서 종합소득세 신고를 해야 한다. 개인사업자로 수익을 창출하는 것 외에 간헐적으로 발생하는 프리랜서 소득 등이 있을 수 있으므로 종합소득세 신고 때 국세청 홈택스에서 반드시 1년 치 소득을 조회해보고 전부 합산해서 소득 누락이 없도록 하는 것이 중요하다.

> 직장을 다니면서 하는 경우 사업소득과 별도로 근로소득이 있는 경우, 두 소득 모두 종합소득세 신고 대상이 되므로 다음과 같이 계산하면 된다.

(1) (유튜브 소득 - 필요경비) = ① 사업 소득금액, (총급여 - 근로소득공제) = ②
근로소득금액
(2) [종합소득금액(① + ②) - 소득공제] = ③ 과세표준
(3) [③ 과세표준 × 세율] = ④ 산출세액
(4) [④ 산출세액 - (세액공제 및 감면) - 기납부세액] = 납부(환급)세액

🔌 세무조사에 대한 대비책은

누구나 세무조사를 받을 수는 있다. 최근에 유튜버에 대한 세무조사 내용을 보면 가장 큰 부분이 신고 누락, 즉 무신고였다. 따라서 소득에 대해서는 무조건 자진신고를 하는 것이 세무조사에 대한 가장 기본적인 예방책이라고 할 수 있다.

또 하나는 수익을 타인 명의의 계좌로 받는 경우가 많다는 것인데, 애드센스 등록 계좌를 본인 것이 아닌 타인 명의 계좌로 등록하고 수익을 수령하는 경우는 수익을 신고하지 않는 사례도 있는데, 이는 추후 차명계좌 사용에 따른 세법상의 불이익을 받을 수 있다.

세무조사에서도 MCN 사업자들이 명의를 분산시키거나 가공 인건비를 활용해 소득을 누락시킨 부분이 세무조사에서 확인됐다. 사업자 등록 후에는 사업용 계좌로 수익을 수령해서 적법한 세무 처리를 하는 것이 좋다.

최종 수입은 다음 달 중순까지는 애드센스로 이체되지 않는다. 이번 달에 보여 지는 수익은 예상 수익일 뿐이며, 최종 수익은 다음 달 10~14일에 애드센스 계정 잔액에 추가된다. 유튜브 예상 수입은 유튜브 분석 수익 보고서를 사용

유튜브의 PIN 주소 확인 역시 최종 수익 : 잔액에 추가된 금액이 10$를 넘어야 이후 발송 처리된다. 생성/발송되면 별도의 페이지가 확인 가능해진다.

※ 유튜브 수익 확인

https://support.google.com/youtube/answer/187602?hl=ko

※ PIN 주소 확인 개요

https://support.google.com/adsense/answer/157667?hl=ko&ref_topic=13 48132

2 SNS 마켓(블로그·카페 등) 사업자

SNS 마켓이란 블로그·카페 등 각종 사회관계망서비스(SNS) 채널을 이용하여 물품판매, 구매 알선·중개 등을 통해 수익을 얻는 산업활동을 말한다.

SNS 마켓은 개인 간 친교 및 사교적인 목적의 SNS 계정을 이용해서 판매행위를 한다는 특징이 있다.

블로그·카페뿐 아니라 모바일에 익숙한 2030 세대를 중심으로 인스타그램, 페이스북, 유튜브 등 개인 SNS 계정을 기반으로 한 상품 거래가 점점 늘어나고 있다.

● SNS 마켓은 재화 등을 매입하여 판매하거나 상품 홍보를 하고 판매수량에 따라 수수료를 받는 등 다양한 거래유형이 있다.

● 블로그·카페 등을 운영하며 홍보성 게시글에 대한 원고료, 배너 광고를 게재하여 주고 광고료를 받는 경우

● 오프라인 사업장을 가진 사업자가 온라인 판매채널로 블로그 등을 이용하여 물품 판매

○ 개인이 소규모로 SNS 등을 통하여 자기 물품을 판매하거나 구매대행 등 서비스를 제공
○ 제조업자·도매업자의 의뢰를 받아 SNS 등을 통하여 상품정보를 제공하고 수수료를 수취

🔖 사업자등록

과세사업자로 등록을 해야 하며, 규모가 작고 거래 건수도 많지 않아 통신판매업 신고면제기준에 해당하더라도 사업자등록은 별개이므로 사업자등록을 하지 않은 경우 가산세 등 불이익을 받을 수 있다. 또한, 소비자와 판매자가 대면하지 않고 거래가 가능한 경우는 통신판매업 신고를 해야 하지만 최근 6개월간 거래 횟수가 50회 미만, 거래 규모가 부가가치세법상 간이과세자인 경우는 통신판매 신고에서 제외된다.

[사업자등록과 통신판매업 신고 비교]

구 분	사업자등록	통신판매업 신고
근거법령	부가가치세법 제8조	전자상거래 등에서의 소비자보호에 관한 법률 제12조 제1항
신청(신고) 접수	홈택스 또는 세무서	정부24, 공정거래위원회 또는 지방자치단체 주된 사무소 소재지를 관할 하는 지자체
요건	사업상 독립적으로 재화 또는 용역을 공급하는 자	통신판매를 업으로 하는 자 또는 그와의 약정에 따라 통신판매 업무를 수행하는 자

구 분	사업자등록	통신판매업 신고
등록(신고) 면제기준	없음	최근 6개월 거래 횟수 20회 미만 또는 거래 규모 1,200만 원 미만 신고면제 기준 개정 논의 중(공정위)
의무위반 시	미등록가산세 (공급가액의 1%)	3천만 원 이하의 벌금
업종코드	업종코드는 525104(SNS 마켓)로 등록한다. SNS 마켓을 이용한 통신판매업을 기존의 전자상거래 소매업 및 소매중개업과 구분하기 위해 업종코드 신설하여 2019년 9월 1일 이후 신규(정정) 사업자등록 시부터 적용하고 있다. 단순경비율(86.0%), 기준경비율은 (11.8%)이다.	
현금영수증	직전 과세기간 수입금액이 2,400만원 이상인 경우 가맹점 가입의무가 있으며 미가맹 시 미가입기간 수입금액의 1% 가산세가 부과된다. 구매자가 현금영수증 발급을 요청하지 않거나, 인적 사항을 모르는 경우, 국세청 지정번호(010-0000-1234)로 현금영수증을 발행할 수 있다.	

부가가치세 신고

과세 사업자로서 부가가치세 신고를 하여야 하며, 일반과세자는 6개월 단위로, 간이과세자는 1년 단위로 신고한다.

종합소득세 신고

SNS 마켓에서 얻은 소득은 사업소득에 해당하고 1년간의 모든 과세대상 소득을 합산하여 다음 해 5월 종합소득세 신고를 해야 한다.

3 SNS 마케팅 사업자

SNS에서 제품을 홍보하는 글을 주기적으로 쓰는 대가로 업체로부터 원고료를 받거나 해당 제품을 제공받는 경우를 말한다.

구 분	처리 방법
사업자등록	인적 · 물적 시설이 없이 개인적으로 활동하는 경우 면세사업자로 등록할 수 있다. 면세사업자로 등록한 경우, 원칙적으로 업체에게 계산서를 발급해야 하지만 업체로부터 원천징수영수증을 발급받은 경우 계산서를 발급한 것으로 보기 때문에 계산서를 중복하여 발급하지 않는다. 업체는 대가를 지급할 때 원천징수를 하는데, 금전 외의 것을 수입하는 경우는 해당 물품의 거래가액으로 계산한다.
부가가치세 신고	면세사업자인 경우 부가가치세는 면제되므로 신고할 필요는 없다.
종합소득세 신고	SNS 마케팅으로 얻은 소득은 사업소득에 해당하고 모든 과세대상 소득을 합산하여 다음 해 5월 종합소득세 신고를 해야 한다.

4 공유숙박 사업자

자신이 사는 집의 빈방이나 빈집 같은 여유 공간(숙박 공간)을 여행객들에게 유상으로 제공하는 것으로, 온라인 중개 플랫폼에 등록하여 숙박공간을 사용하고자 하는 임차인에게 공간을 공유·사용하게 함으로써 대가를 수령하는 산업활동을 의미한다.

플랫폼은 '정거장'이란 의미로 인터넷을 기반으로 이용자를 연결하고 각종 경제활동을 통해 수익을 창출하는 사업모델로서, 대표적인 공유숙박 플랫폼으로 에어비앤비(Airbnb)가 있다.

구 분	처리 방법
사업자등록	사업자등록은 사업개시일로부터 20일 내 본인 신분증, 사업장 임대차계약서, 사업자등록 신청서, 관광사업등록증(외국인관광 도시민박업 등), 농어촌민박 신고필증(대리인의 경우 위임장)을 지참해 홈택스 또는 세무서에서 신청할 수 있다. 과세 사업자로 사업자등록을 해야 한다.
업종코드	551007(숙박공유업)이다. 간이과세자의 경우 숙박업으로 부가가치율 20% 단순경비율(82.9%), 기준경비율은(20.4%) 이다.
부가가치세 신고	과세 사업자로서 부가가치세 신고를 해야 하며, 일반과세자는 6개월 단위로, 간이과세자는 1년 단위로 신고
종합소득세 신고	연간 수입금액이 500만 원 이하인 경우 기타소득으로 신고할 수 있다(소득세법 제21조 제1항 제8의 2호). 연간 수입금액이 500만 원 초과인 경우는 종합소득세 사업소득으로 신고하면 되고, 다른 소득이 있는 경우에는 합산하여 신고한다. 사업소득과 별도로 근로소득이 있는 경우 (1) (공유숙박 소득 - 필요경비) = ① 사업소득 금액, (총급여 - 근로소득공제) = ② 근로소득금액 (2) [종합소득금액(① + ②) - 소득공제] = ③ 과세표준 (3) [③ 과세표준 × 세율] = ④ 산출세액 (4) [④ 산출세액 - (세액공제 및 감면) - 기납부세액] = 납부(환급)세액

수출 시 영세율 적용방법

1 영세율이란?

영세율은 일정한 재화 및 용역에 대한 공급대가에 영(0)의 세율을 적용시켜 부가가치세 부담을 완전히 면제시켜주는 제도이다.

따라서 부가가치세 신고를 할 때 매입세액을 환급받을 수 있다.

구 분		영세율 적용
과세사업자	일반과세자	영세율 적용 O
	간이과세자	영세율 적용 O(단, 간이과세자이므로 환급은 불가)
면세사업자		영세율 적용 X(단, 면세 포기 시 영세율 적용 O)

2 영세율 적용대상

① 재화의 수출 : 직수출, 내국신용장/구매확인서에 의한 공급 등

② 국외에서 공급하는 용역 : 해외 건설 용역 등

③ 선박 또는 항공기에 의한 외국 항행용역의 공급

④ 외화를 획득하기 위한 재화 또는 용역의 공급 : 국내 거래이지만 국내사업장이 없는 비거주자 또는 외국법인에게 공급하며, 그 대금을 외국환은행에서 원화로 받는 등의 방법으로 외화획득이 가능한 거래 등

⑤ 조세특례제한법상 영세율 적용 대상 재화나 용역 : 방산업체가 공급하는 방산물자 등

3 영세율 세금계산서 발급

구 분	영세율 적용
영세율 세금계산서 발급	내국신용장/구매확인서에 의한 공급, 수출 재화 임가공용역
영세율 세금계산서 미발급	직수출, 국외에서 공급하는 용역, 외국 항행용역의 공급

4 구매확인서 발급

구매확인서는 최종 수출을 하기 위해 구매하였다는 것을 증명해주는 증명서이다.

물건을 공급하는 자는 발급된 구매확인서를 근거로 하여 영세율 세금계산서를 발행하면 된다.

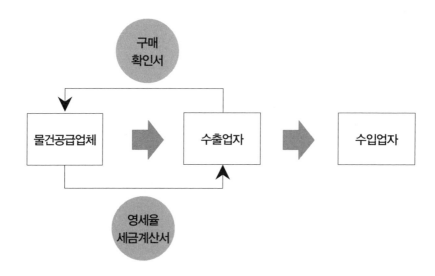

구 분	구매확인서 발급기한에 따른 세금계산서 발급
재화나 용역의 공급일로부터 다음 달 10일 이내에 구매확인서가 발급된 경우	공급일자를 작성일자로 하여 영세율 세금계산서 발행
7/25(상반기 공급분) 또는 1/25(하반기 공급분) 이내에 구매확인서가 발급된 경우	일반 세금계산서를 발급 → 구매확인서 발급 → 영세율 세금계산서로 수정발행
7/25(상반기 공급분) 또는 1/25(하반기 공급분) 이후에 구매확인서가 발급된 경우	영세율이 인정되지 않으므로, 수정 세금계산서 발행 안 함

5 국외 매출의 경우 챙겨야 하는 매입자료

❶ 홈택스로 조회할 수 없는 매입자료 : 선적일이 기입된 수출신고 필증(수출면장)

❷ 국외에서 제공하는 용역(영세율 적용 대상)은 외화입금증명서 또는 용역공급 계약서를 첨부해야 한다.

구글 애드센스, 앱 개발자 수입과 같은 영세율 매출 신고 시 외화입금증명서는 영세율 적용대상자임을 증빙할 수 있는 서류이다.

그러나, 외화입금증명서를 부득이하게 제출할 수 없는 경우 외화획득명세서 작성을 통해 영세율 적용대상자를 증빙할 수 있다.

❶ 외화입금증명서는 수출 등의 경우에 영세율 적용 대상임을 증명하는 서류로 활용된다.

❷ 외화입금증명서를 제출하는 경우 외화획득명세서는 제출하지 않아도 된다.

❸ 외화입금증명서는 외국환은행이 있는 은행에 직접 가서 발급받는 방법과 은행 홈페이지에서 발급받을 수도 있다.

❹ 외화입금증명서를 홈페이지에서 발급받는 경우 각 은행 사마다 방법의 차이가 있다.

[예시] 카카오의 경우

카카오뱅크의 고객센터 접속 → 증명서 발급 → 외환 → 외환매입증명서 → 직접 출력 방식

▶ 외화획득명세서란?

외화획득명세서는 영세율 첨부서류를 부득이하게 제출할 수 없을 때, 그 내역을 적어서 제출하는 증명서이다.

❶ 외화획득명세서 작성 시 외화획득 사실 증빙이 가능한 서류를 함께 제출하여 영세율 적용대상자임을 증빙해야 한다.

❷ 외화획득 사실 증빙 가능한 서류는 EMS 서류 / 수출신고필증 / 외화입금증 등이 있다(수출한 내역이나 외화를 거래한 내용을 증명할 수 있는 서류이다.).

소프트웨어 수출 시 영세율 적용

소프트웨어와 같이 무형의 상품을 전자통신망을 통한 전송 방법으로
국외로 공급하는 경우는 부가가치세법의 규정에 의한 수출하는 재화
에 해당하여 부가가치세 영세율이 적용되는 것으로 유형 상품의 경
우 선적일을 공급시기로 보나, 무형의 상품인 소프트웨어의 경우 국
외로 전송되는 때를 공급시기로 보아야 할 것으로 판단된다.
영세율 첨부서류로는 수출계약서 사본 또는 외국환은행이 발행하는
외화입금증명서를 제출하면 될 것으로 판단된다.

**소프트웨어를 비거주자에게 전자통신망을 통한 전송 방법으로 국외로
공급하는 경우, 수출하는 재화에 해당해 영세율 적용**

[질의]
소프트웨어를 인터넷을 통한 프로그램 다운로드 방식으로 해외의 비거주자 또는 외
국법인에게 판매하고 그 대금을 결제대행사의 시스템을 이용하여 신용카드로 받는
경우 - 부가가치세 영세율이 적용되는지 여부

[회신]
사업자가 소프트웨어산업진흥법에 의한 소프트웨어를 외국환관리법에 의한 비거주자에게 전자통신망을 통한 전송 방법으로 국외로 공급하는 경우는 수출하는 재화에 해당하여 부가가치세 영세율이 적용되는 것임(부가 46015-752, 2002.10.16.).

국외 제공용역의 영세율 적용

국외제공용역에 대해서 영세율을 적용할 수 있는 요건은 다음과 같다. 부가가치세법상 사업장이 국내에 소재해야 하지만 용역의 제공은 국외에서 이루어져야 한다. 이때 용역에 대한 대가를 외화로 받든지 원화로 받든 지는 상관없이 위의 조건만 만족하면 영세율을 적용받게 된다.

국외제공용역의 공급시기는 해당 역무가 제공되는 때이다. 공급시기에 따라 부가가치세 신고를 할 경우 과세표준은 공급시기 이전에 환가한 경우는 해당 환가한 금액이며, 공급시기 이후에 환가한 경우에는 공급시기의 기준환율 또는 재정환율로 환산한 금액을 과세표준으로 한다.

이렇게 국외제공용역에 대해서는 세금계산서를 발급할 의무가 없다. 해외 현지의 외국 사업자는 국내 세법상 작성된 세금계산서가 필요없기 때문이다.

국외제공용역에 대해 부가가치세 신고를 할 경우 영세율 첨부서류도 함께 제출해야 한다.

국외제공용역에 대한 영세율 첨부서류는 외국환은행장이 발행하는 외화입금증명서나 국외에서 제공하는 용역제공계약서(하도급계약서) 등이다. 동 서류를 제출할 수 없는 경우에 외화획득명세서에 영세율이 확인되는 증거서류를 제출하는 것으로 외화입금증명서를 제출하는 경우 외화획득명세서는 제출하지 않아도 된다.

영세율 첨부서류를 제출하지 않는 경우 영세율 과세표준이 신고된 것으로 보지 아니하므로 영세율과표신고불성실가산세가 적용될 수 있다(부가-370, 2009.1.29.).

부가가치세 영세율 적용에 관한 규정 제4조[외화획득명세서의 제출]
부가가치세법에 의한 영세율적용사업자가 지정서류를 제출할 수 없는 경우에는 「영세율적용사업자가 제출할 영세율 첨부서류 지정 고시」 별지 제7호 서식의 외화획득명세서에 영세율이 확인되는 증거서류를 첨부히여 제출하여야 한다.

구 분	내 용
공급시기	해당 역무(즉 서비스 행위)의 제공이 완료된 때
부가가치세 과세표준의 계산	공급시기 전에 환전한 경우라면 그 환전한 금액을, 공급시기 후에 외화가 입금된 경우는 공급시기 기준의 기준환율 또는 재정환율에 따라서 환가한 금액이 과세표준에 반영되는 것이다.
세금계산서 발급 의무	없다(외국에 있는 사업자가 국내에서 발급된 세금계산서를 수취해도 의미가 없기 때문)
영세율 첨부서류 제출 의무	영세율 첨부서류란 영세율을 적용받을 수 있다는 근거를 보여주기 위한 서류라고 보면 된다.

영세율 과세표준 신고 불성실 가산세를 주의해야 한다.

영세율이 적용되기 때문에 부가가치세 본세는 없다고 봐야 하기 때문에 일반적인 업종에서 발견될 수 있는 신고불성실가산세 및 납부불성실가산세는 없으나, 영세율이 적용되는 공급가액을 낮추어 신고할 경우 종합소득세까지 탈루될 가능성이 있으므로 세무서에서는 과소신고 또는 무신고된 영세율 대상 공급가액에 가산세를 적용하고 있다.

한편 영세율 첨부서류를 미제출한 경우에도 영세율 과세표준 신고 불성실 가산세가 적용되니 주의하기를 바란다.

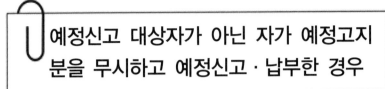

예정신고 대상자가 아닌 자가 예정고지분을 무시하고 예정신고 · 납부한 경우

예정신고 대상자가 아닌 자가 예정 고지분을 무시하고 예정신고·납부한 경우에는 예정신고로써의 효력이 없으며, 확정신고 시 예정신고 분도 합산해서 신고해야 한다.

확정신고 시에 예정신고 기간분의 과세표준을 제외하고 신고·납부한 경우는 해당 과세기간분에 대한 수정신고를 해야 하는 것이고, 예정신고 시 자진납부한 세액은 예정 고지세액의 납부로 보아 예정고지 세액에 대체할 수 있다. 물론, 예정 고지세액과의 차액에 대하여는 추가납부 또는 환급을 받게 된다.

예정고지자가 예정신고 후 예정신고기간 거래분을 제외하고 확정신고

[요 지]

신고대상이 아닌 예정고지 받은 자가 예정신고 후 예정신고 분을 제외하고 확정신고시 수정신고 또는 경정청구 하여야 함

[회 신]

예정고지를 받은 사업자로서 예정신고대상에 해당하지 않는 개인사업자가 예정신

고기간의 거래분에 대하여 예정신고와 함께 매출·매입처별세금계산서합계표를 관할 세무서장에 제출한 후에 부가가치세 확정신고시 예정신고기간의 과세표준과 납부세액 등을 제외하고 과세기간 최종 3월간(4.1~6.30 또는 10.1~12.31)의 과세표준과 납부세액만을 신고·납부한 경우에는 수정신고 또는 경정청구를 하여야 한다.

이 경우 당해 개인사업자가 예정신고시 제출한 매출처별세금계산서합계표의 기재사항이 발급한 세금계산서의 필요적 기재사항의 전부 또는 일부가 착오 또는 과실로 적혀 있지 아니하거나 사실과 다른 경우를 제외하고는 매출처별세금계산서합계표 관련 가산세가 적용되지 아니하며,

부가가치세 확정신고시 신고한 납부세액(예정신고기간의 거래분이 제외된 납부세액)이 예정신고기간 거래분을 포함하여 신고해야 할 납부세액에 미달하거나 납부한 세액이 납부해야 할 세액에 미달하는 경우에 그 미달한 신고·납부세액에 대하여는 신고·납부불성실 가산세가 적용된다(부가, 부가 46015-982, 2000.05.02.).

구 분	대상자
예정고지 대상자	• 개인사업자 : 모든 일반과세자
	• 법인사업자 : 직전 과세기간 공급가액 합계액이 1억 5천 만 원 미만 법인
	• 고지 금액 : 직전과세기간 납부세액의 1/2. 단 예정고지 납부 세액이 50만 원 미만이라면 별도로 고지하지 않는다.
	• 예정고지 세액을 꼭 내야 하나요?
	고지세액을 정당한 사유 없이 내지 않으면 가산세가 부과된다. 휴업이나 사업 부진으로 예정고지 세액을 납부하기 힘들다면 꼭 예정신고를 해야 한다.
예정신고 대상자	• 직전 과세기간 공급가액 합계액이 1억 5천 만 원 이상인 법인
	• 예정신고 기간의 공급가액이 직전 과세기간 공급가액의 1/3 미만인 경우
	• 시설투자 등의 사유로 지출이 많아서 조기환급을 받고자 하는 경우

면세사업자에서 과세사업자 전환
부가가치세(겸업사업자 전환시)

1 과세사업 전환

면세사업자가 과세 사업자로 전환하는 경우 기존 면세사업에 대하여
는 폐업 후 신규로 부가가치세법에 따른 사업자등록을 해야 한다.
즉, 사업자가 면세사업을 영위하다가 과세사업을 추가하는 경우 과
세사업자 번호로 사업자등록증을 재발급받아야 한다.

2 과세사업 추가

소득세법 및 법인세법의 규정에 따라 등록한 자(면세사업자는 부가
가치세법 규정에 따라 등록한 자가 아님)로서 면세사업을 영위하는
자가 추가로 과세사업을 영위하고자 하는 경우는 사업자등록 정정신
고서를 제출하면 사업자등록신청을 한 것으로 보게 된다.
예를 들어 2024년 5월 16일에 면세사업자에서 과·면세사업자로 유형
전환한 경우는 유형 전환 후 면세수입금액과 계산서 합계표는 부가

가치세 신고서에 반영하여 신고하고, 2024년 1월 1일부터 5월 15일까지 유형전환 전 면세수입금액에 대하여는 2025년 2월 10일까지 면세사업자 사업장현황신고와 계산서 합계표를 제출하면 된다.

참고로 면세 사업장현황신고는 과세 사업자 유형전환 전 면세수입금액에 대하여 현재 폐업처리된 면세사업자등록번호로 신고하는 것이다.

3 매입세액공제

면세사업자일 때는 사업과 관련해서 구입한 자산에 대해서는 매입세액을 공제받지 못했다.

그런데 기존 면세사업자로서 매입세액이 공제되지 아니한 재화(건물 10년, 그 외 자산 2년 이내인 경우)를 과세 전환된 사업에 사용하거나 소비하는 경우는 확정신고를 할 때 과세와 면세매출 비율에 따라 추가로 매입세액으로 공제받을 수 있다.

이때 과세 매출과 관련된 매입은 전액 공제되는 반면, 과세와 면세에 공통으로 사용되는 재화에 대해서는 과세 매출과 면세매출 비율에 따라 안분계산을 해야 한다.

[참고 여담] 사업자등록증 상 과세 사업자는 부가가치세법 규정에 의해 등록한 사업자이고, 면세사업자는 소득세법 규정에 의하여 등록한 자이다. 이의 구분이 필요한 이유는 과세 사업자의 세법 적용의 판단기준은 부가가치세법이지만 면세사업자는 소득세법이라는 점이다. 단지 면세사업자는 부가가치세법상 협력의무를 이행하고 있는 것이다. 면세사업자의 주 신고인 사업장현황신고 규정이 소득세법 제78조(사업장현황신고)에 규정하고 있는 이유가 면세사업자는 부가가치세법이 아닌 소득세법 규정의 적용을 받기 때문이다. 물론 실무를 할 때는 크게 구분이 되지 않지만, 법령의 해석에 있어서는 필요할 때가 있다.

부가가치세 매입세액공제와 관련해 알아두면 유용한 지출

부가가치세 매입세액공제는 국내의 일반과세 사업자 및 간이과세자 (4,800만원~1억 400만원)로부터 세금계산서 또는 신용카드 매출전표를 수취하였으면 공제가 가능한 것이므로, 국내 사업자가 아닌 자로부터 재화 등을 공급받는 해외 사용분에 대해서는 매입세액공제가 되지 않는다. 다만 해당 지출에 대해 지출사실이 확인되는 경우 법인세나 소득세 신고 시 비용으로는 인정된다.

 1 차량의 구입·임차 및 유지에 관련된 매입세액

① 또는 ②에 해당하지 않는 취득 및 유지비용은 모두 매입세액불공제 된다고 보면 된다.

① 경차(1,000cc 미만 차량으로 모닝, 스파크, 레이 등), 트럭 등 화물차, 125cc 이하의 이륜자동차, 9인승 이상의 차량, 밴승용차(운전석과 조수석 외에는 좌석이 없는 차량)의 취득 및 유지비용

② 승용차 중 운수업, 자동차판매업, 자동차임대업, 운전학원업, 경비업법, 장례식장 및 장의 관련업을 영위하는 법인차량과 운구용 승용차의 취득 및 유지비용

절대 차량에 들어가는 유종과 관계없다. 전기차, 수소차, 휘발유, 경유, 가스에 따라 공제 여부가 결정되는 것은 아니다.

또한 매입세액공제가 안 된다고 경비인정이 안 되는 것은 아니다.

2 간이과세, 면세사업자로부터 매입한 내역

4,800만원~1억 400만원인 간이과세 사업자는 2021년 7월 1일 이후부터는 세금계산서 발행이 가능하다. 단, 4,800만원 미만 간이과세자는 세금계산서 발행이 불가능하다.

따라서 구매자는 4,800만원~1억 400만원 간이과세자로부터 세금계산서(신용카드매출전표 포함)를 받으면 매입세액공제가 가능하다.

상대방 사업자에 대한 간이과세의 여부 확인은 홈택스 〉 조회/발급 〉 사업자 상태에서 조회할 수 있다.

면세사업자는 부가가치세의 면제 대상이다. 따라서, 면세사업자와의 거래에 대해서는 매입세액공제가 되지 않는다.

3 해외출장, 해외사이트 등 국외 사용분

부가가치세는 국내의 일반과세 사업자 및 간이과세자(연 매출 4,800만원~1억 400만원)로부터 세금계산서 또는 신용카드 매출전표를 수

취하였으면 매입세액공제가 가능하므로, 국내 사업자가 아닌 자로부터 재화 등을 공급받는 해외 사용분에 대해서는 매입세액공제가 되지 않는다. 즉 해외에서 출장 중 사용한 금액에 대해서는 매입세액공제가 되지 않는다.

또한 해외사이트 구입 분도 부가가치세 공제를 받을 수 없다.

해외 카드사용 내역 등 부가가치세 불공제 내역은 매입매출전표가 아닌 일반전표로 부가가치세 불공제로 처리해주면 된다.

매입매출전표 메뉴에서 전표입력 시에는 카드사용내역에 부가가치세가 구분되어있는 경우는 카불, 부가가치세가 없다면 카영으로 부가세 유형을 입력하면 된다.

4 사례별 부가가치세 매입세액공제 여부 판단

항 목	공제	주요 지출항목
복리후생비		실비변상적인 성질의 급여 및 복리후생비와 관련하여 발생한 부가가치세액은 매입세액공제가 된다.
식비 / 회식비 : 개인사업자	공제	직원의 복리후생 목적이면 매입세액공제
	불공제	사업주 대표자 본인의 식대에 대해서는 사업 무관한 것으로 보아 매입세액불공제
식비 / 회식비 : 법인사업자	공제	직원의 복리후생 목적이면 매입세액공제
	불공제	거래처 등 기업업무추진비 성격 : 매입세액불공제 대표이사의 식사비 : 이론상 매입세액공제(원칙) 실무상 불공제 처리하는 세무 대리인도 있다.
수도 요금		수도요금은 면세 대상으로 매입세액불공제

항 목	공제	주요 지출항목
전기요금, 가스요금, 건물관리비, 전화요금, 인터넷 사용료, 휴대폰 요금		사업장에서 지출하는 전기요금, 도시가스요금, 건물관리비, 전화요금, 인터넷 사용료, 휴대폰 요금은 부가가치세 과세대상으로, 사업자등록증을 제시하고 세금계산서를 발급받으면 매입세액공제
기업업무추진비 (= 접대비)	공제	특정인이 아닌 일반 대중을 위한 광고선전비, 종업원을 위한 복리후생비 관련 매입세액은 공제
	불공제	기업업무추진비 및 이와 유사한 비용인 교제비, 기밀비, 사례금 등은 매입세액불공제
비영업용 승용차의 취득비용	공제	배기량 1,000CC 미만의 경차, 배기량 125CC 이하의 이륜자동차, 승합자동차(탑승 인원 9인승 이상), 화물승합차에 해당하는 라보, 다마스 등
	불공제	승용자동차(8인승 이하)로서 개별소비세가 과세대상인 자동차는 매입세액불공제
비영업용 승용차의 유지비용	공제	취득비용이 공제되는 자동차의 수선비, 소모품비, 유류비, 주차료. 렌트비용
	불공제	취득비용이 공제되지 않는 자동차의 수선비, 소모품비, 유류비, 주차료. 렌트 비용
컴퓨터, 책상, 의자, 냉장고 등 집기구입		사업과 관련되었으면 매입세액공제
우편요금	공제	소포우편물을 방문 접수하여 배달하는 용역(우체국 택배)은 매입세액공제
	불공제	우편 등기는 부가가치세 면세항목으로 매입세액불공제

항 목	공제	주요 지출항목
콘도회원권 취득	공제	종업원의 복리후생적인 목적으로 취득 및 사용한 경우
	불공제	사업과 직접 관련 없는 지출에 대한 것, 즉 손님 접대를 위한 콘도미니엄을 매입한 경우
골프회원권 취득	공제	종업원의 복리후생적인 목적으로 취득 및 사용한 경우
	불공제	해당 회원권을 사용하여 거래처 등에 접대하는 경우
국외(해외) 사용액		국내의 일반과세자 및 연 매출 4,800만원 이상 간이과세자로부터 세금계산서 또는 신용카드매출전표를 받았을 때 매입세액공제가 가능한 것이다. 해외 사용분은 이게 불가능하므로 매입세액불공제
항공권 · KTX · 고속버스 · 택시요금, 전세버스	공제	전세버스
	불공제	항공권 · KTX · 고속버스 · 택시요금 등 여객 운송업종은 매입세액불공제
업무 관련 출장을 위한 철도 및 항공권 구입		국내외 출장 등을 위해 사용한 항공기 운임, 철도운임, 고속버스, 택시 등의 여객운임(여객운송업)은 매입세액불공제. 단, 호텔 등 숙박의 경우는 업무 관련의 경우 매입세액공제
호텔 등 숙박비		업무와 관련하여 출장하고 일반과세자인 숙박업소에서 신용카드 등을 사용한 경우 매입세액공제
입장권을 발행하는 업종		공연 · 놀이동산 · 영화관 등은 매입세액불공제
직원 단합을 위한 영화, 공연 관람		입장권 발행 사업자는 세금계산서 발행 불가능 대상이므로 매입세액불공제

항 목		공제	주요 지출항목
주차비	고객 또는 거래처 방문 차량	공제	세금계산서를 받는 경우 매입세액공제
	직원 출퇴근 차량용	불공제	비업무용승용차(8인승 이하 자동차, 2륜차, 캠핑카 등)에 해당할 경우 매입세액불공제
작업복 등		사업 관련 복리후생비로 매입세액공제	
직장체육비 등		개인 여가가 아닌 영업활동 증대를 위한 직원 복지 차원일 때는 매입세액공제	
무기명 선불카드 또는 기프트 카드 사용분		매입세액불공제	
직불카드 및 기명식 선불카드 사용분		매입세액공제	
분식점	간이과세자	공제	4,800만원~1억 400만원 미만 세금계산서 발급가능 간이과세자
	일반과세자	공제	
유흥주점이나 실내골프장 등		공제	사회통념상 인정 가능 범위의 회식 등 입증 가능한 사업 관련 비용(실무적으로는 받기 힘듦) 매입세액공제
		불공제	접대 관련 지출일 경우 매입세액불공제
목욕, 이발, 사우나		공연·놀이동산 입장권, 목욕, 이발, 미용업 이용요금은 매입세액불공제	
면세재화 및 용역의 구입		매입세액공제가 되지 않는다.	

사업용 차량의 매각 시 세금계산서와 부가가치세

사업용 자산을 매각할 때는 매입하는 사람에게 세금계산서 등 증빙을 발행하고 부가가치세 신고 시 부가가치세를 내야 한다. 업무용 승용차의 경우 경차나 9인승 이상 승합차, 화물차 등은 취득하는 시점에 부가가치세를 공제받지만, 나머지 차량은 부가가치세 불공제 대상이다.

업무용 승용차는 취득할 때 부가가치세를 불공제 받았다고 매각 시에도 부가가치세를 안 내는 것이 아니다.

세법에서는 사업자가 비영업용 승용차(여기서 영업용은 택시나 렌터카 등을 의미하며, 일반적으로 사업상 출퇴근이나 미팅, 직원용 업무 차량은 비영업용)를 업무에 사용하다가 처분하는 경우는 부가가치세가 과세되며, 세금계산서를 발행해야 한다. 취득 시 부가가치세 매입세액공제 여부나 공급받는 자의 매입세액공제 여부와는 관계없이 세금계산서를 발급하고 부가가치세를 내게 하고 있다.

구 분	특수관계 외의 자	특수관계인
세금계산서 발행	발행	발행
부가가치세	매출로 신고	매출로 신고(직원 판매 등 간주공급에 해당하는 때는 기타매출로 신고)
법인세(소득세)	부당행위계산 미고려	부당행위계산 고려

1 업무용으로 사용한 적이 없는 차량의 처분

부동산임대업을 영위하는 개인사업자가 당해 임대사업에 사용된 적이 없는 개인 명의의 차량을 처분하는 경우, 이는 부가가치세 납세의무가 없으므로 세금계산서를 발급할 수 없는 것이다(부가, 부가가치세과-671, 2013.07.24.).

2 면세사업에 사용하던 차량의 처분

금융기관 등 면세사업자가 보유한 법인차량을 매각하는 경우는 면세사업과 관련하여 필요적으로 부수되는 재화의 공급으로 부가가치세가 면제되어 계산서를 발행한다.

> 면세사업자가 면세사업에 사용하던 자산을 매각할 경우는 면세사업과 관련하여 부수되는 재화의 공급으로 부가가치세가 면제되는 것이며, 이 경우 대금 청구는 계산서를 발행해야 한다(서면·인터넷·방문 상담 3팀-1744, 2006.08.09.).

3 과세사업에 사용하던 차량의 처분

법인이 과세사업을 위하여 보유하고 있는 차량매각 시 취득당시 매입세액불공제 여부 및 거래상대방이 사업자인지 개인 인지 여부와 관계없이 차량매각 대금을 부가가치세 과세표준으로 하여 세금계산서를 발급한다.

차량매각 시 사업자등록을 하지 아니한 비사업자인 개인에게 매각하는 경우는 그 개인의 주소·성명 및 세금계산서의 비고란에 공급받는 자의 주민등록번호를 기재하고 공급 품목에는 '차량매각(차량번호와 차량의 종류 등)'을 기재하여 세금계산서를 발급해야 한다.

만약 부가가치세 일반과세자인 차량매각 법인이 주로 사업자가 아닌 자에게 재회 또는 용역을 공급하는 사업자로서 소매업·음식점업·숙박업·목욕·이발·미용업·여객운송업 등 '영수증 발급대상 업종'을 영위하는 경우는 그 공급을 받는 자에게 세금계산서를 발급하는 대신 영수증을 발급한 후 부가가치세 신고 시에 '기타매출'로 신고할 수도 있다.

부가가치세 과세사업을 영위하는 사업자가 자기의 과세사업에 사용하던 사업용자산인 소형승용자동차를 매각하는 경우 당해 자동차의 취득 시 매입세액공제 여부 및 공급받는 자의 매입세액공제 여부와 관계없이 부가가치세가 과세된다. 다만, 자기의 과세사업에 사용하였는지? 여부는 사실관계 등을 종합적으로 검토하여 사실판단해야 하는 것이다(부가, 서면 인터넷 방문 상담 3팀-406, 2006.03.06.).

차량매각 시 부가가치세 수입금액 제외

개인사업자의 고정자산 매각총액은 수입금액에서 제외한다. 즉, 부가가치세 신고 시에는 세금계산서 금액 그대로 과세표준에 반영한다. 부가가치세 신고서상의 수입금액에서는 제외하고, 종합소득세 신고 시에 처분손익을 영업외수익 형태로 별도 반영하는 형태로 정리한다. 2019년 이전에는 처분가액을 전액 수입금액 포함하였으나, 고정자산처분으로 인해서 복식부기의무자가 성실신고확인대상자가 되는 등 기장의무가 변경되는 문제 등이 있어 처분가액이 아닌 처분손익만 반영하는 것으로 2020년부터 변경하였다.

2018년 해당 제도가 시행되는 시점에는 해당 고정자산의 매각가액을 수입금액으로 잡아야 했고, 차량의 장부가액을 필요경비로 인정하는 식이었다. 그러다가 2020년부터 고정자산의 매각가액으로 인하여 기장의무 판단에 영향을 주는 문제가 발생하여, 고정자산의 매각가액에 대해서는 수입금액에서 제외하는 것으로 바뀌었다. 단, 복식부기의무자의 처분이익은 과세된다.

구 분		세무처리
업무용승용차	법인	수입금액 포함(처분손익 인식)
	(개인)복식부기의무자	수입금액 제외(처분손익 인식/ 처분손실은 한도 내 인식) 조정후수입금액명세서 차량/비품 등 세금계산서는 감소시키고, 처분이익 등은 손익에 반영한다.
	(개인)간편장부대상자	수입금액 제외(처분손익 인식 안 함) 조정후수입금액명세서 차량/비품 등 세금계산서는 감소시키고, 처분이익 등은 손익에 반영하지 않는다.
업무용승용차 가 아닌 경우	법인	수입금액 포함(처분손익 인식)
	(개인)복식부기의무자	수입금액 제외(처분손익 인식)
	(개인)간편장부대상자	수입금액 제외(처분손익 인식 안 함)

부가가치세 조기환급 받는 방법

일반적으로 환급은 각 과세기간 단위로 하는 것이 원칙이나, 수출 등에 의해서 영세율이 적용되거나, 사업 설비투자의 경우, 재무구조 개선 계획을 이행 중인 사업자가 부담한 부가가치세를 조기에 환급해서 사업자의 자금 부담을 덜어주기 위한 제도이다.

1 조기환급 대상

- 영의 세율이 적용되는 때
- 사업 설비(기계장치, 건물, 차량 등)를 신설·취득·확장 또는 증축하고 매입 세금계산서를 받은 경우. 여기서 사업 설비란 소득세법 및 법인세법에 의한 감가상각자산을 말한다.
- 조기환급기간, 예정신고기간 또는 과세기간 종료일 현재 재무구조 개선계획을 이행 중인 사업자

환급세액은 영세율이 적용되는 공급 부분에 관련된 매입세액이나 시설투자에 관련된 매입세액만을 가지고 계산하는 것이 아니라, 사업

장별로 조기환급 신고 기간의 매출세액에서 매입세액을 공제해서 계산한다.

따라서 영세율이 적용되는 매출이나 시설 투자금액이 조금이라도 있고 환급이 발생한다면 조기환급 신고를 할 수 있다.

2 조기환급 기한

예정신고기간 중 또는 과세기간 최종 3월 중 매월 또는 매 2월에 영세율 등 조기환급 기간이다. 즉 월별 또는 매 2월을 조기환급기간으로 한 기간의 종료일로부터 25일 이내에 신고하며, 조기환급 기간별로 당해 영세율 등 조기환급 신고기한 경과 후 15일 내에 사업자에게 환급한다. 따라서 영세율이 적용되거나 시설투자를 한 경우 조기환급 신고를 하면 최대 5개월까지 빨리 환급을 받을 수 있다.

① 예정신고, 확정신고시

② 월별 조기환급신고 가능

구 분	예정신고기간 중		과세기간 최종 3월	
	대상기간	신고기한	대상기간	신고기한
매 월	1월 1일~1월 31일	2월 25일	4월 1일~4월 30일	5월 25일
	2월 1일~2월 28일	3월 25일	5월 1일~5월 31일	6월 25일
	3월 1일~3월 31일	4월 25일	6월 1일~6월 30일	7월 25일
매 2월	1월 1일~2월 28일	3월 25일	4월 1일~5월 31일	6월 25일
	2월 1일~3월 31일	4월 25일	5월 1일~6월 30일	7월 25일
3월	1월 1일~3월 31일	4월 25일	4월 1일~6월 30일	7월 25일

조기환급 신고 때 조기환급 대상 기간의 매출, 매입 모두 포함해서 신고한다. 수정 발급받은 매출 세금계산서나 신용카드매입세액이 누락되었다고 해도 정기신고(예정, 확정) 때 포함하여 신고하면 된다. 조기환급에 대한 수정신고 규정은 없고 누락시 가산세 등도 적용되지 않는다

일반과세자 부가가치세 신고서에, 당해 과세표준에 대한 영세율 첨부서류와 매출·매입처별세금계산서합계표를 첨부해서 제출해야 한다. 다만, 사업 설비를 신설·취득·확장 또는 증축함으로써 조기환급을 받고자 하는 경우는 건물 등 감가상각자산 취득명세서를 그 신고서에 첨부해야 한다.

조기환급 신고를 하는 경우 해당 조기환급 신고기간의 모든 매입·매출에 대해서 신고해야 한다. 즉, 조기환급 신고를 하는 경우 조기환급 건에 대해서만이 아니며, 제출해야 하는 자료는 일반 부가가치세 신고와 동일하다. 해당 조기환급 신고기간의 모든 매입·매출에 대하여 신고해야 한다.

부동산매매업자가 매매목적의 건물을 신축하는 경우 신축 관련 매입세액은 조기환급 대상이 되지 않는다. 판매목적으로 보유한 재고재화로 본다(일반환급 대상).

구 분	처리 방법
1월(2월)분만을 신고하는 경우	조기환급 신고기한 2월 25일(3월 25일)까지

구 분	처리 방법
1월~2월분을 같이 신고하는 경우	조기환급 신고기한 3월 25일까지 ➜ 2월에 사업 설비투자로 조기환급이 발생하는 사업자는 1월~2월분을 함께 신고해야 한다.
예정고지(1월~3월) 자가 5월에 시설투 자로 4월~5월분을 조기환급 신고하는 경우	➜ 조기환급 대상 : 반드시 4월~5월분 매출·매입을 함께 신고해야 한다. ➜ 조기환급 신고기한 : 6월 25일, ➜ 7월 확정신고 : 1월~3월, 6월분을 확정 신고한다. ➜ 예정고지 분에 대해서는 기납부세액으로 확정신고 시 공제한다.

✚ 월별 조기환급 신고 시 매출 등이 누락된 경우 예정·확정 신고기한이 경과하기 전에는 세금계산서합계표 미제출·신고불성실가산세 및 영세율과세표준신고불성실가산세는 부과되지 않으며, 초과 환급받은 경우에 한해서 환급불성실가산세가 부과된다.

사례

예정고지 대상자가 예정고지분을 4월 25일 납부 후, 4월달에 시설투자로 인하여 4월분 실적을 5월 25일에 조기환급신고시 7월 25일 확정신고는?

해설

❶ 5월 25일 신고 때 ➜ 4월분의 매출, 매입자료만 신고

❷ 7월 25일 신고 때 ➜ 1월, 2월, 3월, 5월, 6월분의 매출 매입자료 신고

❸ 예정고지 분은 확정신고시 공제

❹ 실무적으로는 1월~6월까지의 모든 자료를 프로그램상의 원래(당초) 코드에서 작업 후, 7월 25일 확정신고시 원래 코드 데이터를 복사 후 4월분 자료를 삭제하고 신고하면 된다.

사례

조기환급 신고분을 예정(확정)신고 때 중복공제 신고한 경우 가산세 여부
(1월분 시설투자 1억 원을 2월 25일에 조기환급 신고하여 환급받은 후, 4월 25일 예정신고 때 포함하여 또 신고할 때는 문제점)

월별 조기환급 신고 후, 예정신고 시 다시 매입처별세금계산서합계표에 기재하여 이중으로 신고 시, 착오 등에 의한 때 매입처별세금계산서합계표 불성실가산세는 적용하지 아니하나 신고불성실가산세는 적용한다.

8월 시설투자분을 조기환급 신고 시

9월 25일에 7~8월분의 매출, 매입자료를 신고

월별 조기환급 신고자의 수정신고 대상 기간

(법인사업자가 매월 별로 조기환급 신고를 하고 있으며, 2024년 1기 확정신고 후 매출자료가 누락 됨을 발견하였을 때 수정신고 방법)

➡ 2024년 1기분 확정 신고서에 대해 수정신고를 한다.

➡ 조기환급 신고와 정기분(예정, 확정) 신고 후 수정신고나 경정청구 사유가 발생할 때의 "당초 신고서" 는 월별 조기환급 신고서가 아니라 예정, 확정신고 분이 된다.

구 분	법인사업자	개인사업자
제출 불필요	기장을 맡기는 경우 수임동의를 통해 홈택스에서 자동으로 조회 가능한 자료는 제출할 필요가 없다.	
제출 필요	① 카드매출 승인내역 ② 오픈마켓/소셜커머스 매출내역 ③ 현금 매출내역 ④ 국외 매출내역 ⑤ 수기 세금계산서/계산서 ⑥ 개인카드 사용분 ⑦ 법인설립 전 비용 사용분	① 카드매출 승인내역 ② 오픈마켓/소셜커머스 매출내역 ③ 현금 매출내역 ④ 국외 매출내역 ⑤ 수기 세금계산서/ 계산서 ⑥ 개인카드 사용분 ⑦ 사업용 카드 사용분

4 신고기간별 조기환급 범위

해당 영세율 등 조기환급 신고기간 또는 과세기간 중에 각 신고기간 단위별로 조기환급 대상이 되는 영세율 과세표준 또는 사업 설비투자, 재무구조개선 계획을 이행 중인 사업자의 매입이 있는 경우에 한한다.

5 신용카드발행세액공제

신용카드발행세액공제를 신고기간별로 적용하는 것이다(부가, 서면-2014-법령해석 부가-20980, 2015.07.16.).

그리고 각 신고기간에 공제되지 아니한 동 세액은 다른 신고기간의 납부세액에서 공제할 수 없으며, 공제액은 신고기간별 납부할 세액을 한도로 한다.

따라서 조기환급의 경우 조기환급 기간까지의 부가가치세 신고사항을 모두 신고하는 것이며, 이 경우 환급으로 인해 어차피 납부할 세액은 발생하지 않고 이를 한도로 하는 신용카드 발생세액공제도 발생하지 않는다. 즉 신청해도 공제를 못 받는 것이다.

따라서 신규창업 후 급성장으로 예정 또는 확정신고 시 조기환급 금액을 넘는 납부세액이 발생하는 경우 조기환급을 받지 말고 예정 또는 확정신고 시 발행세액공제를 받는 것이 유리할 수 있다.

[제목] 신용카드 등의 사용에 따른 세액공제 등에서 납부세액의 범위는 신고 기간(월별 조기, 예정, 확정)별 납부세액으로 각 신고기간에 공제되지 아니한 동 세액은 다른 신고기간의 납부세액에서 공제할 수 없음(전자 세원-612, 2010.11.17)

[질의] (사실관계)

o 신규 개업한 사업자가 예정신고 시 매출세액에서 매입세액을 차감한 결과 환급세액이 발생하여 신용카드매출전표 등 발행 세액공제를 받지 못함.

(질의 요지)

o 부가가치세 예정신고 시 환급세액이 발생하여 신용카드매출전표 등 발행 세액공제를 받지 못하는 경우에 확정신고 시 적용받을 수 있는지 여부

[회신]

귀 질의의 경우 기존 해석사례(서면 3팀-1983, 2005.11.8.)를 참조하기 바람.

(참고 : 서면 3팀-1983, 2005.11.8.)

부가가치세법 제32조의 2 『신용카드 등의 사용에 따른 세액공제 등』에서 납부세액의 범위는 신고 기간(월별 조기, 예정, 확정)별 납부세액으로 각 신고기간에 공제되지 아니한 동 세액은 다른 신고기간의 납부세액에서 공제할 수 없는 것임.

쉽게 말해 조기환급 등의 사유로 확정신고 전에 예정, 월별 조기신고를 진행했고 환급 등의 사유로 세액공제를 받지 못했더라도 확정신고 때 해당 금액을 추가로 이를 인정받을 수는 없다는 것입니다.

신고서를 작성하는 해당 기간 내의 신용카드 등을 사용한 매출액만 기준이 된다고 생각하시면 됩니다.

6 조기환급의 수정신고

조기환급 신고 시에는 조기환급 대상 기간의 매출, 매입을 모두 신고해야 하며, 조기환급 신고내용에 누락 된 부분은 예정신고 또는 확정신고 때 신고할 수 있다. 이 경우 신고불성실가산세, 납부불성

실가산세는 적용되지 않는다.

🐤 조기환급 신고분에 대한 수정신고 또는 경정청구

부가가치세 신고에 대한 수정신고나 경정청구는 예정신고 또는 확정 신고 분에 대하여 가능한 것으로, 조기환급 신고분에 대하여 매출이 나 매입을 누락 했다면 이에 대해서는 수정신고나 경정청구가 불가 능하다.

따라서 해당 과세기간이 속하는 예정신고나 확정신고를 진행할 때 누락 한 부분을 반영하여 신고를 진행해야 한다.

🐤 조기환급 신고분 매출, 매입 누락 시 가산세 적용

조기환급 신고 때 조기환급 과세기간에 대하여 매출이나 매입을 누 락 했다면 이후 예정신고나 확정신고 때에 반영하여 신고할 수 있 다.

이렇게 예정이나 확정신고 시 반영하여 신고할 때 매입누락분에 대 해서는 가산세 등 불이익이 없으며, 매출누락분에 대해서도 합계표 불성실가산세나 신고불성실가산세는 적용되지 않는다. 다만, 환급을 과다하게 받은 것에 대해서는 환급불성실가산세가 적용된다.

> 환급불성실 가산세 = 초과환급받은 세액 × 초과환급 일수 × 2.2/10,000

대손금 세액공제를 위한 채권관리와 입증서류

1 국세청에서 요구하는 대손 증빙서류

대손 요건 입증서류

대손 요건의 충족 여부를 입증하는데, 있어 소정의 법정 구비서류가 별도 있는 것은 아니나 객관적인 자료에 의해 그 채권이 회수불능임을 입증하여야 하며, 확인서나 증명서를 발급받을 수 없는 사업의 폐지 여부·무재산 등에 관한 사항은 다음과 같은 내용을 기재한 조사보고서 등이 증빙서류로 인정가능(법인 46012-1068, 2000.5.1. 참조)하다.

o 채무자의 본적지, 최종 및 직전 주소지(법인의 경우는 등기부상 소재지)와 사업장 소재지를 관할 하는 관서의 공부상 등록된 소유재산의 유무
o 채무자가 보유하고 있는 동산에 관한 사항
o 다른 장소에서 사업을 영위하고 있는지? 여부
o 보증인이 있는 경우에는 보증인에 대해서도 같은 내용을 조사하여 기재
o 기타 채무자의 거래처, 거래 은행 등에 대한 탐문조사 내용 등 채권회수를 위한 조치사항

🦜 대손 사유 발생 사실 이외에 회수불능채권의 입증

구 분	사 유
입증 불필요한 경우	소멸시효완성채권, 대손 승인채권, 국세 결손처분 채권, 경매 취소 압류채권, 부도어음·수표 등
입증 필요한 경우	채무자의 파산, 강제집행, 형의 집행, 사업의 폐지, 사망, 실종, 행방불명 등

2 대손 처리 관련 예규 등

① 채무자가 변제 능력이 있음에도 매출채권의 소멸시효가 완성되는 시점까지 강제집행 등의 채권 회수 조치를 마련하지 아니하고 대손 처리한 경우에는 채권액을 임의 포기한 것으로 보아 손금을 부인함 (법인 46012-154, 1997.1.17.)

법인이 법인세법 시행령에 의한 회수할 수 없는 채권의 경우 그 소멸시효가 완성된 날이 속하는 사업연도의 손금으로 산입하는 것이나 아무런 채권 회수 조처를 하지 아니함에 따라 소멸시효가 완성된 경우는 동 '채권을 임의 포기한 것'으로 보아 기업업무추진비 또는 기부금으로 하는 것임.

② 대법 판례에 의하면 부가가치세법상 사업의 개시, 폐지 등은 법상의 등록, 신고 여부와는 관계없이 그 해당 사실의 실질에 의하여 결정

1. 채권의 금액

2. 채권의 특성(구체적인 거래내용과 그 후의 정황 등)

3. 채권의 회수가능성 등을 고려한 합리적 판단의 추심활동 입증 필요

3 사실상 사업 폐지의 정황

구 분	입증 방법
부가가치세법상 폐업 신고 여부	• 국세청 휴폐업 조회
법인청산 진행 근거 (법인등기부등본 등)	• 법인등기부등본 기재 사항 확인, 파산절차 진행 확인 • 실질적인 현장 조사를 통한 사업 폐지 여부 확인
법인세 신고서, 부가가치세 신고사항(신고서, 매입/매출내역, 환급권 등)	• 현행법상 확인 불가
국세, 지방세 체납 또는 결손처분 등	• 신용조회업자로서 확인 가능
재무제표 및 외부감사 현황(완전 자본잠식, 의견거절 등 감사의견)	• 공시자료 확인
면허 보유 및 취소 여부	• 현행법상 확인 불가
인적, 물적 자산 보유 및 폐지 현황(급여내역, 직원감원, 사무실 임차기간 등)	• 직원감원→주변 탐문(식당, 부동산)으로 간접 확인 • 사무실 임차 기간→건물주, 관리사무실 등에 방문 확인

4 대손 중 채권 회수가능성 여부 판단

구 분	입증 방법
소유부동산의 채무초과 (대출 현황, 가압류 및 근저당권 설정 등)	• 권리분석 및 대출 현황 확인
경매, 공매 진행 시 배당현황	• 위임 시 확인 가능
예금계좌 및 법원 공탁금 등의 압류, 가압류 여부	• 현행법상 확인 불가
임차보증금 현황	• 건물주 면담 또는 관리사무실 방문을 통한 간접 확인
특허권 등 무체재산권의 재산적 가치 여부 (말소 등)	• 현행법상 확인 불가
채무의 연대보증 여부	• 채권 원인 서류 확인

5 채권 회수 노력 증빙

- 채권 회수 관련 공문 등 내용증명 발송 및 회신
- 추심활동 : 채무자 및 연대 보증인에 대한 신용조사, 채무자 재산
  에 대한 채권 보전(가압류, 압류, 근저당설정 등) 절차 이행

소규모 법인사업자
부가가치세 예정고지

 법인사업자 부가가치세 예정고지

2021년 1월 1일 이후부터 직전 과세기간 공급가액의 합계액이 1억 5천만원 미만인 법인사업자에 대하여 예정신고 대신 직선기 납부세액의 50%를 예정고지 한다. 다만, 징수해야 할 금액이 50만원 미만의 경우 징수하지 않는다.

[주] 2021년 4월 부가세 예정고지부터 소규모 법인사업자 예정고지 제도 최초 시행

① 직전 과세기간 사업자 기준이므로 올해(2024년) 신규 개업한 법인사업자는 고지대상이 아니고 예정신고 대상이다.

② 공급가액은 부가가치세법상 과세매출 합계액만을 의미하며 면세매출은 포함되지 않는다.

(세무대리인) 홈택스 세무대리인 접속〉세무대리/납세관리〉세무대리인 공통 – '부가세 수임납세자 예정고지 조회' 화면에서 전체 수임납세자 일괄 조회가 가능하다.

2 예정고지 세액의 계산

직전 과세기간의 납부세액에서 다음의 공제 등을 가감한 금액의 1/2
을 고지한다(1천원 미만의 단수는 버림).

① 신용카드 등의 사용에 따른 세액공제

② 전자세금계산서 발급 전송에 대한 세액공제

③ 전자신고 세액공제

④ 일반택시운송사업자의 부가가치세 납부세액 경감세액

⑤ 결정 또는 경정 내역이 반영된 금액

⑥ 수정신고 또는 경정청구에 따른 결정이 있는 경우 그 내용이 반
영된 금액

3 예정고지세액 납부 대신 예정신고를 할 수 있는 법인사업자

① 휴업 또는 사업 부진 등으로 인하여 각 예정신고기간의 공급가액
또는 납부세액이 직전 과세기간의 공급가액 또는 납부세액의 3분의
1에 미달하는 자

② 각 예정신고기간 분에 대하여 조기환급을 받으려는 자

간이과세자가 관련 핵심 상식

1 간이과세 적용 기준금액

간이과세 대상 기준금액은 해당연도 공급대가 1억 400만원 미만이다. 다만 부동산임대업 또는 과세유흥장소는 4,800만원 미만이다.

그리고 해당연도 공급대가 합계액이 4,800만원 미만이면 납부의무가 면제된다(부동산임대업 또는 과세유흥장소 제외).

간이과세자를 판단할 때는 둘 이상의 사업장이 있는 사업자의 경우 그 둘 이상의 사업장의 직전 연도의 공급대가의 합계액으로 판단한다(부가가치세법 제61조).

그리고 여러 사업장을 가지고 있는 경우 한 사업장이라도 일반과세자로 분류될 경우 나머지 사업장 모두 일반과세자로 적용을 받는다.

2 간이과세자 세금계산서 발행이 원칙

간이과세자는 세금계산서 발급의무가 없었다. 하지만 간이과세자 기준이 상향조정 되면서 연 매출 4,800만원 이상~1억 400만원 미만의 간이과세자에게는 일반과세자와 같이 세금계산서 발급의무가 생겼다. 2021년 7월 1일 이후 공급분부터 적용된다.

이에 따라 2021년 7월부터 연 매출 4,800만원 이상인 간이과세자에게서 상품 등을 구입한 사업자는 세금계산서(신용카드매출전표와 현금영수증 포함)를 발급받을 수 있고, 이를 통해 매입세액공제도 받을 수 있다. 해당 간이과세자는 부가가치세 신고서에 매출처별 세금계산서합계표를 제출해야 한다.

다만 신규사업자 및 직전연도 공급대가 4,800만원 미만인 간이과세자는 영수증 발급이 가능하다.

영수증 발급 적용기간은 1역년 공급대가의 합계액이 4,800만원에 미달하는 해의 다음 해 7월 1일부터 1년간이다. 신규 개업한 간이과세자의 경우 최초로 사업 개시한 해의 다음 해 6월 30일까지다.

3 간이과세자 예정신고 실질적 추가

세금계산서를 발행한 간이과세자는 예정부과기간(7월)에 예정신고를 해야 한다. 결국 4,800만원~1억 400만원 미만인 간이과세자는 1년에 두 번(1, 7월) 부가가치세 신고를 한다. 단, 세금계산서 발행 매출이 없었다면, 7월 부가가치세 신고를 안 해도 된다.

매출액이 4,800만원 미만으로 납부의무가 면제되는 간이과세자는 납부가 면제된다고 신고의무까지 면제되는 것이 아니므로, 1월 25일에 1번은 부가가치세 신고 및 납부를 해야 한다.

참고로 부가가치세 납부 의무가 없다고 하더라도 사업과 관련하여 세금계산서 등 적격증빙을 수취하면 종합소득세 계산 시에 매출에 대응하는 비용으로서 공제받아 소득세를 절세할 수 있으므로 세금계산서를 반드시 수취해야 한다.

4 매입세액공제 방식 변경

세금계산서 등 수취세액공제 세액계산방식도 매입세액 × 업종별 부가율에서 매입금액(공급대가) × 0.5%로 변경됐다.

5 의제매입세액 공제 불가 및 환급 불가

간이과세자는 의제매입세액 공제를 못 받는다. 신용카드 등 매출세액공제는 간이과세자(음식·숙박업)와 기타사업자 모두 1.0%로 통일됐다. 다만 오는 2024년 12월 31일까지는 1.3%로 한시적으로 적용된다.

간이과세자는 환급이 안 되는 것이 가장 치명적이다.

간이과세자가 가장 불리한 사항 중 하나이므로 사업자등록 때 판단을 잘해야 한다. 일정 기간 적자가 날 것으로 예상되는 경우 간이과세자로 사업자등록을 하면 손해를 볼 수 있다.

제5장

스스로 하는
개인사업자
종합소득세
신고

이번 장에서는 개인사업자 즉 자영업자소득에 대한 세금인 종합소득세에 관해서 설명한다.

기장을 통한 신고 및 추계에 의한 종합소득세의 신고 방법에서부터 신고 시 인정받을 수 있는 경비에 대해서 가르쳐 줌으로써 사업주가 좀 더 적은 세금을 낼 수 있도록 안내해 주고자 한다.

종합소득세 계산구조를 알아야 절세가 보인다.

소득세는 개인의 소득에 대해서 납부하는 세금이다.

소득세를 신고 및 납부하는 방법은 원천징수와 종합소득세 신고 두 가지 방법이 있다. 여기서 원천징수는 원천징수의무자가 대가를 지급할 때 일정한 세금을 미리 지급액에서 차감해서 대신 신고 및 납부해주는 방법을 말한다. 반면, 종합소득세는 원천징수로 모든 세금 의무가 종결되는 것이 아니라 1년간의 소득을 모두 합산해서 세금을 신고 및 납부하는 방법을 말한다. 따라서 종합소득신고 대상에 해당하는 소득은 비록 원천징수로 세금을 납부했다고 하더라도 종합소득으로 납부해야 할 세금을 미리 납부한 것에 불과하며, 나중에 종합소득세에 합산해서 다시 세금을 정산해야 한다.

이같이 어차피 종합소득세로 신고 및 납부해야 할 세금을 미리 내는 것을 기납부세액이라고 하며, 원천징수(중간예납 세액, 수시부과 세액도 원천징수 세액과 함께 기납부세액에 해당한다)가 이에 해당한다.

종합과세란 아래 표에서 보여주는 바와 같이 이자소득, 배당소득, 사업소득, 근로소득, 연금소득, 기타소득 중 원천징수 되는 소득을 제외한 소득을 합해서 종합소득금액을 구하는 것이다.

그리고 종합소득세 신고하는 방법은 장부를 작성한 후 장부에 따라 신고하는 기장에 의한 신고와 장부를 작성하지 않았을 때는 사업자의 수입과 지출을 정확히 알 수 없으므로 소득과 비용을 추산해서 신고하는 추계에 의한 신고가 있다.

[기장을 한 경우 종합소득세의 계산 흐름]

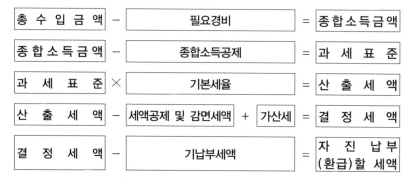

[기장을 안 한 경우(추계신고) 종합소득세의 계산 흐름]

총 수 입 금 액	−	경비율 제도 ^{주)}	=	종합소득금액
소 득 금 액	−	종합소득공제	=	과 세 표 준
과 세 표 준	×	기본세율	=	산 출 세 액
산 출 세 액	−	세액공제 및 감면세액 + 가산세	=	결 정 세 액
결 정 세 액	−	기납부세액	=	납부(환급)할 세 액

🈺 타가율은 임대를 해서 운영하는 것을 말하며, 자가율은 본인의 집에서 하는 경우

❶ 수입금액 − 주요경비(매입비용 + 임차료 + 인건비) − 기타경비(수입금액 × <u>기준</u> <u>경비율</u>(복식부기의무자는 1/2))

❷ [수입금액 − (수입금액 × <u>단순경비율</u>)] × 소득상한배율(2.8 복식부기의무자 3.4)

※ 간편장부대상자가 추계에 의한 방법으로 신고한 경우 무기장가산세가 부가될 수 있는데, 소규모사업자의 경우 가산세가 부과되지 않는다.

※ 소규모사업자란, 해당 과세기간에 신규로 사업을 개시한 사업자 또는 직전 과세기간 수입금액이 4,800만 원 미만인 사업자를 말한다.

> 장부에 의한 종합소득세 계산과 무기장(추계)에 의한 신고 방법(장부 미작성)에 의한 종합소득세 계산 방법의 차이는 종합소득금액을 구하는 방법의 차이이다.

1 사업소득 금액의 계산 방법

5월은 종합소득세 신고납부의 달이고, 주요 신고 대상은 개인사업자이다.

그리고 개인사업자의 소득은 종합소득세 중 사업소득이다.

그러나 개인사업자가 신고의 주를 이루다 보니 사업소득이 곧 종합

소득처럼 인식될 수도 있다. 하지만 사업소득은 종합소득에 속하는 하나의 소득이다.

이같이 개인사업자는 종합소득세 신고를 위해 사업소득 금액을 구해야 하는데, 사업소득 금액을 계산하는 방법은 사업자가 갖추어 두고 기록한 장부에 의하여 계산하는 것이 원칙이나 개인사업자가 장부를 적지 않았을 때는 예외적으로 과세당국에서 정한 방법에 따라서 소득금액을 추산하여 계산하는 방법(추계과세)을 허용하고 있다.

그러나 예외를 허용해주는 대신 원칙을 어긴 대가로 산출세액의 20%인 무기장가산세를 별도로 물리고 있다.

🍶 장부를 기록한 사업자의 소득금액(원칙)

> 사업소득금액 = 수입금액(일반적으로 부가가치세 신고 매출금액) − 필요경비(부가가치세 신고 매입금액 + 기타 사용한 경비)

일반적으로 부가가치세 신고 시 신고한 매출액에서 비치·기장한 장부에 의한 실제 발생한 경비를 차감하여 소득금액을 산출한다.

매출에서 비용을 뺀 순이익에 대해서 세금을 내는 것으로 생각하면 된다.

특히 복식부기에 의한 신고는 어떻게 하는지 물어보는 분들이 많은데, 법인의 법인세 신고와 같이 회사에서 작성한 복식장부와 재무제표를 기반으로 세무조정을 거쳐서 신고납부하는 것을 말한다. 즉, 법인세 신고납부와 약간의 규정 차이는 있지만, 방식은 같다. 다만, 법인과 달리 영세 개인사업자에 한해 복식장부가 아닌 간편장부라는 것을 법에서 만들어 소규모사업자는 이도 장부기장으로 인정해주고 있다.

🐜 장부를 기록하지 않은 사업자의 소득금액(예외)

기준경비율 적용대상자

사업소득 금액 = 수입금액 – 주요경비 – (수입금액 × 기준경비율)

단순경비율 적용대상자

사업소득 금액 = 수입금액 – (수입금액 × 단순경비율)

기준경비율이나 단순경비율은 정부에서 지역이나 사업자의 개별적 특성과 상관없이 각 업종별 전국 공통 경비율을 일률적으로 제정·고시한다.

직전년 수입금액이 4,800만 원 이상인 사업자가 장부를 기록하지 않고 종합소득세를 신고하면 무기장가산세 20%를 추가 납부해야 한다(직전년 수입금액이 4,800만 원 미만인 소규모사업자와 신규개업자는 무기장가산세를 물리지 않는다.). 다만, 해당 연도 신규개업자는 무기장 가산세가 없다. 즉, 세법상 모든 사업자는 장부를 갖추고 기록할 의무가 있으므로 이를 어기고 장부에 의하여 종합소득세를 신고하지 않으면 무기장가산세를 부과하는 것이다.

2 종합소득세 신고 방법

구 분	내 용
기장에 의한 신고	• 복식장부에 의한 사업소득 금액
	• 간편장부에 의한 사업소득 금액

구 분	내 용
무기장(추계)에 의한 신고	• 기준경비율에 의한 사업소득 금액
	• 단순경비율에 의한 사업소득 금액

🌱 규모에 따라 기장해야 하는 장부가 달라진다.

장부에 의해 종합소득세를 신고하는 경우 기본적으로 복식부기의무자와 간편장부대상자로 구분하며, 복식부기의무자가 간편장부로 작성했을 때는 기장한 것으로 인정해주지 않는다.

구 분	복식부기 의무자	간편장부 대상자
농업, 임업, 어업, 광업, 도매 및 소매(상품중개업 제외), 부동산매매업[비주거용 건물 자영업만 해당], 부동산개발 및 공급업, 기타 아래에 해당되지 아니하는 사업	3억원 이상자	3억원 미만자
제조업, 숙박 및 음식업, 전기 · 가스 · 증기 및 수도사업, 하수 · 폐기물처리, 원료재생 및 환경복원업, 건설업(비주거용 건물 건설업은 제외하고 주거용 건물 개발 및 공급업 포함), 운수업, 출판 · 영상 · 방송통신 및 정보서비스업, 금융 및 보험업, 상품중개업, 욕탕업	1.5억원 이상자	1.5억원 미만자
부동산임대업, 전문 · 과학 및 기술서비스업, 사업시설관리 및 사회복지 서비스업, 예술 · 스포츠 및 여가관련 서비스업, 협회 및 단체, 수리 및 기타 개인서비스업, 가구 내 고용 활동, 부동산 관련 서비스업(부동산중개, 관리), 동산임대업	7,500만원 이상자	7,500만원 미만자

※ 위의 금액에 따라 복식부기의무자와 간편장부대상자를 구분하는데, 그 기준은 신고하는 연도 5월 기준 전전연도 수입금액 기준이다.

위의 표에서 복식부기의무자는 스스로 조정을 하거나 세무사를 통해서 하거나 둘 중 하나의 방법으로 신고하면 된다. 반면 복식부기의무자 중 아래 표의 수입금액을 넘어서는 사업자는 세무사 등 전문가를 통해 조정한 후 신고해야 한다.

구 분	복식부기의무자 [외부조정대상자]	성실신고 대상자
농업, 임업, 어업, 광업, 도매 및 소매(상품중개업 제외), 부동산매매업[비주거용 건물 자영업만 해당], 부동산개발 및 공급업, 기타 아래에 해당되지 아니하는 사업	6억 이상자	15억원 이상
제조업, 숙박 및 음식업, 전기ㆍ가스ㆍ증기 및 수도사업, 하수ㆍ폐기물처리, 원료재생 및 환경복원업, 건설업(비주거용 건물 건설업은 제외하고 주거용 건물 개발 및 공급업 포함), 운수업, 출판ㆍ영상ㆍ방송통신 및 정보서비스업, 금융 및 보험업, 상품중개업, 욕탕업	3억 이상자	7.5억 이상
부동산임대업, 전문ㆍ과학 및 기술서비스업, 사업시설관리 및 사회복지 서비스업, 예술ㆍ스포츠 및 여가관련 서비스업, 협회 및 단체, 수리 및 기타 개인서비스업, 가구 내 고용 활동, 부동산 관련 서비스업(부동산중개, 관리), 동산임대업	1억 5천 이상자	5억원 이상

복식부기 의무 사업자

위의 표와 같이 업종별로 직전연도 매출액이 일정 금액 이상인 사업자

간편장부 대상 사업자

위의 표와 같이 업종별로 직전연도 매출액이 일정 금액 미만인 사업자

당해연도 사업을 개시한 신규사업자

예를 들어 음식업을 운영하는 홍길동의 전전연도 수입금액이 1억 5천만 원 이상이라고 하면, 간편장부로 기장한 경우 기장한 것으로 인정해주지 않는다. 반면, 복식부기로 기장을 했다면 기장한 걸로 인정해준다. 즉, 앞서 표상의 업종의 규모에 따라 간편장부대상인지, 복식부기의무자인지 판단한 후 기장방법을 결정하면 되며, 도저히 장부를 적을 수 없는 경우에는 기준경비율에 의해 종합소득세를 신고 및 납부하면 된다. 무기장에 의한 신고는 수입금액을 추정치로 신고한다고 해서 추계에 의한 신고라고 부른다.

만일 복식부기 의무자가 간편장부가 편하다고 간편장부에 의해 신고하는 경우 무기장에 의한 신고로 본다. 반면 간편장부대상자가 복식부기에 의해 신고하는 경우는 아무 문제 없이 신고할 수 있을 뿐만 아니라 기장세액공제도 받을 수 있다.

구 분	해 설
기장한 것으로 보는 경우	❶ 간편장부대상자가 간편장부 또는 복식장부를 작성해서 신고한 경우 ❷ 복식부기의무자가 복식부기에 의해 장부를 작성해서 신고한 경우
무기장으로 보는 경우	❶ 간편장부나 복식부기에 의한 장부를 작성하지 않고 신고한 경우 ❷ 복식부기의무자가 간편장부에 의해 신고한 경우

🔖 장부를 작성하지 않고 신고하는 방법

장부를 작성하지 않은 상태에서 종합소득세를 신고하는 경우 경비를 인정받는 방법은 기준경비율과 단순경비율로 구분한다.

경비율로 신고하는 것은 장부 작성을 하지 않는 것이 전제된 조건이고, 소규모 과세자가 아닌 장부를 충분히 작성할 수 있는데 안 하고 신고하는 경우 장부 작성을 유도하기 위해 무기장 가산세를 매기게 된다. 따라서 사업자는 무기장 가산세의 부담까지도 충분히 고려하여 방법을 결정해야 한다. 또한 간편장부대상자가 복식부기에 의한 신고 시 10%의 세액공제 혜택을 주므로 이도 고려해서 신고방법을 결정한다.

구 분	기준경비율 적용대상자	단순경비율 적용대상자
농업, 임업, 어업, 광업, 도매 및 소매(상품중개업 제외), 부동산매매업[비주거용 건물 자영업만 해당], 부동산개발 및 공급업, 기타 아래에 해당되지 아니하는 사업	6천만원 이상자	6천만원 미만자
제조업, 숙박 및 음식업, 전기·가스·증기 및 수도사업, 하수·폐기물처리, 원료재생 및 환경복원업, 건설업(비주거용 건물 건설업은 제외하고 주거용 건물 개발 및 공급업 포함), 운수업, 출판·영상·방송통신 및 정보서비스업, 금융 및 보험업, 상품중개업, 욕탕업	3천 6백만원 이상자	3천 6백만원 미만자
부동산임대업, 전문·과학 및 기술서비스업, 사업시설관리 및 사회복지 서비스업, 예술·스포츠 및 여가관련 서비스업, 협회 및 단체, 수리 및 기타 개인서비스업, 가구 내 고용 활동, 부동산 관련 서비스업(부동산중개, 관리), 동산임대업	2천 4백만원 이상자	2천 4백만원 미만자

기준경비율 대상 사업자

인건비, 매입액, 임차료만 증빙에 의하고 나머지 필요경비는 기준경비율을 적용

단순경비율 대상 사업자

증빙에 의하지 않고 모든 필요경비를 단순경비율 적용

3 무기장 가산세

복식부기의무자든 간편장부대상자든 추계신고(무기장)를 하게 되면, 무기장 가산세가 있다.

> **무기장 가산세 = 산출세액 × (무기장 소득금액/종합소득금액) × 20%**

납부세액이 아니고 산출세액(납부세액 = 산출세액 − 세액공제·감면) 이므로 각종 세액공제와 감면을 적용하기 전의 금액이다.

산출세액의 20%를 가산세로 내므로 납부세액이 없더라도 산출세액 이 있다면 가산세가 있다.

그리고 무기장 소득금액은 추계신고 시 수입금액에 경비율을 적용해 계산된 소득금액을 의미한다.

예를 들어 종합소득금액이 1억 원(근로소득금액 : 6,000만 원, 사업 소득 금액 : 4,000만 원)이고 산출세액이 200만 원, 사업소득을 무 기장 해 추계 신고하는 경우 무기장가산세는 다음과 같다.

무기장 가산세 = 200만 원 × 4,000만 원/1억원 × 20% = 16만 원

무신고가산세(무신고가산세 · 과소신고가산세)와 무기장가산세가 동시에 적용되는 경우는 그중 큰 금액에 해당되는 가산세만 적용하고, 같은 경우에는 무신고가산세(무신고가산세 · 과소신고가산세)를 적용한다.

추계신고 시 복식부기의무자는 당연히 무기장가산세가 적용되며, 간편장부대상자는 간편장부를 작성해야 하는데, 추계신고를 하게 되면, 무기장 가산세 20%를 납부해야 하지만, 다음의 소규모사업자는 추계신고를 하더라도 무기장, 무신고가산세가 없다.

❶ 당해연도 신규사업자
❷ 직전 과세기간 총수입금액의 합계액이 4,800만원 미만인 사업자

---

1. 추계신고 시 가산세

복식부기의무자 : 복식부기 의무자가 추계 신고한 경우 신고를 하지 않은 것으로 간주해 가산세 적용(①, ②, ③ 중 큰 금액)

① 무신고 납부세액 × 20% → 무신고가산세

② (수입금액 - 기납부세액 관련 수입금액) × 7/10,000 → 무신고가산세

③ 산출세액 × [무(미달)기장 소득금액/종합소득금액] × 20% → 무기장가산세

전문직 사업자는 직전연도 수입금액 규모와 관계없이 복식부기 의무자이므로 무신고가산세 적용

간편장부대상자 : 간편장부대상자가 추계 신고한 경우 가산세 적용

산출세액 × [무(미달)기장 소득금액 / 종합소득금액] × 20%

---

2. 복식부기 의무자가 간편장부로 신고시 가산세

복식부기 의무자가 소득세 확정신고시 복식부기에 의해 소득세를 신고하지 않고 간편장부에 의하여 신고하는 경우 소득세를 신고하지 않은 것으로 본다(무신고가산세).

복식부기 의무자가 간편장부로 신고시 : 일반무신고가산세를 적용한다.

[①, ② 중 큰 금액]

① 무신고 납부세액 × 20% → 무신고가산세

② (수입금액 − 기납부세액 관련 수입 금액) × 7/10,000 → 무신고가산세

[참고] 부정 무신고 가산세

[①, ② 중 큰 금액]

① 무신고 납부세액 × 40%(국제거래 수반 시 60%), → 무신고가산세

② (수입금액 − 기납부세액 관련 수입금액) × 14/10,000 → 무신고가산세

---

4 종합소득세의 신고·납부와 환급

소득세는 고지되는 세금이 아니라 스스로 신고납부해야 하는 세금이므로 5월 1일에서 5월 31일 사이에 직접 신고하고 납부해야 한다.

특 징	내 용
신고납부제도	스스로 세금을 계산해서 신고 및 납부하는 것을 말한다.
누진세율적용	소득이 증가할수록 세율이 점차적으로 올라가는 구조
과세단위	원칙은 개인별로 과세하며, 예외적으로 세대 단위 합산과세를 한다(조세 회피목적 공동사업 소득에 대한 공동사업 합산과세).
인적공제 제도	인적 사정에 따른 부담세액을 고려한 인적공제 제도 채택

환급 사업자

미리 납부한 세금(원천징수 세액, 중간예납 세액)이 납부할 세금보다 많은 경우 환급신청이 되며, 1~2개월 후 환급이 된다.

개인사업자의 경우 중간예납으로 납부한 세액이나 각종 원천세를 기납부세액이라 해서 최종 산출된 세액에서 차감한다. 차감하여 수취한 소득에 대하여 종합소득세 신고 진행 과정에서 최종적으로 산출된 세액이 미리 납부한 세액보다 작은 경우(마이너스가 나는 경우) 환급액이 발생한다.

환급액은 중간예납 및 각종 원천세 등 미리 납부한 세액을 한도로 발생하며 온라인 환급신청 시 종합소득세 납부내역을 점검하고 신고서 보내기 버튼까지 완료해야 서류가 국세청으로 정확하게 전송된다.

종합소득세 환급은 신고 절차를 밟으면 자동으로 신청접수가 이루어지며 환급받을 계좌번호를 서류에 적은 주소지에 따라 신청한 후 1~2달 이내에 환급이 진행된다.

성실신고확인대상자의 종합소득세 신고납부

업종별	2018년 귀속분부터~
농업, 임업, 어업, 광업, 도매 및 소매(상품중개업 제외), 부동산매매업[비주거용 건물 자영업만 해당], 부동산개발 및 공급업, 기타 아래에 해당되지 아니하는 사업	해당연도 수입금액 15억원 이상
제조업, 숙박 및 음식업, 전기·가스·증기 및 수도사업, 하수·폐기물처리, 원료재생 및 환경복원업, 건설업(비주거용 건물 건설업은 제외하고 주거용 건물 개발 및 공급업 포함), 운수업, 출판·영상·방송통신 및 정보서비스업, 금융 및 보험업, 상품중개업, 욕탕업	해당연도 수입금액 7.5억원 이상
부동산임대업, 전문·과학 및 기술서비스업, 사업시설관리 및 사회복지 서비스업, 예술·스포츠 및 여가 관련 서비스업, 협회 및 단체, 수리 및 기타 개인서비스업, 가구 내 고용 활동, 부동산 관련 서비스업(부동산중개, 관리), 동산임대업	해당연도 수입금액 5억원 이상

1 신규사업자 및 폐업 사업자의 성실신고

신규사업자라면 당해연도의 개업일~과세연도 종료일까지, 폐업사업자라면 과세연도 개시일~폐업일까지의 수입금액이 성실신고 확인 대상 기준금액 이상이면 성실신고 확인 대상에 해당한다.

신규사업자의 경우 사업연도 월수로 환산하여 기준금액을 판단하지 않고 그냥 총액으로 판정한다.

신규사업자라면 당해연도의 개업일~과세연도 종료일까지 수입금액이 성실신고 확인 대상 기준금액 이상이면 성실신고 확인 대상에 해당한다. 성실신고 확인제 적용 대상에 해당하면 성실신고 확인서를 작성하여 제출해야 한다.

현실적으로 성실신고 확인은 복식부기에 의하여 작성되므로 간편장부에 의하면 성실신고 미제출가산세 적용 대상이 된다.

한편, 간편장부대상자가 성실신고 확인 대상사업자에 해당하여 성실신고 확인서를 제출하고 복식부기 장부를 기장하여 종합소득세를 신고한다면 기장세액공제가 가능한 것이며, 기장세액공제와 성실신고 확인 비용 세액공제는 동시 공제가 가능하다.

2 공동사업자, 겸영 사업자의 성실신고 판단

공동사업자는 구성원의 손익분배 비율에 따른 수입금액을 분배한 금액을 기준으로 판단하는 게 아니라 공동사업장의 전체 수입금액을 기준으로 성실신고 확인 대상 여부를 판정한다.

예를 들어

공동사업자 A, B의 손익분배 비율이 5:5로 당해연도 수입금액 10억 원인 부동산임대업을 하는 경우

공동사업장의 성실신고 확인 대상 판단시 공동사업장을 하나의 사업장으로 보아 수입금액을 10억 원으로 판단한다. 즉 공동사업장에 속한 A, B의 손익분배 비율인 5:5로 나눈 5억원에 대해서 A, B 각각 판단하지 않음에 주의해야 한다.

2개 이상의 업종을 겸영하거나 사업장이 2이상인 겸영사업자라면 다음의 산식에 의하여 계산한 수입금액에 의해서 성실신고학인대상자를 판정한다.

> 주업종의 수입금액 + (주업종 외의 업종의 수입금액 × 주업종에 대한 기준금액 ÷ 주업종 외의 업종의 기준금액) 여기서 주업종이란 수입금액이 가장 큰 업종을 말한다.

예를 들어 도소매업 매출이 4억원 서비스업 매출이 2억원인 경우
4억원 + (2억원 × 4억원 ÷ 2억원) = 8억원이 판단기준이 된다.

3 성실신고 확인 대상자 추계신고

실무에서는 성실신고 확인 대상자임에도 추계로 신고하려는 사업자들이 종종 있다.

주로 실제 증빙을 많이 확보하지 못한 업종의 경우 추계로 신고하려고 한다.

성실신고 확인 대상자가 추계로 종합소득세 신고하는 것은 가능하다.

그러나 성실신고 확인 대상사업자가 추계로 신고한다는 것은 복식부기에 의해 장부작성을 안 하고 신고하게 되므로 성실신고 확인이 불가능하게 된다. 따라서 이때는 무신고가산세, 무기장 가산세 중 큰 금액과 성실신고 확인서 미제출 가산세 둘 다를 부담해야 한다. 따라서 성실신고 확인 대상자라면 추계신고보다는 성실신고확인서를 받아서 신고하는 게 유리할 것으로 판단된다.

종합소득세 신고유형 점검표

나의 신고유형 점검표

나의 신고유형 점검표

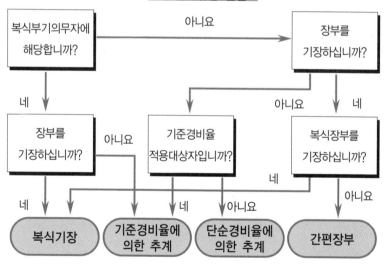

구 분	유 형	기장의무	경비율
사업자	(S) 성실신고확인 대상자	간편/복식	단순/기준
	(A) 외부조정 대상자	복식	기준
	(B) 자기조정 대상자		
	(C) 복식부기의무자(전년도 추계신고)		
	(D) 기준경비율 대상자		
	(E) 단순경비율 대상자(모두채움 이외)	간편	단순
	(F) 모두채움신고서(납부할 세액 〉 0)		
	(G) 모두채움신고서(납부할 세액 ≤ 0)		
	(I) 성실신고 사전 안내 대상자	간편/복식	단순/기준
	(V) 주택임대소득 분리과세 대상자	간편/복식	단순/기준
종교인 기타소득	(Q) 모두채움신고서(납부할 세액 〉 0)	해당없음	해당없음
	(R) 모두채움신고서(납부할 세액 ≤ 0)		
비사업자	(T) 금융, 사업 연말정산, 근로, 연금, 기타소득		

S, A, B, C 유형

일반적으로 복식부기 의무자 유형으로 분류하는데, 비교적 수입금액이 높다고 할 수 있다.

수입과 비용에 대한 장부기장을 하여 종합소득세를 신고해야 하는 유형이다. 대부분 세무 대리인에게 신고 대행을 맡겨 신고한다.

구 분	내 용
S 유형	S 유형은 성실신고 확인 대상자이다. 성실신고 확인 대상자의 경우 세무사 등에게 장부내용을 확인받아야 한다.
A 유형	A 유형은 복식부기 대상이면서 외부조정대상자이다. 외부조정대상자는 복식부기 대상자 중 수입금액이 일정 금액을 넘어서는 경우에 적용되며, 세무사 등 전문가를 통해 조정해야 한다.
B 유형	B 유형은 복식부기 대상이면서 자기조정 대상자이다. A 유형과 직접 장부를 조정할 수 있다. 즉, 스스로 조정을 하거나 세무사를 통해서 하거나 둘 중 하나의 방법으로 하면 된다. B 유형은 쉽게 구분하면 A 유형의 기준금액에 미치지 못하는 복식부기 대상자이다.
C 유형	C 유형 복식부기 대상이면서 전년도 추계신고한 사업자를 말한다. 즉, 전년도에 복식부기 의무자임에도 불구하고 간편장부 및 추계신고를 신고한 사업자다. 반드시 복식부기로 작성해야 무신고가산세를 피할 수 있으며, 간편장부 및 추계신고 시 무기장가산세 등을 내야 한다.

🌷 D, E, F, G, H 유형

D, E, F, G, H 유형을 하나로 묶을 수 있다. 이들은 기본적으로 장부 기장방식이 간편장부이다.

간편장부 의무자일 경우 복식부기로 기장하면 납부세액 중 20%(100만원 한도)를 추가로 세액공제 받을 수 있다.

구 분	내 용
D, E 유형	D 유형은 간편장부대상자이면서 기준경비율 적용대상인 사업자를 말한다. 기본적으로 장부를 작성하여 기장신고를 하거나, 기준경비율을 적용한 추

구 분	내 용
D, E 유형	계신고를 하거나 사업자가 선택할 수 있는 유형이다. 간편장부대상자가 복식부기로 장부를 작성하여 신고하는 경우 기장세액공제를 받을 수 있다. E 유형은 복수사업장이 있거나, 2가지 이상의 소득이 있는 경우에 해당한다. 예를 들어서 근로소득이 있는 일반 근로자가 쿠팡이츠 등을 통해 소득을 받거나, 유튜브를 통해 소득을 얻는 등의 경우가 모두 E유형이 될 수 있다.
F, G, H 유형	F, G, H 유형은 기본적인 기준은 같지만, 세액의 유무와 안내 사항에 따라 유형이 구분된 경우이다. 기본적으로 간편장부작성에 단순경비율 추계신고 대상자이다. 수입이 크지 않은 경우(일반적인 프리랜서 기준 2,400만원 미만) 대부분 F, G, H 유형으로 분류되는데, 창업한 지 얼마 안 된 프리랜서 혹은 3.3% 원천세만 납부하는 아르바이트의 경우에 해당한다고 볼 수 있다. F 유형은 납부할 세액이 있는 경우, G 유형은 납부할 세액이 없는 경우로 구분된다. H 유형의 경우 EITC(근로장려세제), CTC(자녀장려금) 안내 대상자가 해당한다.

🪑 Q, R, T, V, Y, W 유형

구 분	내 용
Q, R 유형	Q 유형과 R 유형은 종교인에게 부여되는 유형이다
T 유형	T 유형은 금융소득 종합과세대상자 또는 2곳 이상 근로소득자 중 연말정산을 하지 않은 사람이다.

구 분	내 용
V 유형	V 유형은 주택임대소득이 발생한 경우이다. 단, 과세기준을 충족한 경우에 해당한다.
Y 유형	Y 유형은 기타소득금액이 300만원을 초과한 경우에 해당한다.
W 유형	W 유형은 연금소득이 발생한 경우 해당한다. 특히 사적연금의 경우 연 1,500만 원을 초과하여 수령할 경우 W유형으로 분류되며 연금소득에 대한 소득세가 발생하게 된다.
I 유형	성실신고 사전 안내 대상에 해당한다. 국세청에서는 기존에 소득세 신고가 성실히 이행되지 않았다고 판단되는 사업자에게 "성실하게 신고할 것을 사전에 안내"를 하는데, 바로 I 유형에 해당한다.

장부를 기장하지 않은 경우 종합소득세 신고납부

1 기준경비율에 의한 소득금액 계산 방법

기준경비율 제도는 장부를 기장하지 않는 사업자가 기장한 사업자의 경우와 같이 증빙서류에 의해 확인되는 주요경비와 총수입금액에 기준경비율을 곱한 기타경비를 합한 금액을 총수입금액에서 차감하는 방식으로 소득금액을 계산하는 제도이다.

수입금액
- 주요경비(매입비용 + 임차료 + 인건비)
- 기타경비(수입금액 × 기준경비율(복식부기의무자는 1/2))
= 소득금액

기준경비율 적용대상자는 주요경비(매입비용, 인건비, 임차료를 말함)는 계산서, 세금계산서, 신용카드 매출전표, 현금영수증 등 증빙서류에 받아야만 경비로 인정되고, 기타경비는 수입금액에 기준경비율을 곱한 금액을 비용으로 인정받게 된다.

따라서 주요경비에 대한 증빙서류를 수취하지 못한 경우 기준경비율에 의한 기타경비만을 필요경비로 인정받게 되어 세 부담이 급격히 증가될 수 있다.

이와 같은 문제를 완화하기 위해 기준경비율에 의한 소득금액이 단순경비율에 의한 소득금액에 소득상한배율을 곱한 금액보다 클 경우 단순경비율에 의한 소득금액으로 신고할 수 있도록 하고 있다.

소득금액 ❶과 ❷중 적은 금액으로 신고 가능
❶ 기준경비율에 의한 소득금액 = 수입금액 − 주요경비(매입비용 + 임차료 + 인건비) − 기타경비(수입금액 × 기준경비율(복식부기의무자는 1/2))
❷ 단순경비율에 의한 소득금액 = [수입금액 × 단순경비율] × 소득상한배율(2.8배 복식부기의무자 3.4배)

주요경비의 범위

기준경비율로 추계소득금액을 계산 시 증명서류로 확인되는 주요경비의 범위는 다음과 같다.

1. 매입비용(사업용 고정자산의 매입비용은 제외)과 외주가공비
2. 사업용 고정자산 임차료
3. 종업원의 급여, 퇴직급여

[주의사항]

건물관리비는 주요경비에 포함되지 않는다.

그리고 추계액 신고 시 식비, 숙박비, 통신비, 수수료, 광고선전비, 기부금 등도 매입비용에서 제외되니 종합소득세 신고 시 주의하길 바란다.

물론 기장신고를 하는 경우는 필요경비로 인정된다.

[예규]

소득, 서면 인터넷 방문 상담 1팀-1692, 2004.12.27

기준경비율에 의해 소득금액을 계산함에 있어 수입금액에서 공제하는 매입비용(사업용 고정자산에 대한 매입비용을 제외)의 범위는 국세청 고시 제2003-36호(2003.12.24.)의 [별표1] 매입비용과 사업용 고정자산에 대한 임차료의 범위에 규정된 내용에 의하는 것으로서, 재산적 가치가 있는 유체물과 동력, 열 등 관리할 수 있는 자연력의 매입, 즉 재화의 매입은 주요경비에 해당하는 것이나 용역을 제공받고 지출한 금액은 주요경비에 포함하지 아니하는 것입니다.

구 분	해당 경비
매입 비용	상품·제품·재료·소모품·전기료 등의 매입비용과 외주가공비 및 운송업의 운반비를 말한다. ❶ 음식 대금, 보험료, 수리비 등 용역(서비스)을 제공받고 지출한 금액은 매입비용에서 제외되어 주요경비에 포함되지 않으나, ❷ 운송업 및 운수 관련 서비스업을 영위하는 사업자가 타인의 운송 수단을 이용하고 그 대가로 지출한 금액은 매입비용에 포함한다.
임차료	사업에 직접 사용하는 건축물, 기계장치 등 사업용 고정자산의 임차료를 말한다.
인건비	종업원의 급여·임금 및 일용근로자의 임금과 실지 지급한 퇴직금을 말한다.

사례

제조업(단일 업종)을 경영하는 사업자로 2022년도 수입금액이 4억 원, 2023년 수입금액이 1억 2천만 원일 때 추계소득금액은?(장애인이 아닌 임차사업장으로서 기준경비율 : 20%, 단순경비율 : 75%, 배율 3.4배)

○ 주요경비 합계액은 6천 8백만 원이며, 증명서류를 보관하고 있고 기초재고 및 기말재고가 없다.

○ 주요경비 내용 : 매입비용(4천 1백만원), 임차료(1천 2백만원), 인건비(1천 5백만 원)

해설

2024년 5월 2023년 귀속 종합소득세 신고기준 직전연도(2022년도) 수입금액이 제조업으로서 4억 원이므로 복식부기의무자이며, 복식부기의무자가 추계신고 시 기타경비에 대하여 기준경비율의 1/2를 적용하며, 배율은 3.4배를 적용한다.

○ 추계소득금액 (①, ② 중 적은 금액) : 4천만 원

① 120,000,000원 - 68,000,000원 - (120,000,000원 × 20% × 1/2) = 4천만 원

② [120,000,000원 - (120,000,000원 × 75%)} × 3.4 = 1억 2백만 원

🍶 기준경비율 신고자의 증빙서류 수취·보관

주요경비에 대한 증빙서류가 없으면 비용으로 인정되지 않고, 기준경비율에 의한 기타경비만 필요경비로 인정되므로 그 만큼 소득금액이 커지고 소득세 부담도 늘어나게 된다.

매입비용과 임차료는 세금계산서, 계산서, 신용카드매출전표, 현금영수증 등 법정지출증빙을 수취해야 하며, 간이세금계산서나 일반영수증을 수취한 금액은 「주요경비지출명세서」를 제출해야 한다.

농어민과 직접 거래 및 거래 1건당 3만 원 이하의 거래 등은 「주요경비지출명세서」 작성을 면제하므로 영수증만 수취·보관하면 된다.

인건비는 원천징수영수증·지급명세서를 세무서에 제출하거나 지급 관련 증빙서류를 비치·보관해야 한다.

2 단순경비율에 의한 소득금액 계산 방법

단순경비율 적용대상자는 당해 연도 귀속 종합소득세를 장부에 의해 계산한 소득금액으로 신고하지 않는 사업자로서, 직전년도 수입금액이 앞서 설명한 기준경비율 적용 대상 수입금액에 미달하는 사업자와 당해 연도 신규사업자를 말한다.

단순경비율 적용대상자는 장부나 증빙서류에 의하지 않고, 수입금액에 단순경비율을 곱한 금액을 필요경비로 인정받게 된다.

> 소득금액 = 수입금액 - (수입금액 × 단순경비율)

3 추계신고자 무기장가산세 납부

복식부기의무자가 장부를 비치·기장하지 않고 기준경비율에 의해 추계신고(간편장부에 의한 신고 포함)를 하게 되면 기장에 의해 신고하지 않은 것으로 보아 무기장 가산세와 무신고가산세 중 큰 금액이 적용된다. 무신고가산세는 가산세 대상 금액(산출세액 - 무신고 또는 과소신고 소득금액에 대한 원천징수 세액)의 20%의 금액과 수입금액의 7/10,000중 큰 금액이 부과된다.

소규모사업자(직전년도 수입금액이 4,800만 원 미만자)를 제외한 간편장부대상자가 기준경비율 및 단순경비율에 의해 추계신고하면 산출세액의 20%의 금액을 무기장가산세로 부과한다.

또한 외부조정계산서 첨부 대상자가 자기조정계산서만을 첨부하여 신고하게 되면 소득세법에 의한 적법한 신고로 보지 않기 때문에 무신고가산세가 산출세액의 20%, 수입금액의 7/10,000중 큰 금액이 가산된다.

구 분	해당 경비
복식부기의무자	복식부기의무자는 복식부기로 장부를 작성해서 종합소득세를 신고하는 것이 원칙이며, 간편장부를 작성하여 신고한 경우 무기장가산세 20%가 적용된다. 단순경비율 또는 기준경비율로 추계신고할 때는 무기장가산세와 무신고가산세 중 큰 금액이 적용된다. 또한 기준경비율 적용 시 기준경비율 전체가 아닌, 기준경비율의 1/2을 적용해 필요경비를 계산한다.
간편장부대상자	간편장부대상자가 단순경비율 또는 기준경비율로 추계신고할 수 있으나 무기장가산세 20%가 적용되며, 장부를 작성하지 않았기 때문에 적자(결손)가 발생한 경우 그 사실을 인정받을 수 없다. 무기장가산세 = 산출세액 x (무기장 소득금액/종합소득금액) x 20% 그러나 다음에 해당하는 "소규모사업자"는 무기장가산세가 적용되지 않는다. ❶ 당해 연도 신규사업자 ❷ 직전 과세기간의 총수입금액의 합계액이 4,800만원 미만인 자 ❸ 독립된 자격의 보험모집인, 방문판매원으로서 간편장부대상자가 받는 사업소득으로 원천징수의무자가 사업소득 연말정산을 한 경우

참고 : 한마디로 내가 세금 몇십만 원 내는데 120만원 기장료 내고 맡기지 말고, 단순경비율 대상자는 홈택스에서 그냥 본인이 신고하는 것이 유리할 수 있다.

수정신고는 수정된 내용을 함께 기입한 최초 신고서 사본 등을 첨부하여 제출하는 것이므로, 최초 신고서와는 완전히 다른 신고서를 제출하는 경우는 수정신고 대상에 해당하지 않는다.

[제 목]

추계로 소득세 신고 후 기장에 의한 수정신고 및 경정청구 가능 여부

[요 지]

복식부기의무자가 아닌 거주자가 당초 추계로 소득세 신고 후 장부·기장에 의한 방법으로 신고내용을 변경하여 신고서를 제출하는 것은 수정신고 및 경정청구 대상에 해당하지 아니하는 것임

[회 신]

복식부기의무자가 아닌 거주자가 당초 법정신고기한 내에 추계로 종합소득세 과세표준확정신고서를 제출하고, 이후에 장부·기장에 의한 방법으로 신고내용을 변경하여 신고서를 제출하는 것은 수정신고에 해당하지 아니하며, 따른 경정청구 대상에도 해당하지 아니하는 것입니다.

소득, 서면법규과–959, 2014.08.29

[제 목]

복식기장의무자가 추계신고 후 장부에 의한 경정청구가 가능한지 여부

[요 지]

복식기장의무자가 추계소득금액 계산서에 의하여 종합소득세 신고를 하고 추후 장부 및 증빙에 의하여 경정청구를 할 수 없는 것임

[회 신]

복식기장의무자가 추계소득금액 계산서에 의하여 종합소득세 신고를 하고 추후 장부 및 증빙에 의해서 경정청구를 할 수 없는 것입니다.

개인사업자가 받을 수 있는 공제항목

(종합소득세 신고 때 자영업자가 받을 수 있는 공제항목)

사업소득자는 근로소득자보다 소득공제를 받을 수 있는 항목이 상대적으로 적다.

근로소득자가 연말정산 때 많이 받게 되는 보험료, 의료비, 교육비, 신용카드 공제와 같은 특별공제항목은 근로소득이 있는 직장인만 공제받을 수 있고, 근로소득이 없는 개인사업자는 공제받을 수 없다.

따라서 종합소득세 신고를 할 때 해당 증빙을 구하려고 시간을 낭비할 필요가 없다.

그러면 개인사업자가 받을 수 있는 공제항목에는 무엇이 있는지 알아보도록 하겠다.

1 사업소득자가 받을 수 있는 소득공제

구 분	소득공제액
	• 본인공제 : 무조건
	• 배우자공제 : 연간 소득금액이 100만 원 이하인 경우

구 분	소득공제액
기본 공제 (1인당 150만원)	• 부양가족공제 : 생계를 함께하는 직계존속(만 60세 이상, 직계비속(만 8세 이상 20세 이하), 형제자매(만 8세 이상 20세 이하 또는 만 60세 이상), 국민기초생활급여수급자, 위탁아동(해당 연도에 6개월 이상 직접 양육한 위탁 아동)으로써 연간 소득금액이 100만 원 이하인 경우 ☞ 장애인은 연령 요건과 상관없이 공제대상에 포함(연간소득 100만 원 이하 요건은 충족되어야 함) ☞ 당해 연도에 사망 또는 출생한 자도 연령 요건, 소득요건 충족 시 공제대상에 포함 ☞ 다른 소득자(배우자 또는 다른 가족)의 기본공제 대상에 반영된 경우 중복해서 공제대상에 올릴 수 없음 (예 : 맞벌이 부부의 경우 자녀는 부부 중 어느 한 사람의 소득공제 대상에만 올릴 수 있음)
추가 공제	본인의 기본공제 대상자(부모, 자녀 등)가 법에서 정한 특정 사항에 해당하는 경우 기본공제와는 별도로 추가로 공제해주는 인적공제 제도 • 경로우대자공제 : 기본공제대상자 중 70세 이상인 자(공제액 : 100만원) • 장애인공제 : 기본공제 대상자 중 장애인, 상이자(공제액 : 200만원) • 부녀자공제 : 본인이 배우자가 없는 여성인 경우로서 부양가족이 있는 세대주인 경우 또는 본인이 배우자가 있는 여성인 경우(공제액 : 50만원) • 한부모공제 : 본인이 배우자가 없는 자로써 기본공제 대상인 직계비속 또는 입양자가 있는 경우(공제액 : 100만원)
연 금 보험료 공 제	해당 과세기간에 납입한 연금보험료 전액공제
	❶, ❷ 중 적은 금액 × (사업소득금액 − 부동산임대업의 소득금액) ÷ 사업소득금액 ❶ 공제부금 납부액, ❷

구 분	소득공제액	
소기업· 소상공인 공제부금 소득공제	사업소득금액	한도액
	4천만 원 이하	500만 원
	4천만 원 초과~1억 원 이하	300만 원
	1억 원 초과	200만 원

2 사업소득자가 받을 수 있는 세액공제

구 분	세액공제액
자녀세액 공제	**출산·입양** 거주자의 기본공제 대상자로서 8세 이상의 사람(만 8세 미만의 취학아동 포함)에 해당하는 자녀가 있는 경우 ❶ 자녀 1~2명 : 1명당 15만 원 ❷ 2명 초과 : 30만원 + (자녀수 − 2) × 30만 원 **기본공제대상 자녀(입양자, 위탁 아동 포함)** 해당 과세기간에 출산하거나 입양신고 한 공제대상 자녀가 있는 경우 • 그해 낳았거나 입양한 자녀가 첫째인 경우 : 30만원 • 그해 낳았거나 입양한 자녀가 둘째인 경우 : 50만원 • 그해 낳았거나 입양한 자녀가 셋째 이상인 경우 : 70만원
연금계좌 세액공제	퇴직연금·연금저축 납입액의 12% 세액공제(종합소득금액 4,500만 원 이하는 15%), 연금저축 납입한도 : 600만원 연금계좌 : 연금저축계좌, 퇴직연금계좌[근로자퇴직급여보장법에 따른 확정기여형퇴직연금(DC형)·개인형퇴직연금(IRP), 과학기술인공제회법에 따른 퇴직연금]

구 분	세액공제액
기부금 세액공제	기부금액의 15%를 해당 과세기간의 종합소득 산출세액에서 공제한다. 1천만 원 초과분 30%, 1천만원 초과분 40%, 정치자금 기부금은 3천만원 초과분 25%
기장 세액공제	간편장부대상자가 복식부기로 기장·신고하는 경우 산출세액의 20%를 100만 원 한도 내에서 공제받을 수 있다.
표준 세액공제	특별세액공제를 신청하지 않은 사업소득자는 7만원을 종합소득세 산출세 액에서 공제한다.

3 성실신고사업자가 추가로 받을 수 있는 세액공제

구 분	세액공제액
의료비 세액공제	지출한 금액의 15%(일정한 난임시술비의 경우에는 20%)에 해당하는 금 액을 사업소득에 대한 소득세에서 공제 의료비 세액공제액 = (1 + 2) × 15% + 3 × 20% + 4 × 30% 1. Min(❶, ❷) ❶ 기본공제 대상자를 위해서 지급한 의료비(2와 3의 의료비는 제외함) - 총급여액 × 3% ❷ 연 700만원 2. 다음 중 어느 하나에 해당하는 사업을 위하여 지급한 의료비 ❶ 해당 거주자 ❷ 과세기간 종료일 현재 65세 이상인 사람 ❸ 장애인 ❹ 건강보험산정특례자에 해당하는 중증질환자, 희귀난치성질환자, 결핵 환자 3. 미숙아·선천성이상아 의료비 4. 난임시술비(모자보건법에 따른 보조 생식술에 소요된 비용)

구 분	세액공제액
교육비 세액공제	지출한 금액의 15%에 해당하는 금액을 사업소득에 대한 소득세에서 공제 • 본인은 모든 교육기관(대학원 포함) 전액 → 대학원 교육비, 직업능력개발훈련시설 수강료, 시간제 등록, 대학입학 전형료, 수능응시료 포함 → 학자금대출 원리금 상환에 지출한 교육비(상환 연체로 추가 지급액 제외) • 부양가족(배우자, 직계비속, 형제자매, 입양 자) 대학(사이버대학·시간제 등록 포함)은 1인당 연 900만원까지(대학원은 공제대상 아님) • 부양가족 유치원·유아원은 1인당 연 300만원까지 • 부양가족은 초·중·고등학교는 1인당 연 300만원(국외교육비도 가능) • 장애인 특수교육비는 한도 없이 전액 공제 가능(장애인재활교육을 위해 사회복지시설 등에 지급한 비용) → 장애아동 발달 재활서비스 제공기관 이용료는 나이요건(만 18세 미만) 제한 • 근로자 자기 부담의 직업능력개발훈련비용(수강료)도 전액 소득공제 가능 → 고용보험법상의 근로자수강지원금은 차감
성실신고 비용 세액공제	성실신고 확인에 직접 사용한 비용의 60%를 120만 원 한도 내에서 공제받을 수 있다.
월세세액 공제	성실신고 확인 대상 사업자로서 성실신고확인서를 제출한 자가 월세액을 2024.12.31.이 속하는 과세연도까지 지급하는 경우 그 지급한 금액의 15%(해당 과세연도의 종합소득과세표준에 합산되는 종합소득금액이 4,500만원 이하의 성실신고 확인 대상 사업자로서 성실신고확인서를 제출한 자의 경우에는 17%)에 해당하는 금액을 해당 과세연도의 소득세에서 공제한다. 다만, 해당 월세액이 750만원을 초과하는 경우 그 초과하는 금액은 없는 것으로 한다

종합소득세 신고납부 준비자료

(세무대리인 요청자료)

구 분	준비서류
종합소득세 확정신고 안내문	신고유형과 중간예납 세액, 국민연금납부액, 연금저축, 개인연금저축, 노란우산공제 등 종합소득세 신고 시 필수적인 내용이 나와 있다. 5월 초 국세청으로부터 안내문을 받을 수 있고, 우편물을 받지 못한 경우 국세청 홈택스에 개인 공인인증서로 접속하면 확인할 수 있다.
원천징수영수증	근로소득원천징수영수증, 사업소득원천징수영수증, 기타소득원천징수영수증, 연금소득원천징수영수증, 금융소득(이자, 배당)원천징수영수증 중 본인 소득에 해당하는 원천징수영수증을 준비한다. 확정신고 안내문에서 나에게 해당하는 소득 확인이 가능하고, 국세청 홈택스에서 원천징수영수증을 출력할 수 있다.
부가가치세신고서 또는 사업장현황신고서(면세 사업자)	사업자등록을 한 개인사업자의 수입금액 파악을 위하여 필요하다. 세무 대리인을 통하여 세금 신고를 하는 사업자의 경우 따로 준비할 필요가 없다.

구 분	준비서류
신용카드, 체크카드, 현금영수증 사용 내역	신용카드사 또는 국세청에서 확인할 수 있다. 사업과 관련된 비용만 인정된다.
간이영수증	건당 3만 원 미만의 사업을 위하여 사용한 간이영수증은 비용처리가 가능하다.
지방세 세목별 과세증명서	자동차세, 주민세, 재산세, 등록세 등 각 지방자치단체에 납부한 세금을 확인하기 위한 자료다. 민원24에서 발급할 수 있다.
건강보험 납입 내역	건강보험공단(1577-1000)에 전화해서 해당연도 납입내역을 요청하여 제출한다. 국세청에서 제공한다.
사업장 임대차계약서	사업장 임차료 확인을 위해서 필요하다.
각종 보험료 납부내역	자동차 보험증권 사본, 건물 화재보험증권 사본 등 사업과 관련된 보험증권을 제출한다.
사업 관련 대출금에 대한 원리금 상환내역서	해당 은행에 요청하여 제출한다. 원금과 이자비용이 각각 확인되어야 하고, 금리 확인이 가능해야 한다.
자동차 리스료 납부내역	
고정자산 취득 내역	자동차, 건물 등 감가상각 대상 자산을 취득한 경우 관련 자료를 제출한다.
각종 요금 납부내역	휴대폰 요금, 전화요금, 유선방송 및 각종 통신요금, 전기요금, 도시가스 요금 등 사업과 관련해서 사용한 비용 납부내역

구 분	준비서류
경조사비 내역	청첩장, 부고장, 돌잔치 초대장 등 경조사에 관련된 증빙. 모바일 청첩장 등은 캡쳐 후 출력하여 제출한다.
기부금영수증 및 사업자등록증	사회복지단체, 종교단체, 학교 등에 기부한 기부금 영수증과 해당 기관의 사업자등록증(또는 고유번호증)을 제출한다. 부양가족의 기부금도 인정된다.
근로자 퇴직연금 납부내역	고용한 근로자에 대해서 퇴직연금을 납부하고 있다면 납부내역을 해당 기관에 요청해서 제출한다.

3 소득공제 자료

구 분	준비서류
연말정산 간소화 서비스 자료	근로소득이 있는 경우만 제출하나 세무 대리인의 정보제공 차원에서 제출하는 것이 좋다. 성실신고 대상 사업자의 경우 근로소득이 없다 하더라도 제출한다. 교육비 및 의료비 세액공제가 가능하다.
주민등록등본 또는 가족관계증명서	인적공제를 위한 부양가족 확인을 위해 필요하다. 소득공제 받을 대상을 표시하여 제출해야 한다. 민원24 또는 대법원 전자 가족관계 등록 시스템에서 발급이 가능하다.
장애인등록증	본인 또는 인적공제 대상자 중 장애인이 있는 경우 장애인 소득공제가 가능하다. 민원24에서 발급이 가능하다.

종합소득세 신고를 하려면 미리 꼭 챙겨 놔야 할 서류

1 수임동의 및 기본서류 제출

사업자등록증 및 신분증 사본, 연락처, 메일주소, 환급계좌내역, 홈택스 아이디/ 암호 : 신고대행 의뢰할 경우 위 서류 모두 준비

[나중을 위해 평소에 실천할 사항]

❶ 세금계산서, 계산서는 홈택스를 활용해 전자로 발행하고, 전자로 받는다.

❷ 종이로 받은 세금계산서와 계산서는 반드시 회계프로그램이나 전자적 방법으로 저장해 둔다.

❸ 신용카드는 법인의 경우 법인카드를 사용하고, 개인의 경우 사업용 신용카드를 사용한다(신고 대행 시에는 신용카드 거래내용을 엑셀로 내려받아 세무대리인에게 전달한다).

❹ 현금영수증을 받을 때는 잊어버리지 말고 반드시 지출증빙용으로 발행받는다.

❺ 전기요금, 전화요금 등 지로영수증을 보관한다. 별도로 지로 영수증을 받지 않고 통장에서 자동이체를 하는 경우 이를 신용카드로 자동이체를 해놓는 것이 좋다.

---

2 국세청 소득세 신고 안내문

- 기장대리 및 신고대리 수임동의 업체의 경우 세무대리인이 조회가 가능하므로 제외
- 국세청 홈택스 사이트에서 조회 가능(주민등록 주소지 우편발송)

3 사업소득 외 원천징수영수증

사업소득 외 다른 소득 있을 경우 해당 원천징수영수증(지급명세서)이 있는 경우 제출한다.
- 기장대리 및 신고대리 수임동의 업체의 경우 세무대리인이 조회가 가능하므로 제외
- 귀속연도 이자, 배당 금융소득(2천만 원 초과), 근로소득, 프리랜서 사업소득, 기타소득 등의 내역이 있을 경우 국세청 홈택스 왼쪽 상단의 [My NTS] → [지급명세서 등 제출내역] 에서 확인해서 제출

4 세무대행시 별도로 제출할 서류

- 귀속연도 연간 소득금액 100만 원 이하인 부양가족이 있는 경우 주민등록등본 또는 가족관계증명원 제출(소득 유무 확인 필수)
- 부양가족이 장애인의 경우 장애인등록증 또는 수첩 등을 제출
- 세무대행 시에는 본인 명의 계좌 출금 명세를 엑셀로 내려받아 세무 대리인에게 제출한다.

- 세무대행 시에는 연말정산 간소화 pdf 파일(홈택스)을 세무대리인에게 제출한다.
- 세무대행 시에는 비품목록(핸드폰, 컴퓨터, 책상 등)을 엑셀로 정리해서 세무 대리인에게 제출한다. 이는 감가상각을 통해 비용인정을 받을 수 있다.
- 인테리어비용, 권리금 등에 대한 세금계산서를 못 받았을 때 계약서와 계좌이체 내역을 보관해 둔다. 세무대행 시에는 세무대리인에게 제출한다.
- 기부금 지출이 있는 경우 종교단체 등에서 기부금영수증을 발급받아 보관한다. 세무대행 시에는 세무 대리인에게 제출한다. ➡ 해당 단체의 사업자등록번호와 단체종류가 확인되는 자료
- 자동차 보험료 등 납입내역서(리스의 경우 리스상환스케줄)를 보관한다. 세무대행 시에는 자동차등록증 사본과 함께 세무 대리인에게 제출한다. ➡ 본인 명의 차량만 가능
- 세무대행 시에는 주민등록등본, 가족관계증명서(가족 공제받을 사람에 대한 정보)를 세무 대리인에게 제출한다. 제출 시 공제 안 받을 사람은 체크 후 제출한다. ➡ 증명서는 주민등록번호 뒷자리까지 주민등록번호 전체가 나오게 발급받아야 한다.
- 세무대행 시에는 화재보험이나 4대 보험 납부내역서를 세무 대리인에게 제출한다. ➡ 저축성보험은 비용인정이 안 된다. 단, 개인과 관련된 암보험, 실비보험은 개인사업자는 적용되지 않는다.

5 귀속연도 지출증빙

- 전년도 종합소득세 신고 내역
- 납세자가 직접 신고 또는 타 세무사가 신고한 부가가치세, 사업장 현황, 원천세 신고서
- 세금계산서, 신용카드 및 현금영수증, 간이영수증 내역
  신용카드 등의 경우 홈택스 카드등록 한 카드내역 또는 카드사 엑셀 자료 제출
- 기업업무추진비 처리를 위한 경조사 관련 청첩장 및 초대장, 부고장 등 ➜ 1장당 최대 20만 원까지 비용인정
- 기부금 지출내역(해당기관 요청 또는 홈택스 연말정산 간소화 서비스 기부금내역 조회)
- 사업 관련 차입금의 이자비용 납입증명서 ➜ 본인 주택 관련 대출 이자 비용은 비용인정이 안 됨
- 건강보험료 납부확인서(해당기관 홈페이지 또는 1577-1000 콜센터 팩스 수신)
  기장대리 및 신고대리 수임동의 업체의 경우 세무대리인이 조회가 가능하므로 제외
- 사무실 임차료에 대한 세금계산서를 받으면 문제없으나 건물주가 발행을 안 해주는 경우 계약서와 계좌이체 내역을 보관해 둔다. 세무대행 시에는 세무 대리인에게 제출한다. ➜ 증빙불비가산세를 부담하고 비용인정을 받는다.
- 노란우산공제 납입증명서를 세무대행 시에는 세무 대리인에게 제출한다.

- 연금저축/퇴직연금저축 납입증명서를 세무대행 시에는 세무 대리인에게 제출한다.
- 인건비 지급내역을 원천징수 신고내용과 상호 대사해 본다.
- 기타 사업 관련 지출한 보험료 내역(개인 보장성 및 저축성보험 제외), 퇴직연금 지출내역, 사업장 관련 재산세 및 종합부동산세, 통신요금, 공과금, 차량유지비, 리스료 등의 지출내역 등

종합소득세 신고 유형별 신고 서식

구 분	준비서류
성실신고확인 대상자	제40호 서식(1), 재무상태표, 손익계산서와 그 부속서류, 합계잔액시산표, 조정계산서, 성실신고확인서
복식부기 신고자(자기조정, 외부조정), 조정계산서	제40호 서식(1), 재무상태표, 손익계산서와 그 부속서류, 합계잔액시산표, 조정계산서 등
간편장부 신고자	제40호 서식(1), 간편장부소득금액계산서, 총수입금액 및 필요경비 명세서 등
기준경비율 신고자	제40호 서식(1), 주요경비지출명세서 등
단순경비율 신고자	단순경비율 적용 대상자이나 복수소득자는 제40호 서식(1) 사업소득만 있는 단순경비율 적용대상자는 제40호 서식(4)
단일소득 종교인소득자	종교인소득(기타소득)만 있는 종교 관련 종사자는 제40호 서식(5) 해당 종교인소득에 대하여 소득세법에 따른 근로소득으로 원천징수 하거나 과세표준확정신고를 한 경우는 제외

구 분	준비서류
비사업자(금융소득자, 연말정산 사업 소득자, 근로소득자, 기타소득자(단일소득 종교인 소득자 제외), 연금소득자)	제40호 서식(1)
분리과세 소득자	분리과세를 선택한 수입금액 2천만원 이하 주택임대소득자는 40호 서식(6)

프리랜서의 세금 신고납부
(귀속월과 지급월이 다른 경우 종합소득세)

1 프리랜서란?

보통 사업자들이 말하는 프리랜서는 개인이 물적시설 없이 근로자를
고용하지 않고 독립된 자격으로 인적용역을 공급하는 자를 말하고,
프리랜서와 계약할 때는 반드시 프리랜서에게 사업자등록증이 있는
지 여부와 세법상 프리랜서가 맞는지 상대방에게 확인하고 추후 대
금을 지급할 때 3.3%로 원천징수 후 지급하는 것이 바람직하다.

2 프리랜서의 수입 및 비용 귀속시기

일반적으로 프리랜서에게 대가를 지급할 때 그 대금에서 3.3%를 차
감(원천징수)하고 지급한 후, 원천징수 한 3.3% 상당 세액을 다음
달 10일까지 관할 세무서와 지방자치단체에 각각 신고·납부 한다.

구 분	내 용
원천징수 의무자	프리랜서에게 인적용역을 제공받고 대가를 지급하는 사업자 ※ 사업자가 아닌 개인이 프리랜서에게 대가를 지급하는 경우 원천 징수 의무가 없다.
원천징수시기	프리랜서에게 실제 대가를 지급하는 날 ※ 근로소득, 연말정산 사업소득 등 다른 소득과 달리 프리랜서 원 천징수에는 지급시기 의제 규정이 없다.
원천징수 세율	3.3%(국세 3% + 지방세 0.3%)
원천세 납부시기	원천징수 일(실제 대가 지급일)이 속하는 달의 다음 달 10일까지 원 천세를 신고납부해야 한다. ※ 반기별 납부 특례 적용자는 반기의 마지막 달의 다음 달 10일

원천세를 신고할 때는 귀속연월과 지급연월을 기재하게 되어있고 특히 귀속연월의 경우 사업자의 수입시기 및 비용처리 귀속시기를 결정하게 되므로, 아래와 같이 귀속시기와 지급연월을 확인하고 원천세를 신고해야 한다.

구 분	원천징수이행상황신고서
귀속연월	프리랜서의 사업소득 매출(수입) 및 비용(손금 또는 필요경비)의 귀속시기는 용역대가를 받기로 한 날 또는 용역의 제공을 완료한 날 중 빠른 날을 의미한다.
지급연월	프리랜서에게 실제 대금을 지급한 원천징수 시기의 연월을 의미한다.

프리랜서로부터 공급받는 용역이 2023년 12월 말에 종료되고 대금

만 2024년 2월 초에 지급하기로 한 경우 둘 중 빠른 날인 2023년 12월이 귀속시기에 해당한다.

따라서 2023년 12월에 매출 및 비용(손금 또는 필요경비)처리를 해야 한다.

3 지급명세서 및 간이지급명세서 제출

사업자가 프리랜서 원천세를 신고·납부한 이후에도 간이지급명세서 제출과 지급명세서 제출을 기한 내에 반드시 해야 한다. 만약 이를 잊고 미제출한 경우에는 지급명세서불성실가산세가 부과된다.

또한 사업자가 지급명세서 제출(신고)을 해야 국세청에서 해당 자료를 통해 프리랜서 종합소득세 신고안내문을 발송할 때 해당 매출금액이 포함되므로 프리랜서가 누락된 매출 없이 종합소득세를 산정하여 신고납부할 수 있다.

구분	제출(신고)기한	미제출 가산세
지급명세서	지급일이 속한 연도의 다음연도 3월 10일까지 제출해야 함 ※휴·폐업한 경우 휴·폐업일이 속한 달의 말일부터 다음다음 달 말일까지	1%(기한 경과 후 3개월 내 제출 시 0.5%)
간이지급명세서	지급일이 속한 달의 다음 달 말일까지 제출해야 함 ※휴·폐업한 경우 휴·폐업일이 속한 반기의 마지막 달의 다음 달 말일까지	0.25%(기한 경과 후 3개월 내 제출 시 0.125%)

간이지급명세서(매월)를 모두 제출 시 지급명세서(연 1회) 제출을 면제한다.

또한 지급명세서(가산세율 : 1%)와 간이지급명세서(가산세율 : 0.25%)를 모두 미제출하거나 불분명한 경우 높은 가산세율 1%만 적용한다.

반면 연말정산 사업소득은 간이지급명세서와 지급명세서를 모두 제출해야 한다.

그리고 연말정산 사업소득은 지급명세서(1%)·간이지급명세서(0.25%) 제출 불성실 가산세를 중복적용한다.

공동사업을 하는 경우 종합소득세 신고납부

공동사업자로 등록하는 경우 둘의 소득은 반으로 나누어지고 각종 공제 혜택은 각각 받을 수 있어 혜택을 2번 볼 수 있는 효과가 있다.

소득은 나누어지고 혜택은 2배이다 보니 당연히 혼자 사장일 때 보다 세금은 적게 낼 것이다.

그런데 좋은 일만 있냐?

그건 아니다. 혹시 한쪽이 사업소득세를 안 내는 경우 다른 한쪽이 내줘야 하는 의무가 있는데, 이를 연대납세의무라고 한다.

그리고 개인사업자 사장의 급여가 비용인정이 안 되는 것처럼 둘이 각각 분배목적이든 급여 성격이든 가져가는 돈에 대해서는 종합소득세를 신고할 때 경비인정이 안 된다.

또한 4대 보험도 둘만 있고 직원이 없는 경우 직장이 아닌 지역가입자로 적용받아 소득이 높으면 보험료도 올라갈 수 있다.

결국 혼자와 둘의 차이는 소득은 둘로 나누어지고 세금 공제 혜택을 각각 받는 대신 연대납세의무를 진다는 점이며, 나머지는 혼자 개인 사업을 하는 것과 같다.

2 법인사업자인 경우

공동으로 법인 대표를 하든, 단독으로 하든 소득에 대한 세금은 법인세로, 나가고 받는 월급은 근로소득세로 각각 납부하면 된다.

📄 둘 다 대표이사의 경우 4대 보험은 국민연금과 건강보험만 가입이 된다.

📄 한 명은 대표이사 다른 한 명은 임원이 경우에도 국민연금과 건강보험만 가입이 된다.

📄 한 명은 대표이사 다른 한 명은 근로자인 경우는 대표이사는 국민연금과 건강보험만 가입, 근로자는 4대 보험 전체 가입이 가능하다.

다만, 발생하는 소득에 대해서 나누어 갖는 것은 제한이 있다.

3 동업 계약할 때 유의할 사항

📄 동업계약서 체결 : 출자금액, 손익분배 비율 · 방법 · 정리 시점 등을 명시

📄 사업자등록 : 공동사업장을 1 사업장으로 등록, 대표 공동사업자 신고, 동업계약서 첨부

📄 연대납세의무 : 소득은 손익비율대로 분배되지만, 세금은 연대납세의무로 규정되어 있음.

📄 공동사업의 안분 과세

합산 손익계산을 각 손익분배 비율로 안분하여 과세소득 계산

각자 손익 · 결손금 · 이월결손금을 따로 계산하며 다른 단독소득과 합산함.

① 자녀, 배우자 등 특수관계자 간의 경우 : 손익분배비율이 가장 큰 동업자로 합산

② 공동사업자 간의 손익분배 비율이 불합리하거나 조세회피 의도가 있는 경우 등 단일합산

🗋 개인과 법인이 공동사업 수행 시 : 손익비율 구분소득에 대해 개인소득은 소득세법, 법인소득은 법인세법 적용함.

4 동업자금을 마련하기 위한 대출금 이자

출자를 위한 차입금 이자는 비용인정을 받을 수 없고, 회사경비로 사용하기 위한 차입금의 이자는 비용인정을 받을 수 있다.

🐾 출자를 위한 대출금이자 경비처리

공동사업에 출자하기 위하여 대출받은 차입금의 이자비용은 공동사업장의 필요경비에 해당하지 않는다. 즉, 공동사업자의 대출금은 출자를 위한 개인적인 채무의 부담이므로 해당 사업과 관련이 없다고 본다. 이는 동업계약서가 어떻게 작성됐는지? 와 실제 사용내역이 어떻게 되었는지에 따라 대출금에 대한 이자비용은 인정받을 수도 있고 받지 못할 수도 있다.

🐾 영업자금을 위한 대출금이자 경비처리

대출받아 사용한 용도에 따라 필요경비 인정 여부가 결정되므로 사용 용도를 객관적으로 밝혀 지급이자 처리가 되는지부터 명확히 하는 것이 중요하다.

그리고 공동으로 부동산임대업을 할 경우는 부동산 매매계약 이전에 동업계약서를 작성해야 한다.

동업계약서에 공동경영, 지분율, 각자의 출자금을 명시하고 계약금 또는 계약금과 중도금은 각자의 출자금으로 충당하며, 나머지 취득자금은 임대보증금과 대출금으로 지급하는 내용을 기재한다.

또한, 대출금 지급이자는 공동명의 사업수입금액(부동산임대업은 건물의 임대 수입)에서 지급하기로 약정한다. 그리고 동업계약서를 작성한 후에 사업자등록(부동산 매매계약)을 하는 것이 바람직하다.

결국, 동업계약서라는 요식 행위를 통해 대출금이 동업 계약에 따른 출자의무를 이행하기 위해 빌린 자금이 아니라 사업을 하는 데 필요한 운영자금이라는 것을 더욱 명확히 할 수 있는 수단이라고 볼 수 있다.

5 각자 사업용 신용카드등록과 사업용 계좌 사용

🐧 사업용 신용카드 등록

각 개인카드 사용 시 사업과 관련된 경비는 비용으로 인정될 수 있다. 하지만 국세청에 개인카드를 등록할 경우 사업용 신용카드로 인정받을 수 있는데 이는 등록 시 단점보다 장점이 많다. 이유는 개인적인 목적으로 사용하더라도 등록된 사업용 카드를 쓸 때 업무용으로 추정할 수 있기 때문이다. 하지만 실질이 업무용 외로 사용했을 경우는 경비처리가 되지 않는다. 단, 홈택스에서 사업용 신용카드 등록은 대표자만 가능하다.

🍸 사업용 계좌 사용

사업용 계좌는 공동사업자의 경우 사업자의 필요에 따라 1인 명의에 의한 1개 계좌 또는 공동사업자 각각의 명의에 의한 복수 계좌를 신고해도 무방하다.

6 동업 계약 해지 처리

공동사업을 영위하는 언니와 동생이 공동사업을 해지하는 경우는 해지 일까지의 공동사업장에서 발생한 수입금액에 대해서 결산을 하여 손익분배 비율(지분율)에 따라 소득금액을 분배해야 한다.

각각 언니와 동생은 공동사업장에서 발생한 소득과 타 소득을 합산해서 다음연도 5월에 주소지 관할 세무서에 소득세를 확정신고·납부를 해야 한다.

사업자등록을 한 공동사업자 중 일부가 변경되거나 탈퇴 또는 새로운 공동사업자가 추가되는 경우는 사업자등록 정정신고서에 사업자등록증, 동업 변경(해지)계약서를 첨부해서 공동사업의 변경에 대한 사업자등록 정정 신고를 하면 된다.

7 공동사업자 구성원(지분) 변경

🍸 공동사업자 구성원 변경시 소득금액 계산

공동사업에 대한 소득금액 계산에 대하여는 소득세는 1월 1일부터 12월 31일까지의 1년분의 소득금액에 대하여 과세된다. 여러 명이 공동으로 사업을 경영하다가 공동사업자 중 1인이 탈퇴하고 다른 1인이 공동사업에 가담할 경우 탈퇴자와 가담자의 납세의무의 대상이 되는 소득금액의 계산기간은 탈퇴나 가담 당시를 기준으로 한다. 즉, 탈퇴자의 경우 소득금액의 계산은 1월 1일부터 탈퇴 시까지의 당해 공동사업장의 손익계산 결과에 따라 당해 탈퇴자의 손익 분배 비율을 적용하여 계산하는 것이며, 가담자의 경우 소득금액의 계산은 가담 시부터 12월 31일까지의 기간에 대하여 계산하는 것이다.

① 단독으로 사업을 경영하다가 공동사업으로 변경하였으면 단독사업장은 공동사업으로 변경한 날의 전날에 폐업(또는 승계)한 것으로 보고 소득금액을 계산한다.

② 공동사업으로 변경 후 해당 공동사업장에서 발생한 소득은 그 지분 또는 손익분배의 비율에 따라 분배되었거나 분배될 소득금액에 따라 각 거주자별로 소득금액을 계산한다.

③ 공동사업에서 단독사업으로 변경된 경우 공동사업장은 단독사업으로 변경한 날의 전날에 폐업(또는 승계)한 것으로 보아 소득금액을 계산한다. 폐업 시 재고자산의 시가 상당액을 수입금액에 산입한다.

④ 공동사업에 있어서 과세기간 중 그 구성원이 탈퇴하면서 나머지 다른 공동사업자에게 자기 지분을 양도하여 그 지분의 변동이 발생한 경우는 변동 시마다 공동사업자별 소득분배 비율에 따라 해당 거주자별로 소득금액을 구분계산 한다(집행기준 43-100-4).

(참고) 공동사업자 중 일부 변경 및 탈퇴, 새로운 공동사업자 추가의 경우에는 사업자등록을 정정해야 한다.

소득세법 집행기준 43-0-1 【공동사업장을 단독사업장으로 변경하는 경우 소득금액의 계산】(2018.09.05. 개정)

① 단독으로 사업을 경영하다가 공동사업으로 변경한 경우 단독사업장은 공동사업으로 변경한 날의 전날에 폐업(또는 승계)한 것으로 보고 소득금액을 계산한다.

② 공동사업으로 변경 후 해당 공동사업장에서 발생한 소득은 그 지분 또는 손익분배 비율에 따라 분배되었거나 분배될 소득금액에 따라 각 거주자별로 소득금액을 계산한다.

③ 공동사업에서 단독사업으로 변경된 경우 공동사업장은 단독사업으로 변경한 날의 전날에 폐업(또는 승계)한 것으로 보아 소득금액을 계산한다.

🐾 공동사업자의 필요경비 산입 여부 등

• 부동산임대업을 경영하는 공동사업장의 구성원이 지분을 제3자에게 증여하여 구성원 일부가 변경된 경우, 해당 사업장 감가상각자산의 장부가액 및 내용연수는 구성원변경 전의 장부가액과 내용연수를 동일하게 적용하는 것임(소득세과-487, 2010.04.20.)

• 공동사업의 계속 중에 탈퇴하는 구성원으로부터 지분 인수시 감가상각자산의 기초(취득)가액

공동사업장의 구성원 3인 중 1인이 건강상의 이유로 공동사업장을 탈퇴하면서 자기 지분을 나머지 2인에게 양도하여 공동사업장의 구성원이 변경된 경우 해당 공동사업장의 감가상각자산의 장부가액은 구성원 변경 전의 장부가액을 동일하게 적용하는 것임(서면-2016-소득-5844, 2017.03.28.).

[제 목] 공동사업장의 구성원 중 일부가 지분을 취득하여 구성원이 변경되는 경우 공동사업장의 자산의 장부가액은 구성원 변경 전의 장부가액을 동일하게 적용하는 것임(사전법령소득-468, 2020.06.12.)

[질 의]

수십 년간 6인이 ◎◎동 소재 ☆☆빌딩을 공동소유하면서 임대업에 사용하던 중 공동사업자 3인이 탈퇴하고 그 공유지분을 존속하는 공동사업자 3인이 취득함

부동산임대업을 하는 공동사업장의 구성원이 탈퇴하면서 그 지분을 남은 구성원이 취득한 경우 공동사업장 자산의 장부가액을 남은 구성원이 취득한 가액으로 변경하는 것인지 여부

[회 신]

공동소유 건물을 부동산임대업에 공동으로 사용하던 중 공동사업 구성원 일부가 탈퇴하고 그 공동지분을 남은 구성원이 취득한 경우 해당 공동사업장의 부동산의 장부가액은 구성원변경 전의 장부가액을 동일하게 적용하는 것입니다.

[제 목]

공동사업의 계속 중에 탈퇴하는 구성원으로부터 지분 인수 시 감가상각자산의 기초(취득)가액(소득, 서면-2016-소득-5844, 2017.03.28)

[요 지]

의료업을 경영하는 공동사업장의 구성원 3인 중 1인이 건강상의 이유로 공동사업장을 탈퇴하면서 자기 지분을 나머지 2인에게 양도하여 공동사업장의 구성원이 변경된 경우에 해당 공동사업장의 감가상각자산의 장부가액은 구성원 변경 전의 장부가액을 동일하게 적용하는 것임.

[회 신]

의료업을 경영하는 공동사업장의 구성원 3인 중 1인이 건강상의 이유로 공동사업장을 탈퇴하면서 자기 지분을 나머지 2인에게 양도하여 공동사업장의 구성원이 변경된 경우에 해당 공동사업장의 감가상각자산의 장부가액은 구성원변경 전의 장부가액을 동일하게 적용하는 것입니다.

종합소득세 확정신고 첨부서류

과세표준확정신고에 있어서는 과세표준확정신고 및 자진납부계산서, 인적공제 및 특별공제 대상임을 입증하는 서류와 다음의 서류를 첨부해야 한다. 첨부서류를 첨부하지 않은 경우 무신고로 본다.

1. 종합소득세, 농어촌특별세, 지방소득세 과세표준확정신고 및 납부계산서

2. 소득공제, 세액공제를 적용받는 경우

가. 소득공제신고서, 세액공제신고서

나. 인적공제, 연금보험료공제, 주택담보노후연금 이자비용공제, 특별소득공제, 자녀세액공제, 연금계좌세액공제 및 특별세액공제임을 증명하는 다음의 서류

▶ 입양관례증명서 또는 입양증명서(동거입양자가 있는 경우)

▶ 수급자증명서

▶ 가정위탁보호확인서(위탁아동이 있는 경우)

▶ 가족관계증명서 또는 주민등록표 등본

▶ 장애인증명서 또는 장애인등록증(장애인공제 대상인 경우)

▶ 일시퇴거자 동거가족상황표(일시퇴거자가 있는 경우)

▶ 주택담보노후연금 이자비용증명서

▶ 보험료납입증명서 또는 보험료납입영수증

▶ 의료비지급명세서

▶ 교육비납입증명서, 방과 후 학교 수업용 도서 구입 증명서

▶ 주민등록표등본, 장기주택저당차입금이자상환 증명서, 분양계약서
또는 등기사항증명서

▶ 기부금명세서, 기부금영수증

3. 재무상태표, 손익계산서와 그 부속서류, 합계잔액시산표 및 조정
계산서(복식부기 의무자)

▶ 간편장부 소득금액계산서(간편장부대상자)

▶ 추계소득금액계산서(기준, 단순경비율에 의한 추계신고자)

▶ 성실신고확인서, 성실신고확인비용 세액공제신청서(성실신고확인
대상사업자)

4. 공동사업자별 분배명세서(공동사업자)

5. 영수증수취명세서

6. 결손금소급공제세액환급신청서

7. 세액감면신청서

8. 소득금액계산명세서, 주민등록등본

부가가치세 신고 내역의 종합소득세 신고 반영

1 부가가치세 세액공제의 종합소득세 반영

🦷 신용카드발행세액공제 수입금액에 포함

신용카드발행세액공제를 받은 공제금액은 종합소득세 계산시 사업소득의 수입금액에 포함된다.

따라서, 소득세 신고 시 이를 반드시 반영해야 한다.

신용카드발행세액공제의 수입금액 귀속시기는 부가가치세 신고대상 과세기간 종료일이 속하는 과세기간의 소득금액계산상 총수입금액에 산입한다. 다시 말해 2024년 1월 25일에 부가가치세 신고를 하여 신용카드발행세액공제를 받은 경우, 총수입금액 산입 귀속시기는 2023년에 해당한다.

🦷 전자신고 세액공제액의 사업소득 총수입금액 포함

부가가치세 납부세액에서 공제·적용한 전자신고에 대한 세액공제액은 해당 과세기간 종료일이 속하는 과세기간의 소득금액 계산 시에 사업소득의 총수입금액에 산입한다. 앞서 설명한 신용카드발행세액 공제와 같다고 보면 된다.

2 장부상의 수입금액과 신고안내문의 수입금액이 다를 때

종합소득세 신고안내문 수입금액 ≠ 장부상 수입금액(= 손익계산서 상 매출액 + 영업외수익 합계)

종합소득세 신고안내문에 표기되는 사업소득 수입금액은 과세연도에 신고한 부가가치세 신고서의 매출액 또는 면세사업장 현황 신고의 수입금액이 표기된다.

따라서 부가가치세 신고대상이 아닌 수입금액은 종합소득세 신고안 내문에 표기되지 않으며, 이 경우는 부가가치세 등의 신고대상이 아 닌 수입금액을 장부상에 기재하여, 장부상에 기재된 수입금액 기준 으로 신고해야 한다.

또한, 장부상에서 부가가치세 신고를 한 후에 수정신고 또는 경정청 구를 홈택스 등에서 진행하고 장부상에 수정내역을 반영하지 않는 경우도 종합소득세 신고안내문의 수입금액과 장부상 수입금액이 일 치하지 않는다.

이 경우엔 수정신고 또는 경정청구된 최종 신고내역을 장부상에 반 영하여 종합소득세 수입금액으로 신고해야 한다.

🦷 부가가치세 신고 대상이나 종합소득세 신고안내문의 수입금액에서 제외되는 항목

부가가치세 과세표준 명세의 해당란에 반영되는 금액은 종합소득세 신고안내문에 수입금액으로 반영된다.

반면, 수입금액제외란에 반영되는 금액은 부가가치세 신고 시 과세 대상이나, 종합소득세 신고안내문 상에 수입금액에서 제외되는 금액이다.

🦷 부가가치세 신고 시 세액공제 항목이 종합소득세 신고안내문의 수입금액에 반영되는 항목

그 밖의 경감, 공제세액 중 전자신고세액공제 금액은 종합소득세 신고안내문의 수입금액으로 반영되며, 신용카드매출전표발생공제 등의 세액공제는 종합소득세 신고안내문의 수입금액으로 반영된다.

🦷 부가가치세 신고 또는 면세 사업장현황신고 대상 수입금액이 아님에도 불구하고, 장부상에 기재되어 종합소득세 신고 시 수입금액으로 반영되어야 하는 수입 항목

판매장려금, 관세환급금, 자산수증이익, 채무면제이익, 국고보조금, 장려금, 보험차익 등의 수입 항목들은 부가가치세 등 신고 대상은 아니지만, 종합소득세 신고 시 장부상에 기재되어 수입금액으로 반영되어야 한다.

이 경우 종합소득세 신고안내문 상의 수입금액과 부가가치세 신고서 상의 매출액과 장부상의 수입금액이 불일치된다.

해당 항목들로 인해 금액이 종합소득세 신고안내문 금액과 불일치되는 경우는 판매장려금 등의 항목들이 반영된 장부상의 금액으로 종합소득세 신고를 진행한다.

3 수입금액을 장부에 바르게 반영하는 방법

🍼 부가가치세 신고 시 세액공제 수입금액 반영

부가가치세 신고를 장부에서 마감하지 않은 경우는 전자신고세액공제, 신용카드매출전표 등 발행공제세액이 수입금액(영업외수익)으로 자동 반영되지 않는다.

따라서 해당 금액의 차액이 발생하는 경우는 부가가치세 신고서를 마감하거나 재무제표 〉 전표 수기 입력에서 직접 입력한다.

🍼 부가가치세 신고의 수정신고나 경정청구 등으로 인해 신고한 매출액과 장부상 매출액이 일치하지 않는 경우

신고서 자동 생성 부가가치세 메뉴에서 해당 과세기간의 신고서를 조회한 후에 장부 마감 해제를 한 후에, 장부 쓰기의 복식장부 또는 간편장부 메뉴의 수입 메뉴에서 해당 매출액을 추가 기재하거나 수정한다.

🌿 판매장려금 또는 보조금을 수령한 경우

판매장려금이나 보조금을 수령한 경우 부가가치세 과세대상이 아니므로, 해당 수입금액은 재무제표의 전표 수기 입력에서 인출금(보통예금)/판매장려금으로 전표처리한다.

복식장부로 장부상에 등록한 사업용 계좌로 해당 금액이 입금되는 경우는 계정과목을 인출금 대신 보통예금으로 선택하고, 거래처는 해당 계좌를 선택한다.

4 부가가치세 매입비용과 종합소득세 매입비용

부가가치세 신고 시 반영되는 매입비용과 종합소득세 신고시 반영되는 매입비용은 일치하지 않는다.

부가가치세 신고 시에는 부가가치세 과세대상 거래 또는 면세거래로 정규증빙 (신용카드 매출전표, 현금영수증, 세금계산서, 계산서) 수취분만이 반영된다.

그러나 종합소득세 신고 시에는 인건비 관련 비용과 법정지출증빙 외 기타영수증 수취분이 추가로 반영되어 신고된다.

따라서 종합소득세 신고 시 필요경비로 반영되는 비용 금액이 부가가치세 신고 때 보다 더 많아질 수 있다.

5 · 조정후총수입금액명세서 작성

조정후총수입금액명세서는 종합소득세 신고 시의 수입금액과 부가가 치세 신고 시의 과세표준 차이를 조정하기 위하여 작성하는 서식이 다.

종합소득세법상의 수입금액과 부가가치세법상의 과세표준에 차이가 있는 경우 조정후총수입금액명세서를 작성한다.

부부공동 명의(타인 명의) 차량에 대해 개인사업자 경비처리

1 부부 공동명의 차량의 경비인정

개인사업자인 부인이 비사업자인 남편과 공동으로 차량을 구입하고 해당 차량을 사업소득자로 세금계산서를 발급받은 경우 실제로 사업자 명의로 취득한 차량가액 즉, 사업자 지분 해당분에 대하여 장부상 차량 취득가액으로 하고 감가상각비를 계산하여 필요경비산입을 할 수 있다. 사업과 관련하여 실제로 지출되는 유류대 등 차량유지비에 대하여 장부에 의하여 사업 소득금액을 계산하는 경우 필요경비 산입이 가능하다.

매입세액공제 대상인 화물차 또는 9인승 이상 차량(경차 포함)을 구입하여 사업용으로 사용하는 경우 공제가 가능하나, 비사업자인 배우자와 공동명의로 구입, 등록하면서 사업자등록번호로 세금계산서를 수취한 경우 사업자 지분 해당분만 매입세액공제가 가능하다.

다만, 부가가치세법상 매입세액공제 대상인 차량운반구를 사업자와 비사업자가 공동으로 매입하면서 사업자등록번호와 성명 및 비고란에 비사업자의 인적 사항이 기재된 매입 세금계산서를 수취하고 자동차등록원부에는 비사업자의 명의로 등록하는 경우 동 매입 세금계산서의 매입세액은 사업자의 매출세액에서 공제할 수 없다(서삼460 15-11542, 2003.10.01).

2 직원 명의 차량의 경비인정

직원명의 차량을 회사 업무에 사용하는 경우 사업을 위해 쓰인 것이 명확하다면 경비처리가 가능하다.

따라서 차량이 직원 명의라도 사업을 위한 출장에 쓰인 것이 명확하다면 이때 주유된 금액은 경비처리가 가능하다. 다만 직원이 결제한 후 현금을 주기보다는 사업용 카드로 주유비를 결제하는 것이 바람직하다. 또한, 추후 사업용이라는 것을 소명할 수 있도록 출장 장소 (거래처), 출장 사유 등을 간단하게 기재하여 보관하는 것이 좋다.

실질이 형식을 우선하는 것은 맞지만 사업에 쓰였다는 사실을 입증할 상황이 있을 수 있기 때문이다.

종업원 또는 타인 명의 차량 비용

1. 공부상의 등기, 등록이 타인의 명의로 되어있다 하더라도 사실상 당해 사업자가 취득하여 당해 사업에 공하였음이 확인되는 경우는 이를 당해 사업자의 사업용 자산으로 보는 것이므로 그 자산의 유지 등에 관련된 비용은 당해 사업자의 소득금액 계산에 있어서 필요경비에 산입할 수 있는 것임.

2. 종업원 소유 차량을 종업원이 직접 운전하여 사용주의 업무수행에 이용하고 있는 경우 이에 따른 자동차세, 보험료, 관리유지비 등 사업과 관련하여 실제 소요된

경비를 사업자가 지급하는 경우 당해 사업자의 소득금액 계산에 있어서 이를 필요 경비에 산입하는 것임. 다만, 법인의 경우 업무 관련 확인이 어려운 자동차세, 소모품, 부품 교환(사적, 공적의 구분이 명확하지 않은 차량유지비) 등의 비용처리는 인정받지 못할 가능성이 크다((국세청 질의회신 소득 46011-78, 2000.01.17.).

3 사업 개시 전 취득한 차량를 사업용으로 이용

사업 개시 전에 구입한 차량이 비용처리가 안 된다는 것은 잘못된 상식이다.

세법은 기본적으로 형식이 아닌 실질을 우선하고 있다.

형식적으로 언제 구매했느냐 보단 그 자산을(차량을) 사업에 쓰고 있느냐가 중요하다. 따라서 사업 개시 전에 구입한 차량이라도 사업에 쓰는 것이 분명하다면 사업용자산으로 등록하여 감가상각하고, 관련 유지비용을 경비 처리할 수 있다.

물론 사업 개시 후 구입한 차량에 비해 일정 기간동안 가사용으로 사용한 차량이기 때문에 운행일지 작성 등 추후 소명자료를 좀더 철저히 할 필요는 있다. 다만 한가지 유의할 사항이 있다.

차량을 사업 용도로 사용하고 세무상 비용처리를 한 경우엔 추후 해당 차량을 판매할 때 차량 판매에 따른 부가가치세를 부담해야 한다. 일반 가사용 차량이 아닌 사업용 차량이기 때문에 매매가격의 10%에 해당하는 부가가치세를 내야 한다.

그런데도 차량 유지비용의 경비처리 부분을 고려하면 일반적으로 경비처리를 하는 것이 유리하다.

임직원 등 개인 명의 소유 차량을 회사 업무에 사용하는 경우

1 임직원의 범위

임직원이란 재직 중인 직원, 임원(감사 포함), 협력업체 직원을 포함하며, 직원은 재직증명서, 임원은 법인등기부등본, 협력업체 직원의 경우 계약기간이 명시된 계약서로 증명할 수 있어야 한다.

2 업무용승용차 손금불산입 특례규정 적용

법인 업무용으로 인정받기 위해서는 업무전용자동차보험에 가입하고, 사적·업무 혼용의 경우 업무사용비율에 따라 비용을 인정받을 수 있다.

이는 사업용 자산에 속하거나 임차(리스·렌탈)한 차량이 대상이므로 종업원 소유 차량은 적용 대상이 아니다. 따라서 소유자가 직원으로 되어있는 경우는 비용인정에 해당 규정을 적용하지 않는다.

차량유지비를 비용인정을 받기 위해서는 업무전용자동차보험 가입은 필수이고, 운행기록부를 작성해야 업무용 사용 비율 해당액을 인정받을 수 있다. 업무용 사용금액은 관련 비용 × 업무사용비율로 계산하며, 업무용 사용은 제조·판매장 방문, 거래처 방문, 출·퇴근 등 직무와 관련하여 주행한 경우를 의미한다.

구 분	내 용
법인사업자	해당 사업연도 전체 기간 동안 업무전용자동차보험에 가입해야 하며, 미가입 시에는 관련 비용 전액을 손금(비용)으로 인정받지 못한다. 특히 1,500만 원(감가상각비 800만원 포함)을 초과한 비용지출 시에는 운행기록부를 작성해야 1,500만 원을 초과하는 지출도 비용인정을 받을 수 있다.
개인사업자	2024년부터 모든 복식부기의무자는 2대부터 가입대상이며, 성실신고확인 대상자, 전문직 종사자는 미가입 시 전액(기타 복식부기의무자 50%) 필요경비불산입 한다.

종업원 소유차량을 사업자의 업무수행에 이용한 경우에도 손금(필요경비)불산입 특례규정의 적용을 받는지요?

적용 대상이 되는 업무용 승용차는 해당 법인 및 개인사업자의 사업용자산에 속하거나, 여신전문금융업법 제3조 제2항에 따른 시설대여업자 또는 이외의 자동차대여 사업자로부터 임차한 승용차이므로 종업원 소유차량은 적용 대상이 아니다(법법§ 27의2, 소법§ 33의2).

즉 교통범칙금, 사고손해배상금, 직원명의 차량비용(여비교통비 처리), 운전기사 인건비(급여처리), 대리운전기사비 등은 업무용승용차 관련 비용 규정을 적용하지 않는다. 따라서 1,500백만 원 한도 계산시 비용에 포함하지 않는 별도 비용이다.

개인사업자의 경우에도 업무용승용차로 인정받기 위해서는 사업자와 직원만 운전 가능한 자동차보험에 가입하여야 하는지요?

법인사업자의 경우 업무전용자동차보험에 가입하지 않을 경우에 업무용승용차 관련 비용은 전액 인정되지 않는 것과는 달리 개인사업자의 경우에는 1대의 경우 업무전용자동차보험에 가입하지 않아도 된다. 다만, 2대부터 성실신고확인 대상자, 전문직 종사자는 미가입 시 전액(기타 복식부기의무자 50%) 필요경비불산입한다.

3 대표이사나 종업원 차량을 업무용으로 이용

본 해설의 일부 내용에 대한 국세청이 명확한 기준을 제시하겠다고 했으나 아직 관련 예규가 없어 법의 취지와 세무조사 등 적발 내용을 근거로 개인적인 의견이 반영되어 있으므로 이 점에 유의해서 이해하시기 바랍니다.

국세청은 법인의 경우 업무전용자동차보험 미가입의 경우 비용인정을 안 해준다는 것이 법 원칙이다. 다만, 종업원 차량은 동 규정의 적용 대상에서 제외된다.

법인이 어쩔 수 없는 사정으로 종업원 소유 차량을 사업자의 업무수행에 이용한 경우 업무상 사용 여부, 차량 명의, 해당 직원의 출장기안서나 차량 운행 영수증 등 객관적인 증빙(운행일지, 적격증빙은 반드시 작성 및 첨부)을 작성, 수취 보관하는 경우가 아니면 여비교통비로 처리해도 비용인정을 못 받을 가능성이 있다. 또한 업무 관련 확인이 어려운 자동차세, 소모품, 부품 교환(사적, 공적의 구분이 명확하지 않은 차량유지비) 등의 비용처리는 인정받지 못할 가능성이 크다.

결국은 종업원과 관련된 차량 관련 비용의 경비처리는 법인의 경우 시내출장의 경우 자가운전보조금 비과세를 활용하고, 시외출장의 경우 차량운행일지 작성 및 적격증빙 등 객관적인 증빙을 철저히 준비해두어야 하겠다.

최근에는 본인 차량을 회사업무용으로 사용하는 것에 대한 종업원의 반발도 만만치 않은데, 자동차세, 소모품, 부품 교환 등 차량 운행에 따른 비용과 감가상각비 보조 없이 종업원 차량을 무료로 이용하기는 쉽지 않으며, 해당 비용을 보조한다고 해도 회사는 업무관련성이 명확하지 않아 비용인정을 못 받을 가능성이 크다는 점을 인지하고 의사결정 하기를 바란다.

종업원이 아닌 대표이사 등 임원의 경우 자기명의 차량을 운행할 경우 경비는 전액 인정받지 못할 가능성이 크다.

이유인즉 업무전용자동차보험 가입 및 운행일지 작성 등 해당 법이 생긴 이유가 대표이사 등 임원과 가족이 차량을 불법적으로 사용하는 것을 막고자 함이 목적인데, 대표이사 개인 명의 차량에 대해서 해당 비용을 인정해주면 법의 취지에 어긋나기 때문이다. 따라서 대표이사는 법인차량을 이용해야 한다.

4 사적 사용액의 처리

법인사업자의 경우 사적 사용으로 확인된 금액(업무전용보험 미가입 포함)은 비용으로 인정하지 않고 그 업무용 승용차 사용자에게 상여처분 한다. 따라서 법인세뿐만 아니라 소득귀속자인 사용자도 추가로 소득세를 부담해야 한다.

개인사업자의 경우 필요경비로 인정되지 않으므로 소득세를 부담해야 한다.

업무전용자동차 유지비의 매입세액공제와 경비처리

1 부가가치세 매입세액공제

원칙적으로 승용차는 부가가치세 신고 때 매입세액공제가 안 된다. 그러나 아래 ① 또는 ②에 해당하는 때는 예외적으로 매입세액공제가 된다.

① 경차(1,000cc 미만 차량으로 모닝, 스파크, 레이 등), 트럭 등 화물차, 125cc이하의 이륜자동차, 9인승 이상의 차량, 밴승용차(운전석과 조수석 외에는 좌석이 없는 차량)의 취득 및 유지비용

② 승용차 중 운수업, 자동차판매업, 자동차임대업, 운전학원업, 경비업법, 장례식장 및 장의관련업을 영위하는 법인차량과 운구용 승용차의 취득 및 유지비용

절대 차량에 들어가는 유종과 관계없다. 즉 전기차, 수소차, 휘발유, 경유, 가스에 따라 공제 여부가 결정되는 것은 아니다.

매입세액공제가 안 된다고 경비인정이 안 되는 것은 아니다.

여기서 차량 유지비용은 다음과 같다.

구 분	차량유지비 적용
적용 대상	감가상각비, 임차료, 유류비, 보험료, 수선비, 자동차세, 통행료 및 금융리스부채에 대한 이자비용 등
적용 제외 대상	운전기사 급여(인건비 처리)

2 업무전용자동차의 경비처리(법인 및 개인)

법인은 임직원 전용 자동차보험에 가입이 안 되어있으면, 전액 비용으로 인정받는 것이 불가능하다, 개인사업자는 2대부터 성실신고확인 대상자, 전문직 종사자는 미가입 시 전액(기타 복식부기의무자 50%) 비용인정이 불가능하다. 임직원 전용 자동차보험에 가입 후 운행기록부 작성 여부에 따라 비용인정 금액이 결정된다.

업무용 차량 관련 비용이 연 1,500만 원을 초과하는 경우, 운행일지를 작성해야 업무 사용 비율만큼 손금 인정이 가능하다.

① 차량 운행일지를 작성하지 않더라도, 감가상각비와 기타 차량 관련비용을 합산하여 연간 1,500만 원까지는 손금 인정이 가능하다(감가상각비는 8백만 원 한도 적용).

② 차량운행일지를 작성할 경우, 1,500만 원을 초과하는 금액에 대해서도 업무사용비율에 따라 손금 인정이 가능하며 한도는 다음과 같다.

감가상각비 8백만원 + 기타 차량 관련 비용 × 운행일지 상 업무사용비율

업무사용비율 = 과세기간 업무용 사용거리(km) ÷ 과세기간 총주행거리(km)

운행기록을 작성하지 않은 경우 업무사용비율 =

① 1,500만 원 이하인 경우 : 100%

② 1,500만 원을 초과하는 경우 : 1,500만 원 ÷ 업무용승용차 관련 비용

구 분	매입세액공제	비용인정(승용차 1대당)		
❶ 차종 : 경차, 트럭 등 화물차, 9인승 이상의 승합차 업종 : 운수업, 자동차 판매업, 자동차임대업, 운전학원업, 경비업법, 장례식장 및 장의 관련업을 영위하는 법인차량과 운구용 승용차	공제 가능	임직원 전용 자동차보험의 가입여부와 상관없이 비용인정		
❷ ❶이외의 모든 차종	불공제	임직원전용자동차보험에 미가입		불인정
		임직원전용자동차 보험에 가입	운행기록부 작성	인정(업무사용 비율만큼)
			운행기록부 미작성	인정(1,500만 원까지)

개인사업자의 경우 2대 이상부터 모든 복식부기의무자가 적용대상이며, 업무전용보험가입 의무가 있는 성실신고확인대상자와 전문직 업종사업자가 보험에 들지 않으면 업무용승용차 관련 비용을 필요경비로 인정받지 못한다. 단 이를 제외한 복식부기의무자는 50% 비용인정이 된다(간편장부대상자는 적용 대상이 아님).

구 분	매입세 액공제	비용인정(승용차 1대당)		
❶ 우측의 비용 인정 차종 및 업종 차량은 운 행일지를 작성 안 해도 됨	공제 가능	임직원 전용 자동차보험의 가입여부와 상관없이 비용 인정 • 차종 : 경차, 트럭 등 화물차, 9인승 이상의 승합차 • 업종 : 운수업, 자동차 판매업, 자동차임대업, 운전 학원업, 경비업법, 장례식장 및 장의 관련업을 영위 하는 법인차량과 운구용 승용		
❷ ❶이외의 차종, 업종을 제외한 2대 이상 운행하는 모든 복식부기의무자 (1대는 제외, 간편장부대상자 제외))	불공제	임직원전용자동차보험에 미가입(2024년부터)		가. 불인정 : 성실신고 확인대상자와 전문직 종사자 50%만 인정 : 가를 제외한 복식부기의무자
		임직원전 용자동차 보험에 가입	운행기록부 작성	인정(업무사용비율 만큼)
			운행기록부 미작성	인정(1,500만 원까지)

> 업무전용자동차보험 미가입, 감가상각비 500만원, 그 외 차량 유지비 300만원

계산 내역

1. 업무사용금액 시부인 : 업무사용비율 0%, 800만원 전액 비용 부인(개인사업자는 50%)
2. 감가상각비 시부인 : 전액 경비가 부인되므로 감가상각비도 전액 비용 부인

> 업무전용자동차보험 가입, 감가상각비 500만원, 그 외 차량 유지비 300만원

계산 내역

1. 업무 사용금액 시부인 : 업무용 승용차 관련 비용이 1,500만 원 이하이므로 300만 원 전액 비용인정
2. 감가상각비 시부인 : 업무사용금액 중 감가상각비가 500만원(500만원 × 100%)이고, 800만원 한도 이내이므로 전액 비용인정

> 업무전용자동차보험 가입, 감가상각비 900만원, 그 외 차량 유지비 100만원

계산 내역

1. 업무사용금액 시부인 : 차량 관련 비용이 1,500만원 이하이므로 업무사용비율 100% 100만 원 전액 비용인정
2. 감가상각비 시부인 : 업무사용금액 중 감가상각비가 900만원(900만원 × 100%)으로 감가상각비 한도인 800만원을 초과하므로 한도초과 100만 원은 비용 부인

> 업무전용자동차보험 가입, 운행일지 미작성, 감가상각비 2,000만원, 그 외 차량 유지비 100만원

계산 내역

1. 업무사용금액 시부인
운행일지를 미작성했으므로 1,500만 원까지만 업무비용 인정, 600만원(2,100만 원 – 1,500만원)은 비용 부인
업무사용비율 : 1,500만원 / 2,100만원 = 71.4%
2. 감가상각비 시부인
업무사용금액 중 감가상각비가 14,280,000원(2,000만원 × 71.4%)이므로 감가상각비 한도 초과액인 6,280,000원(14,280,000원 – 8,000,000원)은 감가상각비 처리 불인정

> 업무전용자동차보험 가입, 운행일지 작성, 감가상각비 2,000만원, 그 외 차량 유지
> 비 100만원

계산 내역

1. 업무사용금액 시부인 : 업무사용비율이 100%로 100만원 비용인정
2. 감가상각비 시부인 : 2,000만원(2,000만원 × 100%)이므로 감가상각비 한도 초과
액인 1,200만 원은 감가상각비 불인정

구 분	소득처분
업무 사용 제외 금액 소득처분	• 상여 등 귀속자에 따라 처분
감가상각비 한도 초과액 소득처분	• 법인소유 차량 : 유보 • 리스 · 렌트 차량 : 기타사외유출

업무용 차량을 구입하지 않고 리스하거나 렌트하는 경우 감가상각비
를 계산할 수 없으므로 리스나 렌트비의 일부를 감가상각비로 간주
한다. 아래의 금액을 감가상각비로 보며, 렌트와 리스차량도 다른
규정은 자차일 경우와 모두 동일하다.

구 분	비용처리
리스 차량 감가상각비 상당액	임차료 − (임차료에 포함된 보험료 + 자동차세 + 수선유지비) 수선유지비를 구분하기 어려운 경우에는 (임차료 − 보험료 − 자동차세) × 7%를 수선유지비로 가능
렌트카 감가상각비 상당액	임차료 × 70%

개인사업자 통신요금 비용처리

통신 요금에는 당연히 부가가치세가 포함되어 청구된다.

그러므로 사업자 본인의 핸드폰, 사업장에서 사용 중인 전화, 인터넷 요금, IPTV 등도 매입세액공제 대상이 될 수 있다. 다만, 개인 명의가 아닌 사업자 명의로 가입자가 설정되어 있어야 한다. 즉, 사업자 명의로 지로용지를 받아야만 10%의 부가가치세를 돌려받을 수 있다.

크지 않은 금액이지만 1년 이상의 기간이 쌓이면 적은 금액도 아니다.

핸드폰 요금을 사업자용 신용카드로 결제하거나 사업용 지출 증빙 신청 또는 세금계산서 발급신청을 해주면 된다.

즉, 아래 해당하는 통신사 고객센터와 통화해 사업자등록증을 제출하면 된다.

> SKT (☎ 휴대폰 국번 없이 114), 홈페이지 (SKT 고객센터)
> KT (☎ 휴대폰 국번 없이 114), 홈페이지 (KT 고객센터)
> LGU+ (☎ 휴대폰 국번 없이 114), 홈페이지 (LG U+ 고객센터)

▶ 알뜰폰 (☎ 휴대폰 국번 없이 114)

구 분	통신비 비용처리
통신비	인터넷 요금, 전화요금 등 통신비는 각 통신사에 연락하여 사업자 명의로 전환하면 고지서 대신 세금계산서를 받을 수 있다. 통신비 10만원을 지출하면 공급가액 90,909원만 실제 지출하게 되고 부가가치세 9,091원은 매입세액으로 공제받아 실제 지출은 90,909원이 된다.
핸드폰 요금	핸드폰 요금은 개인사업자의 경우 사업자 명의로 전환하면 세금계산서를 받을 수 있고, 법인의 대표자명 핸드폰의 경우 법인카드로 결재하면 세금계산서와 같은 효력이 있어 부가가치세 매입세액공제를 받을 수 있다.
전기요금, 도시가스 요금, 관리비 등	전기요금, 도시가스 요금 등도 한전 등에 연락하여 사업자 명의로 전환하면 고지서 대신 세금계산서를 받을 수 있어 부가가치세 매입세액공제가 가능하다.

개인사업자 대출금이자 비용처리
(대출이자 경비 처리할 때 주의해야 할 점)

사업자금 마련을 위해 대출을 받았다면 대출이자를 필요경비로 처리하여 세금을 줄일 수 있다. 대출금 자체는 경비가 아닌 부채이다. 대출금에 대한 이자는 이자비용으로 경비처리가 된다.

▶ 대출금 자체는 차입금이므로 비용처리가 안 된다.

▶ 대출금 이자만 비용처리가 가능하다.

▶ 출자를 이행하기 위한 차입금 이자는 안 되고, 운영자금을 위한 차입금 이자만 비용인정 된다.

▶ 대출받아 가사용으로 사용한 경우 비용인정이 안 된다. 사업과 관련해서 사용한 대출금의 이자만 비용인정 된다.

▶ 사업에 썼다고 하더라도 주택담보대출의 경우엔 사업목적으로 썼다는 것을 입증하기가 어려우므로 이자 부분이 비용처리가 어렵다. 반대로 사업자금 대출의 경우 사업목적에 쓰였다면 큰 무리 없이 경비인정이 된다고 보면 된다. 따라서 될 수 있으면 사업자금 대출로 받는 것이 좋다.

▶ 사업자금 대출을 받아 주택취득에 사용한 경우 세무조사 시 적발되면 세금 납부와 함께 가산세까지 부담해야 한다.

주택담보대출보다 사업자금 대출을 받자

본인의 사업과 관련해 대출받은 금액에 대해서는 관련 이자비용을 전액 경비로 인정받을 수 있다.

그런데 대출받은 금액을 사업과 무관하게 다른 용도로 사용하는 경우는 관련 비용으로 인정되지 않는다. 또한, 상가를 담보로 대출을 받지 않고 아파트나 예금 등을 담보로 대출하더라도 대출의 담보 종류와는 상관없이 대출금을 사업과 관련해 지출했다면 관련 이자비용은 전액 경비로 인정받을 수 있다. 따라서 사업과 관련한 대출이자를 경비처리 하려면 은행에서 대출이자 계산서 등으로 소득세 신고 시 대출 관련 사항을 입증하면 된다.

위 내용은 원칙적인 내용이고 실질적으로는 사업에 썼다고 하더라도 주택담보대출의 경우엔 사업목적으로 썼다는 것을 입증하기가 힘들므로 이자 부분의 비용처리가 어렵다. 반대로 사업자금 대출의 경우 사업목적에 쓰였다면 큰 무리 없이 경비인정이 된다고 보면 된다. 따라서 될 수 있으면 사업자금 대출을 받는 것이 좋다. 반면 부동산 임대업을 하는 경우는 다르게 생각해 볼 수 있다.

📄 부동산임대업을 하는 사업자의 대출이자

총수입금액을 얻기 위하여 직접 사용된 부채에 대한 대가로 지급하는 지급이자의 경우에는 사업소득 필요경비에 산입하는 것이다. 따라서 해당 차입금이 상가를 구입한 차입금으로 직접 사용이 된 경우라면 취득일 이후 차입금에 대한 지급이자에 대하여는 필요경비에 산입된다(서면 1팀-1251, 2007.09.07.).

2 | 장부기장을 해야 비용인정을 받을 수 있다.

이자가 회사통장에서 빠져나가는 등 이자로 지출했음을 증명하는 증빙서류를 갖추고, 반드시 장부를 기장해야 한다.

소득금액을 추계신고한 경우는 지급이자가 경비로 인정되지 않는다.

3 | 자산 초과하는 대출금 이자는 경비처리가 안 된다.

자산을 초과하는 대출금은 이자에 대한 경비처리가 불가능하다. 현행 소득세법에서는 부채가 사업용 자산을 초과하는 금액에 대한 지급이자는 필요경비에 산입하지 않는다고 규정하고 있다. 즉 개인사업의 자본금이 잠식된 경우 잠식금액[자본금의 마이너스(-) 금액]에 대한 이자 상당액은 경비로 인정이 안 된다는 것이다.

대출금이 사업용 자산을 초과하지 않는다고 생각해 무턱대고 이자를 계속 경비처리 하는 것도 위험하다. 대부분의 사업용 자산은 시간이 지날수록 감가상각이 일어나 자산규모가 줄어든다는 점을 간과한 사업자가 종종 저지르는 실수다. 감가상각을 고려해 자산보다 대출금이 더 많아지지 않도록 주기적으로 자산을 점검하고, 초과분의 대출금부터 갚아나가야 한다.

초과인출금에 대한 지급이자 손금불산입

초과인출금이란 부채의 합계액 중 사업용 자산의 합계액을 초과하는 금액을 말하며 해당

초과인출금에 상당하는 지급이자는 가사 관련 경비로 필요경비 불산입한다(소득, 심사소득 2009-0163, 2010.02.09.).

1. 필요경비 불산입

부채의 합계액이 사업용자산의 합계액을 초과하는 경우 다음의 산식에 의하여 계산한 금액을 필요경비에서 제외해야 한다. 이 경우 적수의 계산은 매월 말 현재의 초과인출금 또는 차입금의 잔액에 경과일수를 곱하여 계산할 수 있다.

지급이자 × (당해 과세기간 중 부채의 합계액이 사업용자산의 합계액을 초과하는 금액(초과인출금)의 적수 ÷ 당해 과세기간 중 차입금의 적수)

2. 초과인출금 산정

(1) 사업용 자산

사업용 자산의 범위는 영업자금으로 활용할 수 없는 정기 예·적금은 제외(소득 22601-166, 1986.01.17.)되며 거래처 확보상 자금 지원하여 대여금으로 계상하고 있는 것은 포함(국심 86중 175, 1986.04.17.)한다. 또한, 사업용자산 중 감가상각대상자산은 당해 자산의 장부가액(취득가액과 자본적지출의 합계액에서 감가상각누계액을 차감한 금액)(소득-824, 2010.07.20.)으로 한다.

(2) 부채

부채에는 기업의 지급의무가 확정되어 있는 채무 등이 모두 포함되나 소득세법 및 조세특례제한법에 따라 필요경비에 산입한 충당금 및 준비금(예 : 퇴직급여충당금·수출손실준비금·해외시장개척준비금 등)(국심 86서 2251, 1987.03.13.)과 같이 비록 기업의 부채로 계상되어 있다 하더라도 실질적 부채가 아닌 항목은 제외되어야 한다.

> ### 소규모사업자는 환급신청도 조심해야 한다.

종합소득세 신고 시에는 수입보다 지출 즉 비용이 많으면 환급이 발생한다. 또한, 부가가치세도 환급이 발생한다. 환급이 발생하면 당연히 환급받는 게 정상이다. 그런데 여기서 유의할 사항이 있다.

흔히 회사 업무가 바쁘면 영업부 직원이 영수증을 가져와도 즉시 처리 못 하고, 모았다가 처리하는 것과 같이 세금신고 기간에 신고자가 몰리면 바빠서 신고서류를 대충 보고 넘어 간다.

그런데 일정기간이 지나 여유가 생길 때, 환급을 위해 환급서류를 보면서 환급 발생 원인 을 파악하고 종전자료를 볼 확률이 높다. 이때 탈세가 발견되는 예도 있고, 탈세가 아니더 라도 실수로 적게 낸 세금을 찾아낼 수 있다. 따라서 본인이 탈세나 기타 등등 세금을 적게 낸 것을 알고 있다면 특히 주의해서 환급신청을 해야 한다.

물론 그런 것이 없다면 자신 있게 환급신청을 해야겠지요. 세무조사만 무서운 게 아니다.

4 비영업대금의 원천징수시기와 손익귀속시기

업무 편의상으로는 이자소득의 지급 시점에 원천징수를 많이 한다. 대다수 원천징수는 지급일의 다음 달 10일까지 원천징수 후 신고·납 부 하게 되어있기 때문이다.

그러나 비영업대금의 원천징수와 관련해서 생각해봐야 할 문제는 크 게 두 가지로 볼 수 있다. 첫째는 이자소득에 대한 원천징수를 언제 해야 하는지와, 두 번째는 당기에 비용처리를 할 수 있느냐 하는 부 분이다.

🍶 이자소득 원천징수 시기

이자소득의 수입시기에 원천징수를 하면 되는데, 대부분의 경우 실 제 지급일을 수입시기로 보면 된다. 다만 개인 간의 자금대여에 있 어서는 실제 지급일과 약정에 의한 지급일 중에 빠른 날이 된다.

개인 간의 자금대여로 발생한 이자를 세법상의 용어로는 '비영업대금의 이익'이라고 표현한다. 이렇게 비영업대금의 이익은 약정에 의한 지급일을 수입시기로 볼 수도 있으므로 실제 이자를 지급하지 않은 상태에서 약정기한이 도래하면 원천징수를 해야 하는 문제가 생긴다.

🕯️ 미지급 이자비용의 손금 귀속시기

법인이 지급하는 이자의 손비처리는 수입시기에 해당하는 날이 속하는 사업연도에 하는 것이 원칙이다.

다만, 결산을 확정할 때 이미 경과한 기간에 대응하는 이자를 해당 사업연도의 손비로 계상한 경우는 그 계상한 사업연도의 손금으로 한다. 따라서 기간경과 분에 해당하는 만큼을 계산해서 미지급이자로 처리하면 손금처리가 가능하다.

이와 같은 상황에서 이자를 지급하지도 않았는데, 원천세를 내야 하는 문제를 피하기 위해서는 약정서를 다시 작성하는 것이 좋다. 또한, 미지급 이자비용은 기간 경과 분 만큼 손금 인정되지만, 미수수익은 계상하더라도 익금불산입 처리된다는 점을 주의해서 실무 처리하면 되겠다.

추계신고 시에도
감가상각의제가 적용되나요?

추계신고 시 감가상각의제 규정이 적용된다. 다만, 건축물은 제외한다. 해당 과세기간의 소득에 대하여 추계에 의하여 신고, 조사, 결정되는 경우 감가상각자산(건축물 제외)에 대한 감가상각비를 계산하여 필요경비로 계상한 것으로 본다.

2018년 1월 1일 이후 사업소득에 대하여 추계소득금액 계산서를 제출하거나 추계결정 및 경정하는 경우 감가상각비를 계산하여 필요경비로 계상하는 것으로 본다.

종전에는 추계신고 시는 감가상각을 하지 않은 것으로 보고 기초가액을 계산하였으나 2018년 이후부터는 추계 신고한 사업연도에는 감가상각한 것으로 보고 다음연도 감가상각 기초가액을 계산해야 한다.

하지만 2019년 2월 12일 이후 추계소득금액 계산서를 제출, 추계결정 및 경정하는 분부터는 건축물은 감가상각의제 적용이 제외된다.

추계신고 시 감가상각자산에서 건축물이 제외되었다는 것의 의미는 부동산임대업이 종합소득세를 신고할 경우 감가상각을 하느냐 안 하느냐는 양도소득세에서 차이가 난다.

추계신고 시도 감가상각비를 필요경비로 넣은 것으로 본다면 양도차익이 늘어나는 결과를 일으켜 결국 양도소득세의 부담이 늘어난다. 하지만 2019년 2월 12일 세법 개정으로 추계신고 시에도 감가상각의제는 적용되지 않게 되었다. 즉, 장부를 작성하여 감가상각을 필요경비로 넣지 않는 이상 최초 취득가액과 장부금액이 비슷하다. 추후에 양도소득세 계산 시 취득가액을 거의 그대로 인정받을 수 있어 양도차익을 줄일 수 있다.

[주의할 점]

○ 세액 면제, 감면이 아닌 고용창출투자세액공제, 중소기업투자 세액공제 등 각종 세액공제는 감면과 배제가 아니므로 감가상각의제 규정이 적용되지 않는다.

○ 세액 면제, 감면 대상에 해당하나 결손, 중복공제 배제 규정 등에 의하여 세액 면제, 감면받지 않았거나, 세액공제를 받았다면 감가상각의제 대상에 해당하지 않는다.

구 분	감가상각의제 규정
건축물	2019년 2월 12일 소득세법 시행령 개정으로 건축물에 대해서 장부를 작성하여 감가상각을 필요경비로 넣지 않는 이상 최초 취득가액과 장부금액이 비슷하다. 반면 2018년 1월 1일 개정세법은 추계신고의 경우 건축물에 대해서도 감가상각의제 규정을 적용해 감가상각하지 않아도 감가상각을 한 것으로 보아 취득가액 – 감가상각 의제액이 장부가액이다. 그럼 감가상각의제를 적용하는 거랑 안 하는 것의 차이는 무엇일까? 감가상각의제 규정을 적용하는 경우 장부가액이 낮아져 해당 자산을 양도 시 양도차익이 커지고 따라서 양도소득세가 증가한다.

구 분	감가상각의제 규정
	반면 감가상각의제 규정을 적용하지 않는 경우 추후에 양도소득세 계산 시 취득가액을 거의 그대로 인정받을 수 있어 양도차익을 줄일 수 있다.
건축물 제외	건축물을 제외한 자산은 추계신고 시 감가상각의제 규정이 적용된다.

집에 사업자등록을 한 경우 월세 경비처리

사업장 주소를 상시 거주용 주택으로는 할 수 있으나, 주택 임차료에 대해서는 필요경비 인정은 힘들다고 보인다.

사업상 경비와 가사경비가 명확히 구분될 경우 사업용 경비만 구분해서 필요경비로 산입할 수 있지만, 명확히 구분되지 않거나 주로 가사경비로 볼 경우는 필요경비산입이 어렵다.

사업자가 사업과 관련하여 임대료 등을 지출하는 경우는 사업용으로 사용하는 건물에 대한 임차료는 필요경비에 산입할 수 있으나 사업자가 지출한 비용이 가사와 공통으로 사용할 경우는 사업과 가사에 사용하는 경비가 명확히 구분될 때 그 구분되는 금액만 필요경비로 산입할 수 있다.

예를 들어 인터넷 쇼핑몰을 운영하는 사업자로서 주소지로 사업자등록을 한 경우 상시 주거 목적으로 사용하는 주거용 주택에서 일부를 사무공간으로 사용하게 됨으로써 사업과 관련하여 지출한 금액이 명백히 구분되지 아니하거나 주로 가사에 관련되는 것으로 인정되는 때는 사업자의 필요경비로 산입할 수 없을 것으로 판단된다(국세청 상담내용).

🔖 사업과 가사에 공통으로 관련되는 비용의 필요경비 계산

사업과 가사에 공통으로 관련되어 지급하는 금액에 대하여 사업과 관련된 필요경비의 계산은 다음 각호와 같이 한다(소득세법 기본통칙 33-61…1).

1. 지급금액이 주로 부동산임대소득 또는 사업소득을 얻는데, 있어서 업무 수행상 통상 필요로 하는 것이고, 그 필요로 하는 부분이 명확히 구분될 때는 그 구분되는 금액에 한하여 필요경비로 산입한다.

2. 사업에 관련되는 것이 명백하지 아니하거나 주로 가사에 관련되는 것으로 인정되는 때에는 필요경비로 산입하지 아니한다.

결과적으로 집이 사무실의 경우 사실상 세무서는 대다수 가산 관련 비용으로 보므로 경비인정이 어렵다고 보면 된다. 다만, 별도의 사무공간을 두고 전기료, 가스료, 인터넷 사용료, 전화요금 등 공과금에 대해서 사업자등록증을 제시하고 세금계산서(세금계산서 대용 지로용지)를 받는 경우는 경비처리가 가능하다.

물론 사무용으로 사용하는 사무용품이나 컴퓨터 등의 구입비용은 가사용과 구분할 수 있으므로 경비처리가 가능하다.

자영업자(개인사업자) 본인의
4대 보험료 종합소득세 경비처리

구분	4대 보험 가입		소득세 처리		계정과목	
	사장 본인	사용자 부담분	사장 본인	사용자 부담분	사장 본인	사용자 부담분
국민 연금	• 필수 • 직원이 있으면 직장 • 직원이 없으면 지역 가입 • 가입 시 급여는 최고급여	필수	필요경비 불산입(연금소득공제)	필요경비 산입	인출금	세금과공과(복리후생비)
건강 보험			필요경비산입	필요경비 산입	세금과공과 또는 보험료	복리후생비
고용 보험 산재 보험	• 임의 선택		필요경비 불산입, 소득공제도 못 받음	필요경비 산입	인출금	보험료(복리후생비)

사업주에 대해서는 국민건강보험법 및 노인장기요양보험법에 의한 직장가입자로서 부담하는 사업주 본인의 보험료와 국민건강보험법 및 노인장기요양보험법에 따른 지역가입자로서 부담하는 보험료는 필요경비로 인정되며, 국민연금보험료의 경우 필요경비가 아닌 소득공제사항인 연금보험료 공제가 가능하다.

제6장

법인세 경비처리의 모든 것

법인소득에 대한 각종 경비 발생 시 문제없는 비용
처리 방법을 익힌다.

1년 동안 실무카페에서 가장 많이 물어보는 내용을
중심으로 일반 책에서는 다루지 않았던 법인의 청산
절차까지도 다루고 있다. 또한 제도의 변화에 따라
새로운 업무처리 능력이 필요한바 최신 제도에 대한
업무처리 방법까지도 첨부했다.

법인세의 계산흐름과 계산방법

법인세 과세표준은 각 사업연도 소득금액에서 이월결손금, 비과세소
득, 소득공제를 차감한 금액으로 한다.

법인결산상 당기순이익	+	익금산입 및 손금불산입	-	손금산입 및 익금불산입	=	**각 사업연도 소 득 금 액**
각 사업연도 소 득 금 액	-	이 월 결손금	-	비과세 소 득	- 소 득 공 제	=	**법 인 세 과세표준**

1 이월결손금

법인세법상 결손금이란 손금총액이 익금총액을 초과하는 금액을 말
한다.
그리고 이월결손금이란 각 사업연도 개시일 전 15년 이내에 게시한
사업연도에서 발생한 결손금을 말한다.

법인세법상 각 사업연도의 소득금액의 범위 내에서 공제되는 이월결손금의 범위는 당해 사업연도 개시일 전 15년 이내에 개시한 사업연도에서 발생한 이월결손금으로서 그 후 사업연도의 소득계산에서 공제하지 않은 금액은 그 법인의 각 사업연도 과세표준 계산 시 공제하도록 규정하고 있다. 만일 법인이 몇 개 사업연도에서 계속하여 결손금이 생겨서 이월결손금이 누적된 경우는 먼저 발생한 사업연도의 결손금부터 순차로 공제한다.

공제 한도

구 분	공제한도
2015년 12월 31일 이전에 개시한 사업연도까지 이월결손금 공제 한도	각 사업연도 소득금액의 100%(한도 없음)
2016년 1월 1일 이후에 개시하는 사업연도분부터 이월결손금 공제 한도	① 중소기업과 회생 계획을 이행 중인 기업 등 : 각 사업연도 소득금액의 100% ② 위 ① 외의 내국법인 : 각 사업연도 소득금액의 60%
2023년 1월 1일 이후에 개시하는 사업연도분부터 이월결손금 공제 한도	① 중소기업과 회생 계획을 이행 중인 기업 등 : 각 사업연도 소득금액의 100% ② 위 ① 외의 내국법인 : 각 사업연도 소득금액의 80%

공제배제

다음 중 어느 하나의 결손금은 각 사업연도의 과세표준 계산에 있어서 공제된 것으로 본다. 따라서 이월공제가 안 된다.
① 결손금 소급공제 규정에 따라 공제받은 결손금

② 자산수증이익·채무면제이익으로 충당된 이월결손금
③ 특정 법인이 출자전환 채무면제이익으로서 출자전환 이후 사업연도에 발생하는 결손금의 보전에 충당한 경우의 결손금

🍷 추계 시 불이익

법인세의 과세표준과 세액을 추계하는 경우는 결손금의 이월공제를 적용하지 않는다. 다만, 천재지변 기타 불가항력으로 장부나 그 밖의 증거서류가 멸실 되어 추계하는 경우는 이월공제가 가능하다.

이월결손금이 많이 나는 기업의 세테크

이월결손금이 많은 기업의 절세대책으로는 과세표준에서 공제되는 이월결손금을 충분히 활용하는 것이라 할 수 있다. 이월결손금을 활용하는 방안으로 다음의 것을 고려할 수 있다.

1. 익금의 조기 계상과 손금의 이연 계상

이월결손금의 공제는 15년의 시한이 적용되므로 가능한 빨리 공제되도록 해야 한다. 따라서 가능한 각 사업연도 소득을 앞당겨 계상하여 15년이 경과되어 소멸하기 전에 활용할 수 있도록 해야 한다. 이익을 앞당기는 방법으로는 크게 익금을 조기에 계상하는 방법과 손금을 차기 사업연도로 이월시키는 방법이 있다. 익금을 조기계상 하는 방법으로는 현행 법인세법상의 규정으로는 쉽지 않다. 그러나 영업 기술상으로 매출을 조기에 집행하는 식으로 익금을 앞당겨 계상하는 방법을 고려해 볼 수 있겠다. 손금을 차기 사업연도로 이월시키는 방법으로는 법인세법상의 규정에 따라 다음 사항을 고려해 볼 만하다.
① 감가상각비의 미계상
② 대손충당금의 미계상
③ 퇴직급여충당금의 미계상
④ 각종 준비금의 조기 환입

⑤ 인건비 등 지출의 이월

2. 이익이 많이 나는 사업의 취득
이월결손금은 15년 이내에 이익이 발생함으로써 활용할 수 있게 된다.

그러나 현행의 사업으로는 이익이 나는 것을 기대하기 어려운 경우 이익이 많이 나는 기업을 영업양수도 또는 합병 등의 방법을 사용하여 취득하는 것을 고려할 수 있다. 이렇게 하여 누적된 이월결손금을 새로운 사업에서 발생하는 이익에서 차감시킬 수 있게 된다.

3. 결손이 나는 사업의 처분
상기한 이익이 많이 나는 사업의 취득과 같은 효과로 결손나는 사업 부분을 처분함으로써 차기에 이익이 나는 것을 기대해 볼 수 있다. 다만, 유의할 점은 결손이 나는 법인을 흡수합병하는 합병법인의 경우 이월결손금은 승계되지 않으므로 피합병법인의 이월결손금을 활용할 수 없다는 것이다.

2 결손금 소급 공제

중소기업에 해당하는 내국법인은 각 사업연도에 결손금이 발생한 경우 그 결손금에 대해서 직전 사업연도의 법인세를 한도로 소급 공제하여 법인세를 환급받을 수 있다.

소급공제 요건

① 전기 법인세액이 있는 조세특례제한법 시행령에 따른 중소기업
② 직전 사업연도 납부세액이 있는 경우(가산세, 토지 등 양도차익에 대한 법인세 제외)
③ 해당 사업연도와 직전 사업연도의 과세표준 및 세액을 각각 신고한 경우

④ 신고·납부기한까지 납세지 관할 세무서장에게 환급신청을 해야 하며, 제출하지 않은 경우 자동으로 15년간 이월결손금으로 공제되고 결손금 소급공제의 경정청구는 불가능하다.

🔖 환급세액 계산

결손금 소급공제에 따른 환급세액은 직전 연도 납부세액을 한도로 한다.

---

①, ② 중 적은 금액
① 직전 사업연도 법인세액 = 직전 사업연도의 법인세 산출세액 − 직전 사업연도 공제·감면세액)
② 직전 사업연도의 법인세 산출세액 − (직전 사업연도의 과세표준 − 소급공제 결손금액) × 직전 사업연도의 세율
주 직전 사업연도의 법인세 산출세액 계산 시 토지 등 양도소득에 대한 법인세는 제외한다.
주 소급공제결손금은 직전 사업연도의 과세표준을 한도로 납세자가 결정하며, 잔액은 이월공제한다.

🔖 환급세액의 추징

환급 후 경정에 의하여 결손금이 발생한 사업연도의 결손금이 감소된 경우에는 과다하게 환급받은 세액 상당액과 이자 상당액을 당해 결손금이 발생한 사업연도의 법인세로서 징수당하게 된다.

이때, 결손금 중 그 일부 금액만을 소급공제 받은 경우는 소급공제 받지 않은 결손금이 먼저 감소된 것으로 본다.

① 법인세를 환급한 후 결손금이 발생한 사업연도에 대한 법인세 과세표준과 세액을 경정함으로써 결손금이 감소한 경우

추징세액 = ① + ②

① 환급취소세액 = 당초 환급세액 × $\dfrac{\text{소급공제 결손금 중 감소액}}{\text{소급공제 결손금}}$

② 한도 : 직전 사업연도 납부세액 = 직전 사업연도 산출세액 - 직전 사업연도 공제 · 감면세액

🔁 직전 사업연도 산출세액 계산 시 토지 등 양도소득에 대한 법인세는 제외함

🔁 소급공제결손금은 직전 사업연도 과세표준을 한도로 납세자가 결정하며, 잔액은 이월공제 됨

② 결손금이 발생한 사업연도의 직전 사업연도에 대한 법인세 과세표준과 세액을 결정함으로써 결정세액이 감소된 경우

추징세액 = ① + ②
① 환급취소세액 = 과다하게 환급된 세액 상당액
② 이자 상당액 = 환급취소세액 × (일수 × 22/100,000)

③ 비중소기업이 법인세를 환급받은 경우 환급세액을 추징함

추징세액 = 환급세액 + 이자 상당액

3 비과세소득

비과세소득이란 법인의 각 사업연도 소득의 구성항목 중 국가가 조세 정책적으로 처음부터 과세권을 포기한 소득을 말한다.

따라서 비과세소득은 일정한 요건과 관계없이 당연히 법인세가 부과되지 않는다. 그리고 현행 법인세법상 비과세소득은 공익신탁의 신탁재산에서 생기는 소득과 중소기업창업투자회사 등의 주식양도차익 등에 의한 비과세 등이 있다.

4 소득공제

소득공제란 법인세 과세표준 계산 시 법인의 각 사업연도 소득에서 일정액을 공제하여 줌으로써 법인세 부담을 줄여주는 제도이다.

현재 법인세법상 소득공제는 유동화전문회사 등에 대한 소득공제가 있다. 유동화전문회사 등에 대한 소득공제는 유동화전문회사·투자회사 등 명목회사가 배당가능이익의 90% 이상을 배당한 경우 배당금액 전액을 해당 사업연도의 소득금액 범위 내에서 공제하는 것을 말한다. 이는 소득공제 신청을 해야 가능하다. 배당금액이 해당 사업연도의 소득금액을 초과하는 경우 그 초과하는 금액은 해당 사업연도의 다음 사업연도 개시일부터 5년 이내에 끝나는 각 사업연도로 이월하여 그 이월된 사업연도의 소득금액에서 공제할 수 있다. 다만, 내국법인이 이월된 사업연도에 배당가능이익의 90% 이상을 배당하지 아니하는 경우는 그 초과배당금액을 공제하지 아니한다.

법인세 산출세액과 납부세액의 계산

1 법인세 산출세액

법인세 산출세액은 과세표준에 법인세율을 적용해서 계산한 금액을 말한다.

💡 일반적인 경우

$$산출세액 = 과세표준 \times 세율$$

💡 사업연도가 1년 미만인 경우

$$\begin{matrix} 법인세 \\ 산출세액 \end{matrix} = \left(과세표준 \times \frac{12}{사업연도의\ 월수} \times 세율 \right) \times \frac{사업연도의\ 월수}{12}$$

주 월수의 계산에 있어 1월 미만은 이를 1월로 한다.

법인세 납부세액은 산출세액의 합계액에서 세액공제와 세액감면을 차감하고, 가산세와 추가 납부세액을 가산하여 계산한다.

산출세액이 없는 경우에도 세액공제신청서를 제출하라

산출세액이 없는 경우 세무조정을 대충 마무리하는 경우가 많은데, 그 경우에도 세액공제 대상 여부를 확인하고, 해당하는 경우는 세액공제신청서를 반드시 제출해야 한다. 그래야 만 추후 산출세액이 발생할 때 이월공제를 받을 수 있기 때문이다.

법인세의 신고·납부 방법

1 법인세 신고기한

법인은 법인세 과세표준 및 세액신고서를 작성하여 각 사업연도의 종료일이 속하는 달의 말일부터 3월 이내에 관할 세무서에 신고하고 세금을 납부해야 한다.

신고기한의 말일이 공휴일인 경우 그다음 날까지 신고·납부 하면 된다.

연결납세제도를 적용받는 법인은 4월 30일(12월 말 법인의 경우)까지 법인세를 신고·납부 하면 된다.

구 분	법정신고기한	제출 대상 서류
12월 결산법인	03월 31일	1. 법인세 과세표준 및 세액신고서
03월 결산법인	06월 30일	2. 재무상태표 3. 포괄손익계산서
06월 결산법인	09월 30일	4. 이익잉여금처분계산서(결손금처리계산서)
09월 결산법인	12월 31일	5. 세무조정계산서 6. 세무조정계산서 부속서류 및 현금흐름표

2 법인세 신고 시 꼭 제출해야 할 서류

법인세 신고는 법인세 과세표준 및 세액신고서에 다음 서류를 첨부해야 한다.

❶ 기업회계기준을 준용하여 작성한 개별 내국법인의 재무상태표, 포괄손익계산서

❷ 기업회계기준을 준용하여 작성한 이익잉여금처분(결손금처리) 계산서

❸ 세무조정계산서

❹ 기타 부속서류 및 현금흐름표, 표시통화재무제표·원화 재무제표

❺ 피합병법인 등의 재무상태표, 합병·분할로 승계한 자산·부채 명세서 등

❶~❸의 서류를 첨부하지 않은 경우는 신고하지 않은 것으로 본다.

❶, ❷ 및 ❹의 현금흐름표는 국세정보통신망을 이용하여 표준대차대조표, 표준손익계산서 및 손익계산서 부속명세서를 제출하는 것으로 갈음할 수 있다.

3 공제·감면의 신청

법인세법·조세특례제한법 등에서는 조세의 감면에 관한 방법과 범위 등을 규정하고 있는데, 감면의 종류에 따라서는 신청서 또는 명세서를 소정기한 내에 반드시 제출해야만 조세감면을 인정하고 있는 예도 있으므로 특별히 유의해야 한다.

전자신고방법

🍄 신고대상법인 및 전자신고자

구 분	내 용
신고대상법인	전자신고를 하고자 하는 모든 법인
전자신고자	전자신고를 하고자 하는 모든 법인 또는 외부조정 세무대리인 및 단순 신고 대리를 하는 세무대리인

🍄 신고방법 및 신고기한

법인세 법정 신고기한까지 국세청 홈택스(www.hometax.go.kr)에 접속한 후, 신고서를 변환·전송하면 된다.

5 **법인세의 납부방법**

법인세 과세표준 및 세액신고서에 기재된 납부할 세액을 과세표준신고기한 내에 납부서를 작성하여 가까운 은행(국고수납대리점) 또는 우체국에 납부한다. 이때 지방세인 법인세분 지방소득세도 별도의 납부서를 작성하여 반드시 납부해야 한다.

법인 청산에 따른 법인세 신고납부
(청산소득에 대한 법인세)

1 법인 청산의 절차

일반적으로 법인의 청산은 사업을 중단한 후 주주총회 특별결의를
거쳐(또는 그 밖의 해산사유가 발생하면) 청산인을 지정하고 청산인
이 해산등기를 신청한다. 해산등기 이후에도 청산의 목적 범위 내에
서 법인은 여전히 존립하게 된다.

청산인은 공고 등의 방법으로 자산과 부채를 확정 지어 부채를 상환
하고 법인에 남아 있는 자산(잔여재산)을, 대개는 주주들에게 분배
하기 쉽게 현금으로 환가 한 후, 주주들에게 분배하고 결산보고서를
작성하여 주주총회의 결의를 거친 후 상업등기소에 청산(종결)등기
를 완료하면 비로소 회사는 소멸한다.

2 각 사업연도 소득에 대한 법인세

1월 1일부터 사업을 중단한 해산등기일까지를 1사업연도로 간주하여

매년 법인세 신고와 같은 방법으로 손익(각 사업연도 소득)에 대한 법인세를 신고·납부 해야 한다. 또한, 해산등기일의 다음 날로부터 잔여재산가액이 확정된 날까지를 또 다른 1사업연도로, 만약 해산등기일로부터 12월 31일까지 잔여재산가액이 확정되지 않았다면 해산등기일의 다음 날로부터 12월 31일까지를 1사업연도로 간주하여 손익(각 사업연도 소득)에 대한 법인세를 신고하고 납부해야 한다.

해산등기일 이후 부분은 사업을 전혀 하지 않았다면 납부할 법인세는 없을 것이다. 법인세 신고 및 납부는 사업연도 종료일로부터 3개월 이내에 해야 한다.

해산등기일 이후에 자산을 처분하여 현금화하기도 하는데, 여기서 발생한 손익은 다음에 설명하는 청산소득으로 분류하지만, 해산등기일 이후에도 그 이전부터 발생해왔던 사업수익이나 임대수익, 이자수익 등이 계속 발생한다면 각 사업연도 소득으로 분류한다.

3 청산소득에 대한 법인세

잔여재산의 시가가 취득금액(때에 따라 장부금액)보다 높아졌을 경우 이 시세 차익에 대해 부과하는 세금인데, 보통 주주에게 분배를 쉽게 하려고 자산은 처분하여 현금화하는데 처분이익이 발생했다면 이 처분이익이 청산소득을 구성하게 된다. 청산소득의 발생 여부는 결국 주주에게 분배할 수 있는 잔여재산이 확정될 때 명확해지므로, 잔여재산가액 확정일을 기준으로 이 확정일이 속하는 달의 말일부터 3개월 이내에 청산소득에 대한 법인세를 신고 및 납부를 한다.

> 청산소득 = 해산등기일의 잔여재산가액 − 해산등기일의 자기자본(자본금, 자본잉여금, 이익잉여금, 환급법인세, 이월결손금을 가감한 금액)

🗝 해산등기일의 잔여재산가액

잔여재산가액은 해산등기일의 자산총액에서 부채총액을 뺀 금액으로 하는데, 이후에 채권을 현금으로 회수하거나 자산을 처분하여 현금화했다면 그 금액으로 한다. 채권을 추심하는 등 재산의 현금화 과정에서 소요된 비용(계약서 작성 비용, 공증비용 등)은 청산소득 금액을 계산할 때 비용으로 인식(공제)한다.

🗝 해산등기일의 자기자본

해산등기일의 자기자본은 재무상태표가 아니라 세무상(자본금과 적립금 조정명세서 갑 서식 상) 자본금과 적립금(자본잉여금, 이익잉여금(결손금))이다. 이외 미반영한 법인세 환급액이 있다면 자기자본에 더한다. 이월결손금은 자기자본에서 빼는데 그 한도는 잉여금(자본잉여금과 이익잉여금)의 범위 이내이다.

청산소득에 대한 법인세를 신고할 때는 과세표준 및 세액신고서에 잔여재산가액 확정일과 분배예정일, 해산 법인의 본점 소재지, 청산인의 성명과 주소 등을 기재한 서류를 첨부해야 한다.

자본금이 1,000,000원(액면금액 1,000원, 발행 주식 수 1,000주)이고 해산등기일 현재의 재산 상태가 다음과 같은 갑법인이 해산을 결의함(이월결손금 50,000원이 있음)

재무상태표(대차대조표)

계정과목	금액	계정과목	금액
현금예금	120,000	외상매입금	320,000
외상매출금	750,000	차입금	400,000
상품	650,000	자본금	1,000,000
토지	300,000	자본잉여금	50,000
		이익잉여금	50,000
합계	1,820,000	합계	1,820,000

[잔여재산의 정리상황]

- 외상매출금 중 50,000원은 대손상각하고 나머지 700,000원은 현금 회수
- 상품 전부를 600,000원에 매각함
- 토지를 1,300,000원에 처분함
- 부채를 다음과 같이 갚음

  외상매입금 중 20,000원을 할인하고 300,000원 지급

  차입금 400,000원 전액 상환
- 청산 중의 제비용을 현금으로 지급함

  직원급료 : 25,000원

  기타잡비 : 15,000원

해설

[회계처리]

- 자산의 환가 처분 및 채권의 추심

현금	700,000	/	외상매출금	750,000
청산손익	50,000			
현금	600,000	/	상품	650,000
청산손익	50,000			

| 현금 | 1,300,000 | / | 토지 | 300,000 |
| | | | 청산손익 | 1,000,000 |

• 부채의 상환

| 외상매입금 | 320,000 | / | 현금 | 700,000 |
| 차 입 금 | 400,000 | | 청산손익 | 20,000 |

• 청산제비용의 지급

| | | | | 40,000 |
| 청산손익 | 40,000 | / | 현금 | |

[잔여재산분배 직전 재무상태표]

계정과목	금액	계정과목	금액
현금예금	1,980,000	자본금	1,000,000
		자본잉여금	50,000
		이익잉여금	50,000
		청산 손익	880,000
합계	1,980,000	합계	1,980,000

[청산소득금액의 계산]

• 잔여재산의 가액 : 1,980,000(2,720,000원 - 700,000원 - 40,000원)원

(계산내용)

구 분	금액	구 분	금액
현금	120,000원	부채총액	700,000
외상매출금회수액	700,000원	청산비용	40,000
상품처분액	600,000원		
토지처분액	1,300,000원		
자산의 환가처분 및 채권 추심액	2,720,000원	합계	740,000원

부채총액은 720,000원이나 외상매출금 중 20,000원을 면제받았으므로 부채총액을 700,000원으로 함

- 해산등기일 현재의 자기자본 총액 : 1,050,000원

  자본금 및 잉여금 1,100,000원

  이월결손금 차감   50,000원

- 청산소득 금액 : 930,000(1,980,000원 - 1,050,000원)원

[청산소득에 대한 법인세 납부]

청산손익(법인세 등)   102,300 / 현금   102,300

930,000원 × 10% × 110%(지방소득세) = 102,300원

[잔여재산의 분배]

자 본 금	1,000,000	청산 자본금	1,877,700
자본잉여금	50,000		
이익잉여금	50,000		
청산손익	777,700		

청산자본금	1,877,700	현금	1,877,700

매출누락 시 추가 세금과 가산세

매출누락 가산세는 개인사업자, 법인 할 것 없이 누구나 조심해야 할 부분이지만 특히 법인 매출누락 가산세 같은 경우, 가산세도 무겁고 대표자에게도 종합소득세 문제, 4대 보험료까지도 전부 세목에 영향을 줄 수 있으므로 주의가 필요하다.

1 매출누락시 가산세의 종류

🍶 부가가치세 가산세

1. 세금계산서 미발급 가산세 : 공급가액 × 2%
2. 신고불성실가산세 : 일반 과소, 초과 환급 : 해당 세액 × 10%
3. 납부불성실가산세 : 미달납부(초과 환급세액×2.2/10,000) × 일수

🍶 법인세 및 종합소득세

1. 법인세 신고불성실가산세 : 납부세액 × 10%
2. 납부불성실가산세 : 납부세액 × 2.2/10,000 × 일수

🎋 소득처분

누락된 매출금액은 해당하는 법인의 과세표준 수정 시 대표자 상여로 본다.

따라서 대표자에게 누락된 매출금액만큼 귀속이 되어 매출 누락금액에 대해 따로 소득세를 부담해야 하며, 대표자의 소득과 누락금액에 따라 신고불성실가산세와 납부불성실가산세를 납부한다.

2 매출누락시 가산세의 계산 예시

법인이 2억 원을 누락했다가 2년 후(800일로 가정) 걸린 경우

🎋 납부할 세금계산

부가가치세	2천만 원
법인세 및 종합소득세	2억 원 X 20% = 4천만 원(한계세율 20% 가정함)
합계	6천만 원

🎋 납부할 가산세 계산

종류	계산 방법	예시 적용
부가세 신고 불성실 가산세	매출세액(= 매출액의 10%)의 10% 단, 부정한 방법일 경우 40% 또는 수입 금액 14/10,000중 높은 금액	2천만 원 X 10% = 200만 원
부가세 납부 불성실 가산세	매출세액의 미납일 수 1일당 2.2/10,000	2천만 원 X 2.2/10,000 X 800일 = 352만 원

종류	계산 방법	예시 적용
부가세 세금계산서 미발행 가산세	매출액의 2%	2억 원 X 2% = 400만 원

🐿️ 법인 대표자 상여 처분 납부액

누락된 매출금액은 해당하는 법인의 과세표준 수정 시 대표자 상여로 본다.

따라서 대표자에게 누락된 매출금액만큼 귀속되게 된다. 즉 해당하는 매출누락 금액에 대해 대표자의 소득과 누락 금액에 따라 6%~45%의 소득세율을 적용해 종합소득세를 납부한다.

종류	계산 방법
소득세 신고 불성실 가산세	상여처분된 금액의 10% 단, 부정한 방법일 경우 40% 또는 수입 금액 14/10,000중 높은 금액
소득세 납부 불성실 가산세	상여처분에 의해서 소득세 증가된 분 미납일 수 1일당 2.2/10,000

기업회계와 세무회계의 관계

법인세 실무란 거래를 기록한 회사의 장부상 당기순이익에서 시작하여 법인세법의 규정에 의한 각 사업연도 소득을 구하고 과세표준과 납부세액을 계산하는 절차를 의미한다. 각 사업연도 소득이란 세법의 규정에 따라 계산된 법인의 과세소득을 말한다.

여러 가지 이유에 의해서 회사의 장부는 세법의 규정을 반영하지 못하는 경우가 있다. 예를 들어 세법에서는 준비금을 손금(비용)으로 인정하고 있지만, 기업회계에서는 인정하지 않기 때문에 장부에 비용으로 계상할 수 없다. 이런 경우에는 기업회계에 의한 장부에 세법의 요구가 장부에 반영되지 못한 사항을 가감조정 함으로써 세법에 따른 금액을 산출하게 된다. 따라서 법인세를 공부하기 위해서는 기업회계라는 용어와 세무회계라는 용어의 의미에 대해 알고 있어야 그 시작이 가능하다고 할 수 있다.

1 기업회계와 세무회계의 의의

기업회계의 의미

법인세 실무에서 기업회계라는 용어는 회사가 1년간의 거래를 기록하고 결산하여 마감한 재무회계 장부에 나타난 수익, 비용 및 당기순이익 등을 의미한다. 반드시 기억하고 있어야 할 점은 기업회계는 기업회계기준에 일치하도록 회계처리 된 것을 의미하는 것이 아니라 기업이 회계처리한 상태 그대로를 의미하는 것이다.

예를 들어 기업회계기준에 따르면 유형자산에 대한 감가상각비를 5천만 원을 계상해야 하는데, 기업이 2천만 원만 계상하였다면 법인세 실무에서 기업회계로 지칭되는 부분은 감가상각비 계상액 2천만 원을 의미하는 것이며, 그 상태 그대로 세법의 규정과 비교되어 차이가 있는지를 살펴보게 된다.

기업회계기준을 준수하지 아니하여 장부에 반영되지 않은 사항은(앞의 예에서 감가상각비 과소계상액 3천만 원) 공인회계사의 회계감사 의견에 반영되어 한정의견 등을 유발하게 될 테지만 법인세 신고에서는 큰 의미를 갖지 않는다.

🍷 세무회계의 의미

법인세 실무에서 세무회계라는 용어는 세법의 규정에 따라 손금(비용)과 익금(수익)을 산출하고 각 사업연도 소득을 구하여 법인세 계산에 반영해야 함을 의미한다. 즉 세무회계란 세법의 규정을 의미하는 것으로 법인세 신고에 반드시 반영해야 하는 것이다.

예를 들어 회사의 가지급금에 대한 인정이자 상당액이 세법에 따라 계산하여 2천 4백만 원이며, 회사는 장부에 가지급금에 대한 수입이자를 계상하지 않았다고 한다면 세무회계상의 수입이자 금액은 세법의 규정에 따른 가지급금 인정이자 2천 4백만 원을 포함해야 하는 것이기 때문에 회사의 장부에 반영되지 않은 만큼을 반드시 조정하여 법인세를 산출해야 한다. 만일 회사가 세무회계상의 금액인 수입이자 2천 4백만 원을 법인세 신고 시에 반영하지 않는다면 세무서에서는 그 사항을 찾아내 세무회계에 의한 금액으로 법인세를 산출하고 법인세와 그에 대한 가산세를 납부하도록 알리게 된다.

따라서 법인세 신고에서 세무회계상의 금액을 반영하지 않는 경우는 회사의 금전적 손실을 유발하게 되는 것이며, 그로 인해 실무 담당자에 대한 경영진의 신뢰가 악화될 수 있으므로 세법의 규정을 벗어나지 않도록 특히 주의해야 한다.

2 기업회계와 세무회계의 차이

🌿 수익과 비용, 익금과 손금

구 분	기업회계	세무회계
개념정의	회사의 회계처리 상태	세법의 규정에 의한 금액
목적	주주 채권자 등 불특정 다수 이해관계자의 회사에 관한 경제적 의사결정에 필요한 재무 정보를 제공하는 것을 목적으로 한다.	세법의 규정에 따라 법인세 과세표준과 세액을 산정하는 것을 목적으로 한다.
산출방법	당기순이익 = 수익 − 비용 (실현주의와 발생주의 및 수익비용 대응의 원칙에 의한 수익과 비용의 계산)	각 사업연도 소득 = 익금 − 손금 (순자산증가설과 권리의무확정주의에 의한 익금과 손금의 계산)

- 기업회계에서 발생주의 : 수익과 비용을 현금의 수취나 지급과는 관계없이 거래가 실제로 발생한 시점에 인식하는 것을 말한다. 즉 수익은 수익을 창출하기 위한 결정적인 사건(예. 재화의 인도)이 발생한 시점에 인식하고(실현주의), 인식된 수익과 관련된 비용(예 : 인도된 재화의 취득원가)을 대응시켜 인식한다(수익비용 대응의 원칙).
- 세무회계에서 순자산증가설 : 기업의 순자산이 증가하면 익금을 인식하고 감소하면 손금을 인식하는 것을 말한다. 순자산이란 자산에서 부채를 차감한 금액을 말하는 것이다. 즉, 순자산 = 자산 − 부채. 따라서 자산이 증가하거나 부채가 감소하면 순자산이 증가하므로 익금을 기록해야 하고(예 : 외상으로 상품을 매출하면 외상매출금 증가 → 자산의 증가 → 순자산의 증가 → 매출수익의 인식)

자산이 감소하거나 부채가 증가하면 순자산이 감소하므로 손금을 기록해야 한다(예 : 직원에 대한 급여를 지급하면 현금의 감소 → 자산의 감소 → 순자산의 감소 → 손금의 인식).

- 권리의무확정주의 : 수취할 권리가 확정된 금액을 익금으로 인식하고
(예 : 은행에서 수취하는 예금이자는 은행과 약정된 이자지급일에 확정되어 인식된다. 그러나 기업회계에 의하면 발생주의에 따라 이자를 받았는지를 불문하고 경과된 기간에 대한 이자수익을 인식한다.)
이행해야 할 의무가 확정된 비용을 손금으로 인식하는 것을 말한다.
(예 : 어음으로 기부금을 지급한 경우 법인세법에서는 그 어음의 만기가 도래하기 전에는 이행해야 할 의무가 확정되지 않은 것으로 보아 손금으로 인식하지 않는다. 그러나 기업회계에서는 지급어음에 의한 기부금의 지급도 기부행위가 발생한 것으로 보아 비용으로 인식한다.)

🔖 기업회계와 세무회계의 관계

기업회계와 세무회계의 여러 가지 차이로 인해 기업회계에서 산출한 당기순이익과 세무회계에서 산출한 각 사업연도 소득은 일치하지 않는다. 기업회계에 의한 당기순이익과 세무회계에 의한 각 사업연도 소득 간의 관계를 살펴보면 다음과 같다.

기업회계	세무회계	차이형태	차이원인	사 례
수 익	익 금	수익 〈 익금	회사가 수익으로 계상 하지 않았으나 세법상 익금에 해당됨	임대보증금 간주임대료
		수익 〉 익금	회사가 수익으로 계상 하였으나 세법상 익금 에 해당하지 않음	미수이자 발생액
(I)	(I)			
비 용	손 금	비용 〈 손금	회사가 비용으로 계상 하지 않았으나 세법상 손금으로 인정됨	준비금
		비용 〉 손금	회사가 비용으로 계상 하였으나 세법상 비용 으로 인정되지 않음	감가상각비 한도 초과액
(II)	(II)			
결산서 상 당기순이익	각 사업연도 소득			

표에서 요약된 바와 같이 기업회계와 세무회계의 차이는 기업회계 상의 수익이 세무 회계상의 익금보다 크거나 작은 경우와 기업회계 상의 비용이 세무회계상의 손금보다 크거나 적은 경우 외에는 없는 것이다. 수익과 익금이 같은 경우 또는 비용과 손금이 같은 경우에는 차이가 발생하지 않는 것이며, 아무런 차이가 없다면 법인세 실무에서 세무조정의 대상이 되지 않기 때문이다.

결산조정과 신고조정이 다른 점

1 결산 조정사항

결산조정의 의의

결산조정은 법인 내부의 의사결정 즉 결산확정에 의하여 손금으로 인정된다. 회계상 비용으로 계상하지 않고, 세무조정을 통해서 손금으로 계상할 수는 없는 항목이다.

이렇게 손금으로 인식하는 것에 제약을 두는 이유는 다음과 같다.

회사는 손익계산서상 당기순이익은 크게 표시하고 싶어 하면서, 동시에 세무조정(신고조정)에 의한 손금산입을 통해서 과세소득은 작게 하고 싶어 한다. 즉, 주주와 이해관계자들에게 회사의 실적은 좋게 보이면서, 동시에 세금은 적게 내고 싶어 하는 것이 일반적이다.

따라서 이러한 상황을 방지하기 위해서 특정 항목들에 대해서 반드시 결산서에 반영한 경우에만 세무상 손금으로 인정해주는 것이다.

주로 현금지출을 수반하지 않는 비용들이 결산 조정항목에 해당한다.

결산서에 반영된 비용만 손금으로 인정되고 세무조정에 의하여 손금산입은 안 되며 추후 이로 인한 수정신고, 경정청구는 인정되지 않는다.

🕯️ 결산조정 항목

1. 고정자산 감가상각비(즉시상각액 포함)(법 23)

2. 고유목적사업준비금(법 29)

외부감사를 받는 비영리법인의 경우 신고조정 가능

3. 퇴직급여충당금(퇴직연금충당금은 신고조정)(법 33)

4. 대손충당금(법 34)

5. 구상채권상각충당금(이익처분에 의한 임의신고조정 가능, 한국채택국제회계기준 적용법인에 한함)(법 35)

6. 자산의 평가차손(재고자산, 고정자산, 유가증권)

부패, 파손 등의 사유로 인하여 정상가격으로 판매할 수 없는 재고자산의 평가손실

천재, 지변 등에 의한 고정자산평가손실(법 42 ③ 2호)

7. 창업자 또는 신기술사업자가 발행한 주식 등으로서 중소기업창업투자회사 또는 신기술사업 금융업자가 각각 보유하는 주식 중 발행법인이 부도가 발생한 경우의 당해 주식 등의 평가손실(법 42 ③ 3호)

8. 주식을 발행한 법인이 파산한 경우의 그 주식평가손실(법 42 ③ 4호)

9. 생산설비의 폐기손실(영 31 ⑦)

10. 대손금

① 채무자의 파산, 강제집행, 형의 집행, 사업의 폐지, 사망, 실종 또는 행방불명으로 회수할 수 없는 채권
② 부도발생 일로부터 6개월 이상 지난 수표 또는 어음상의 채권 및 외상매출금
③ 회수기일이 6개월 이상 지난 30만 원 이하 소액채권

🎙️ 결산 조정사항의 특징

결산 조정사항은 외부와의 거래 관계가 없는 비용 또는 현금지출이 수반되지 않는 비용이라는 특징을 갖고 있으며, 구체적으로 살펴보면 다음과 같다.

우선, 감가상각비와 자산의 평가차손처럼 법인의 선택 또는 판단에 따라 인위적으로 비용으로 계상되는 사항은 법인이 비용으로 계상한 경우에 한하여 손금으로 인정한다.

또한, 충당금이나 준비금처럼 권리의무 확정 주의의 원칙상 아직 확정되지 않은 의무에 대해 특별히 손금으로 인정하고 있는 사항들에 대해서는 법인의 내부의사결정에 의해 회계처리를 하였을 때 한하여 당해 사업연도의 손금으로 산입할 수 있도록 하고 있다.

대손금의 경우에도 법적으로 청구권이 소멸하지는 않았지만, 채무자의 자산상황·지급능력 등에 비추어 회수불능이라는 내부적 의사결정에 의해 회계처리를 한 경우에 한하여 손금으로 인정하고 있다.

위와 같은 사항들에 비해 이자나 인건비의 지급, 채권의 소멸 등과 같이 순자산의 감소가 외부와의 거래에 의하여 그 내용이 객관적으로 확인되는 사항들에 대해서는 법인이 회계처리를 하건 안 하건 손

금으로 인정되어야 하므로, 결산에 반영하지 않았다 하더라도 신고조정에 의해 손금에 산입할 수 있는 것이다.

2 신고조정사항(세무 조정사항)

🕯️ 신고조정의 의의

신고조정사항은 결산조정과 달리 결산확정에 의하여 손금산입해도 되고 세무조정에서 손금산입 또는 익금산입이 가능한 항목이다.

세법상 익금항목은 모두 신고조정사항이다. 즉, 세법상 익금으로 보는 항목의 경우에는 회계상 수익으로 계상하지 않았다면 반드시 법인세 신고할 때 세무조정을 해서라도 각 사업연도 소득금액에 가산해야 한다. 또한, 결산조정 항목으로 열거된 손금 항목을 제외한 세무상 손금 항목은 신고조정사항이다.

그러므로 추후 산입 누락, 금액정정 등의 경우 신청이 필수적인 것 외에는 수정신고, 경정청구로 정정할 수 있다.

🕯️ 신고조정 항목

1. 무상으로 받은 자산의 가액과 채무의 면제 또는 소멸로 인한 부채의 감소액 중 이월결손금의 보전에 충당한 금액
2. 퇴직연금보험료 등(퇴직연금충당금)(영 44의2)
3. 공사부담금으로 취득한 고정자산가액의 손금산입(영 98②)
4. 보험차익으로 취득한 고정자산가액의 손금산입(영 98②)
5. 국고보조금으로 취득한 고정자산가액의 손금산입(영 98②)

(압축기장충당금 또는 일시상각충당금)

6. 자산의 평가차손 손금불산입(법 22)

7. 제 충당금, 준비금 등 한도초과액의 손금불산입

8. 감가상각비 부인액의 손금불산입(법 23)

9. 법인세비용의 손금불산입

10. 기업업무추진비 한도초과액

11. 기부금 한도초과액, 비지정기부금 손금불산입

12. 건설자금이자의 손금불산입(과다하게 장부계상한 경우의 손금산입)(법 28 ①)

13. 외화자산, 부채에 대한 상환손익의 익금산입, 손금산입 익금불산입 및 손금불산입(영 76)

14. 손익의 귀속 사업연도의 차이로 발생하는 익금산입, 손금불산입과 손금산입, 익금불산입(법 40)

15. 조세특례제한법에 의한 준비금(당해 사업연도의 이익처분시 당해 준비금을 적립한 경우에 한함)

사실상 세무조정 사항은 전부 신고조정사항이라고 볼 수 있는 것이다. 결산조정 항목은 손금귀속시기를 회계담당자가 마음대로 선택할 수 있고, 신고조정 항목은 손익귀속시기를 회계담당자가 마음대로 선택할 수 없다.

세무조정을 결산조정 항목과 신고조정 항목으로 구분하는 실익은 해당 수익 또는 비용을 회계담당자 마음대로 처리할 수 있는지? 여부이다. 즉, 결산조정 항목은 결산상 비용으로 회계처리하는 사업연도에 반영할 수 있고, 신고조정항목은 세법에서 정하는 귀속시기에 반드시 반영해야 한다는 것이 차이다.

결산조정 항목은 회계담당자가 회계처리하는 사업연도에 인식하는 것이므로, 회계담당자가 회계처리 하고 싶은 사업연도에 회계처리를 함으로써 손익귀속시기를 자의적으로 조정할 수 있는 것이다(당기에 결산서에 반영하지 않은 금액은 추후 사업연도에 언제든 결산서에 반영하면 손금으로 인정된다). 그러나, 신고조정항목은 반드시 법인세 신고시 세무조정을 해서라도 해당 사업연도. 즉, 세법상 귀속시기로 정해놓은 사업연도에 처리해야 하므로 회계담당자 마음대로 귀속시기를 결정할 수 없는 것이다. 반대로 말하면, 결산조정 항목은 처리하고자 의도한 사업연도에 처리하지 못했더라도 다음 사업연도에 회계처리해서 손익을 인식하면 되지만(경정청구 불가능), 신고조정항목은 처리해야 하는 사업연도에 처리하지 못하면, 해당 사업연도의 잘못된 처리를 다시 조정해서 신고(경정청구 또는 수정신고)해야 한다.

구 분	결산조정	신고조정
개념	결산상 비용으로 계상한 경우에만 세무상 손금으로 인정하는 항목	결산상 비용으로 계산하지 않은 경우에도 세무조정을 통해 세법상 손금으로 인정하는 항목
대상	외부와의 거래 없이 계상되는 비용 자산의 상각, 충당금, 준비금(단, 일부 준비금은 잉여금처분을 전제로 신고조정 허용)	결산 조정사항 이외의 항목
귀속시기	결산상 비용으로 계상한 사업연도 법인이 손금의 귀속시기를 임의로 선택 가능	법에서 정한 귀속시기가 속하는 사업연도 법인이 손금의 귀속시기를 임의로 선택할 수 없다.
누락된 경우	세무조정 및 경정청구 불가	신고 전에 발견한 경우 : 세무조정 신고 후에 발견한 경우 : 경정청구

소득처분

법인은 기업회계기준에 준거하여 산출된 당기순이익을 당해법인의 최고 의결기관인 주주총회 등의 결의에 의하여 배당·상여·퇴직급여 등과 같이 소득을 사외로 유출되는 처분과 적립금의 적립·잉여금의 차기이월 등과 같이 소득을 사내 유보처분 함으로써 당해 사업연도 경영성과에 대한 회계업무를 종결하게 된다.

소득처분을 하는 시점은 법인이 법인세의 과세표준을 신고하는 시점과 정부가 법인세의 과세표준을 결정하거나 경정하는 시점이 되며, 여기서 신고·결정·경정에는 국세기본법에 의한 수정신고와 법인세법에 따라 수시부과가 포함된다.

소득처분은 각 사업연도 소득에 대한 법인세의 납세의무가 있는 모든 법인에 적용되는 것으로서, 영리법인뿐만 아니라 수익사업이 있는 비영리 내국법인 및 비영리 외국 법인도 적용된다.

🐦 소득처분 분류

구 분	외부의 자에게 귀속된 경우	법인 내부에 남아 있는 경우	
		회계 및 세무상 자본의 차이가 나는 경우	회계 및 세무상 자본의 차이가 나지 않는 경우
익금산입·손금불산입	사외유출	유보	기타(또는 잉여금)
손금산입·익금불산입	-	△유보	기타(또는 △잉여금)

🐣 소득처분 상세분류

구 분		내 용	사후관리
유보		가산 조정금액이 회사 내부에 남아 회계상 자본보다 세무상 자본을 증가시키는 경우	자본금과적립금조정명세서(을)표에서 사후관리
사외유출	배당	가산 조정금액이 주주 등에게 귀속되는 경우	소득세 원천징수
	상여	가산 조정금액이 임원 또는 사용인에게 귀속되는 경우	소득세 원천징수
	기타 사외유출	가산 조정금액이 법인이나 개인사업자의 사업소득을 구성하는 경우	사후관리 없음
	기타소득	가산금액이 상기 외의 자에게 귀속되는 경우	소득세 원천징수
기타 (또는 잉여금)		가산 조정금액이 사외로 유출되지 아니하였으나 회계상 자본과 세무상 자본의 차이를 발생시키지 아니하는 경우	사후관리 없음
△유보		가산 조정금액이 회사 내부에 남아 회계상 자본보다 세무상 자본을 감소시키는 경우	자본금과적립금조정명세서(을)표에서 사후관리
기타 (또는 △잉여금)		차감 조정금액이 사외로 유출되지 아니하였으나 회계상 자본과 세무상 자본의 차이를 발생시키지 아니하는 경우	사후관리 없음

당해연도 유보로 소득처분 된 금액에 대하여 그 후 △유보처리 된다.

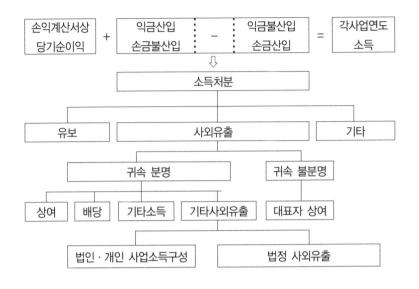

조정 항목	내 용	익금가산		손금가산	
		조정구분	처 분	조정구분	처 분
수입 금액	인도한 제품 등의 매출액가산	익금산입	유 보		
	동 매출원가			손금산입	유 보
	전기매출 가산 분 당기 결산상 매출 계상			익금 불산입	유 보
	동 매출원가	손금불산입	유 보		
	작업진행률에 의한 수입금액 가산	익금산입	유 보		
	전기 수입금액 가산 분 당기 결산 수입 계상			익금 불산입	유 보
기업업무 추진비	한도초과액 및 법인명의 신용 카드 미사용액	손금불산입	기타 사외유출		
지정 기부금	한도초과액	손금불산입	기타 사외유출		

| 조정
항목 | 내 용 | 익금가산 | | 손금가산 | |
		조정구분	처 분	조정구분	처 분
지정 기부금	당기 미지급기부금	손금불산입	유 보		
	전기 미지급기부금 당기지급액 (당기 한도액 계산 시 포함)			손금산입	유 보
	당기 가지급계상 분 (한도액 계산 시 포함)			손금산입	유 보
	전기 가지급계상 분 당기 비용처리	손금불산입	유 보		
외화 평가 차손익	차익 과소계상	익금산입	유 보		
	차익 과대계상			익금불산입	유 보
	차손 과대계상	손금불산입	유 보		
	차손 과소계상			손금산입	유 보
	전기 차익 과소계상 분 당기 수입 계상			익금불산입	유 보
	전기 차손 과대계상 분 중 당기 손비 해당액			손금산입	유 보
	전기 차익 과대계상 분 중 당기 익금 해당액	익금산입	유 보		
	전기 차손 과소계상 분 중 당기 결산상 손비 계상	손금불산입	유 보		
가지 급금 등의 인정 이자	출자자(출자 임원 제외)	익금산입	배 당		
	사용인(임원 포함)	익금산입	상 여		
	법인 또는 사업 영위 개인	익금산입	기타 사외유출		
	전 각호 이외의 개인	익금산입	기타소득		

조정 항목	내 용	익금가산		손금가산	
		조정구분	처 분	조정구분	처 분
소득세 대납액	귀속이 불분명해 대표자에게 처분한 소득에 대한 소득세를 법인이 대납하고 손비로 계상하거나 특수관계 소멸 시까지 회수하지 않아 익금산입한 금액	익금산입	기타 사외유출		
건설 자금 이자	건설중인자산 분	손금불산입	유 보		
	건설완료 자산 중 비상각 자산 분	손금불산입	유 보		
	전기부인 유보분 중 당기 건설이 완료되어 회사자산 계상			익금불산입	유 보
채권자가 불분명한 사채이자	원천세 제외 금액(대표자)	손금불산입	상 여		
	원천세 해당 금액	손금불산입	기타 사외유출		
수령자 불분명 채권증권 의 이자 할인액	원천세 제외 금액(대표자)	손금불산입	상 여		
	원천세 해당 금액	손금불산입	기타 사외유출		
비업무용 부동산등 지급이자	비업무용부동산 및 업무무관가지급금에 대한 지급이자	손금불산입	기타 사외유출		
각 종 준비금	범위초과액	손금불산입	유 보		
	과소환입	익금산입	유 보		
	과다환입			익금불산입	유 보
	전기범위 초과액 중 환입액			익금불산입	유 보

조정 항목	내 용	익금가산		손금가산	
		조정구분	처 분	조정구분	처 분
	세무조정에 의해 손금산입하는 준비금			손금산입	유 보
	세무조정에 의해 환입 하는 준 비금	익금산입	유 보		
퇴직급여 충 당 금	범위초과액	손금불산입	유 보		
	전기부인액 중 당기 지급			손금산입	유 보
	전기부인액 중 당기 환입액			익금불산입	유 보
퇴 직 보험료	범위초과액	손금불산입	유 보		
	전기부인액 중 당기 환입액			익금불산입	유 보
대 손 충당금	범위초과액	손금불산입	유 보		
	전기범위초과액 중 당기 환입액			익금불산입	유 보
재고자산	당기 평가감	익금산입	유 보		
	전기 평가감 중 당기 사용분 해당액			손금산입	유 보
	당기 평가증			손금산입	유 보
	전기 평가증 중 당기 사용분 해당액	손금불산입	유 보		
국 고 보 조 금	잉여금으로 계상한 국고보조금	익금산입	기 타		
	손금산입 한도 초과액	손금불산입	유 보		
	세무조정에 의한 손금계상 시			손금산입	유 보
감 가 상 각 비	당기부인액	손금불산입	유 보		
	기왕부인액 중 당기 용인액			손금산입	유 보

조정항목	내용		익금가산		손금가산	
			조정구분	처 분	조정구분	처 분
업무용 승용차	임직원 전용 보험 미가입		손금불산입	상여		
	업무용승용차 관련비용 1,500만원 초과	운행기록부 미작성	손금불산입	상여		
		운행기록부 작성 한도초과	손금불산입	상여		
	처분손실		손금불산입	기타 사외유출		
기 타	법인세 등		손금불산입	기타 사외유출		
	벌과금, 과료		손금불산입	기타 사외유출		
	임원 퇴직금 범위초과액		손금불산입	상 여		
	법인세 환급금 및 이자				익금불산입	기 타
	익금에 산입한 금액으로서 귀속자에게 증여세가 과세되는 금액		익금산입	기타 사외유출		
	잉여금증감에 따른 익금 및 손금산입		익금산입	기 타	손금산입	기 타

사무실 임차료의 비용처리

사무실 임차료는 비용처리가 가능하고 세금계산서를 받은 경우 매입세액공제가 가능하다. 즉, 월세 100만 원에 부가가치세 10만 원을 부담한 경우 100만 원은 소득세나 법인세 신고 시 비용으로 인정받고, 10만 원은 부가가치세 신고 시 매입세액공제를 받는다.

1 임차료(월세 등)와 관리비

임대인이 과세 사업자인 경우

세금계산서, 계산서, 신용카드 매출전표, 현금영수증 등의 법정지출증빙을 반드시 받아야 한다.

법정지출증빙을 못 받은 경우, 입금내역 등 거래사실이 확인되는 경우는 비용인정이 가능하나 지출증빙불성실가산세(2%)를 내야 한다.

🦜 임대인이 비사업자의 경우

거래상대방이 사업자등록이 안 된 개인 임대주라면 법정지출증빙을 받을 수 없다. 이 경우 입금내역 등 거래 사실이 확인되는 경우는 비용인정이 가능하다. 정기적인 임차가 아닌, 행사 등 일시적으로 임차하는 경우의 임차료에 대해서는 기타소득으로 원천징수하여 증빙처리가 가능하다.

주택을 사무실로 사용하고 있는 경우 주택 월세는 면세로 세금계산서 발행이 안 되고, 계산서만 발급 가능하므로 계산서를 발급받으면 된다.

2 임차보증금

임차보증금은 나중에 임대인으로부터 돌려받을 채권이므로 회계상 자산 항목으로만 전표 처리해두면 된다.

3 관리비 등 공공요금

관리비의 경우 별도로 납부하는 경우 발행받은 세금계산서, 계산서로 비용처리를 하면 된다. 반면, 전기료, 가스료 등 임대인 명의로 세금계산서를 받는 경우(건물 전체에 대해서 임대인 명의로 통합고지)는 임대인은 임차인이 부담한 금액만큼 세금계산서를 발행해주어야 한다. 물론 임대인이 간이과세자라고 해도 부담한 금액만큼 세금계산서를 발행해줄 의무가 있다.

그리고 회사의 사택의 관리비를 회사가 대납해 주는 때는 해당 근로
자의 급여로 보아 원천징수 신고·납부를 해야 한다. 즉, 사택 임차
료는 회사에서 내는 경우 비용인정이 되지만 관리비는 대납시 원천
징수를 해야 비용인정이 가능하다.

구 분	증빙 처리
전기요금이나 가스료(부가세 과세 대상)	임차인 부담분에 대하여 세금계산서로 지출증빙을 받는다.
수도요금(부가세 면세 대상)	계산서나 영수증으로 지출증빙을 받는다.

4 부동산 중개 수수료

공인중개사 사무실 수수료는 중개사가 일반과세자인 경우 세금계산
서, 신용카드 매출전표, 현금영수증 등의 법정지출증빙을 받아 비용
처리가 가능하다.

사택을 출자 임원(대표이사)에게 무상으로 제공하는 경우 세무조정

특수관계인과의 거래로 인하여 그 법인의 소득에 대한 조세부담이 부당하게 감소된 것으
로 인정되는 경우 그 법인의 행위 또는 소득금액의 계산을 부인하고 법인의 각 사업연도
소득금액을 다시 계산할 수 있도록 규정하고 있는데 이를 "부당행위계산부인"이라고 한다.
그런데 법인의 대표이사 등 출자임원이 자신 거주지와 사업장 소재지(공장)가 멀어 사업장
근처에 법인 명의로 주택을 구입하고 해당 주택에 무상으로 거주한 경우에도 부당행위계
산부인이 적용될까?

대표이사에게 사택을 제공하는 경우 당해 대표이사가 주주가 아니거나, 소액주주에 해당하는 경우로서 제공받는 사택이 근로소득에서 제외되는 사택의 범위에 해당하는 경우에는 세법상 문제가 없으나, 출자임원에 해당하는 경우에는 법인이 소유(임차)한 주택(사택)을 무상으로 제공받을시 부당행위계산 부인규정이 적용된다.

그러므로 이 경우에는

1. 적정임대료(시가)에 상당하는 금액을 익금에 산입하고, 대표자에게는 상여(근로소득으로 과세)로 처분하며

2. 이 소유 주택은 업무무관자산으로 구분되며

3. 해당 자산에 소요되는 지급이자 또한 손금불산입 규정이 적용되며 처분은 기타사외유출로 처리하게 된다.

1. 출자 임원에 사택 무상 임대시 부당행위 해당 여부

부당행위계산의 유형은 여러 가지가 있다. 특수관계인으로부터 자산을 시가보다 높은 가액으로 매입 또는 현물출자 받은 경우, 특수관계인에게 자산을 시가보다 낮은 가액으로 양도하는 경우가 대표적이다.

이 외에도 금전, 그 밖의 자산 또는 용역을 무상 또는 시가보다 낮은 이율이나 요율, 임대료로 빌려주거나 제공한 경우도 부당행위로 본다. 다만, 주주 등이나 출연자가 아닌 임원(소액주주인 임원 포함) 및 사용인에게 사택 및 임차 사택(임차하여 전·월세 등을 회사가 제공하고 사택으로 제공)을 제공하는 경우는 부당행위계산부인이 적용되지 않는다.

즉, 소액주주인 임원 또는 사용인에게 사택을 무상으로 제공한 경우는 부당행위에 해당하지 않지만, 소액주주가 아닌 출자임원에게 사택을 제공하고 이에 따른 적정 대가(임대료나 임차보증금)를 받지 않으면 부당행위에 해당한다.

2. 출자임원에게 사택 무상제공 시 법인세법상 처리

법인의 출자임원에게 사택을 무상으로 제공한 경우 법인세법상 부당행위계산부인이 적용된다. 이 경우 법인이 해당 임원에게 적정임대료를 받았어야 하나, 받지 않았으므로 적정

임대료 즉 "시가" 상당액을 미수임대료로 보아 익금산입하고 해당 임원에 대한 "상여"로 소득처분 한다.

이때 적정임대료 즉 시가는

① 사업자가 특수관계인이 아닌 자와 해당 거래와 유사한 상황에서 계속적으로 거래한 가격 또는 제3자 간에 일반적으로 거래된 가격

② ①의 가격이 없는 경우 사업자가 그 대가로 받은 재화 또는 용역의 가격을 말한다.

만일 법인이 아파트를 구입하여 출자임원에게 무상으로 사용하게 한 경우 해당 아파트와 같은 동, 같은 평형, 비슷한 층 아파트의 월세액이나 전세액을 시가로 볼 수 있을 것이다.

그러나 법인이 아파트가 아닌 일반주택(빌라, 단독주택 등)을 구입하여 출자임원에게 임대 했거나 적정임대료를 확인하기 어려운 경우에는 다음의 방식에 따라 계산한 금액을 시가로 본다.

유무형 자산의 무상공급 시 임대료의 시가 = (당해 자산의 시가 × 50% - 전세보증금) × 정기예금 이자율

위에서 당해 자산의 시가는 실무적으로 실제거래가액이 있으면 실제거래가액을, 없을 경우 기준시가를 적용하는 것이 일반적이다.

3. 사례

(가정1) 법인이 10억원을 주고 아파트 구입 후 출자임원에게 무상으로 임대한 경우(해당 아파트와 유사한 층의 동일 평형대 아파트 월세는 월 2,000,000원)

시가 2,000,000원 × 12개월 = 24,000,000원을 법인세 계산 시 익금산입 후 대표자 상여처분

(가정2) 법인이 10억 원을 주고 빌라(기준시가 7억) 구입 후 출자임원에게 무상으로 임대

실무적으로 빌라 또는 단독주택은 동일한 물건이 거의 없으므로 적정 월세를 알기 어렵다.

이 경우 시가는 연 9,000,000원으로 아파트의 무상 임대보다 유리하다.

시가 = (10억 원 × 50% - 0) × 2.9% = 14,500,000원

그리고 법인이 사택을 업무 목적으로 이용하지 않고 투자목적으로 취득하여 장기간 소유하는 경우 해당 사택은 비업무용 자산에 해당하여 관련 지급이자는 손금으로 인정하지 않는다.

상해보험의 경비처리
(개인사업자 및 법인)

 상해보험의 회계처리

법인이 종업원의 업무상 재해 및 사망을 보험금 지급사유로 하고 당
해 법인을 수익자로 하여 만기 시에 일정액을 환급받는 보험에 가입
하고 보험료를 불입하는 경우 만기환급금에 상당하는 보험료 상당액
은 자산으로 계상하고 기타의 부분은 손비로 처리하는 것이며, 법인
이 보험사고의 발생으로 받는 보험금 및 재해 종업원의 치료비로 충
당한 금액은 각각 당해 사업연도의 익금 또는 손금으로 계상한다.
따라서 보험금 수령금액은 잡이익으로 처리하고, 해당 직원에 대한
지급금액은 잡손실로 처리한다. 한편, 보험료 불입금액 중 만기환급
금에 상당하는 보험료 상당액은 자산 항목에 장기보험 또는 보험에
치금 등의 항목을 설정하여 처리하고 기타의 부분은 보험료로 처리
한다.

🧮 세무상 회계처리

① 상해보험료 불입

법인이 종업원의 업무상 재해 및 사망을 보험금 지급사유로 하고 당해 법인을 수익자로 하여 만기 시에 일정 금액을 환급받는 보험에 가입하고(3년 만기, 월납)), 적립식 보험료 100,000원 및 소멸성 보험료(보장성 보험료) 20,000원을 보통예금에서 이체하여 불입하다.

장기금융상품(장기성예금)	100,000 /	보통예금	120,000
보험료	20,000		

* 장기금융상품(장기성 예금) : 적금식 보험료
* 보험료 : 소멸성 보험료

② 상해보험료 만기

상해보험료 만기가 되어 보험료 원금 3,600,000원 및 이자 400,000원에서 이자소득세 56,000원을 공제한 3,944,000원이 법인의 보통예금 통장에 입금되다.

보통예금	3,944,000 /	장기성예금	3,600,000
선납세금	56,000	이자수익	400,000

🧮 기업회계상 회계처리

기업회계 상으로는 장기금융상품을 매기말에 해약환급금으로 평가하는데, 위에서 적립식 보험료 100,000원에 대한 당기말 해약환급금을 50,000원으로 가정시

장기금융상품평가손실	50,000 /	장기금융상품	50,000

* 100,000원 - 50,000원 = 50,000원

이렇게 회계처리하고, 세무상으로 위 평가손실은 인정되지 않으므로, 다시 50,000원은 손금불산입(유보)로 세무조정을 하면 된다.

사업과 관련하여 지급하는 화재보험료, 자동차 보험료 등 각종 보험료는 업무와 관련한 것이므로 모두 경비로 인정이 된다.

국민연금과 건강보험료는 보험료보다는 세금과공과와 복리후생비로 처리하는 것이 더 합리적이다. 이유는 직원의 복리후생을 위해 지출하는 비용이기 때문이다.

개인사업자 단체순수보장성보험

사업자가 종업원을 피보험자·수익자로 하여 보험료를 납부하는 경우 사업자는 이를 필요경비로 인정받을 수 있지만, 종업원은 보험료가 근로소득에 포함되어 추가적인 세금을 납부해야 한다. 다만, 〈단체순수보장성보험〉과 〈단체환급부보장성보험〉의 경우 연간 70만원 이하 금액은 근로소득으로 보지 않는다.

종업원을 피보험자로 종업원의 사망·상해·질병 등을 지급사유로 하고 계약자는 사용자로 하여 사용자가 부담하는 보험료의 필요경비 산입범위는 수익자에 따라 다음과 같이 구분된다.

피보험자	수익자	보험 내용(지급 사유)	필요경비 해당 여부
종업원	종업원	종업원의 사망·상해·질병을 지급 사유로 하는 다음의 보험 ① 만기에 납입보험료를 환급하지 않는 단체순수보장성보험 ② 만기에 환급보험료가 납입보험	보험료 : 필요경비 산입(해당 종업원의 근로소득) 다만, ① 단체순수보장성보험과 ② 단체환급부보장성보험의 경우 해당 보험료 중 연간

피보험자	수익자	보험 내용(지급 사유)	필요경비 해당 여부
종업원	종업원	료를 초과하지 않는 단체환급부보장성보험 ③ 선원보험료, 상해보험료, 신원보증보험료, 선원보증보험료, 퇴직보험료, 단체퇴직보험에 부가된 특약보험 등	70만원 이하 금액은 근로소득으로 보지 않음
종업원	회사	종업원의 사망·상해·질병을 지급사유로 하는 보험	• 보험료 납입 시 : 필요경비 불산입(자산처리) • 보험금 수령 시 : 총수입금액 산입) • 보험금 종업원에 지급 시 : 필요경비산입(근로소득) • 보험계약자 및 수익자를 종업원으로 변경 시 : 필요경비 산입(근로소득)

🏷️ 법인의 상해보험

법인이 임직원을 위하여 가입하는 보험은 아래 4가지 경우로 나누어 볼 수 있다.

구분	Case1	Case2	Case3	Case4
계약자	법인	법인	법인	법인
피보험자	임원	임원	종업원	종업원
수익자	법인	임원	법인	종업원

① 위 Case1 과 Case3과 같이 법인이 피보험자를 임원 또는 종업원으로, 수익자를 법인으로 하여 보험에 가입한 경우 법인이 납입한 보험료 중 만기환급금에 상당하는 보험료 상당액은 자산으로 계상하고, 그 외의 부분은 이를 보험기관의 경과에 따라 손금에 산입한다. 이때 납입한 보험료는 피보험자인 임원 또는 종업원의 근로소득으로 보지 않는다.

② Case2와 같이 법인이 보험계약자이고 임원이 피보험자 및 수익자인 경우 법인이 납입한 보험료는 임원에 대한 상여로 본다. 임원에 대한 상여는 직원과 달리 정관, 주주총회 또는 이사회 결의에 의해 결정된 임원 상여금 규정 이내인 경우만 손금으로 인정되며, 초과하는 경우 손금에 산입되지 않는다. 이때, 손금 인정 여부와 관계없이 임원의 상여로 보아 근로소득세는 과세된다.

③ Case4의 경우 법인이 보험계약자이고 종업원이 피보험자 및 수익자인 경우 법인이 납입한 보험료는 종업원에 대한 급여로 보아 손금에 산입하고 종업원에게 근로소득세가 과세된다. 다만 직원의 사망, 상해 또는 질병을 보험금의 지급사유로 하고 직원을 피보험자와 수익자로 하는 보험으로서 만기에 납입보험료를 환급하지 않거나(단체순수보장성보험) 만기에 납입보험료를 초과하지 않는 범위 내에서 환급하는 보험(단체환급부보장성보험)에 납입하는 보험료는 종업원 인별로 연간 70만원 이하의 금액은 직원의 근로소득으로 보지 않고 비과세된다.

원상복구 비용의 경비처리

1 임대인의 세무처리

영업외수익(잡이익)으로 회계처리를 하며, 수입금액에 포함해야 한다.

원상복구 하는데, 있어서 임대인이 부담한 비용(인건비, 철거업체 수수료 등)이 든 것은 임대인의 수선비 등으로 별도 비용처리가 가능하다. 즉 임차인에게 받은 금액은 익금이고, 받아서 복구나 철거하는데 지출한 비용은 수선비로 손금처리한다.

임차인 원상복구비용의 세금계산서 발행

임대인과 임차인이 임대차계약을 체결한 후 임차인이 사업상 부진으로 조기 임대차계약 해지를 요구함에 따라 원상복구비용을 임차인이 선지급한 경우 세금계산서를 발급할 수 있는 것이며, 그 세금계산서 등을 발급하는 때를 각각 그 재화 또는 용역의 공급시기로 봄(서면 20150395, 2016.6.30.)

> **원상복구에 필요한 대가를 임대인에게 별도로 지급하는 때 부가가치세 과세**
>
> 사업자가 부가가치세가 과세되는 부동산을 임차함에 있어 임차인이 자기의 부동산으로 실내장식 등을 하고 임차기간 만료 시 원상복구 하여 주는 조건으로 임대차계약을 하였을 경우 임차기간 만료 시 임차인의 부담으로 원상복구를 하는 때에는 임대인에 대한 재화의 공급으로 보지 아니하나 임차기간 만료 시 임차인이 원상복구를 하지 아니하고 원상복구에 필요한 대가를 임대인에게 별도로 지급하는 때에는 당해 대가에 대하여 부가가치세가 과세된다(부가 46015-1779, 1994.9.1. 및 서면 인터넷 방문 상담 3팀-753, 2007.3.9.).

2 임차인의 세무 처리

사업자가 사업과 관련하여 임차한 건물에 설치한 업무용 시설물(인테리어 시설)을 임대차계약의 해지로 인하여 당초 임대차계약의 내용에 따라 원상회복을 위한 방법으로 동 시설물을 폐기함에 따라 발생하는 손실은 손금(필요경비)에 산입할 수 없다(서면 1팀-753, 2005.06.28.).

출자금의 경비처리

거주자가 법인에 자금을 투자하고 일정기간 경과 후 원금과 투자수익 명목으로 사전에 확정된 금액 또는 사업 이익금의 일부를 지급받기로 한 경우 당해 확정된 금액 또는 사업 이익금은 이자소득에 해당한다.

법인이 자신의 영업을 위하여 다른 개인과 익명조합 계약을 체결하고 익명조합원으로부터 출자받은 금액에 대하여 그 영업으로 인한 이익을 분배한 경우 동 이익분배금은 법인세법을 적용함에 있어서 이자비용으로 보아 당해 법인의 각 사업연도 소득금액 계산상 손금에 산입한다.

출자로 인해 원금과 투자수익을 받는 경우 투자수익의 소득 구분

거주자가 법인에 자금을 투자하고 일정기간 경과 후 원금과 투자수익 명목으로 사전에 확정된 금액 또는 사업 이익금의 일부를 지급받기로 한 경우 당해 확정된 금액 또는 사업 이익금은 이자소득에 해당하는 것임(서면 1팀-864, 2005.7.15.).

법인이 주주 또는 외부의 개인이나 법인으로부터 자금을 투자받으면서 투자의 원금을 보장하고, 투자자는 투자 결과에 대하여 투자 비율에 따라 그 손실의 책임을 지지 않으며, 투자 결과에 대한 이익을 투자 비율에 따라 투자 대상 사업이 종료하는 때에 배분받으며, 투자에 대한 원금 및 이익의 분배 이외에 투자 비율에 해당하는 별도의 권리가 없는 경우의 투자는 단순히 이자율이 정해지지 않은 자금의 차입거래에 해당하는 것이므로 이자소득에 해당하는 것임(서면 2팀-1980, 2005.12.5.).

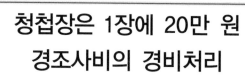

청첩장은 1장에 20만 원
경조사비의 경비처리

경조사비는 크게 회사 임직원에 대한 경조사비와 거래처에 대한 경조사비로 구분된다. 이 중 임직원에 대한 경조사비는 회사의 지급규정에 따라 너무 과도한 금액이 아닌 이상 비용으로 인정이 되나 거래처에 대한 경조사비는 기업업무추진비로 보아 그 금액을 20만 원으로 한정해 두고 있으므로 적절한 경조사비 지출이 필요하다.

1 임직원에 대한 경조사비는 회사 규정에 따라 지급하라

실무상 회사에서의 경조사비 지급은 경조사비 지급규정 등 사규상으로 해당 임직원의 경력, 직급, 회사에 대한 공헌도, 경사(慶事)와 조사 또는 애사에 따라 지급할 수 있는 금액을 달리 정하고 있으며, 이에 따라 경조사비를 지급하고 있다.

그리고 세무상으로는 경조사비 지급규정, 경조사 내용, 법인의 지급능력, 종업원의 직위, 연봉 등을 종합적으로 고려해서 지급한 금액이 사회적으로 타당한 금액이면 복리후생비로써 전액을 비용으로 인정해주겠다는 것이다.

따라서 회사는 각 임직원에 대해 타당한 지급규정을 만들어 두는 것이 절세의 시작이다.

구 분	세무 처리
일반직원	지급규정에 따라 경조사비가 사회 통념상 타당한 금액이면 비용으로 인정이 되고, 초과하는 경우 해당 직원의 급여에 포함해 근로소득세를 신고·납부 해야 비용으로 인정받는다.
임 원	임원상여금 지급 규정에 해당하면 비용처리가 되고, 규정이 없는 경우라면 비용으로 인정을 받지 못하며, 상여 처분 후 근로소득세를 신고·납부 해야 한다.

2 거래처에 대한 경조사비는 반드시 증빙을 첨부하라

거래처에 대한 경조사비도 원칙적으로는 기업업무추진비에 포함이 된다. 따라서 경조사비를 지출하는 경우 원칙은 접대비와 같게 3만 1원부터는 법정지출증빙을 받아야 한다. 다만, 경조사비에 대해서는 같은 접대비라도 예외적으로 20만 원까지는 법정지출증빙을 받지 않고 지출해도 비용으로 인정해주고 있다. 그러나 청첩장·부고장 등 객관적인 증빙을 갖추어야 한다. 즉, 축의금·부의금을 지급한 사람이나 받는 상대방, 장소, 일시, 지급을 확인한 내역이 있는 확인증과 함께 지출결의를 하고 지출하는 경우는 20만 원까지 비용으로 인정받을 수 있다. 따라서 20만 1원부터의 경조사비는 청첩장은 안 되고, 세금계산서 등 법정지출증빙을 받아야 비용으로 인정받을 수 있다.

법정지출증빙을 받지 못한 20만 원 초과 경조사비는 20만 원까지만 비용으로 인정받고 나머지 금액을 인정받지 못하는 것이 아니라, 전체 금액이 비용으로 인정되지 않는다. 즉, 20만 1원부터는 우리 사회의 관례를 벗어난 것으로 보아 법정지출증빙을 받지 않으면 20만 1원 전체 금액을 아예 비용으로 인정받지 못한다.

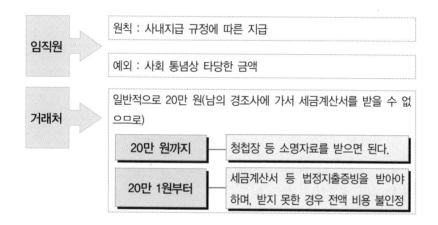

| 임직원 | 원칙 : 사내지급 규정에 따른 지급 |
| | 예외 : 사회 통념상 타당한 금액 |

거래처 — 일반적으로 20만 원(남의 경조사에 가서 세금계산서를 받을 수 없으므로)

| 20만 원까지 | 청첩장 등 소명자료를 받으면 된다. |
| 20만 1원부터 | 세금계산서 등 법정지출증빙을 받아야 하며, 받지 못한 경우 전액 비용 불인정 |

2건의 지출내역을 1건으로 보는 경우

2건 이상의 지출내역이 다음에 해당되는 경우에는 이를 1건으로 보아 기업업무추진비 규정을 적용한다.

• 동일한 날짜에 동일한 장소에서 동일한 거래처에 대하여 지출된 것으로서 거래의 실질로 보아 하나의 지출행위로 인정되는 경우

• 동일한 장소에서 동일한 거래처에 대하여 날짜를 달리하여 지출한 것으로서 1건의 거래 금액을 소액으로 나누어 결제한 것으로 인정되는 경우

• 기타 거래 실질상 1건의 거래임에도 지출증빙 기록 · 보관 대상에서 제외되기 위하여 소액으로 나누어 결제한 것으로 인정되는 경우

예를 들어 책임자 명의로 20만 원, 담당 영업사원 명의로 10만원을 결혼 축의금으로 사용

하는 경우는 결혼식 자체를 1회로 보아 1회의 접대에 30만 원을 지출한 것으로 볼 가능성이 큰 것으로 판단된다. 또한, 이 경우 주의할 점은 손금부인 시 20만 원을 초과하는 금액, 즉 10만 원이 손금 부인되는 것이 아니라, 1회의 접대에 지출한 30만 원 전액이 손금부인되는 것이다(서이 46012-1116, 2003. 6. 10.).

3 청첩장의 기업업무추진비 비용처리

⚱ 결혼식 축의금의 경우

친구나 선후배, 친인척의 경조사비의 경우 청첩장을 모아 두어도 사실상 업무와 무관한 개인적 경조사비여서 훗날 세무조사를 받을 때 경비 처리한 내용이 인정되지 않을 확률이 높다.

기업업무추진비란 회사 업무와 관련해서 업무상 지출되어야 한다. 예를 들면 제조업의 경우 원재료를 구입하는 거래처나 제품을 파는 거래처의 경조사비는 인정되나, 친구의 딸 결혼식, 친인척 결혼식 청첩장은 엄밀히 말하면 기업업무추진비가 아닌 개인적 지출이다. 이 경우는 원칙적으로 기업업무추진비가 아니다.

업무와 관련한 결혼식 참석 시 청첩장(모바일 청첩장 포함) 1장은 최고 20만 원까지 비용인정 된다.

예를 들어 거래처 결혼식에 참석해 30만 원을 부조하면 20만 원까지만 비용인정 되므로, 20만 원은 기업업무추진비, 10만 원은 해당 임직원의 급여 처리로 비용인정을 받는 것이 좋다. 만약 30만 원 전체를 기업업무추진비로 처리하는 경우 세금계산서 등 법정지출증빙을 받지 않는 경우 30만 원 전액을 비용 인정받지 못하게 된다. 따라서 현명하게 20만 원, 10만 원으로 나누어 처리하라는 것이다.

참고로 경조사 증빙으로는 청첩장, 부고장, 돌잔치 초대장 또는 경조사 장소, 일시 등
의 구체적인 내용이 기재된 서류 사본 등도 가능하며, 모바일 청첩장의 경우 캡처를
해서 사본으로 보관해 두면 인정된다.

구 분	세무 처리
20만 원 이하 금액	청첩장, 부고장 등(소명용 증빙)
20만 원 초과 금액	세금계산서, 계산서, 신용카드매출전표 등 법정지출증빙 청첩장, 부고장(소명용 증빙) 등의 금액은 비용인정을 안 해줌 즉, 청첩장, 부고장 등의 금액은 원칙적으로 법정지출증빙이 아니므로 전액 비용불인정한다. 세금계산서, 계산서, 신용카드매출전표 등 법정지출증빙이 있는 경우 법정지출증빙 금액만 비용인정 해준다.

기업업무추진비의 경우 일반기업업무추진비는 3만 원 초과. 단, 경조사비는 20만
원 초과지출시 법정지출증빙을 받아야 인정해준다. 즉, 20만 원 초과 지출 시에는
반드시 법정지출증빙을 받아야 한다. 그런데 청첩장, 부고장을 법정지출증빙으로 착
각하는 경향이 있다. 이는 경조사라는 특성을 고려한 소명용 증빙이지 법정지출증
빙이 아니다. 예를 들어 경조사비 30만 원을 지출한 경우 20만 원 초과로 세금계산
서 등 법정증빙을 받은 경우 기업업무추진비로 인정이 가능하나, 청첩장, 부고장 등
은 법정지출증빙이 아니므로 20만 원 초과 금액에 대해서는 인정받을 수 없다(전액
손금불산입 이유).

업무 관련 지출이어야 하고, 남에게 청첩장은 사지 말자.

업무와 관련해 특정인에게 지출하는 비용이어야 한다. 따라서 개인적 축의금을 기업업무추진비로 처리 시 나중에 세무조사 과정에 발각되면 손해를 볼 수 있다.

인터넷상에서 청첩장을 파는 사람도 있는데, 이를 구입하는 경우 어차피 업무 관련성이 없는 것이므로 손금불산입 되어 손해 보고, 구입비용도 손해를 보므로 사지 말자. 이는 자료상에게 세금계산서를 사는 것과 같다.

청첩장은 법정지출증빙이 아니고, 20만 원까지만 인정된다.

한 거래처당 원칙적으로 20만 원까지는 세금계산서 등의 법정지출증빙 또는 청첩장으로 비용 인정된다. 청첩장은 법정지출증빙이 아니므로 20만원 초과 금액에 대해서는 증빙으로 인정받지 못한다는 것을 명심해야 한다.

20만 원을 초과하는 경우 청첩장, 부고장 등만 있는 경우 전액 손금불산입하는 것이 원칙이지만, 세금계산서 등 법정지출증빙이 있으면 법정지출증빙 수취액만큼은 비용으로 인정을 해준다.

🍶 조의금의 경우

결혼의 경우 청첩장이 증빙될 수 있지만, 조의금은 증빙을 갖추기가 어렵다. 그러므로 경조사비의 증빙자료 수취가 현실적으로 곤란한 점을 고려해 건당 20만 원 이하로 지출된 경조사비는 증빙이 없어도 필요경비에 포함시키고 있다. 단, 지급일, 지급처, 지급금액에 대한 기록은 남겨둬야 한다.

감가상각 내용연수를
잘못 적용한 경우

회사에서 사용하는 창고의 내용연수를 잘못 적용하여 감가상각한 경우 경정청구할 수 있나요?

"창고에 대한 내용연수를 착오로 적용한 경우 경정청구 가능여부"와 관련하여 기획재정부는 "내국법인이 철골·철근콘크리트조 창고에 대하여 법인세법 시행규칙 [별표5] 제3호에 따른 내용연수범위(15년 ~25년)에서 내용연수를 적용하여야 하나 착오로 법인세법 시행규칙 [별표5] 구분4에 따른 기준내용연수를 적용하여 감가상각한 경우 내용연수가 잘못 적용된 것이 확인된 경정청구 기간 내 사업연도부터 [별표5] 제3호에 따른 기준내용연수를 적용하여 상각범위액을 재계산하여야 하는 것이며, 과다하게 손금불산입된 경우에는 경정청구를 통하여 손금에 산입할 수 있는 것"이라고 회신하였다(서면-2019-법령 해석법인-1063 [법령해석과-2660], 2019.10.14. 참조).

위 회신에 비추어 볼 때, 법인 회사에서 사용하는 창고의 내용연수를 잘못 적용하여 감가상각한 경우, 내용연수가 잘못 적용된 것이 확인된 경정청구 기간 내 사업연도부터 기준내용연수를 적용하여 상각범위액을 재계산하고 과다하게 손금불산입된 경우에는 국세기본법에 의한 경정청구로 손금에 산입할 수 있다.

창고에 대한 내용연수를 착오로 적용한 경우 경정청구 가능여부

[요 지]

내국법인이 감가상각 내용연수를 착오로 잘못 신고·적용한 경우는 정당한 내용연수로 수정하여 적용해야 하는 것으로 이 경우 경과한 사업연도의 감가상각비는 당해 사업연도의 결산을 확정함에 있어서 법인의 장부에 손비로 계상한 것에 한하여 상각범위액 내에서 손금에 산입하는 것임(법인, 서면-2019-법령해석법인-1063, 2019.10.14.)

[회 신]

내국법인이 철골·철근콘크리트조 창고에 대하여 법인세법 시행규칙 [별표5] 제3호에 따른 내용연수범위(15년~25년)에서 내용연수를 적용하여야 하나 착오로 법인세법 시행규칙 [별표5] 구분4에 따른 기준내용연수를 적용하여 감가상각한 경우 내용연수가 잘못 적용된 것이 확인된 경정청구 기간 내 사업연도부터 [별표5] 제3호에 따른 기준내용연수를 적용하여 상각범위액을 재계산하여야 하는 것이며, 과다하게 손금불산입된 경우에는 경정청구를 통하여 손금에 산입할 수 있는 것임

감가상각 시 착오 적용 신고한 내용연수의 감가상각

[요 지]

사업용 고정자산의 감가상각시 법인이 업종별 내용연수를 착오 적용한 경우 정당한 업종의 '업종별 기준내용연수'로 수정하여 적용해야 함(법인, 서면 인터넷 방문상담 2팀-915, 2006.05.23.)

[회 신]

사업용 고정자산의 감가상각시 법인세법시행규칙 [별표6]의 업종별 내용연수를 적용하는 법인이 당해 법인의 업종별 내용연수를 착오 적용한 경우는 정당한 업종의 업종별 기준내용연수로 수정하여 적용해야 하는 것입니다.

내용연수를 착오로 8년으로 신고한 경우

[질 의]

위의 경우 1999년 결산 때 기계장치 내용연수를 착오로 8년으로 신고하였으므로 1999년에 신고한 내용연수를 4년으로 수정신고하면 2000년 귀속결산 때부터 4년의 내용연수를 적용할 수 있는지.

그렇지 않으면 착오로 신고한 내용연수는 내용연수를 신고하지 아니한 것으로 간주하여 2000년부터 전자부품 제조업의 기준내용연수 5년을 적용하여 감가상각을 해야 하는지? 여부(법인 46012-198, 2001.01.26.)

[회 신]

귀 질의의 경우 사업용 고정자산의 감가상각 시 법인세법시행규칙 [별표6] 의 업종별 내용연수를 적용하는 법인이 당해 법인의 업종별 내용연수를 착오 적용한 경우는 정당한 업종의 '업종별 기준내용연수'로 수정하여 적용해야 하는 것으로

이 경우 경과한 사업연도의 감가상각비는 당해 사업연도의 결산을 확정함에 있어서 법인의 장부에 손비로 계상한 것에 한하여 상각 범위 안에서 손금에 산입하는 것임.

내용연수를 착오 적용

감가상각 내용연수를 착오 적용한 경우는 그 사실을 발견한 사업연도부터 세법 규정의 내용연수를 적용하여 당해 고정자산의 감가상각비를 계상하는 것이며, 그 이전 사업연도에 내용연수를 착오 적용하여 감가상각비를 과다하게 계상한 경우에는 이를 수정신고를 해야 한다. 다만, 감가상각비를 과소 계상한 경우는 경정청구 할 수 없는 것이므로 내용연수를 새로이 적용하는 사업연도부터 감가 상각범위액 내에서 감가상각해야 한다[법인, 서면2팀-1432(2005.09.06.)].

감가상각비의 기업회계와 세무회계

구 분		처리 방법
기업회계		내용연수와 잔존가액을 추정해서 계속적으로 감가상각비를 계상한다. 단, 외부감사 대상기업의 경우 외부감사를 위해 반드시 매년 감가상각비를 계상하지만, 중소기업의 경우 손익에 따라 감가상각비를 장부에 계상하지 않는 경우도 있다. 이는 감가상각이 결산조정 사항이므로 장부에 감가상각비의 계상 여부가 회사의 결정 사항이기 때문이다.
세법	원칙	매기 감가상각 범위액 내에서 회사의 선택사항(임의상각) 따라서 장부에 감가상각비를 계상한 경우는 감가상각 범위액 내에서 회계상 비용처리를 인정하고, 감가상각 범위를 초과하는 금액은 비용으로 인정하지 않아 손금불산입한다.
	예외	다음의 경우는 조세정책적 목적으로 신고조정 허용 또는 강제상각을 한다. 1. 강제상각 ❶ 2016년 1월 1일 이후 개시하는 사업연도에 취득하는 업무용 승용차의 감가상각비 ❷ 세액감면을 받는 경우의 감가상각의제

구 분	처리 방법
	❸ 특수관계인으로부터 자산 양수를 하면서 기업회계기준에 따라 장부에 계상한 자산의 가액이 시가에 미달하는 경우 감가상각비 손금산입 특례
	2. 임의 신고조정
	❶ 한국채택국제회계기준 도입법인의 경우 유형자산과 법에 정한 무형자산의 감가상각비
	❷ 조세특례제한법에 따라 2021년 12월 31일까지 취득한 설비투자 자산의 감가상각비

즉시상각의제에 대한 세무회계

즉시상각의제 대상 자산에 대해 당해 사업연도에 손금계상 안 했거나 다음 사업연도 이후에 손금계상 한 경우에는 즉시상각의제를 적용하지 않는다.

1 취득단계 적용

🍸 거래 단위별로 100만 원 이하인 경우

그 취득가액이 거래 단위별로 100만 원 이하인 소액자산은 결산시 비용으로 계상한 경우 감가상각시부인 대상에 포함되지 않고 즉시 경비처리가 가능하다. 다만 다음의 경우에는 제외된다(법인세법시행령 제31조 제4항). 여기서 "거래단위"란 이를 취득한 법인이 그 취득한 자산을 독립적으로 사업에 직접 사용할 수 있는 것을 말한다.

① 그 고유업무의 성질상 대량으로 보유하는 자산
② 그 사업의 개시 또는 확장을 위하여 취득한 자산

🏮 금액과 상관없이 경비처리가 가능한 경우

다음의 자산은 거래 단위별 취득가액 100만 원 초과 여부(④는 금액 제한 있음)나, 업무 성질상 대량 보유 또는 사업 개시, 확장 여부와 관계없이 동 자산을 사업에 사용한 날이 속하는 사업연도에 손금으로 결산서 상 계상할 경우 손금으로 인정받을 수 있다(법인세법시행령 제31조 제6항).

① 어업에 사용되는 어구(어선 용구를 포함한다)

② 영화필름, 공구, 가구, 전기기구, 가스기기, 가정용 기구·비품, 시계, 시험기기, 측정기기 및 간판

③ 전화기(휴대용 전화기를 포함한다) 및 개인용 컴퓨터(그 주변기기를 포함한다)

④ 대여사업용 비디오테이프 및 음악용 콤팩트디스크로서 개별자산의 취득가액이 30만 원 미만인 것

위 규정 중 실무상 가장 문제가 되는 것이 ②의 공구, 가구 및 비품이 거래 단위별로 100만 원 이하인 소액자산과 실무자들이 헷갈린다는 점이다.

그리고 공구, 가구 및 비품의 범위에 대해서는 현행법상 그 범위를 규정하고 있지 않으므로 구 법인세법 시행규칙 [별표 1]에 규정한 공구, 가구 및 비품의 범위가 이와 유사한 바 이를 예시로 들어보면 다음과 같다.

즉시상각 적용자산에서 금형이 2020년 1월 1일 이후 개시하는 사업연도분부터 제외되었으므로 금형의 경우 2020년 1월 1일 이후부터는 즉시상각할 수 없고 [별표5] 건축물 등의 기준내용연수 및 내용

연수범위표 구분 1의 공구자산의 범위에 포함하여 감가상각해야 하는 것이다. 다만, 취득가액이 거래 단위별로 100만원 이하인 감가상각자산이 그 고유업무의 성질상 대량으로 보유하는 자산이거나, 그 사업의 개시 또는 확장을 위하여 취득한 자산이 아니라면 그 사업에 사용한 날이 속하는 사업연도의 손비로 계상한 것에 한정하여 손금에 산입하는 것이므로 해당 금형의 취득가액이 거래단위별로 100만원 이하에 해당 되고, 그 고유업무의 성질상 대량으로 보유하는 자산이거나, 그 사업의 개시 또는 확장을 위하여 취득한 자산이 아니라면 그 사업에 사용한 날이 속하는 사업연도의 손비로 계상한 것에 한정하여 손금에 산입할 수 있는 것이다.

구 분		종 류
공구		활자
		주로 금속제인 것
		금형(금형의 경우 2020년 1월 1일 이후부터는 즉시상각할 수 없고 [별표5] 건축물 등의 기준내용연수 및 내용연수범위표 구분 1의 공구자산의 범위에 포함하여 감가상각해야 하는 것이다.)
기구 및 비품	가구 · 전기기구 · 가스기기 및 가정용품(타항에 게기하는 것을 제외한다)	사무용 탁자 · 의자 및 캐비닛
		응접세트
		침대
		진열장 및 진열 케이스
		라디오 · 텔레비전 · 테이프 리코더 · 기타의 음향기기
		냉방용 또는 난방용 기기

구 분	종 류
	전기냉장고 · 전기세탁기 기타 이와 유사한 전기 또는 가스기기
	냉장고 및 냉장 소독 캐(전기식인 것을 제외한다)
	자동판매기(수동의 것을 포함한다)
	커텐 · 방석 · 침구 기타 이에 유사한 섬유제품
	융단 기타의 상용 물
	접객업용 방송용 레코드 취입 또는 극장용
	실내장식품
	식사 또는 주방용품
	도자기 또는 유리제의 것
사무기기 및 통신 기기	사무용기기 및 컴퓨터
	신용카드 프린터
	개인용컴퓨터
	소프트웨어
	전화 설비 기타의 통신기기
	팩시밀리 및 데이터 단말장치
	전화기기 및 전화 교환설비

2 보유단계 적용

1. 개별자산별로 수선비(자본적 지출액 + 수익적 지출액의 연 합계액)가 ❶ 600만 원과 ❷ 전기말 재무제표상 장부가액 × 5% 중 큰

금액에 미달하는 경우 이러한 금액은 당해 연도 비용으로 계상해도 상각범위액 계산 대상이 아니며 자본적 지출의 범위로도 분류되지 않는다.

가. 개별자산의 수선비 합계액 = 자본적 지출액 + 수익적 지출액

나. ❶ 600만 원과 ❷ 전기말 재무제표상 장부가액 × 5% 미만인지? 여부 검토

다. ❶ 가 〈 나인 경우
회사가 비용으로 계상한 수선비지출액을 전액 당기의 손금으로 인정하므로 수선비 합계액(가)을 시부인 계산 대상에 포함하지 않는다.
❷ 가 ≥ 나인 경우
원칙에 따라 처리한다. 즉, 자본적 지출액의 비용계상액은 시부인 계산대상에 포함하고, 수익적 지출의 비용계상액은 전액 당기의 손금으로 인정하므로 시부인 계산대상에 포함하지 않는다.

---

2. 3년 미만의 기간마다 주기적인 수선을 위하여 지출하는 경우 즉시 경비처리가 가능하다.

3 폐기단계 적용

다음 중 어느 하나에 해당하는 경우는 장부가액에서 1,000원을 뺀 금액을 폐기일이 속하는 사업연도의 손금에 산입할 수 있다(결산조정 사항).

1,000원을 남긴 것은 감가상각 종료 혹은 폐기했으나 아직 사용하

고 있으면 향후 매각이나 회사자산 기록 유지목적의 비망기록을 위한 것이다.

① 시설의 개체·기술의 낙후로 인하여 생산설비의 일부를 폐기한 경우

② 사업의 폐지 또는 사업장의 이전으로 임대차계약에 따라 임차한 사업장의 원상회복을 위해서 시설물을 철거하는 경우

일반적으로 시설의 개체란 시설이 낡거나 마모 또는 잦은 고장 등으로 가동에 지장이 있거나 사용하기에 적당치 않아서 새로운 시설로 바꾸는 것으로 볼 수 있고, 기술의 낙후란 설비의 가동에는 지장이 없으나 시설의 기능이 뒤떨어지거나 그 생산제품의 품질이 뒤떨어져 시장성이 없는 경우 등으로 볼 수 있다.

그러나 반드시 위에서처럼 제한적 의미로 이해하기보다는 사업에 기계장치로 쓸 수 없거나, 쓸 수는 있지만, 활용 가치가 없는 자산은 폐기하는 것으로 보아야 한다.

생산설비의 의미

생산설비란 생산에 직접 소요되는 기계장치 등을 말한다.

비품이나 공구 등은 적용 대상이 되지 않는다. 또한 설비를 폐기한다는 것은 일정기간동안 생산에 사용하지 않는 유휴의 개념과는 다르며 또 외부에 처분하거나 버리는 것을 의미하지 않는다.

처분은 종결되므로 비망기록도 남길 필요가 없다.

🐣 평가손실·차손의 즉시상각 여부

법인이 폐기한 유형자산 중 일부를 재사용할 수 있음을 고려하여 이를 평가하여 저장품 등 재고자산으로 처리한 경우는 동 폐기자산의 장부가액과 저장품으로 대체한 가액과의 차액만을 손금에 산입할 수 있다.

폐기자산에 대한 즉시상각의제와는 달리 법인이 임의로 유형자산을 평가하여 유형자산평가손실로 계상한 경우가 있는데 이러한 임의평가손은 세무상 손금으로 인정되지 않으므로 세무조정 시 유형자산평가손실을 손금불산입하고 유보처분해야 한다.

🐣 시장가치 급락으로 손상차손 계상한 경우

감가상각자산이 진부화되어 유행에 뒤지거나 물리적인 손상 등에 따라 시장의 가치가 급격히 하락하여 법인이 기업회계기준에 따라 손상차손을 계상한 경우는 해당 금액을 감가상각비로 손금으로 계상한 것으로 본다.

임차하여 사용하는 건물에 인테리어 공사를 한 경우 업무처리

임차한 사무실의 인테리어비용(설계비 포함)이 크고 중요한 경우 유형자산 항목인 시설 장치(업종별 자산) 등의 과목으로 계상하고 당해 자산의 내용연수와 임차기간 중 짧은 내용연수를 적용하여 감가상각하면 된다.

부가가치세 신고를 할 때는 고정자산매입분으로 신고한다.

1 자가 건물의 인테리어비용

인테리어비용(설계비 포함) 등이 크고 중요한 경우 유형자산 항목인 시설장치(업종별 자산) 등으로 계상하여 내용연수에 걸쳐 감가상각한다.

인테리어비용 등이 100만 원 이하 소액인 경우 소모품비 등으로 계상하여 당기에 전액 비용처리하면 된다.

인테리어 비용(설계비 포함) 등이 크고 중요한 경우 유형자산 항목인 시설장치(업종별 자산) 등의 과목으로 계상하고 당해 자산의 내용연수와 임차기간 중 짧은 연수를 정해서 감가상각한다.

인테리어비용 등이 100만 원 이하 소액인 경우 "소모품비", "임차자산개량비" 등으로 계상하여 당기에 전액 비용처리 하면 된다.

임차계약 종료 등의 사유로 동 자산을 폐기하는 때에는 당해 자산의 장부가액(폐기물 매각대금이 있는 경우는 그 금액을 차감한 금액)을 폐기일이 속하는 사업연도에 유형자산폐기손실로 처리한다.

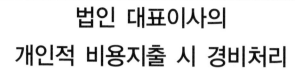

법인 대표이사의
개인적 비용지출 시 경비처리

개인사업자의 경우는 사업에서 발생한 소득을 개인의 가사경비로 사용하는 경우 경비인정이 안 된다고 당연히 알고 있다.

그러나 법인의 경우 법인 대표이사가 사용한 비용은 회사경비로 처리가 가능한 것으로 착각하는 경우가 의외로 많다.

이와 같은 착각은 법인은 개인보다 폭넓게 경비처리에 제약받지 않고, 대표이사가 쓰는 비용은 왠지 일반 임직원이 쓰는 비용과 입장이 다르다고 생각하기 때문이다.

그러나 법적으로는 대표이사 든 일반직원이든 법인이라는 사장에 채용된 똑같은 직원이라고 생각하면 된다. 즉, 일반직원이 회삿돈을 마음대로 쓰면 안 되는 것처럼 대표이사도 회삿돈을 개인 돈과 같이 마음대로 쓰면 안 된다.

또한, 일반직원의 사적경비를 회사가 대신 내주면 안 되는 것처럼 대표이사의 사적경비를 회사가 대신 내주면 안 된다. 즉, 대표이사의 개인용품 구입비, 골프용품 구입이나 골프장 이용요금 대납, 회사 차량의 대표이사 개인적 이용, 업무와 관련 없는 대표이사 지인의 경조사비 등은 대표이사 개인 돈으로 내야지 회사가 대납해 주면 안 된다.

우리 회사는 그렇게 하는데, 물론 현실적으로는 대표이사 개인적 지출을 회사가 대납하는 경우가 많다. 그런데 이는 개인회사의 사장이 가사비용을 회사경비로 처리하는 것과 같다. 즉 불법이다.

만약, 기업주가 개인적으로 쓴 비용을 법인의 비용으로 변칙 처리할 경우 법인이 기업주에게 부정하게 지원한 것으로 보아, 법인의 비용으로 인정받지 못하고 법인세가 과세 된다. 특히 이 경우는 징벌적 가산세로 보통 가산세보다 더 많은 가산세가 과세되므로 특별히 유의해야 한다.

아울러 법인 대표이사 개인에게는 상여금 또는 배당금을 받은 것으로 보아 소득세를 추가로 부담하게 되어 변칙 처리한 금액보다 더 많은 세금을 부담하게 됨은 물론, 기업자금의 횡령으로 처벌받을 수도 있다.

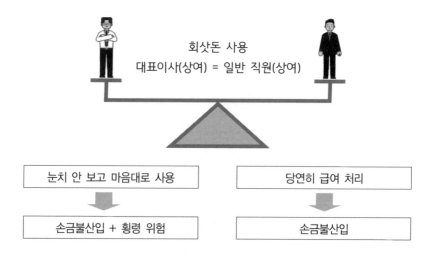

골프회원권의 경비처리

골프회원권을 개인이 양도하는 경우는 양도소득세가 과세되나 법인의 경우 양도차익에 대하여 법인세가 과세된다.

골프회원권은 투자자산 항목에 '골프회원권'이란 계정과목을 만들어 회계처리하며, 법인이 업무와 관련하여 골프회원권의 취득에 소요되는 비용(명의 개서료, 취득세, 수수료 등)은 당해 자산의 취득가액에 산입하는 것으로 당기에 비용으로 처리할 수 없다. 다만, 업무용으로 사용하는 골프회원권으로서 사용기간이 정해진 경우는 그 사용기간 동안 균등하게 비용처리한다.

1 구입가액 및 부대비용의 매입세액공제

골프회원권이 과세사업과 관련이 있는 경우 그 매입세액은 매출세액에서 공제할 수 있는 것이나 당해 골프회원권의 과세사업과의 관련 여부는 구입목적과 실제 이용 상태에 따라 판단할 사항이며, 골프회원권을 양도하는 경우는 부가가치세가 과세된다.

한편, 업무와 관련하여 매입한 때도 접대를 목적으로 매입한 골프회원권은 그 매입세액을 공제받을 수 없는 것이며, 사업자가 자기의 과세사업과 관련하여 취득한 재화에 대하여 매입세액을 공제받지 못한 경우에도 당해 재화의 매각 시에 부가가치세가 과세된다. 즉, 사업자가 거래처의 접대 등을 위하여 골프회원권을 매입하는 경우 그 매입세액은 공제할 수 없으나, 직원들의 복리후생 목적으로 구입하는 경우 당해 매입세액은 공제할 수 있다. 다만, 그 구입목적은 회사만이 알고 구분이 모호함으로 인하여 복리후생을 위해 구입한 것으로 처리해 매입세액공제를 받는 경우가 있으나 과세당국은 골프회원권은 복리후생적인 사용보다는 접대성의 경우가 많으므로 매입세액불공제로 보는 것이 일반적이다. 따라서 세무 리스크를 예방하기 위해서는 특별한 사정이 없으면 매입세액공제를 받지 않는 것이 적절할 것이다.

골프회원권 매입세액공제

사업자가 골프회원권을 취득한 경우, 그 회원권의 사용실태 등을 고려하여 사업상 종업원의 복리후생을 목적으로 취득한 때에는 매입세액공제가 가능한 것이나, 거래처 등을 접대하기 위하여 취득한 경우는 사업과 직접 관련이 없는 지출에 대한 매입세액으로 보아 공제되지 아니하는 것임(서면 인터넷 방문 상담 3팀-721, 2005.05.26.)

---

2 업무무관자산 해당 여부

법인이 법인명의 골프회원권을 영업상 고객 접대 및 직원복지 등의

목적으로 업무와 관련하여 사용하는 것이 입증되는 경우는 업무무관
자산에 해당하지 아니하므로 그 유지 및 관련 비용은 법인의 손금에
산입할 수 있다.

골프회원권 업무무관자산 여부

법인이 법인명의 골프회원권을 영업상 고객접대 및 직원복지 등의 목적으로
업무와 관련하여 사용하는 것이 입증되는 경우는 업무무관자산에 해당하지
아니하는 것이나, 당해 자산이 이에 해당하는지는 이용실태 등을 파악하여
사실 판단할 사항임(서면 인터넷 방문 상담 2팀-779, 2005.06.04.)

골프회원권을 법인 명의로 취득할 수 있음에도 개인 명의로 취득하
여 사용 시 취득에 든 금액은 법인의 자산으로 보지 아니하며, 가지
급금으로 처리해야 한다. 법인명의의 골프장회원권을 특정 임원들만
이용하는 경우 연회비와 골프장 이용료는 손금불산입하고, 해당 임
원의 상여로 소득처분한다.

특정 임원들만이 사용하는 골프장회원권

[질문] 당사는 거래처 접대목적 및 임직원의 복지 목적으로 무기명 골프회원
권을 구입하였으나, 당초 의도와는 다르게 특정 임원들만 골프장회원권을 이
용하게 되었습니다.
이러한 경우 해당 골프장회원권을 업무무관동산으로 보는 것인지 궁금합니다.
또한, 특정 임원들만이 사용하는 골프장회원권의 연회비와 골프장 이용관련
비용은 해당 임원에 대한 상여로 보아 원천세 신고 시 실제 지급되는 급여에
포함하여 합산 신고하여야 하는지도 궁금합니다.
[답변]

질의 1) 법인명의 골프회원권을 영업상 고객 접대 및 직원복지 등의 목적으로 업무와 관련해 사용하는 것이 입증되는 경우는 업무무관자산에 해당하지 않을 수 있지만, 특정 임원들만이 이용하는 경우는 업무무관동산에 해당할 것으로 보입니다(법인세법 시행령 제49조).

질의 2) 법인명의 골프장회원권을 특정 임원들만이 이용하는 경우 연회비와 골프장 이용료는 손금불산입하고, 해당 임원의 상여로 소득처분 해야 할 것으로 보입니다(관련 사례 : 서면 2팀-1259, 2005. 8. 3.).

3 취득 및 유지관련 비용의 손금산입 여부

🍷 임원이 사용한 골프장 이용료의 손금산입

특정 임원들 간의 경영관리 회의와 단합 및 사기 증진을 위해 골프장 이용료로 지출한 비용은 건전한 사회통념과 상관행에 비추어 정상적인 법인의 지출로 인정할 수 없으므로 법인의 손금에 산입할 수 없는 것이며, 관련 지출 비용은 해당 임원의 상여로 처분한다(서면인터넷 방문 상담 2팀-1259, 2005.08.03.).

🍷 입회금

입회금의 경우에는 동 입회금이 반환조건인가 아닌가에 따라 달라진다. 즉, 보증금 형태의 반환조건으로 취득하는 경우는 부가가치세 과세 대상이 아니므로 부가가치세 부담이 없으며, 이에 대해서는 세금계산서 등 적격증빙을 갖추지 않아도 되나 반환조건이 아닌 경우 골프회원권의 취득은 과세대상으로서 세금계산서를 수취한다.

🪶 보증금

보증금은 해지 시 반환받을 수 있는 금액으로 법정지출증빙 수취대상이 아니다.

🪶 취득세 등 각종 세금

골프회원권 취득 시 부담하는 취득세, 명의개서료, 수입인지대 등은 골프회원권의 취득가액에 포함한다. 다만, 보증금 형태의 골프회원권의 경우 기타의 무형자산 등으로 처리하여 골프회원권 이용기간 동안 감가상각을 하여 손금에 산입한다.

🪶 골프채 구입비용

회사에서 임직원의 건강을 위한 운동용품 또는 거래처 직원과의 접대·연습용으로 공동으로 사용하기 위해서 골프채를 사는 경우는 거래상대방에게 접대 향응목적으로 직접 지급되어 소모되는 것이 아니므로 기업업무추진비가 아닌 비품 등으로 잡고 감가상각해서 판매와 관리비 계정으로 반영하면 된다. 20~30만 원의 소액이면 소모품비로 처리할 수 있다. 다만, 임원 등 개인적으로 사용하기 위해 구입한 골프채를 회사가 비용 지급한 경우에는 임원 개인의 급여에 포함시켜 근로소득세를 신고·납부해야 한다.

🪶 캐디피 지출증빙 및 손금산입

캐디에게 주는 캐디피를 손님이 카드로 긁고 가면 골프장은 중간에서 돈 전달하는 심부름만 했지만, 캐디피에 해당하는 돈의 10%를 부가가치세로 내거나 캐디에게 전달되는 돈 중에 10%가 줄어든다. 그래서 손님이 현금으로 주게끔 한다.

만약 골프를 회삿돈으로 쳤을 경우는 골프장 이용료는 회사 비용으로 처리가 되지만 캐디피는 현금으로 줬을 때 영수증을 받을 수도 없고 비용처리가 안 되는 문제가 있다.

원칙적으로 캐디는 개인사업자이기 때문에 캐디피도 캐디라는 개인사업자의 사업소득이며 캐디피를 주는 손님이 그 캐디의 사업소득을 원천징수해야 한다.

쉽게 말하면 캐디피를 주면서 세금을 떼고 줘야 한다.

그리고 세금을 떼고 준 사람이 나중에 캐디의 주민등록번호 등을 물어서 원천징수 신고납부를 해야 한다.

이런 번거로움이 있어서 현금을 주고 마는 것이지만 전체적으로 보면 불필요한 지하 경제의 하나이다.

캐디피에 대하여 법정지출증빙을 수취하지 못한 경우 전액 손금불산입한다. 다만, 사업소득으로 징수하는 경우는 법인의 손금에 산입할 수 있다(실무상으로는 증빙도 못 받고 원천징수 안 하는 경우가 대다수).

캐디는 골프장에 직접 고용되어 근로소득세를 납부하거나 개인사업자 또는 파견(용역)업체 직원 중 한 가지를 선택해 소득을 신고해야 한다. 소득이 자연스럽게 노출되면서 소득세와 4대 보험료를 내야 한다.

골프장 관계자는 "캐디피를 카드 결제 또는 현금영수증 발급이 가능한 시스템 도입을 고려 중이다"라고 하며, 캐디피 카드 결제 전용 앱도 나왔다고 한다.

🐾 회사 골프회원권을 대표이사 개인만 이용 시

법인이 구입한 골프회원권을 복리후생 차원에서 직원 누구나 사용하면 괜찮지만, 특정 임원인 대표이사만 사용하는 경우는 업무무관자산으로 분류돼 회원권 취득·관리 시 드는 제 비용은 비용불인정(손금불산입) 되고, 해당 임원(대표이사)의 상여로 처분되어 근로소득세를 신고·납부한다.

그러나 대표이사 개인이 주로 접대목적으로 사용한다면 관련 비용은 기업업무추진비로 분류해서 기업업무추진비 한도 내의 금액은 비용인정이 되며, 한도초과 시 비용불인정(손금불산입) 된다.

🐾 대표이사 개인 골프비용을 법인카드로 결제한 경우

대표이사가 회사의 업무와 관련 없이 개인적인 목적으로 법인카드를 사용한 경우 해당 사용액은 복리후생비로 처리할 수 없고, 가지급금으로 우선 처리한 뒤 대표이사가 해당 사용액을 회사에 입금 시 가지급금과 상계처리하며, 회사에 입금하지 않으면 대표이사의 상여로 처분 후 근로소득세를 신고·납부해야 한다.

[1] 신용카드사용 시

| 가지급금 | 10,000 | / | 미지급비용 | 10,000 |

[2-1] 대표이사 등이 카드 사용액을 입금하면

| 보통예금 | 10,000 | / | 가지급금 | 10,000 |

[2-2] 카드 사용액을 입금하지 않으면

| 상여(급여) | 10,000 | / | 가지급금 | 10,000 |

🍸 임원이 사용한 골프장 이용료의 비용처리

법인이 임원 또는 사용인의 복리후생을 위해서 지출하는 비용은 손금으로 인정되는 것이나, 특정 임원들 간의 경영관리 회의와 단합 및 사기 증진을 위해 골프장 이용료로 지출한 비용은 건전한 사회통념과 상 관행에 비추어 정상적인 법인의 지출로 인정할 수 없으므로 법인의 손금에 산입할 수 없는 것(비용처리 불가)이며, 관련 지출 비용은 해당 임원의 상여로 처분하는 것이다. 따라서 해당 임원의 급여로 보아 근로소득세를 신고·납부한다.

🍸 골프장에서 임원 회의를 하는 경우

법인이 정상적인 업무를 수행하기 위해서 지출하는 회의비로서 사회통념상 인정될 수 있는 범위 내의 금액인지? 여부는 구체적인 사실에 따라 판단하는 것인바, 사내 또는 통상 회의가 개최되는 장소가 아닌 골프장에서 간부회의 시 지출한 음식물대금과 골프장 사용료는 통상적인 회의비에 해당하지 않으므로 해당 회의참석자의 급여로 보아 근로소득세를 신고·납부한다.

🍸 특정 거래처 초청 골프 행사는 기업업무추진비 처리

특정 거래처의 임원들을 초청해서 골프 행사를 진행하고 상품과 경품을 지급한 경우 해당 비용은 기업업무추진비이며, 관련 증빙이 없는 경우는 손금불산입 되므로 법인이 비용을 인정받기 위해서는 개인의 기타소득으로 원천징수 하면 된다.

4 골프회원권 사용내역 관리

법인이 법인명의의 골프회원권을 영업상 고객접대 및 직원복지 등의 목적으로 업무와 관련해서 사용하는 것이 입증되는 경우는 업무무관 자산에 해당하지 않으나, 당해 자산이 이에 해당하는지는 이용실태 등을 파악해서 사실판단 할 사항이다. 따라서 실무자는 소명자료를 위해 별도의 양식을 만들어 회원권 이용 상황 및 신상 명세를 반드시 기록해 두어야 한다.

5 골프회원권 양도에 대한 세금

골프회원권 매각 때 부가가치세 과세

부가가치세 과세사업을 영위하는 사업자가 골프회원권을 취득·보유하다가 양도하는 경우는 부가가치세가 과세되므로, 세금계산서를 발급해야 한다(부가 46015-2647, 1998.11.28.).

사업자가 골프회원권을 양도하는 경우 골프회원권의 총공급가액을 부가가치세 과세표준으로 하여 거래상대방에게 세금계산서를 발급하는 것이다.

골프회원권 양도차 손익에 대한 법인세

법인은 양도차익에 대하여 법인세를 추가로 부담하는 것이며, 양도차손이 발생한 경우 법인의 손금에 산입할 수 있다. 반면 개인소유 골프회원권은 양도소득세 과세대상이 되는 기타자산에 해당한다.

콘도회원권의 경비처리

콘도회원권은 오너쉽 회원권과 멤버쉽 회원권으로 구분되며, 오너쉽 회원권은 최초 발행 시에도 부가가치세가 과세된다.

보증금 형태의 콘도회원권(멤버쉽 회원권)은 최초의 계약자가 콘도를 분양하는 회사로부터 직접 분양받는 경우 부가가치세가 과세되지 않지만, 중간거래인으로부터 구입할 경우에는 부가가치세 과세된다. 따라서 중간거래인으로부터 콘도회원권을 구입할 때는 과세대상 거래로 그 매입시 세금계산서를 발급받아야 한다.

콘도회원권의 취득은 지방세법상 취득세 과세대상으로 취득부대비용(입회금, 시설관리 운영보증금)과 취득세 등은 콘도회원권 취득원가에 포함하여 처리한다.

콘도회원권 매입세액공제 여부

사업자가 종업원의 복리후생을 목적으로 콘도회원권을 취득하여 부가가치세 과세사업에 사용한 경우 이와 관련된 매입세액은 매출세액에서 공제받을 수 있으나, 이 경우 콘도회원권을 사업과 관련하여 직접 사용하였는지? 여부는 자산의 구입목적과 실제 이용상태에 따라 소관세무서장이 사실을 조사하여 판단할 사항임(부가 22601-1190, 1991.9.10.).

특수관계자와 거래 시 경비처리

1 업무무관 가지급금 등 관련 손금부인

📂 대여금, 기타채권 등으로 재무제표에 계상된 금액 중 특수관계인에 대한 대여금이 업무무관가지급금에 해당하는 경우, 관련 인정이자를 익금산입 후 귀속자에 따라 소득처분하고, 지급이자는 손금불산입 기타사외유출 처분

📂 특수관계가 소멸되는 날까지 회수하지 아니한 업무무관가지급금에 대하여 대손 처리하거나 관련 인정이자·지급이자에 대하여 세무조정을 하지 않은 경우, 대손금 손금부인, 인정이자 익금산입 후 귀속자에 따라 소득처분하고 지급이자는 손금불산입 기타사외유출 처분

📂 특수관계가 소멸되지 아니한 경우로서 가지급금의 이자를 이자발생일이 속하는 사업연도 종료일부터 1년이 되는 날까지 회수하지 아니한 경우, 인정이자 익금산입 후 귀속자에 따라 소득처분

☞ 대여금, 기타채권 등으로 계상된 금액은 합계 표준대차대조표의 차변 합계액 전액에 대하여 업무무관가지급금 해당 여부를 검토하여 소득처분

2 특수관계자간 거래 등에 대하여 세무조정

☞ 법인이 특수관계 있는 개인으로부터 유가증권(자기주식 포함)을 시가 대비 저가로 매입한 경우 시가와 매입가액의 차액은 익금산입하고 유보처분

☞ 특수관계인 간 자산의 고·저가 양수도, 용역거래 시 총공사예정비와 총공사비 누적액 등을 과다·과소 계상하여 작업진행률 계산오류로 소득이 과다·과소하게 되는 경우는 부당행위계산 부인으로 세무조정

3 임원퇴직금 지급기준을 초과하는 경우 세무조정

연봉제 전환 등의 사유로 지급되는 임원 퇴직금에 대하여 지급기준은 계속·반복적으로 적용해야 하며, 정당한 사유 없이 개인별로 지급 배율을 달리 정하거나 특정 임원에게 지급배율을 차별적으로 적용하는 경우는 손금부인 후 소득 귀속에 따라 상여처분한다.

부당행위계산의 부인

특수관계자 간 거래에 대하여 세법상 적법한 거래가 아닌 경우에는 조세를 부당히 감소시킨 것으로 보아 부당행위계산부인 규정을 적용한다. 이는 특수관계자 간의 거래에 대하여 세금을 줄이는 행위로 절차와 형식에 상관없이 조세의 부당 감소에 해당한다면 실질 내용에 따라 부당하게 감소시킨 세금을 부담시키는 것이다.

부당행위의 유형 및 적용 방법에 대하여 살펴보도록 하자.

1 부당행위계산부인의 적용 요건

법인의 특수관계자와의 거래로 인하여 조세를 부당히 감소시켰다고 인정되는 거래는 첫째 법인의 특수관계 있는 자와의 거래이어야 하며, 둘째 부당하다고 인식되는 거래행위이어야 하고, 셋째 이로 인해 조세의 부담이 부당히 감소하여야 하는데

세 가지 요건이 동시에 모두 충족되어야 부당행위계산부인 규정이 적용된다.

2 부당행위 및 부당계산의 유형

① 자산을 시가보다 높은 가액으로 매입 또는 현물출자 받았거나 그 자산을 과대 상각한 경우. 다만, 시가보다 낮은 가액으로 매입한 경우는 부당행위계산부인 규정은 적용되지 않지만, 시가와의 차액이 3억 혹은 5%(특수관계인이 아닌 경우는 30%) 이상의 경우는 저가·고가 양도에 따른 이익의 증여로 보아 증여세 과세문제가 발생할 수 있다.

부당행위계산부인에 있어서 기준이 되는 시가란 정상적인 상황에서 불특정다수인 간에 거래되는 일반적인 매매사례 가액 또는 객관적인 평가기관에 의한 감정가액 등을 말한다.

② 무수익 자산을 매입 또는 현물출자 받았거나 그 자산에 대한 비용을 부담한 경우

③ 자산을 무상 또는 시가보다 낮은 가액으로 양도 또는 현물출자한 경우

④ 불량자산을 차환하거나 불량채권을 양수한 경우

⑤ 출연금을 대신 부담한 경우

⑥ 금전 기타자산 또는 용역을 무상 또는 시가보다 낮은 이율·요율이나 임대료로 대부하거나 제공한 경우. 다만, 주주 등이나 출연자가 아닌 임원(소액주주 등인 임원 포함) 및 사용인에게 사택을 제공하는 경우 제외

⑦ 금전 기타자산 또는 용역을 시가보다 높은 이율·요율이나 임차료로 차용하거나 제공받은 경우

⑧ 파생상품(선도거래, 선물, 스왑, 옵션 등)에 근거한 권리를 행사하지 아니하거나 그 행사 기간을 조정하는 등의 방법으로 이익을 분여하는 경우

⑨ 특수관계자인 법인 간의 합병 시 주식 등을 시가보다 높거나 낮게 평가하여 불공정한 비율로 합병한 경우

⑩ 법인의 자본을 증가시키는 거래에 있어서 신주(전환사채·신주인수권부사채 또는 교환사채 등 포함)를 배정·인수받을 수 있는 권리의 전부 또는 일부를 포기하거나 신주를 시가보다 높은 가액으로 인수하는 경우

⑪ 법인의 감자에 있어서 주주 등의 소유주식 등의 비율에 의하지 아니하고 일부 주주 등의 주식 등을 소각하는 경우

⑫ 그 밖에 법인의 이익을 분여했다고 인정되는 경우

특수관계자로부터 영업권을 적정 대가를 초과하여 취득한 때, 주주 등이 부담해야 할 성질의 것을 법인이 부담한 때, 주주 또는 출자자인 비영리 법인에게 주식비율에 따라 기부금을 지급한 때, 사업연도 기간 중에 가결산에 의하여 중간배당금 등의 명목으로 주주 등에게 금전을 지급한 때, 대표자의 친족에게 무상으로 금전을 대여한 때, 연임된 임원에게 퇴직금을 지급한 때 등도 부당행위에 포함된다.

3 부당행위계산의 적용배제

특수관계자 간의 거래라도 부당할 수밖에 없는 불가피한 상황 등의 경우에는 부당행위계산부인 규정을 적용하지 않는다.

① 제3자와 차별 없이 평등한 거래의 경우. 즉 모든 거래자와 동등하게 저가 혹은 고가로 거래하는 경우는 조세의 부당 감소행위로 보지 않는다는 뜻이다.

② 불가피한 상황에 따른 거래

③ 객관적으로 입증할 수 없는 가격 및 거래로 과세권자의 입증불능의 경우

④ 시가와 대가 차이가 3억원 미만이거나 5% 미만인 거래의 경우

⑤ 사택 및 사원용 임대주택, 종업원·비출자 임원에 대한 사택 제공의 경우

⑥ 국민연금법에 의하여 근로자가 지급받은 것으로 보는 퇴직금전환금

⑦ 대표자에게 상여처분한 금액에 대하여 법인이 대납하고 가지급금으로 계상한 금액

⑧ 사용인에 대한 월정급여액의 범위 내 가불금과 사용인에 대한 경조사비, 학자금, 중소기업 종업원이 주택의 구입·임차자금을 대여받음으로써 얻는 이익 등의 경우는 부당행위계산부인 규정이 적용되지 않으므로 인정이자 계산이 배제된다.

4 부당행위계산부인 적용에 따른 처분

부당행위계산부인 규정이 적용되는 때에 시가와 대가와의 차이를 부인하여 해당액만큼 손금불산입 혹은 익금산입하여 법인의 손익에 반영한다. 또한, 특별한 이익을 받은 특수관계자는 상대방에 따라 배당, 상여 등으로 소득처분하여 소득세로 과세한다.

특수관계인에게 자산(차량)을 판매, 임대의 경우 세무 처리

자기의 사업용 고정자산인 승용차를 무상 양도하는 경우 해당 자산의 시가상당액(법정기부금이나 특수관계인 아닌 단체에 대한 지정기부금의 경우에는 장부가액)은 법인의 장부상 기장 내용과 관련 없이 실제 지출내용에 따라 손금(근로자에 대한 급여의 성격 등), 기업업무추진비(특정 거래처 등), 기부금(업무와 관련 없이 증여한 것), 부당행위계산 부인(특수관계인에 대한 증여) 등의 적용을 받을 수 있다.

재화의 공급은 계약상 또는 법률상의 모든 원인에 의하여 재화를 인도 또는 양도하는 것으로 법인이 과세사업에 사용하던 승용차를 판매하는 경우 및 증여하는 경우 매입세액공제 여부와 상관없이 거래상대방에게 시가를 과세표준으로 하여 세금계산서를 발급해야 한다.

다만, 직원에게 무상으로 양도하는 개인적 공급 및 자기의 고객이나 불특정다수인에게 재화를 증여하는 사업상 증여에 해당하는 경우는 시가를 과세표준으로 하여 기타매출로 신고하면 된다.

결론적으로 유상이든 무상이든 업무용 차량이 매각되면 부가가치세를 내야 한다.

특수관계인과의 거래에서 저가 또는 무상으로 양도 시에는 부당행위계산부인 규정이 적용된다.

 유상이든 무상이든 세금계산서를 발행한다.

 매입세액공제 차량이든 매입세액불공제 차량이든 상관없이 판매 시에는 세금계산서를 발행해야 한다.

 자산으로 계상한 후 감가상각 여부와도 상관없이 세금계산서를 발행한다.

 취득 시 매입세액공제 여부와 상관없다.

---

1. 업무용으로 사용한 적이 없는 차량의 처분

부동산임대업을 영위하는 개인사업자가 당해 임대사업에 사용된 적이 없는 개인 명의의 차량을 처분하는 경우, 이는 부가가치세 납세의무가 없으므로 세금계산서를 발급할 수 없는 것입니다(부가, 부가가치세과–671, 2013.07.24.).

2. 면세사업에 사용하던 차량의 처분

면세사업자가 면세사업에 사용하던 자산을 매각할 경우는 면세사업과 관련하여 부수되는 재화의 공급으로 부가가치세가 면제되는 것이며, 이 경우 계산서를 발행해야 함(서면 · 인터넷 · 방문 상담 3팀–1744, 2006.08.09.).

3. 과세사업에 사용하던 차량의 처분

부가가치세 과세사업을 영위하는 사업자가 자기의 과세사업에 사용하던 사업용자산인 소형승용자동차를 매각하는 경우, 당해 자동차의 취득 시 매입세액공제 여부 및 공급받는 자의 매입세액공제 여부와 관계없이 부가가치세가 과세되는 것입니다. 다만, 자기의 과세사업에 사용하였는지? 여부는 사실관계 등을

종합적으로 검토하여 사실 판단해야 하는 것입니다(부가, 서면 인터넷 방문상
담 3팀-406, 2006.03.06.).

이와 관련된 귀 질의의 경우 붙임 관련 참고자료의 조세 법령과 질의회신 사
례【(서면 3팀-1561, 2005.09.16.)외 2건】를 보내드리니 참고하시기 바랍니
다.

(서면 3팀-1561, 2005.09.16.)

부가가치세 과세사업을 영위하는 사업자가 자기의 과세사업에 사용하던 사업
용자산인 소형승용자동차를 매각하는 경우 당해 자동차의 취득 시 매입세액공
제 여부 및 공급받는 자의 매입세액공제 여부와 관계없이 재화의 공급에 해당
되어 부가가치세가 과세되는 것으로 세금계산서를 그 공급받는 자에게 발급하
여야 하는 것임.

4. 과세사업에 중고차량의 처분

과세 사업자가 중고차량을 양도하는 경우는 재화의 공급으로서 부가가치세의
과세대상이며, 비사업자 또는 면세사업자가 양도하는 경우는 부가가치세의 과
세대상에 해당되지 아니하는 것임(간세 1235-2434, 1977.08.09.).

가지급금과 가수금 관리

재무 및 회계 관련 실무자는 업무처리 시 가수금, 가지급금 등이 종종 발생한다. 문리적으로 해석한다면 가짜 또는 일시적으로 주고받은 금액에 대한 계정으로 어떤 경우에 사용하는지, 가수금 및 가지급금의 올바른 정의와 처리 방법에 대하여 살펴보도록 하자.

1 가지급금과 가수금이 무엇입니까?

🐧 회계상 규정

가지급금은 회사에서 현금이 지출되었으나 처리할 계정과목이나 금액이 미확정인 경우 이를 임시로 처리하는 계정으로서, 계정과목 또는 금액이 확정될 때 해당 계정으로 대체하는 일종의 가계정이며, 가수금은 회사에 현금이 수입되었으나 처리할 계정과목이 미정이거나 금액이 미확정되어서 임시로 해당 거래를 처리하는 계정으로 계정과목명 또는 금액이 확정될 때 해당 계정으로 대체하는 가계정이다.

따라서 가지급금 또는 가수금은 기말에 재무상태표상에 나타나지 않도록 반드시 정식계정으로 대체해야 한다.

ﾟﾟ 세무상 규정

세무상으로 가지급금은 장부상의 계정과목이나 기장 내용과 관계없이 당해 법인의 업무와 관련 없이 주주, 임원, 종업원 등 특수관계자에게 제공한 일체의 자금대여액을 말하고, 가수금은 가지급금과 반대로 제공받은 금액을 말한다.

세법에서는 가지급금에 대해 세무상 불이익을 주고 있으므로 기말 결산 시점에 특별히 유의해야 한다.

2 어떤 경우에 가지급금으로 봅니까?

기업회계상 가지급금은 미확정 금액의 임시계정으로 처리하나, 세법에서의 가지급금은 회계상의 가지급금은 물론이고, 계정과목이나 기장방법과 무관하게 일정한 거래를 모두 가지급금으로 간주된다. 즉, 기업회계상 가지급금, 단기대여금, 주주·임원·종업원에 대한 장단기대여금, 관계회사 장단기대여금, 장기대여금 등이 해당한다. 또한 회사의 현금지출에 대한 지출증빙이 없는 경우에도 이를 대표이사에 대한 업무무관가지급금으로 본다.

3 어떤 경우에 가수금으로 봅니까?

가수금은 거래증빙 없이 회사에 자금이 들어오거나 특수관계자가 회사에 자금을 대여한 경우 등이 이에 해당한다.

세법에서는 가지급금과 가수금이 동일인에 의해 발생한 경우 이를 서로 상계하여 순액에 대해 세무상 처리하므로 주의해야 한다.

4 세무상 불이익에 대해

🔱 가지급금에 대한 불이익

특수관계자와 업무와 관계없이 무상 또는 적정이자율보다 낮은 이자율로 자금을 대여한 경우는 세무상 불이익을 당할 수 있다.

첫째, 가지급금에 대해서는 세법상 이자, 즉 인정이자를 계산해서 이를 법인세법상 회사의 수익으로 보아 법인세를 과세한다.

가지급금 관련 이자는 해당 혜택을 소득으로 봐 상여(임직원), 배당(주주)으로 처분한다.

이때 인정이자율은 회사의 차입금 이자를 가중평균 한 것과 국세청장이 정한 당좌대월이자율 중 선택하여 적용하고, 선택한 이자율은 모든 거래에 적용해야 한다. 다만, 가중평균 차입이자율을 선택하였으나 적용할 수 없는 경우에는 당좌대출이자율을 적용한다.

둘째, 가지급금을 업무무관자산으로 보아 가지급금 적수가 총차입금에서 차지하는 비중만큼 차입금 이자를 손금으로 인정하지 않는다.

🔱 가수금에 대한 불이익

대표이사 등이 회사의 일시적 자금 부족을 메우기 위해 개인 자금을 회사에 투입하는 경우가 흔히 발생하게 되는데, 이러한 경우는 특수관계자 별로 가지급금과 가수금을 상계처리 하여 세무조정을 통해서 신고하면 된다. 하지만 때에 따라서 회사에 유입된 자금흐름, 즉 가수금이 현금매출인 경우도 있다. 즉, 거래 증빙을 발생시키지 않은 무자료 거래로 일어난 매출 대금을 현금 입금할 경우가 있는데 이런 사례에 해당한다.

따라서 이런 경우에는 명백한 매출 누락에 해당해, 가공경비와 함께 세금이 추징되고 세무조사의 대상이 될 수 있다.

결론적으로 회사의 세무회계 담당자는 지금 당장 눈앞의 작은 이익보다는 장기적인 안목에서 회사의 자금거래를 투명하게 처리하도록 해야 한다. 그렇지 않음으로 인한 회사의 손실은 절대로 적지 않으며 때에 따라서는 회사의 운명을 좌우할 수도 있기 때문이다.

현금의 지출이 있었으나 그 소속계정 등이 확정되지 않은 경우 확정될 때까지 일시적으로 처리하기 위해서 설정한 가계정을 뜻하며, 통상적으로 대표이사가 회사로부터 빌려 간 경우 기중에 가지급금이라는 가계정을 설정한다.

발생원인

❶ 대표이사 개인용도 사용/차입

❷ 증빙불비 경비를 비용 처리하지 못한 경우 등

회계처리

❶ 발생시 (차변) 가지급금 　×××／(대변) 현금 　　×××

❷ 결산시 (차변) 단기대여금 ×××／(대변) 가지급금 ×××

세무상 불이익 → 법인세 증가

❶ 인정이자 익금산입 → 가중평균차입이자율 또는 당좌대출이자율

❷ 지급이자 손금불산입 → 지급이자 × (가지급금/차입금)

정리방안

❶ 급여 인상 ❷ 배당금 수령 ❸ 개인 지분 유상증자 ❹ 개인소유 특허권을 회사에 매각

위의 방법을 결국 돈을 만들어 갚는 것이다.

가지급금/가수금

대표이사 개인용도 사용	자산 가지급금	부채 가수금	회사자금 부족
인정이자 계산		자본	법인에게 별도 이자지급 불필요

가지급금의 문제점과 해결방안 및 업무처리

대표이사, 대주주, 창업 주주 가족, 임직원·종업원 등 법인 경영진이나 임직원이 법정지출증빙 없이 업무와 무관하게 개인적으로 지출한 비용으로써 세무조사 위험, 대표이사 배임·횡령 문제로 직결된다.

1 가지급금에 대한 각종 불이익

가지급금이 있으면, 공금유용 문제, 은행의 신용평가 불이익, 세무조사 대상 가능성 등이 높아지며, 최종적으로 갚지 않는 경우 가지급금 + 이자 미납액 등이 모두 상여(근로소득)처분되며, 대손처리 해도 대손금으로 손금불산입된다.

① 가지급금 × 인정이자율 = 인정이자가 익금산입되어 법인세와 대표자 상여처분 됨

② 차입금의 지급이자 중 가지급금이 차지하는 비율만큼 지급이자 손금불산입으로 법인세 부담 증가

③ 가지급금 계정이 복잡하면 세무조사 대상자로 선정될 가능성 큼

④ 건설업·공사업의 경우 실질 자본금 계산에서 감액(−) 요인이 됨
⑤ 결국 회수되지 않은 가지급금은 법인 대표의 상여로 근로소득세 합산과세 됨

2 가지급금에 대한 대처 방법

① 인정이자 지급
가지급금 귀속자가 법인에게 연 최소 4.6% 이자율로 이자를 지급해야 한다. 가지급금이 100만원인 경우 다음과 같이 처리한다.

| 현금 | 460,000 | / | 이자수익 | 460,000 |

→ 법인세 22% 증가
② 상여금 등으로 회계처리 반영

| 상여금 | 460,000 | / | 이자수익 | 460,000 |

→ 손금과 익금이 동시에 증가하므로 법인세는 증가하지 않으나 임직원 개인의 소득세 및 건강보험료가 증가한다.
하지만 특수관계인에 대한 가지급금이 원금대로 회사에 상환될 때까지는 ①, ②의 회계·세무 처리를 해야 한다.

3 가지급금 해결 방법들

가지급금의 해결 방법은 결국 상환하는 방법이다. 즉 장부상 조작으로는 해소되지 않는다.
① 가져간 각 개인이 자발적 상환

② 동일인 가수금과 상계 처리

③ 대표자와 실질 귀속자가 각자 급여 받은 돈으로 상환함 ➔ 소득세·4대 보험 증가

④ 임원의 퇴직금을 받아 상환(퇴직급여 규정 변경, 퇴직소득세 부담 등)

⑤ 주주 겸 대표자의 불입 자본금을 감소시키면서 상계 처리(의제배당 처분)

⑥ 법인 경영진이 회사 업무상 사용한 실질 경비, 지급, 구입증빙 있는 경우 상쇄

⑦ 대표이사, 주주 등 개인 소유자산, 부동산, 소프트웨어, 특허권 등을 회사에 양도하여 상쇄

⑧ 배당가능이익 한도로 이사회 결의를 거쳐 자기주식 매입 가능 (자기주식에 대한 적정평가로 부당행위계산 부인이 되지 말아야 하며, 최근 세무조사 시 주로 보는 내용이다.)

⑨ 이익잉여금 배당으로 상계 처리

가지급금 미처분이익잉여금 이익소각으로 해결

중소기업을 운영하며 가지급금, 미처분이익잉여금을 '0원'으로 유지하는 것은 매우 희박하다. 가지급금은 대표 또는 임원이 개인적으로 급한 돈이 필요할 때 사용하며 발생하기도 하지만 영업상 관례에 따라 기업업무추진비, 사례비의 명목으로 사용하기에 증빙이 어렵기 때문이다.

미처분이익잉여금도 시설투자, 재고자산, 매출채권 등의 눈에 보이지 않는 형태로 녹아있기에 규모를 파악하기 어려우며 이익잉여금이 많으면 추가적인 출자 없이 운영자금과 투자자금을 마련할 수 있기에 출구전략을 활용하지 않고 기업 내에 유보하는 경우가 많다.

또한, 미처분이익잉여금은 자기자본비율을 높이기 때문에 일시적으로 재무구조를 좋게 만드는 효과도 있다.

그러나 가지급금과 미처분이익잉여금은 기업의 순자산가치와 주식가치를 상승시키는 원인으로 상속, 증여, 양도 등의 지분 이동이 발생할 경우 막대한 세금추징으로 이어질 수 있다.

가지급금은 인정이자를 복리로 납부해야 하고 법인세가 높아진다. 아울러 인정이자는 대표의 상여로 처리되어 소득세와 4대 보험료를 증가시키며 외부 평가 시 신용등급을 낮춰 부정적인 평가요소로 작용할 수 있다. 게다가 대손처리가 불가하기에 임의로 회계하는 경우 횡령 또는 배임죄로 형사처벌을 받을 수 있으며 기업을 폐업하는 순간까지도 대표이사의 상여로 처분되어 세금 부담의 늪에 빠질 수 있다.

미처분이익잉여금도 폐업이나 기업 청산 시 이익잉여금이 주주배당으로 간주되어 배당소득세, 건강보험료를 부담해야 하며 부실자산으로 간주되어 투자, 사업 제휴, 입찰, 납품 등에 악영향을 미쳐 기업 활동 전반에 제약이 따르게 된다.

가지급금과 미처분이익잉여금으로 인한 문제는 이익소각 방법을 활용하는 것이 가장 효과적이다. 이익소각은 기업이 이익잉여금으로 자사주를 취득해 일정기간 내 소각하는 것을 말한다. 그동안 자사주 매입은 대기업에 국한되어 있었지만, 중소기업(비상장기업)도 자사주를 매입할 수 있게 되어 다양하게 활용할 수 있게 되었다.

이익소각으로 미처분이익잉여금을 정리하고 싶다면 배우자 증여세 면제 한도를 활용하는 것이 좋다. 비과세한도액인 6억 원을 법인의 지분으로 증여한 다음 해당 지분을 다시 사들이는 방법으로 이익잉여금을 줄일 수 있다.

또한, 이익소각은 이익잉여금으로 처리할 수 있기에 채권자 보호 절차가 필요하지 않고 주식 수에 따른 자본금 산정이 이루어지지 않는다. 아울러 지분을 조정해 대주주의 의결권을 확대할 수 있어 경영권을 안정적으로 유지하는 데 도움을 준다.

더욱이 이익소각은 분류과세에 해당하여 단일세율로 과세하기 때문에 일반적인 방법으로 진행했을 때보다 적은 세율로 재무 위험을 해결할 수 있으며 4대 보험료와도 무관해서 부담 없이 활용할 수 있다.

그러나 이익소각을 목적으로 자사주를 매입하는 경우 의제배당으로 간주하여 소득세를 납부하는 상황이 있을 수 있으며, 배우자가 회사의 주주로 참여하고 있는 경우 기존에 가지고 있던 지분에 증여분이 포함되기에 총평균법으로 계산하게 된다. 하지만 그 결과가 주식 평균 가액의 취득가액이 되어 의제배당소득으로 간주될 수 있다.

아울러 지속적으로 이익소각을 활용하는 경우 과세당국으로부터 탈세 목적으로 의심받을 수 있으며, 이익소각을 무효화 하거나 막대한 세금을 추징당할 수 있다. 따라서 전문가의 도움을 받아 배당가능이익의 범위, 자사주 가치평가, 이사회 결의 및 이익소각 기본 요건, 이익소각 절차 등을 충분히 검토한 후 진행하는 것이 바람직하다.

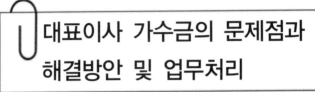

대표이사 가수금의 문제점과 해결방안 및 업무처리

특수관계자 (대표이사)가 운영자금이 부족하여 회사에 자금을 입금한 경우 '가수금' 이라는 명목으로 회계 처리한다.

현금의 수입은 있었으나, 그 거래내역이 불명확하여 일시적인 채무로 표시하는 것이다.

즉, 가수금은 대표자가 법인에 대해 가지는 채권을 말하며, 계좌이체 내역 등으로 소명할 수 있어야 한다.

대표이사라 하더라도 개인에게 입금된 돈은 법인입장에서는 빌린 돈이 되기 때문에 처리하지 않는 경우 회계상 계속 부채로 남아 있다.

가수금의 경우는 회계상 임시계정이지만 세무상 매출누락이나 경비를 가공했다고 여겨지기 때문에, 세무조사 등에 불리하게 작용할 수 있는 단점이 있다.

따라서 늦어도 당해 결산까지는 그 내역을 명확히 조사하여 확정된 내역으로 회계처리 해주어야 한다.

재무상태표상 가수금 또는 주임종 단기차입금이라는 계정과목으로 구분돼 있어야 하며 그 금액 내에서는 언제든 상계할 수 있다.

가수금 업무처리 방법은 다음과 같다.

1 가수금 금액 상환

대표이사 등 개인에게 다시 비용을 입금하는 방식이다.

지급이자 등을 계산하여 법인명의에서 개인명의로 빚을 상환하는 방법과 동일하다.

가수금의 지급이자는 법정이자보다 낮게 혹은 무상 및 무이자로 상환할 수 있지만, 법정이자보다 높게 설정하는 것은 부당행위가 될 수 있다.

2 가수금에 대한 세무 처리

세무대리인에게 내역을 전달할 때

① 대표자가 법인통장에 입금 시 : '대표자 가수금 입금' 이라고 이체 메모를 남겨주어야 한다.

② 대표자에게 상환 입금 시 : '대표자 가수금 처리'라고 이체 메모를 남겨주어야 '상여금' 등과 구분이 가능하다.

3 자본금으로 출자전환

대표자의 가수금은 신주식 인수금과 상계를 할 수 있다.

회사가 발행한 주식 이외 새로운 주식을 발행하고, 그 주금을 납입하는 대신, 법인에 남아 있는 대표자의 가수금을 납입한 것으로 보아 자본금을 늘리는 것을 의미한다.

이 경우 저가 발행 또는 고가 발행 등으로 인한 증여의제, 부당행위 계산부인 등을 철저히 검토해야 한다.

🍸 가수금이 아닌 미지급 채권도 출자전환이 가능한가?

법인입장에서 채무라면 명칭과 상관없이 그 채무는 출자전환 대상이 된다.

출자전환은 채무를 현금이 아닌 채무자인 회사의 주식과 바꾸는 것이다. 출자전환 방법은 유상증자로 진행된다. 주금납입금을 현금으로 입금하는 통상의 증자와 달리 장부상 채권과 채무를 상계한다.

신주식을 발행하는 회사(채무자)는 신주식인수인(채권자)에게 받아야 할 주식 납입금 대신 회사가 가진 채무와 상계하게 된다. 따라서 기존 채무는 장부에서 사라지고 채권자는 회사의 주주가 된다.

비상장 회사에서 가장 흔하게 발생하는 출자전환 사례는 대표자 가수금을 주식금 납입채무와 상계하는 것이다. 대표자가 법인 운영자금 등을 이유로 법인통장에 돈을 입금했다면 대표자가 채권자가 되고 법인이 채무자가 된다.

가수금은 앞서 말한 바와 같이 장부상 부채로 계상된다. 대표자뿐만 아니라 임원 또는 직원도 위와 같이 법인통장에 돈을 입금했다면 채권자가 될 수 있다. 또한, 거래처와 계약상 발생한 매출채권 등도 출자전환의 대상이 된다.

🍸 출자전환을 위해서 준비할 서류

출자전환으로 유상증자를 진행하기 위해서는 최근 결산 내역이 반영된 재무상태표와 계정별 원장이 필요하다.

재무상태표와 계정별 원장에 가수금 또는 회사가 가진 채무에 대한 정확한 금액을 확정해야 한다. 정확한 금액이 확인됐다면 이후는 유상증자와 동일하게 준비하면 된다.

1. 법인은 대표자와 별도의 다른 인격으로서, 경영자는 급여·상여금·배당금 지급을 통한 소득수취만 가능

2. 가지급금은 회사가 대주주나 경영자에게 지급한 대여금으로, 인정이자를 가산하여 익금산입하면서 상여로 소득처분 하지만, 가수금은 반대의 경우로서 회사의 부채비율에 나쁜 영향을 준다.

3. 가수금의 문제점

① 가수금은 주임종 차입금으로 재분류하여 부채계정에 반영하고 부채비율을 높임

② 가수금은 전자 매출 세금계산서 등 적격증빙을 발행하지 않은 현금매출누락으로 간주될 수 있다.

(가수금의 입금 원인(투자·상환 등)과 반환 사유 등을 분명하게 명시)

③ 창업주 사망 시 회사 장부상 가수금은 상속재산의 일부로 가산된다.

④ 특수관계 특정 법인(결손법인, 휴폐업법인 등)에 가수금 대여, 포기 증여 시 자녀 주주에 증여세 부과

4. 가수금의 정리 방법

① 회사의 자금 상황이 여유로우면 반환회수가 최선책

② 회사의 고정설비, 기계장치 등에 연계 투입된 경우 현물 출자전환

③ 출자금액과 가수금이 같지 않은 경우 증여의제나 채무면제이익으로 익금산입되어 법인세 과세 가능함

④ 출자전환으로 지분비율 51% 초과 변경 시 기업보유부동산에 간주취득세 납부 문제도 있음

대표이사 변경으로 전 대표이사 가지급금의 처리

일반적으로 세법에서는 가지급금은 발생 때마다 계약서(금전대차약정서 등)를 작성하고 그에 따른 상환 등도 이루어지게 되어있다. 소정의 이자도 받아야 한다. 그렇지 않으면 가지급금 이자가 대표이사의 상여가 된다.

국세청은 이것이 업무와 관련된 자산이 아닌 법인이 특수관계자에게 대여해 준 대여금으로 보기 때문에 세무적인 문제가 발생하거나, 장기간 미상환하거나, 임의로 대손처리할 경우 업무상 배임, 횡령죄가 성립될 수도 있으므로 특히 주의해야 한다.

1 대표이사 변경이나 기업인수로 인한 전 대표이사 가지급금

원칙적으로는 현 대표이사가 갚을 의무는 없다. 해당 가지급금은 전 대표이사가 법인에 지급해야 할 의무를 지닌 채무로써 현 대표이사에게 아무 이유 없이 승계되는 것은 아니다. 즉, 전 대표이사의 미상환 잔액이므로 전 대표이사의 책임이다.

대표이사 변경 시 대표이사 간의 가지급금에 대한 인수인계 절차가 장부상 나타나야 한다. 전 대표이사의 가지급금을 상환하는 절차가 필요한 것이다.

세법에서는 전 대표이사가 퇴사하는 시점에 전 대표이사와 법인 간에 특수관계가 소멸되는 것으로 보고 특수관계가 소멸할 때까지 회수되지 않은 가지급금은 쟁송, 담보, 상계채무 보유 등 특별한 사유를 제외하고는 특수관계가 소멸되는 시점, 즉 퇴사 시점에 법인의 익금으로 과세하고, 해당 대표자에 대하여 급여로 보아 근로소득세를 과세하고 있다.

만일 현 대표이사가 사비로 충당할 경우 동 금액에 대해서 증여 등의 문제가 발생할 수도 있다.

2 폐업 시 가지급금이 남아 있는 경우

법인이 청산하여 소멸하는 시점까지 가지급금 인정이자를 법인의 익금으로 반영하고, 해당 금액을 대표이사에 대한 상여로 처리하여 근로소득세를 과세해야 한다. 또한 법인이 폐업함에 따라 해당 가지급금에 대하여 회수를 포기한 것으로 인정되는 경우 대표이사에게 가지급금 전액에 대하여 상여 등의 소득처분을 하여 근로소득세를 과세하게 된다. 따라서 가지급금이 있는 경우에는 대표이사의 퇴직금과 상계하는 등 여러 가지 방법으로 가지급금을 처리하고 폐업해야 거액의 법인세 및 소득세가 과세되는 것을 피할 수 있다.

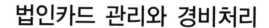

법인카드 관리와 경비처리

1 법인카드는 사용 규정을 만들어 사용하라

법인카드 사용 규정은 법인카드를 사용하는 이에게 중요한 부분이기 때문에 법인카드 사용 규정에 대해 정확히 숙지하고 있는 것이 중요하다. 법인카드 사용 규정에 법인카드로 지출이 가능한 것은 사내 소모품, 사무기기, 각종 비품 등 구매대금, 광고비, 기업업무추진비, 회의비, 차량 및 보험 관련 비용, 복리후생비, 직무교육비 등 특정 비용으로 제한해야 한다.

법인카드 사용을 제한해야 하는 업종 예시

1. 일반유흥주점 : 접객 요원을 두고 술을 판매하는 유흥주점(룸싸롱, 단란주점, 가라오케, 가요주점, 요정, 비어홀, 맥주 홀, 카페, 바, 스넥칵테일 등)
룸싸롱 등은 접대목적으로 사용할 경우가 많으므로 반드시 법인카드로 결제하는 것이 좋으나, 너무 잦은 사용과 거액의 사용은 문제가 될 소지가 많이 있다.
2. 무도유흥주점 : 무도시설을 갖추고 술을 판매하는 유흥주점(클럽, 극장식 주점, 나이트클럽, 카페, 스텐드바, 유흥주점 등)

3. 위생업종 : 이·미용실, 피부미용실, 사우나, 안마시술소, 발 마사지, 네일아트 등 대인 서비스
4. 레저업종 : 실내외 골프장, 노래방, 노래연습장, 사교춤교습소, 전화방, 비디오방, 골프연습장, 헬스클럽, PC방

국세청은 골프장에서의 임직원 체력단련은 복리후생비로 인정해 주지 않고 있다. 따라서 골프장에서 사용한 법인카드는 복리후생비보다는 기업업무추진비로 처리하는 것이 좋다.

5. 사행업종 : 카지노, 복권방, 오락실

카지노에서는 법인카드를 사용하지 않는 것이 좋다.

6. 기타업종 : 성인용품점, 총포류 판매
7. 기타주점 : 대포집, 선술집, 와인바, 포장마차, 간이주점, 맥주전문점, 생맥주집

위 내용은 직원 복리후생비 처리상의 법인카드 사용 제한 업종이고, 기업업무추진비 지출 시에는 예외일 수 있다.

법인카드 사용을 제한해야 하는 구매 물품 예시

1. 금, 은, 보석 등 귀금속류
2. 양주 등 고가의 주류
3. 골프채, 골프가방, 골프화, 골프공 등 골프용품
4. 영양제, 비타민제 등 건강보조식품
5. 향수, 선글라스 등 고급 화장품이나 액세서리류

법인카드는 공식행사 등 특별한 경우를 제외하고는 주류 구매에 사용을 제한해야 한다.

2 법인카드라고 무조건 인정해주지 않는다.

경비의 투명성을 높이기 위해 지급되는 카드인 만큼 법인카드 사용 규정은 엄격해야 한다.

법인카드 사용 시 업무와 직접적인 관련이 없는 경우에는 업무와 관련이 있음을 증명해야 하는 자료가 필요하다.

법인카드 사용 관련 입증자료가 필요한 경우

다음의 지출에 대해서는 경비에서 부인될 소지가 크므로 사용내역 및 이유를 자세히 기록해 두는 것이 좋다.

① 근무일이 아닌 공휴일 또는 주말 사용 시

② 평소 업무장소에서 멀리 벗어난 곳이거나 업무장소 외에서 사용 시

③ 정상적인 업무시간 외, 심야 혹은 새벽에 사용 시

④ 본인이 아닌 친인척이 사용하거나 친인척을 동반한 출장, 기타 장소에서 사용한 경우

⑤ 특정 장소에서 여러 차례 걸쳐서 집중적으로 사용된 경우

⑥ 현금화하기 쉬운 품목 또는 사치성 물품구입 시(상품권, 금, 골프용품, 고가의 주류 등)

⑦ 병원, 미용실 등 업무와 관련성이 없어 보이는 곳에서 사용한 경우

복리후생비 차원으로 병원비를 결제하는 경우 개인카드로 결제한 후 복리후생비로 처리하는 것이 좋다.

⑧ 한 거래처에서 같은 날 여러 번 분할 해서 사용한 경우

⑨ 마트 사용액

대부분 가사경비인 경우가 많아 경비가 부인되기 쉬우나, 직원 부식비, 사무용품 관련 경비는 비용인정이 가능하다. 다만, 업무관련성을 입증할만한 사용내역 영수증 등을 별도로 모아 보관해 두는 것이 좋다.

⑩ 미용실, 사우나, 스포츠센터

일부 업종을 제외하고는 법인사업과의 연관성을 찾기 어렵다. 대부분 개인적인 지출에 해당해 경비가 부인되므로, 업무와 관련성이 있다면 반드시 입증할만한 서류를 준비해두어야 한다.

법인카드는 반드시 지출 내역이 업무와 관련이 있음을 입증할 수 있어야 한다. 업무와 무관하다고 판단되는 항목의 경우 법인세법상 비용으로 인정이 안 된다.

비용으로 인정되지 않는 경우 부가가치세 신고 시 매입세액공제가 되지 않아 사용한 금액에 따라 당연히 부가가치세가 증가하는 것은 물론, 입증자료가 없어 경비가 인정되지 않으므로 납부해야 하는 법인세가 늘어나거나 가산세가 발생하게 된다.

부당한 신고에 대해서는 약 20~40%까지의 가산세가 발생할 수 있으니 꼭 주의하길 바란다.

법인카드 사용내역은 세무조사 시 주의 깊게 살펴보는 항목 중 하나이다.

법인카드를 업무 목적으로 사용하지 않고 사적인 용도로 사용하면 회사와 사용자 모두에게 세금 부담이 증가함을 잊지 말아야 한다. 특히 회사대표는 이점을 잊지 말고 사적 사용에 관한 규정을 완비하고 지출내역을 꼭 검증하는 시스템을 마련해야 한다.

[법인카드 사용 후 경비인정을 못 받는다면]

법 인	개 인
• 부가가치세 신고 시 공제되지 않기 때문에 사용금액의 10%만큼 부가가치세가 증가한다. • 법인세법상 경비인정도 부인되어 납부할 법인세 증가, 가산세가 발생한다. • 법인세의 부당신고에 대해서는 20%~40%까지의 가산세를 부담할 수도 있다.	• 업무상 사용을 인정받지 못한 금액은 법인카드 사용자의 소득(급여, 상여 등)으로 보기 때문에 소득세가 부과된다. • 소득 증가에 따른 4대 보험도 증가한다.

법인카드를 사적으로 사용한 경우는 개인 통장에서 법인통장으로 사적 사용액을 입금해 주어야 한다. 또한, 사적인 사용액에 대해서는 법인의 경비로 처리하면 안 된다.

법인카드 휴일 및 심야사용 신청서

담당	팀장

소 속 :

신청자 :

일 자 :

카드 번호				-					-					-				

사용예정 일시	20 년 월 일 00:00
사용 목적	
예산과목	
사유	※ 휴일 또는 심야 사용 사유
비고	

법인카드 사용 확인서

소 속 :

사용자 :

카드 번호					–					–					–				

사용일시	20 년 월 일 00:00
사용금액	
사용처	
사유	
입금증빙	※ 오인 사용한 금액을 법인계좌에 입금한 증빙 첨부

법인카드 해외사용 신청서

소 속 :

사용자 :

일 자 :

카드 번호					–					–					–				

사용예정 기간	20 년 월 일 ~ 20 년 월 일
사용 목적	
예산과목	
사용예정금액	
비고	

2차 노래방 회식비
법인카드 사용 시 경비처리

1차 회식 후 2차 노래방에 간 비용을 법인카드로 결제하면 비용인정을 받을 수 있을까?

회식 후 사회통념상 타당한 외부음식점, 술집, 노래방 등 유흥업소 등에서 회식비를 사용했다면 "사업과 직접 관련이 없는 지출"로 봐 매입세액공제가 불가능하다는 해석과 반대로 사내규정에 의해 회식비를 지출한 경우 사회통념상 타당한 금액에 대해서 단지 외부음식점 및 술집, 노래방 등 유흥업소에서 지출했다는 사실만으로 사업과 직접 관련이 없다고 할 수 없으므로 매입세액공제가 가능하다는 해석이 있을 수 있다.

회식비 법인카드 결제시 매입세액공제

부가가치세 과세사업을 영위하는 법인이 사내규정에 의하여 종업원의 회식비 또는 사외 회의비를 사회통념상 인정가능한 정도의 범위에서 법인카드를 이용하여 지출하고 일반과세자로부터 공급가액과 세액이 구분된 신용카드매출전표 등을 발급받은 경우 당해 매입세액은 매출세액에서 공제가 가능한 것임(서삼 46015-10413, 2001.10.08.)

여기서, '사회통념상 타당하다고 인정되는 범위'란 룸살롱, 단란주점 등 유흥업소 등 상식적으로 수긍하기 어려운 장소를 제외한 건전한 장소 즉, 음식점, 노래만 부르는 노래방에서 이루어지는 직원의 사기진작을 위한 비용은 인정받을 수 있을 것이다.

다만, 회식비에 대해 명확한 기준과 금액의 범위를 정하고 있지 않으므로 기업들의 지출 관행, 법인의 매출액 규모, 이익의 규모, 경기상황, 과거의 회식비 지출실적 등에 따라 조금씩 달라질 수 있다. 즉, 그 빈도가 자주 반복적이지 않고 통상적인 법인에서 지출되는 것으로 인정되는 수준 이내의 것이라면 비록 그 금액이 노래방 등이라도 인정받을 수 있을 것이다.

과세당국의 입장에는 회식비의 경우 보수적인 입장에서 "법인의 업무와 직접 관련이 적다고 인정되는 경비"로 볼 수 있으며, 일부 기업업무추진비 한도가 부족한 회사가 "접대비를 변칙으로 회식비로 처리하는 사례"가 종종 있으므로 2차 노래방, 유흥주점 비용 등은 매입세액이 공제되는 복리후생비에 해당하지 않는다고 판단할 가능성이 크다.

예컨대 직원들이 업무시간 이외의 노래방 등에서 회식을 한 것에 대하여 신용카드매출전표를 수취하여 매입세액을 공제받은 경우 그 금액이 크고 자주 발생한다면 과세당국에서는 기업업무추진비와 관련하여 지출한 비용으로 의심하여 그 내역을 소명하라고 할 수 있다. 복리후생의 목적으로 사용한 것이라는 입증서류(참석자 및 사용시간, 장소)를 제출하도록 요구할 것이다.

따라서 회식목적, 회식장소, 회식 참가자 명단, 지출금액을 기재한 "회식비 지출내역서"를 작성 비치하여, 과세당국의 소명요구시 기업업무추진비가 아닌 회식비라는 것을 입증할 수 있다면 매입세액공제가 가능하다.

결론은, 법인의 지출과 관련하여 과세처분의 적법성에 대한 입증책임은 원칙적으로 과세관청에게 있는 것이나, 법인의 입증책임에 의하여 기업업무추진비 관련 지출이 아님을 입증하는 것이 합리적이므로 회식비 등 유사 기업업무추진비 항목은 사회통념상 타당하다고 인정되는 범위 안에서 객관적인 증빙을 갖추어 놓는 것이 필요하다.

지출 사실의 입증책임

과세처분의 적법성에 대한 입증책임은 과세관청에게 있으므로 과세소득 확정의 기초가 되는 필요경비도 원칙적으로 과세관청이 그 입증책임을 부담하나, 필요경비의 공제는 납세의무자에게 유리한 것일 뿐 아니라 필요경비의 기초가 되는 사실관계는 대부분 납세의무자의 지배영역 안에 있는 것이어서 과세관청으로서는 그 입증이 곤란한 경우가 있으므로, 그 입증의 곤란이나 당사자 사이의 형평을 고려하여 납세의무자로 하여금 입증케 하는 것이 합리적인 경우는 입증의 필요를 납세의무자에게 돌려야 함(대법원 91누10909, 1992.07.28.).

판매촉진비와 기업업무추진비 및 광고선전비의 경비처리

1 판매촉진비(특정거래처의 판매증가 목적)

판매촉진비(특정에 초점)란 판매장려금이라고도 하며, 판매의 촉진을 위하여 다량 구매자나 고정거래처의 매출에 따른 거래수량이나 거래금액에 따라 장려의 뜻으로 지급하는 금액 등을 처리하는 계정으로 기업회계기준에서는 일정 기간의 거래수량이나 거래금액에 따라 매출액을 차감하는 것은 매출에누리에 포함한다고 하여 판매장려금을 매출에누리와 동일하게 매출액의 차감항목으로 규정하고 있다. 그러나 세법의 규정은 판매장려금에 대하여 부가가치세를 과세하지 않으므로 실무에서는 판매비와관리비로 처리한다. 한편, 판매장려금을 지급받는 자는 장려금을 반드시 영업외수익으로 처리해야 한다. 반면 판매실적에 따라 물품으로 지급하는 판매장려금품은 부가가치세법상 간주공급에 해당하며, 물품 시가를 과세표준으로 하여 부가가치세를 계산하여 납부해야 한다. 단, 부가가치세는 거래상대방으로부터 거래징수하여 납부하는 것이 아니므로 이 경우 세금과공과금으로 처리한다.

즉 판촉비는 자사 물품을 파는 상대방에게 판매를 증가시키기 위해 일정 판매량에 따라 금품을 제공하는 경우를 말한다.

2 판매촉진비와 기업업무추진비의 구분

판매촉진비와 기업업무추진비의 구분은 특정 거래처 대상이냐 전 거래처 대상이냐이다.

거래처라는 특정 대상을 대상으로 하므로 접대비로 볼 수도 있으나 매출 신장 등을 위해 사전약정에 의하여 모든 거래처에 동일한 조건으로 금품을 지출한 경우는 판매촉진비로 볼 수 있으며, 특정 거래처에만 한정적으로 지원된 경우는 기업업무추진비이다.

기업업무추진비는 지급기준 또는 지급의무가 없이 임의로 지출하는 금액이고, 판촉비는 특정 거래처가 아닌 모든 거래처에 대해 동일한 기준 또는 약정에 따라 지급하는 금액으로 서면 약정이 없더라도 지급의무 발생의 근거가 되는 명시적·묵시적 약정행위가 필요하다는 것이다.

그러나 기업업무추진비와 판촉비를 구분할 수 있는 것은 말이 쉽지, 실제는 사실상 기업업무추진비로 쓰고 문제가 생길 것에 대비해 어떤 객관적인 기준을 사후에 만들어 판촉비로 둔갑시키는 경우가 많다. 특히 판촉비를 기업업무추진비로 볼 것인지 과세당국과 마찰이 불거지면, 모든 거래처에 동일한 조건으로 적용된다는 판촉비 지급과 관련한 객관적인 기준을 회사가 제시해서 입증해야 한다.

구 분	기업업무추진비	판매촉진비(판매부대비용)
판매장려금 판매수당 현물제공	지급기준 또는 지급의무 없이 임의로 지출하는 금액이나, 지급기준에 의한 판매수당 또는 장려금을 초과하여 지급하는 경우의 초과액	모든 거래처에 대하여 동일한 기준 또는 약정에 의해 지급하는 금액 사전광고 등에 의해 거래처별 판매실적 등 사회통념상 인정되는 일정 조건에 따라 지급에 차등을 두어도 인정됨
할인료 등	특정 거래처에 한해서 할인하거나, 약정 또는 할인기준을 초과하여 할인하는 금액	모든 거래처에 대하여 동일한 조건에 따라 할인하거나, 구매금액에 따라 차등 할인하는 금액
경품 · 사은품 등	특정 고객에 한하여 지급하는 사은품 등	판매촉진을 위해 불특정고객을 대상으로 제공하는 경품 및 사은품 등

3 광고선전비(불특정다수 대상)

광고선전비(불특정에 초점)는 불특정다수인에게 법인 또는 개인의 사업과 관련된 재화 또는 용역 등의 판매, 공급의 촉진을 위하여 광고선전을 목적으로 지출하는 비용을 말한다.

간접적으로 상품이나 제품의 판매촉진의 효과를 달성하기 위한 기업이미지 제고 목적의 광고 및 홍보를 포함한다.

법인 또는 개인이 지출하는 광고선전 목적으로 기증한 물품의 구입비용[특정인에게 기증한 물품(개당 3만원 이하는 제외)의 경우에는 연간 5만원 이내의 금액으로 한정]은 손금에 산입한다.

세분하면 광고선전비나 판매촉진비로 구분하지만, 단일 계정을 사용한 경우는 광고선전비로 기장한다.

업무추진비의 관리 방법

기업업무추진비는 접대비, 판공비와 명칭의 차이일 뿐 일반적으로 접대비로 대다수 사용된다. 즉, 세무상 접대비로서 회계처리시 접대비 또는 기업업무추진비 등의 명칭으로 처리하면 된다.

따라서 세법상 기업업무추진비 한도 계산을 해야 하며, 3만 원 초과 지출시 법인카드를 반드시 사용하거나 세금계산서를 받아야 한다.

1 업무추진비 중 부서 운영비

업무추진비 중 부서운영비는 각 부서(팀)의 일상적이고 반복적인 업무의 원활한 진행을 위하여 편성된 예산의 규모에 따라 정해진 기준에 의하여 사전 배분할 수 있다.

사전 배분된 부서운영비는 일괄기안을 통하여 근거를 마련할 수 있으나 집행결과는 "업무추진비 지출품의서"에 의하여 건별·일자별로 집행목적·일시·장소·집행대상의 소속, 직급 및 성명 등 사용 용도를 명확히 기재하여 보고 해야 한다.

2 업무추진비의 사용 제한

공휴일 집행 및 심야 집행한 경우, 자택 근처 등 통상적 업무추진과 관련이 적은 시간과 장소에서는 원칙적으로 사용을 제한한다.

어쩔 수 없는 공휴일이나 심야 지출 시에는 "법인카드(공휴일, 심야) 사용 소명 신청서"에 직무관련성이 입증되는 객관적 증빙자료를 첨부하여 소명 승인권자의 승인을 받아 보관하는 것이 좋다.

소명서 작성 시에는 일시, 장소, 목적, 집행 대상, 구체적인 업무내용과 사유 등을 포함하여 작성한 후 사용자와 결재자의 성명을 확인할 수 있도록 결재란에 자필로 서명해야 한다.

3 업무추진비의 원천징수

업무추진비로 사용내역이 실제 법인의 업무를 위하여 지출된 것임을 객관적인 증빙(업무 관련성, 지출내용 등)으로 입증되어 법인의 손금으로 인정되는 경우는 해당 임직원의 근로소득에 해당하지 아니하는 것이나, 지출내용이 법인의 업무와 관련이 없거나 입증할 수 없는 경우에는 해당 임직원의 과세대상 근로소득에 포함하여 근로소득세 등을 원천징수해야 한다.

내일채움공제 세무회계

1 내일채움공제 회계 및 세무처리

청년재직자 내일채움공제 가입한 청년근로자가 받는 공제금 중 기업기여금에 해당하는 부분은 근로소득에 해당하고, 해당 근로소득의 수입시기는 공제금을 수령하는 조건(5년 이상 재직)이 성취되는 날 또는 해지환급금을 수령하는 날이 된다.

중소기업 입장에서 공제 납입하는 기업기여금은 사업소득금액 계산 시 납입하는 연도의 필요경비로 산입하고, 회계처리 시 계정과목은 복리후생비, 인건비, 인력개발비 등 중소기업 편의에 따라 선택하여 사용한다. 일반 연구·인력개발비 세액공제를 적용받을 수 있다.

그리고 환급되는 경우는 잡이익 등으로 처리하면 된다.

현행 법령상 원천징수는 회사에서 납입하는 시점에는 청년근로자의 근로소득이 아니므로 근로소득으로 원천징수 하지 않으며, 차후 만기 또는 중도해지에 따라 공제금을 수령하는 날이 속하는 과세기간의 연말정산시 근로소득으로 보는 금액을 총급여에 합산하여 연말정산해야 한다.

구 분	내 용
법인(개인사업자)	• 손금 또는 필요경비산입 • 연구 · 인력개발비 세액공제 • 환급시 잡이익 처리
근로자	수령하는 날이 속하는 과세기간에 근로소득세 원천징수

〈회계 및 세무처리 예시〉

1. 공제부금 납입 시

인건비(급여)	250,000	/	보통예금	250,000

구 분	내 용
사업소득세	결산서 상 비용으로 계상되어 있고, 필요경비로 인정되므로 세무조정 필요 없음
법인세	결산서 상 비용으로 계상되어 있고, 손금으로 인정되므로 세무조정 필요 없음
세액공제	매 사업연도 납입금에 대해 일반 연구인력개발비 세액공제 신청

2. 중도해지 및 해지환급금 수령 시

보통예금	9,310,182	/	복리후생비(급여)	2,250,000
선납세금	11,020		잡이익	7,000,000
			이자수익	71,202

구 분	내 용
사업소득세	결산서상 수익으로 계상하고, 세무조정은 필요 없음
법인세	결산서상 수익으로 계상하고, 세무조정은 필요 없음
세액공제	감면세액 납부필요

만기 수령 시점에 급여로 신고하고 연말정산 시 처리한다. 국가지원금(정부 부담금)은 근로소득세 과세대상이 아니다.

따라서 회사에서 입금된 금액만 근로소득으로 처리한다.

만기 수령에 대한 원천세 신고는 수령일이 속한 달의 다음 달 10일까지 해주면 된다.

연말정산 시에는 연말정산 자료 입력에 중소기업핵심인력성과보상금에 감면 소득을 입력해주면 된다.

아래 유권해석을 참고하기를 바란다.

[국세청 예규] 기획재정부 소득세제과−463, 2019.08.09

근로자가 「중소기업인력지원 특별법」 제35조의2에 따른 성과보상기금으로부터 공제금을 수령하는 경우로서 그 성과보상기금의 재원이 국가 또는 지방자치단체의 지원금인 경우는 그 지원금에 해당하는 부분은 소득세가 과세되지 아니하는 것이나, 그 밖에 그 재원이 공기업 등의 지원금인 경우는 과세대상 근로소득에 해당하는 것입니다.

또한, 근로자가 수령하는 공제금 중 공기업 등이 부담한 기여금 부분에 대해서는 「조세특례제한법」 제29조의 6에 따른 소득세 감면을 적용하지 않는 것입니다.

확정기여형(DC형) 퇴직연금(임원에 대한 부담금)의 회계처리와 세무조정

1 확정기여형(DC형)의 회계처리와 세무조정

확정기여형 퇴직연금에 가입한 경우 회사는 결산 시 별도의 퇴직급여충당부채를 설정할 필요가 없다(법인세법 시행령 제44조의2 제4항 1호). 또한, 확정기여형 퇴직연금을 납부시에 비용을 인식함으로 실제 퇴사 시에도 회계처리가 필요 없다.

구 분	회계처리	세무조정
확정기여형 퇴직연금 납부시	(차) 퇴직급여 ××× (대) 현금 또는 보통예금 ×××	전액 손금 : 세무조정 없음
1년이 안 된 근로자분 퇴직연금 반환 시	(차) 퇴직급여(-) ××× (차) 현금 또는 보통예금 ×××	전액 손금불산입 : 세무조정 없음
퇴사할 때	회계처리 없음	세무조정 없음
결산할 때	회계처리 없음	세무조정 없음

2 임원에 대한 부담금

법인이 퇴직 시까지 납부한 부담금의 합계액을 퇴직급여로 보아 임원 퇴직급여 한도초과액 손금불산입 규정을 적용하되, 한도초과액이 있는 경우에는 퇴직일이 속하는 사업연도의 부담금 중 한도초과액 상당액을 손금불산입한다. 즉, 퇴직 전에 납입하는 퇴직부담금은 전액 손금(비용)으로 인정한 후에 퇴사 시 법인세법에서 정하는 임원 퇴직금 한도액을 계산하여 초과하는 금액은 손금불산입(비용불인정)한다.

사용인(근로자)에 대한 확정기여형 퇴직연금은 한도 제한 없이 손금(비용)으로 인정한다.

연차수당의 회계처리와 세무조정

1 연차수당의 회계처리와 세무조정

회계기준에 따라 유급연차휴가수당은 근로를 제공한 연도에 비용계상해야 하나, 법인세법상으로는 권리의무확정주의에 따라 연차휴가 미실시에 따른 그 지급의무가 발생하는 다음 연도에 손금산입해야 한다. 따라서 근로 제공연도에 미지급비용으로 계상한 연차수당은 손금불산입(유보) 처분한 후 다음 사업연도에 그 지급의무가 확정된 금액만큼 손금 추인해야 한다.

예를 들어 2023년 1월 1일~12월 31일 80% 이상 출근하고 다음 날에도 근로가 확정된 경우 회계기준에서는 근로를 제공한 연도인 2023년도 급여로 비용 계상하나 법인세법에서는 권리의무확정주의에 따라 2023년 발생 연차를 미사용함에 따라 미사용연차휴가가 연차수당으로 변하는 2024년의 급여로 본다는 것이다.

따라서 회계기준에 따라 2023년 급여처리한 비용은 손금불산입(유보) 처리하고, 2024년에 손금산입(△유보)으로 손금추인하는 세무조정을 한다.

---

1. 회계연도 기준 연차수당의 경우

연차수당은 1년 동안 연차휴가일 수 중 해당연도의 12월 31일 기준 미사용 유급휴가 일수에 통상임금을 곱하여 산정하게 된다. 따라서 산정기준 일에 연차수당 지급액이 확정된다.

따라서 이 경우 연차수당은 연차수당 지급액이 확정되는 날 즉 기준일(12월 31일)이 속하는 사업연도의 손금으로 인정된다.

예를 들어 회사가 2023.1.1.~12.31. 발생한 연차휴가에 대해 2024.1.1~12.31. 미사용 유급휴가 일수를 2024년 12월 31일을 기준으로 연차수당을 계산하여 다음연도(2025년) 1월 급여 지급시 연차수당을 지급한다면 연차수당 지급액은 2024년 12월 31일에 확정되므로 비록 2025년 1월에 연차수당이 지급되더라도 연차수당의 손금 귀속시기는 2024년이 된다(관련 유권해석 : 법인 제도 46013-575, 2000.12.01.).

회계상 비용처리는 2023년이지만 세법상으로는 2024년이다.

2. 입사일 기준 연차수당의 경우

법인이 사규 등에 따라 연차수당에 대한 지급기준을 정하고, 이에 따라 지급하는 연차수당의 손금 귀속 사업연도는 근로자별로 그 지급할 금액이 확정된 날이 속하는 사업연도로 한다(서이 2646, 2004.12.16.).

예를 들어 2022년 7월 1일~2023년 6월 30일에 발생한 연차휴가를 회사가 2023년 7월 1일~2024년 6월 30일에 해당하는 연차수당을 2024년 7월 1일에 지급한다면 해당 연차수당의 손금귀속시기는 지급할 금액이 확정되는 날인 2024년 6월 30일이 된다. 이 경우 연차수당을 연도별로 안분하여 손금으로 계상하지 않고 6월 30일이 속하는 연도의 손금에 산입한다.

회계상 비용처리는 2023년이지만 세법상으로는 2024년이다.

🐦 연차수당의 인식 방법

누적 유급휴가는 당기에 사용하지 않으면 이월되어 차기 이후에 사용할 수 있는 유급휴가를 말한다. 이 누적 유급휴가는 가득 되거나 (즉, 종업원이 퇴사하면 미사용 유급휴가에 상응하는 현금을 받을 수 있는 자격이 있거나) 가득 되지 않을(즉, 종업원이 퇴사하면 미사용 유급휴가에 상응하는 현금을 수령 할 자격이 없음) 수 있다.

기업의 채무는 종업원이 미래 유급휴가에 대한 권리를 얻는 용역을 제공함에 따라 생긴다. 유급휴가가 아직 가득 되지 않은 경우에도 관련 채무는 존재하므로 그 채무를 인식해야 한다. 다만, 채무를 측정할 때는 가득 되지 않은 누적 유급휴가를 사용하기 전에 종업원이 퇴사할 가능성을 고려한다.

쉽게 이야기하면 누적 유급휴가는 종업원이 근로를 제공하면서 자연스럽게 생기는 의무이므로 가득 여부와 관계없이 기말시점 부채로 계상해야 한다.

즉, 누적 유급휴가제도가 운용 중이라면 기말시점에 미지급비용(연차수당)을 계상해야 하는 것이고, 비누적 유급휴가는 별도의 미지급비용(연차수당)이 계상되지 않는 것이다.

구 분	손익인식시기
누적 유급휴가	종업원이 미래 유급휴가 권리를 획득하는 용역을 제공할 때 인식한다.
비누적 유급휴가	종업원이 휴가를 실제로 사용할 때 인식한다.

📌 연차휴가사용촉진을 안 한 경우 세무조정 사례

2023년도 연차부여 총액 1,000만원 / 예상 사용율 80% / 실제 사용율 90%

2024년도 연차부여 총액 1,500만원 / 예상 사용율 90% / 실제 사용율 95%

해설

미사용연차수당을 현금지급한 경우 부채로 인식할 금액은 예상 사용률과는 관계없이 부여되는 실제 지급해야 할 연차 총액을 기록한다. 연차를 사용하지 않더라도 지급될 돈은 이미 정해져 있기 때문이다.

1. 2023년도

기말 결산시

| 급여 | 10,000,000 | / | 미지급비용(연차) | 10,000,000 |

[세무조정] 미지급비용(연차수당) 손금불산입 1,000만원(유보)

2. 2024년도

연차수당 사용시

| 미지급비용(연차) | 9,000,000 | / | 급여 | 9,000,000 |

미사용연차수당 지급시

| 미지급비용(연차) | 1,000,000 | / | 급여 | 1,000,000 |

기말 결산시

| 급여 | 15,000,000 | / | 미지급비용(연차) | 15,000,000 |

[세무조정]

미지급비용(연차수당) 손금산입 1,000만원(△유보)

미지급비용(연차수당) 손금불산입 1,500만원(유보)

🦤 연차휴가사용촉진을 한 경우 세무조정 사례

2023년도 연차부여 총액 1,000만원 / 예상 사용율 80% / 실제 사용율 90%
2024년도 연차부여 총액 1,500만원 / 예상 사용율 90% / 실제 사용율 95%

해설

연차사용촉진 제도로 인해 미사용 연차수당이 소멸하는 경우 예상 사용률에 해당하는 금액만큼만 부채로 인식한다. 미사용된 연차는 사라지므로 회사입장에서 지급할 금액이 없기 때문이다.

1차 연도 : 1,000만원 × 80% = 800만원
2차 연도 : 1,500만원 × 90% = 1,350만원

1. 2023년도
기말 결산시

급여	8,000,000	/	미지급비용(연차)	8,000,000

[세무조정] 미지급비용(연차수당) 손금불산입 800만원(유보)

2. 2024년도
연차수당 사용시

미지급비용(연차)	7,000,000	/	급여	7,000,000

미사용연차수당 소멸시

미지급비용(연차)	1,000,000	/	급여	1,000,000

기말 결산시

급여	13,500,000	/	미지급비용(연차)	13,500,000

[세무조정]
미지급비용(연차수당) 손금산입 800만원(△유보)
미지급비용(연차수당) 손금불산입 1,350만원(유보)

2 세법상 연차수당의 손금 귀속시기 차이

🐾 법인세법상 손금의 귀속시기

법인이 사규 등에 의하여 연차수당에 대한 지급기준을 정하고, 이에 따라 지급하는 연차수당의 손금 귀속 사업연도는 근로자별로 그 지급할 금액이 확정된 날이 속하는 사업연도로 한다(서면 2팀-2646, 20 04.12.16).

예를 들어 2023년 근속일수에 대한 연차유급휴가를 2024년 중에 사용하지 아니하여 그 미사용일수에 대한 연차수당을 2025년 초에 지급하는 경우 해당 지급액에 대한 손금 귀속 사업연도는 2024년이 된다.

🐾 퇴직급여충당부채 시부인시 총급여액에 연차수당 포함 여부

법인이 총급여액 기준으로 퇴직급여충당금의 손금산입 한도액을 계산함에 있어서, 그 총급여액에는 당해 사업연도에 지급의무가 확정된 연차수당을 포함한다(서면 2팀-2646, 2004.12.16.). 즉 지급할 금액이 확정된 연차수당은 총급여액에 포함이 되는 것이다.

그러나 위의 K-IFRS 및 일반기업회계기준에 따른 수리적 방법으로 추정하여 설정하는 연차유급휴가 비용은 포함하지 않는다.

다음은 총급여액에 포함하지 않는다.

① 소득세법상 비과세 근로소득

② 손금불산입 되는 인건비

③ 인정상여

④ 퇴직으로 인하여 받는 소득으로서 퇴직소득에 속하지 아니하는 소득

🐧 소득세법상 연차수당의 수입(귀속)시기

근로기준법에 따른 연차유급휴가 일에 근로를 제공하고 지급받는 연차수당의 수입시기는 소정의 근로일수를 개근한 연도의 다음 연도가 되는 것이며, 그 지급대상기간이 2개 연도에 걸쳐 있는 경우에는 그 지급대상 연도별로 안분하여 해당 연차수당의 근로소득 수입시기를 판단한다(소득세 집행기준 24-49-3).

퇴직할 때까지 지급받지 못한 수당에 대한 근로소득의 귀속연도는 조건이 성취되어 개인별 지급액이 확정되는 연도로 한다(서면 1팀 -357, 2008.3.19.).

3 미지급급여에 대한 손익귀속시기

구 분	손익귀속시기
미지급비용 (급여 상당액)	임직원에게 매월 지급하는 급여 등의 손금귀속시기는 그 확정일을 기준으로 한다. 따라서 매월 말 또는 연말에 확정되어 결산 회계처리로 계상한 미지급급여 상당액은 손금으로 인정된다. 2024년 1월 10일 급여지급일인 2023년 12월에 대한 임직원 월

구 분	손익귀속시기
	급상당액을 2023년도 말에 미지급비용(급여 상당액)으로 결산 회계처리 하였을 경우, 세법상 해당 미지급급여 상당액은 확정된 급여에 해당하므로 세무조정이 발생하지 않는다.
미지급비용 (상여 상당액)	기업이 사업연도 종료일을 기준으로 정상적인 성과산정지표 등에 따라 임직원의 성과배분 상여금을 산정하고 미지급비용으로 계상한 경우, 해당 성과배분 상여금은 그 성과배분의 기준일이 속하는 사업연도의 손금에 산입한다. 2023년도 말일을 기준으로 성과산정지표에 따른 성과배분상여금을 결정하고 이를 미지급비용(상여금 상당액)으로 결산회계처리 한 경우, 세법상 해당 미지급비용(상여금 상당액)은 2023년도에 확정된 것이므로 세무조정이 발생하지 않는다. 하지만 만약에 임직원에 대한 상여금 확정을 2023년 말일 이후 계량적 (재무제표, 영업실적 등) 및 비계량적(인사고과 등) 평가를 통해 결정하는 경우로서, 2023년도 결산회계처리 시 상여금 추계액을 계상한 경우는 해당 상여금의 귀속시기는 상여금 확정일이 2024년도이므로 이를 손금불산입하고 유보처분 한다(서면인터넷 방문 상담1팀-549, 2006.04.28.).
미지급비용 (연차수당 상당액)	연차수당에 대한 손금 귀속시기는 임직원에게 지급할 연차수당 금액이 확정된 때로 한다. 외부감사를 받는 기업의 경우는 임직원이 근로함에 따라 발생하는 유급연차휴가에 대한 비용 상당액을 추산하여 결산회계처리를 통해 미지급비용(연차수당 상당액)을 계상한다. 다만 세법에서는 개별 임직원에게 지급할 연차수당 금액이 확정될 때 이를 손금으로 인정하므로 일반적으로 회사가 계상한 연차수당 상당액에 대해서는 손금불산입(유보)로 처분된다. 그리고 그 다음연도에 연차수당이 확정되므로 위 유보상당액을 손금산입(△유보) 처리한다.

전기오류수정손익 세무조정

전기오류수정은 전기 또는 그 이전의 재무제표에 포함된 회계적 오류를 당기에 발견하여 이를 수정하는 것을 말한다. 오류는 계산상의 실수, 기업회계기준의 잘못된 적용, 사실 판단의 잘못, 부정·과실·누락 등에 의하여 발생할 수 있다.

구 분	세무처리
중대한 오류와 중대하지 않은 오류	중대한 오류란 재무제표의 신뢰성을 심각하게 손상할 수 있는 매우 중요한 오류를 말한다. 중대한 오류는 대개 경영자의 정책적 판단 착오에서 비롯되며, 기업회계기준은 중대한 오류를 수정할 경우는 전기 재무제표를 재작성하도록 규정하고 있다. 중대한 오류의 경우 전기이월이익잉여금을 수정한다.
중대하지 않은 오류의 경우	중대하지 않은 오류는 실무자가 범하는 사무적 오류이며, 회계상 오류는 경상적으로 발생하는 것이 일반적인데 모든 오류에 대해 전기 재무제표를 빈번하게 재작성한다면 재무제표의 신뢰성을 훼손할 수 있다. 이에 따라 기업회계기준은 재무제표의 신뢰성과 실무적 편의성을 위해 중대하지 않은 오류의 수정은 당기손익으로 보고하도록 규정하고 있다. 실무상 대부분 오류는 중대하지 않은 오류로 보아서 영업외손익으로 처리한다.

법인세법에서는 회계상 전기오류수정손익을 그대로 인정하는 경우 법인이 귀속시기를 고의로 조작할 수 있다. 그래서 세법에서는 별도의 규정을 두어 그 귀속시기를 판단하고 있다.

전기오류수정손익은 순자산의 증가 또는 감소를 초래하므로 세법상 익금 또는 손금에 해당한다. 전기오류수정손익을 당기에 수익 또는 비용에 해당하면 순자산 증감에 따른 별도의 세무조정은 필요 없겠지만, 이익잉여금의 증감으로 회계처리 하였다면 〈익금산입, 기타〉 또는 〈손금산입, 기타〉 세무조정이 필요하다.

그리고 전기오류수정손익이 법인세법상 당기의 익금과 손금에 해당하는 경우는 세무조정이 필요 없지만, 당기의 익금과 손금이 아닌 경우에는 다시 익금불산입과 손금불산입 세무조정이 필요하다.

법인세법에서는 이러한 전기오류수정손익은 원칙적으로 오류 사업연도(귀속 사업연도)의 법인세를 수정신고 하거나, 경정청구하여 해당 사업연도의 손금 또는 익금에 산입하도록 하고 있으므로 당기손익(전기오류수정손익)으로 계상한 금액에 대하여는 세무조정 할 필요가 있을 수 있다.

1 전기오류수정손익을 당기손익 항목으로 계상한 경우

회사는 당기 중 전기에 지급청구된 보험료 40,000원을 계상누락한 것을 발견하여 당기 중 영업외손실로 계상한다.

해설

전기오류수정손실	40,000	/	미지급금	40,000

전기분 경정청구를 하여 손금산입 40,000원(△유보) 처분한다.

당기 비용 계상액 40,000원을 손금불산입(유보)하고 전기 수정신고분 △유보처분액을 상쇄한다.

2 전기오류수정손익을 이익잉여금 수정으로 계상한 경우

회사는 당기 중 전기에 매출누락한 금액 100,000원을 발견하고 그 금액이 중대하여 전기이월이익잉여금을 수정하여 계상한다.

해설

매출채권	100,000	/	이익잉여금	110,000
부가가치세예수금	10,000			

전기분 수정신고를 하여 익금산입 100,000원(유보) 처분한다.

당기 이익잉여금 수정액 중 전기분 매출액 100,000원을 익금산입 · 잉여금처분하고 동시에 당해 금액은 이월익금에 해당하여 익금불산입(△유보) 처분하여 전기수정신고 분 유보처분액과 상쇄한다.

2024년 12월 31일 기말 결산 중 2023년 재무제표에 미수이자 50,000원, 매출 100,000원이 누락되었음을 발견하였다. 전기의 재무제표는 이미 공시가 되었고, 수정할 수 없는 상황이다.

해설

미수이자	50,000	/	전기오류수정이익	50,000

세무조정 : 없음

이자수익의 귀속시기는 실제 지급받은 날이므로, 당기의 익금에 해당한다. 별도의 세무조정이 필요 없다.

| 매출채권 | 100,000 | / | 이익잉여금 | 110,000 |
| 부가가치세예수금 | 10,000 | | | |

매출의 귀속시기가 제품을 인도한 날 등인데, 전기에 인도한 것이니 당기의 매출이 아닌 전기의 매출이다. 당기의 익금을 없애주는 세무조정이 필요하다.

전기분 수정신고를 하여 익금산입 100,000원(유보) 처분한다.

당기 이익잉여금 수정액 중 전기분 매출액 100,000원을 익금산입 잉여금처분하고 동시에 당해 금액은 이월익금에 해당하여 익금불산입(△유보) 처분하여 전기수정신고분 유보처분액과 상쇄한다.

3 전기오류수정손실 발생시 회계처리와 세무조정

2024년 12월 31일 기말 결산 중 2023년 재무제표에 매출원가 50,000원과 미지급이자 30,000원을 누락되었음을 발견하였다. 전기의 재무제표는 이미 공시가 되었고, 수정할 수 없는 상황이다.

해설

| 전기오류수정손실 | 50,000 | / | 매입채무 | 50,000 |

매입채무의 귀속시기는 매출의 손익귀속시기와 일치하므로, 전기의 손금에 해당한다. 당기의 손금을 없애주는 세무조정이 필요 없다.

당기 손금불산입 50,000원 (유보)

| 전기오류수정손실 | 30,000 | / | 미지급이자 | 30,000 |

세무조정 : 없음

지급이자는 결산조정 사항이므로 당기의 손금에 해당한다.

제7장

세무조사 이건 꼭 걸린다.

회사에서 가장 두려워하는 세무조사

세무조사를 받지 않기 위해 평소에 관리해야 할 사항에서부터

조사관이 가장 많이 보는 항목

그리고 세무조사에 대처하는 방법까지

세무조사 시 실무자가 필수적으로 알아야 할 내용을 담은 장이다.

소액이라도 소명요구 받는 경우

회사의 규모가 작고 매출이 얼마 안 된다는 이유로 무분별하게 경비 처리하는 경우가 많다. 즉, 매출이 이것밖에 안 되는데 설마 세무조사 나오겠어! 라는 안일한 생각으로 가사 관련 지출이나 개인적 지출, 개인적 경조사비를 대량으로 경비처리 해 세금을 줄이거나 환급을 받는 사례가 많다.

그런데 6개월 매출 1천만 원인 회사가 경비가 과다하다고 소명자료 제출을 요구하는 사례도 최근에 발생하고 있다.

세금신고 때 다 세금을 얼마씩 내고 있는데, 나 혼자 환급을 신청하면 평소에는 안 보던 자료가 세무서 담당자의 눈에 들어와 환급이 발생한 원인을 종전 신고자료까지 들추어 확인하게 만든다.

또한 경조사비는 청첩장 1장당 20만 원까지 인정받을 수 있으므로 이것저것 다 갖다넣고, 하물며 세금계산서를 자료상에게 사듯이 청첩장을 사서 신고하는 경우도 있다.

그러나 경비인정 해주는 청첩장은 업무와 관련된 경조사에 한정하므로 개인 경조사 청첩장은 경비로 처리하지 않는 것이 원칙이다.

설마 확인하겠어! 라는 안일한 생각을 하면 안 된다.

이미 소명하라는 것은 의심받고 있다는 것이고, 합리적인 소명을 하지 않는 경우는 세무조사로 이어지게 되며, 세무조사 시에는 잘못하면 일일이 확인하는 사태까지 발생할 수 있다.

따라서 환급을 신청할 때는 항상 주의가 필요하다.

최근 못받은 환급금을 받아 준다고 컨설팅하는 경우가 많은데, 이에 대해 당장 얼마라도 받을 수 있다는 욕심을 부리면 안 된다.

내가 사장으로서 진짜 편법처리를 안 했다는 자신이 있지 않은 이상 우리나라에서 사업하는 대다수 사업자는 완벽하게 정상적인 처리를 하는 경우가 적으니 위험한 경우가 많다.

물론 내가 받을 수 있는 세액공제나 감면 등을 몰라 환급을 받지 못한 예도 있지만, 이에 대한 혜택과 위험을 잘 판단해 결정해야 한다.

세무조사 이건 꼭 걸린다.

평소에는 아무 문제 없이 마음대로 쓰고 경비처리 후 세금도 안 내니 일거양득 너무 행복한 사장님

하지만 세무조사만 나오면 무조건 걸리는 항목이 있다. 걸리면 일거양득으로 혜택 봤던 것에 가산세까지 더해서 납부해야 한다.

나만 머리가 좋아 안 걸리고 넘어가는 것 같지만 누구나 다 똑같이 사용하는 방법이다 보니, 조사관도 이거 털면 무조건 탈세 자료 나온다고 알고 있는 지출이다. 단지 내가 걸리는 순번이 돌아오지 않았을 뿐이다. 따라서 이를 잘 관리해 괜히 가산세까지 더해서 낼지 아니면 설마 내가 걸리겠어! 라는 마음으로 계속 현 상태를 유지할지는 사업주의 마음이다.

1 신용카드 사적 사용

신용카드 사적 사용(개인적으로 사용한 신용카드매출전표)은 꼭 걸린다.

특히 대표 또는 대표의 가족, 임직원의 사적 경비를 법인카드 등을 사용하는 경우 100% 걸린다고 보면 된다.

예를 들어 골프비용을 지출하거나 일요일에 마트에 가서 장을 보고 법인카드로 결제한 경우가 이에 해당한다. 평소엔 아무 문제 없으니 막 쓰다가 한방에 가산세까지 더해서 납부할 수 있다.

2 가족의 인건비 처리

근로를 제공하지 않은 기업주 가족(친인척)에게 인건비를 지급하고 비용처리를 하는 경우 조심한다.

세무 조사관이 세무조사를 나오기 전에 가장 먼저 파악하는 것이 그 사업주와 관련된 가족이다. 사업주의 가족, 친인척의 실제 근무여부를 가장 우선적으로 파악한다.

물론 실제 근무여부는 세무조사를 해봐야 알 수 있지만, 해당 사업장에서 매달 신고한 급여 원천징수 신고자료를 바탕으로 그 가족의 명단과 지급내역 등 인건비를 파악한 후 리스트를 만든다.

① 법인계좌에서 가족에게 실제로 나간 급여내역

② 출퇴근 기록카드

③ 업무상 결제내역을 파악한다. 하물며, 지문인식까지 검증한다.

3 적격증빙 사용내역을 확인하고 나온다.

사업자 명의 데이터를 분석해 세금계산서, 신용카드매출전표, 현금영수증, 계산서 등이 적절하게 수취되었는지? 확인한다.

또한, 해당 적격증빙을 바탕으로 소득세나 법인세 및 부가가치세가 적절하게 신고가 되었는지까지 검증을 하고 나온다.

금융거래 증빙까지도 파악한다.

결국, 증빙과 신고내역을 자세히 들여다보면 원칙에 어긋난 비용처리 사항이 파악되고 세무조사 과정을 통해 세금을 추징당하게 된다.

4 자료상 거래

자료상 거래라고 전혀 거래 없는 자에게 자료를 사고파는 것만을 의미하는 것이 아니라, 서로 거래하는 사이에 거래와 관계없이 부가가치세를 받고 자료를 끊어주거나 실제 거래금액보다 더 많은 자료를 발행하는 경우도 포함한다.

또한 거래처 사이에 원칙은 재화의 인도나 용역의 제공 시점에 세금계산서를 발행해야 하지만, 서로 기간을 맞추어 임의의 기간에 세금계산서를 주고받는 경우도 포함한다. 이는 실무상에서 많이 발생하므로 인해 불법처럼 인식하지 않지만 실제로 불법이므로 세무조사에 대비해 조심해야 한다.

5 상품권 구입 내역

일반 물품을 구입하여 거래처에 접대목적으로 지급하는 경우엔 어떤 물품을 구입했는지를 알 수 있으므로 그 물품의 종류나 지급 경위를 보면 기업업무추진비 성격의 비용인지를 유추할 수 있다.

그런데 상품권은 구입 후 직원에게 주었는지, 거래처에 지급했는지, 다시 현금화했는지, 개인적으로 사용했는지를 명확히 알 수가 없으므로 증빙을 갖추지 않으면 문제가 될 소지가 크다.

국세청에서도 주의 깊게 보는 항목 중의 하나이므로 상품권으로 기업업무추진비를 지출하는 회사가 있다면 반드시 증빙처리에 신경을 써야 한다.

기업업무추진비는 적격증빙을 수취해야만 인정받을 수 있으므로 상품권을 구입할 때는 반드시 신용카드로 구입해야 한다.

그리고 기업업무추진비로 지출한 것에 대한 증빙을 구비해 놓아야 추후 국세청과의 마찰을 피할 수 있다.

상품권으로 기업업무추진비 처리 시 관련 증빙은 내부 품의서와 기업업무추진비 지급 대장(거래처별 일자와 거래처, 금액 기재)을 갖춰두는 것이 좋다. 만약 증빙을 갖추지 못하면 상품권을 구입하고 이를 현금화해서 대표자 등이 개인적인 목적으로 사용하거나, 거래처에 대한 접대 및 임직원 복리후생 목적으로 지급했더라도 그 실제 귀속자를 제시하지 못하면 전액 대표자에 대한 상여로 처리된다.

상품권을 장부에는 전액 비용처리 한 후 세무조사 시 거래목적으로 지급하였다고 주장해도 받은 자를 밝히지 못하는 경우 법인세 및 개인 상여에 대한 급여세금 등 막대한 세금이 추징될 수 있다는 점을 간과해서는 안 된다.

또한 회사자금 사정으로 인해 "상품권 깡"으로 의심받을 수 있다.

그러므로 상품권을 신용카드로 구입했다고 해서 안심해서는 안 되고 지출금액에 따라 금액이 과다한 경우에는 지급대장을 구비해서 추후 국세청의 소명요구에 대비해야 한다.

6 특수관계자간 거래내역을 파악한다.

개인사업자의 경우 친인척 또는 가족 간에 물품을 사고판 거래내역이 있는지 우선 파악한다. 또한 친인척 간의 급여도 주의해야 한다. 법인의 경우 주주의 구성을 파악한 후 해당 주주와 다른 특수관계법인과의 거래를 더욱 면밀하게 검증한다. 즉, 해당 명단과 거래내역을 다 확정해서 나온다.

거래금액과 시기 및 실질적으로 대금이 오고 간 내역까지 검증한다.

7 임원의 퇴직금 과다지급

임원 퇴직금의 경우 회사의 지급규정에 따라 지급하는 경우는 문제가 없으나 규정보다 과다하게 지급하는 경우 문제가 될 수 있다. 특히 임원에 대한 급여를 연봉제로 전환하면서 향후 퇴직금을 지급하지 않는 조건으로 퇴직금을 중간정산 한 후 주주총회에서 임원의 급여를 연봉제 이전의 방식으로 변경해 지급하기로 의결하고 확정기여형 퇴직연금을 불입하는 방법으로 손금처리하는 경우 주의해야 한다.

8 연구인력개발세액공제

실제 조사관이 나가서 연구인력 전담부서를 점검한다. 따라서 다음의 서류를 잘 관리해야 한다.

① 연구소 및 연구 전담부서의 등록서류

② 연구소 및 연구 전담부서 조직도

③ 연구 전담 요원의 인사이동 관련 내부 공문

④ 연구 전담 요원의 타임시트, 작업성과물, 특허출원 자료

⑤ 연구 전담 요원의 이력서(학력, 자격 사항 등)

①을 제외하고는 모두 연구인력개발비 대상 지출액 중 인건비를 표적으로 하는 서류이다. 즉 특별한 경우를 제외하고는 인건비를 가장 조심해야 한다는 의미이다.

9 자기주식 거래

가지급금 문제 해결을 위한 자기주식 거래와 관련해 최근 세무조사에서 많이 보는 항목이다. 따라서 앞으로는 자기주식을 통한 가지급금 해결이 어려워질 전망이다.

10 업무용 승용차

업무용전용자동차보험에 가입하고 운행일지를 반드시 작성해야 한다.

🍸 전용보험에 가입하지 못했다

A 기업은 회사가 보유하고 있는 다수의 고가차량에 대한 유지비용 등을 전액 손금산입(경비처리)해서 법인세를 신고했다. 하지만 업무

전용자동차보험에 가입하지 않은 사실이 뒤늦게 확인되어 법인세를 추징당했다.

🐝 사장님 자녀들이 차를 사용했다.

B사는 법인소유로 고가의 외제 차를 보유하고 있었는데, 관련한 비용도 전액 손금산입해 법인세를 줄였다.

그런데 국세청이 지출증빙을 검토해보니 이 차량은 운행기록부도 없고, 대표와 그 자녀가 개인적인 용도로 차를 쓴 흔적들이 확인됐다. 당연히 법인세 등이 추징됐다.

🐝 감가상각 한도를 적용하지 않았다

임차한 업무용승용차는 감가상각비용도 손금산입해 세무처리할 수 있는데, C 기업의 경우 리스로 운영하던 업무용승용차에 대해 감가상각 한도를 적용하지 않은 것이 문제가 됐다.

감가상각은 연 800만 원 한도로 손금산입하고 나머지는 이월하도록 하고 있지만, 이 한도를 적용하지 않았다.

국세청은 한도를 초과한 감가상각 부분은 비용으로 인정하지 않고 법인세를 추징했다.

🐝 운행기록부를 허위로 작성했다.

D사는 대표이사가 사용하는 고급승용차에 대해 업무사용비율을 100%인 것으로 신고했는데, 국세청이 운행기록부와 출장관리부 등을 대조해보니 주로 골프장이나 여행에 차량이 사용됐고, 실제 업무

사용비율은 20%도 되지 않은 것이 확인됐다. 결과는 세금추징이었다.

11 기타 점검 사항

① 접대성 경비를 복리후생비 등으로 분산처리
② 재고자산 계상 누락 등을 통해서 원가를 조절하는 경우
③ 세무조사 후 신고소득률 하락 등
국세청은 기업소득 유출, 수입금액 누락, 소득 조절, 조세 부당감면 등으로 세금을 탈루할 우려가 있는 자영업 법인, 취약·호황 업종의 신고내용을 개별 정밀 분석한 자료로 성실신고를 별도 안내한다.
④ 소비지출 수준을 통해 소득 추정분석
소득신고에 비해 해외여행 등 소비지출이 상대적으로 많은 경우 세무조사 대상이 될 수 있다.
⑤ 원가를 과대계상 한 경우
상호 증빙이 없이 세무조사만 안 받으면 걸리지 않을 거라는 생각에 임의로 원가를 과대계상 해 세금을 탈루하는 행위는 세무조사를 받을 확률이 높다.

세무조사를 사전에 대비하기 위한 유의 사항

1 경영자가 세무조사 때 유의할 사항

🍷 증빙서류의 철저

세금의 모든 근거는 증빙서류에 있으므로 각종 계약서, 세금계산서, 거래명세표, 영수증 등 거래와 관련된 모든 증빙서류를 철저히 수집해서 경리나 관련 부서에 인계하고 관리·감독한다.

🍷 기업업무추진비는 카드로

3만 원 초과의 기업업무추진비는 반드시 세금계산서나 계산서, 신용카드로 결재해야 하므로 되도록 기업업무추진비는 법인카드를 사용하거나 세금계산서를 받도록 해야 한다.

🍷 통장의 분리 사용

가사용 또는 개인적 사용통장과 사업용 통장을 혼용해서 사용하지 않도록 유의한다.

거래와 무관한 어음이나 수표 등이 사업용 통장에 입출금되면 오해의 소지가 있다.

가공거래는 하지 않는다.

실거래 없이 세금계산서만 주고받으면 상당한 세금추징 이외에도 조세범 처벌법에 의거 형사처벌을 받을 수도 있으므로 하면 안 된다.

세무상 제도 활용

받은 어음·수표가 부도가 발생하면 대손세액공제 및 대손처리하고 회사의 경영이 어려울 때는 징수유예, 납기 연장, 체납처분유예 등의 제도를 활용한다.

통상적인 형태를 벗어난 거래 관리

통상적인 행태를 벗어나는 거래(원가 이하 매출, 상품 폐기, 사업양 수도, 부동산 양수도, 상속·증여 등)는 반드시 사전에 세무대리인과 상의해서 처리하는 것이 바람직하다.

2 재무팀이 세무조사시 유의할 사항

지출증빙의 보관

영수증 등의 증빙서류를 빠짐없이 체크해서 보관하고 임직원들에게 증빙서류를 제출할 것을 독려한다.

🎭 전표 작성

전표는 그때그때 하지 않으면 조금만 지나도 매우 어렵게 된다. 되도록 당일로 마감하는 것이 바람직하다.

🎭 최소한의 장부기장

현금출납장, 매입매출장, 수불부, 어음장은 법에서 정한 최소한의 장부이므로 이 정도만 해도 사장에게 신임을 받을 수 있을 것이다.

🎭 4대 보험과 근로소득세 신고자료의 일치

건강보험, 산재보험, 국민연금, 고용보험 등은 모두 연관관계가 있으므로 근로소득세 신고와 함께 숫자가 일치되도록 유의한다.

🎭 국세 관련 업무

세금계산서의 오류 누락 등이 있어서는 안 되므로 항상 점검하고 각종 신고 전에는 가 집계를 해서 세무대리업체의 직원과 상호 대사하며, 납부기한을 메모하였다가 사장에게 수시로 알려주어야 한다.

🎭 기타 사항

세무서나 공공기관에서 공문이나 전화가 오면 사전에 항상 세무대리인과 상의해서 처리하도록 한다.

법인이 사용, 소비하는 것은 모두 법인명의로

임대차계약, 전신전화가입권, 부동산, 회원권, 예·적금, 보험카드, 각종 요금 및 등기등록을 해야 하는 것 등 법인이 사용, 소비하는 것은 모두 대표나 임직원 명의가 아닌 법인 명의로 한다.

법인과 임직원의 구분을 명확히

법인은 엄연한 인격체이므로 모든 것을 명확히 해야 한다.

법인에 입금될 금전을 대표 등 개인 통장에 입금해서는 안 되며, 반대로 개인이 거래한 금전을 법인통장에 입금시키는 것도 좋지 않다. 또한 임직원이 임의로 법인의 돈을 인출하는 것은 가지급금으로 기표하지 않으면 상여나, 배당 등으로 처분되는 불이익을 받을 수 있고, 가지급처리 되어도 인정이자를 계산하게 된다든가 지급이자를 부인하게 되는 경우가 있으므로 특히 주의해야 한다.

매출누락이나 가공원가가 없도록

법인의 경우 매출누락이나 가공원가가 밝혀지고 그 자금이 임직원 등에게 처분되었다면 법인세, 부가가치세, 근로소득세, 종합소득세, 배당소득세 등으로 당초 누락 금액보다도 더 많은 세금을 내게 되는 경우도 있다. 따라서 이러한 일이 발생하지 않도록 주의해야 한다. 또한 실거래 없이 세금계산서만 주고받는 경우는 세금뿐만 아니라 조세범 처벌법에 의거 형사처벌도 받을 수 있으니 이러한 일이 없도록 해야 한다. 근간에는 수취한 사업자까지도 처벌하는 등 법 집행을 강화하고 있다.

🐦 부동산 및 주식의 취득, 양도

법인세, 감면, 증권거래세 등 주의를 요하는 사항이 많다.

주식을 양도하면 양도세와 증권거래세보다는 과점주주로 인한 지방세 중과 등 예기치 않은 곳에서 골치 아픈 문제가 발생하며, 부동산을 취득하게 되면 비업무용 관계로 낭패를 보는 예도 있다. 따라서 통상의 거래를 벗어나는 경우는 전문가의 조력을 항상 사전에 받는 것이 바람직하다.

🐦 기간이나 기한에 유의

기간이나 기한을 어기는 사소한 일로 많은 세금을 내는 경우가 있다.

각종 신고나 감면 등의 신청은 꼭 적기에 해야 하며, 감사나 임원 등의 변경도 기한을 넘겨 불이익을 받는 경우가 없도록 해야 한다.

🐦 각종 규정 비치

기밀비 지급, 임원 상여금 및 퇴직금 지급, 가지급금 지급 등 각종 세법에서 요구하는 지급 규정 및 약정서를 정관 규정인지, 이사회 결의사항인지, 주주총회결의 사항인지를 확인 후 작성·보관해야 한다.

세무조사 사전통지서를 받은 경우

세무조사 사전통지서를 보면 어떤 부서에서 어떻게 세무조사를 나오는지 알 수 있다.

그리고 회사에서 어떻게 대처해야 할지가 세무조사 사전통지서에 다 나와 있다.

1. 조사대상 세목 : 통합조사, 언제부터 언제까지의 자료를 조사할지 세무조사 대상 기간이 나와 있다.

2. 조사기간 : 세무조사 기간이 나와 있다.

3. 조사사유 : 조사사유에 대한 법적 근거가 나와 있다.

세무조사 통지서를 보면 납세자의 몇 년도 귀속 소득 분에 대해 조사하며, 조사대상기간은 얼마간이고, 내가 왜 조사를 받는지 그 이유에 대해서 나와 있다. 또한, 조사담당자가 누구인지 다 나와 있다.

따라서 전문가의 조력을 받으려면 해당 통지서를 세무대리인에게 보여주면 그 대응 방안을 세울 수 있다.

세무조사에 선정되기 쉬운 경우와 혜택을 보는 기업

 세무조사 대상에 선정되기 쉬운 경우

조사 대상 선정은 일률적으로 정해진 것은 아니며, 그때의 상황에 따라 변한다. 예전에는 소득이나 신장률이 업종별 평균에 미달하는 업체를 주로 대상에 선정하였으나 최근에는 소득에 비해 자산취득이나 소비가 많은 음성 불로 소득자와 탈세를 조장하는 자료상 혐의자, 상대적으로 세무관리가 취약한 업종, 자산소득이나 현금수입업종 등 타 업종에 비해 상대적으로 실소득대비 신고소득율이 저조한 업종에 중점을 두는 경향이 있다.

또한 통설에 3년 이내에는 조사가 안 나온다거나 5년에 한 번은 반드시 세무조사를 받아야 한다는 것은 현재의 조사기준으로 보면 낭설에 불과하다.

아래 유형은 지금까지의 조사유형을 경험으로 분류한 것이며, 중복 유형이 많을수록 조사 가능성이 클 것으로 예상된다.

❶ 소득에 비해 지출이 과다한 업체(결손 및 소득률 저조자)

❷ 호황 업종(특히 고가 소비재)

❸ 호화사치 생활자(세금 신고 소득에 비해 사업 무관 해외여행이 빈번하거나 고급승용차, 고급주택, 별장, 콘도, 골프회원권 등 취득자)

❹ 세금계산서 거래 질서 문란 품목 해당 업체

❺ 자료상 거래자

❻ 무신고자

❼ 사회 지탄 대상자로서 탈세 혐의자

❽ 장기 미조사 업체

2 세무조사에서 혜택을 보는 경우

세무조사 대상 선정 및 제외는 그때마다 지침이 바뀌고 사회·경제 여건에 따라 매번 변화되므로 고정된 것은 아니지만 아래와 같은 경우는 제외 또는 조사 유예되는 빈도가 높았다. 하지만 "반드시"라는 보장이 없으므로 유념해야 한다.

❶ 중소제조업체

❷ 수출업체

❸ 벤처기업

❹ 신용카드 발행 비율 및 매출 증가 비율, 소득 증가율이 좋은 업체

❺ 동종업종 업체와 비교해서 평균 신장률, 평균 부가율, 평균 소득율이 좋은 업체

세무조사 대상의 선정과 세무조사 착수 전 조사관의 준비 사항

1 세무조사 대상의 선정

첫째 국세청의 전산시스템에 의한 임의추출 방식으로 조사대상에 선정될 수 있다.

둘째 다년간의 각종 신고실적을 전산 분석하여 소득율의 저조, 거래처와 일치가 되지 않는(전산 불부합) 매출·매입금액이 과다하게 발생하는 경우 등의 사유로 선정이 될 수 있다.

셋째 각종 과세자료의 발생에 따라 선정될 수 있는데 예를 들면 고액의 위장·가공자료의 발생이 사유가 될 수도 있다.

넷째 세무서의 각종 현지 확인, 신고 후 사후검증(소명자료 제출 요구) 등에 있어서 쟁점 사안에 대해서 충분히 해명되지 아니하여 조사에 의하여 확인이 필요하다고 판단되는 경우가 있다.

다섯째 국세청 내부에서 각종 신고자료의 분석, 언론보도 자료, 각종 정보자료 등의 수집에 의해서 선정될 수 있다.

여섯째 탈세 제보, 차명계좌 사용제보 등에 의하여서도 조사대상에

선정이 될 수 있다

기타 금융정보분석원(FIU)의 자료 통보, 호화사치 및 과소비 내역, 자금출처가 분명하지 않은 부동산 등의 취득, 기업자금의 변칙유출 혐의 등으로 세무조사 대상자로 선정되기도 한다.

2 세무조사 착수 전 조사관의 준비 사항

해당 업체의 각종 세무신고 내역 및 직전 조사 내역

① 조사 대상업체의 종합소득세, 법인세 신고서 등 각종 세무 신고서를 검토하여 세무조정, 세액공제 등이 세법에 적합하게 적용되었는지를 검토한다.

② 전반적인 거래내용에 비추어 과거연도에 비해 금액이 과다하거나 특이한 계정과목을 검토하며, 회계처리 내역 및 제 증빙 등을 검토할 수 있도록 준비한다.

③ 만일 해당 업체에 대한 과거 조사실적이 있다면 중점적으로 검토하는데, 이는 조사 방향을 선정하는데 매우 효율적인 참고자료가 될 수 있다.

유사한 업종의 과거 세무조사 실적을 검토한다.

① 제조, 도매, 금융, 건설, 특정 서비스업종 등은 대개의 거래형태가 크게 다르지 않아 유사 업종에서 자주 조사실적으로 확인되는 항목이 있다면 이를 참고하여 조사할 업체의 유사한 거래 내역을 중점적으로 검토할 것이다.

② 이는 업종이 바뀌거나 내부통제시스템을 전반적으로 바꾸지 않았다면 비슷한 유형의 거래가 있어서 과거와 유사한 세무상 문제점으로 인해 쉽게 조사성과를 거둘 수 있을 것이기 때문이다.

③ 설사 거래유형 등이 바뀌었더라도 과거의 거래내역, 회계처리방법과 세무조정내용을 참고해 보면 조사 대상 연도의 거래에 대하여 어떻게 접근해서 검토해야 조사 효율성을 높일 수 있을 것인지를 정하는 데 많은 도움이 될 것이다.

🔬 금융감독원 전자공시 시스템(dart.fss.or.kr)을 확인

① 금융감독원 전자공시 시스템에서는 기업개황에서부터 사업보고서, 감사보고서, 발행공시, 지분공시, 거래소 공시 또는 공정거래위원회 공시 등 주요 공시사항을 모두 확인할 수 있다.

② 특히 사업보고서, 감사보고서 등에서는

▶ 기업자금의 차입 및 상환

▶ 유형자산의 취득 및 처분

▶ 회사채의 기채 및 감채

▶ 외화자산·부채의 변동 내역

▶ 주요 지분변동내역 및 지분법 적용내용

▶ 해외 자회사와의 거래 등 국제거래 내역

▶ 특수관계자 간의 거래내역 및 각종 지급보증 내역

▶ 배당에 관한 사항 등이 기재되어 있다.

③ 이외에 주석에서 확인할 수 있는 사항으로는

▶ 주요 소송내용 등 우발적 채무의 발생가능성

▶ 국내·외 각종 투자현황 등 중요한 재무정보가 모두 요약되어 있어 준비조사에는 꼭 필요한 중요한 검토 대상들이라 하겠다.

🕯️ 기타 재무제표, 국세청 내부의 각종 정보자료, 언론 보도 내용, 인터넷 검색내용 등을 검토한다.

① 수년간의 손익계산서, 재무상태표, 이익잉여금처분계산서 등을 검토하여 회사의 경영 추이를 확인한다.
② 국세청에서 보유하고 있는 각종 정보자료를 활용하는데, 여기에는 차명계좌 제보자료, 탈세 제보자료, 국세공무원 제출자료, 서면분석 자료 등이 있다.

🕯️ 쓸데없는 자료 삭제는 의심받는다.

국세청 세무조사 요원들이 기업에 세무조사를 나가면 직접 장부를 점검하는 조사요원과 전산 자료를 먼저 확보하는 전산 조사요원이 한 조를 이뤄 투입된다.

전산 조사요원이 경리부서 컴퓨터에 접속해 이메일을 포함한 컴퓨터에 내장된 모든 자료를 내려받는 게 가장 먼저 하는 일이다.

국세청이 피조사 기업 경리부서 컴퓨터로부터 내려받은 전산 자료에서 가장 먼저 확인하는 것은 지워진 파일이 있는지? 여부이다.

피 조사기업이 세무조사 통지서를 받은 이후 지워진 파일이 있다면, 아무래도 과세자료나 증빙을 은닉할 의도가 있다는 '합리적 의심'을 할 수 있으므로 가장 먼저 지워진 파일을 확인하는 편이다.

지워진 파일을 발견한 국세청 전산 조사요원은 통상 파일을 지운 시기와 이유를 피조사 세무 실무자에게 묻는데, 이런 상황에서 경험이 적은 기업 측 실무자는 당황하게 되고, 차분한 소명이 어렵다.

이 경우 기업 세무 실무자가 계정과목을 잘못 입력한 상태에서 실적 문서를 뽑았다면 당연히 바로잡아 실적문서를 다시 생성하고 잘못된 파일은 지우게 마련이라며 세무조사 요원에게는 그렇게 설명하면 되는 것이고, 절대 당황해서 하지 말아야 할 말을 해서는 안 된다.

세무조사 현장 방문 시 유의 사항

세무조사 방문 시 대표이사 가지급금 관련 금융거래 내역에 대한 자료제출을 요구하고 있다.

세무당국에서는 법인의 가지급금이 발생하여 그 가지급금의 정리를 임원의 퇴직금을 중간 정산하여 활용한 것으로 판단하여 먼저 가지급금에 대한 발생 경위, 인정이자 등에 대한 회계처리, 가지급금 입출금(반드시 개인통장에서 법인통장으로 입금한 내역을 남겨야 한다.) 등 금융거래 내역에 대한 자료를 제출하라고 요구하며, 현금으로 오고 간 것은 대부분 인정하지 않기 때문에 은행 등 금융기관의 거래내역을 요구한다.

가지급금 정리 목적으로 임원 퇴직금 중간정산 행위가 업무와 관련이 없는 업무무관 가지급금으로 추징당할 여지가 있어 이에 대한 주의가 필요할 수 있다.

이미 소득세법과 법인세법의 개정으로 인하여 임원 퇴직금의 중간정산 방법이 까다로우므로 관련 서류가 미흡하면 부인처리될 수도 있어 관련 서류를 철저히 준비해야 한다. 또한, 연봉제 전환 관련 서류가 미흡한 경우 현실적인 퇴직이 부인될 수도 있다. 과세관청에서는 임원의 퇴직금을 중간정산하여 가지급금을 정리한 법인에 대하여 가지급금과 임원의 퇴직금 중간정산 관련하여 해명자료를 제출하라는 세무조사를 실시하고 있다.

같은 맥락으로 임원의 퇴직급여의 경우 적법한 절차에 따라 지급되었는지 검증하고 있다. 임원의 퇴직급여에 대해서는 정관 또는 정관에서 위임한 퇴직금 지급규정을 통하여 집행되어야 하므로 그와 관련된 정관이나 규정이 적법한 절차에 의해서, 법령을 준수하여 제대로 지급되었는지 검증을 하겠다는 내용으로 해석된다.

퇴직급여에 대한 금융거래 내역과 회계처리 내역을 요구한다는 것은 퇴직금을 실제로 지급했는지에 대한 사실관계를 확인하기 위한 것으로 생각된다. 퇴직금의 중간정산(현실적인 퇴직)은 퇴직금을 지급한 경우로 한정되어 있어 만약 임원에 대한 퇴직금을 중간정산하고 실제로 지급하지 않은 상태에서 회계처리만 한 경우에는 현실적인 퇴직으로 인정받을 수 없다.

연봉계약서를 요구하는 것은 퇴직금 중간정산 이전의 급여체계와 그 이후의 사후 조치 경과를 확인하기 위한 목적으로 임원의 퇴직금 중간정산 사유가 호봉제에서 연봉제로 전환이기 때문에 중간정산 이전에는 호봉제를 실시하고 있었다는 증빙이 필요하며, 중간정산 이후에는 실시에 따른 연봉계약서 및 그와 관련된 자료를 검토하겠다는 의도로 판단된다.

세무조사시 세무 당국은 해당 법인으로부터 "법인세 신고 관련 해명자료 제출 안내" 공문을 발송하여 회사의 법인등기부등본, 정관, 주주명부, 결산보고서 등 관련 자료를 세세히 분석하며 해당 법인은 가지급금에 대한 해명과 임원의 퇴직급여 및 중간정산에 대한 해명 자료를 제출하여 추징에 대한 예방을 할 수 있을지도 모른다.

하지만 법인의 신용카드사용과 관련된 부분은 대부분의 법인이 세무조사시 추징을 피할 수 없는 단골 항목이다.

법인카드 사적 사용 여부는 세무조사에서 필수적으로 검증하는 사안이다. 세무조사의 경우 정기세무조사라 하더라도 세무공무원이 보통 2주간 세무조사를 실시하는데 1가지 사안만을 가지고 실시하는 경우 그 사안에서 아무런 혐의점을 발견하지 못한다면 시간낭비, 인건비 낭비만 하게 될 것이다. 만일의 경우에 대비하여 추징가능한 항목 1~2개를 준비해 두어야 하는데, 법인카드 항목이 이러한 대비 항목이다.

대부분 법인이 지적받는 사안들은 회사가 근무하지 않은 토, 일요일, 공휴일에 그것도 마트, 주유소, 병원, 학원, 약국 등에서 사용한 비용이며, 그 건수를 보건데, 도저히 업무와 관련해서 사용했다고 보기 어려운 항목이 많다. 물론 업무와 관련하여 사용한 금액도 일부 있으나, 이미 2~3년이 지난 시점에서 이에 대한 소명이 쉽지 않다.

통상적으로 세무조사 및 해명자료 제출은 2~3년 후에 실시되는데, 세무조사를 하기에는 세무 공무원의 인원이 턱없이 부족하여, 서면자료 제출이 많은 편이라 법인에서는 상기 항목에 대한 대비와 소명 자료에 대한 자료검토를 통해 세무조사에 대한 대비가 필요할 것이나, 평상시에 각종 증빙을 잘 갖춰 놓는 것이 최상책이다.

세무공무원이 탈세를 잡아내는 방법

사업을 하다 보면 벌리는 돈은 없는데, 꼬박꼬박 세금납부일이 다가온다. 이 경우 좀 어떻게 매출을 속이는 방법이 없을까 누구나 생각해 보기 마련이며, 이를 실행에 옮기는 사람도 많다.

그러나 매출누락 등의 부정행위를 국세청에서 알지 못할 것이라는 생각은 잘못된 것이다. 요즘의 세무행정은 전산화돼 있으므로 사업자의 모든 신고상황 및 거래내역이 전산처리 돼 다양하게 분석되고 있다. 즉, 사업자별로 지금까지 신고추세, 신고한 소득에 대비한 부동산 등 재산 취득상황, 동업자 대비 부가가치율, 신용카드 비율 및 신고내용과 세금계산서합계표 내용의 일치 여부 등이 종합적으로 전산 분석되는 것이다.

또 세무서마다 「세원정보수집전담반」 을 편성해 관내 어느 업소가 사업이 잘되고 있는지 등의 동향을 일일이 파악하고 있고, 모든 국세공무원은 각자가 수집한 정보자료를 제출하고 있다. 납세자가 과세기간마다 제출한 신고서 및 수집된 과세자료 등에 대한 신고성실도를 전산 분석 한 결과 불성실하게 신고한 혐의가 있는 사업자는 조사대상자로 선정해 세무조사를 실시한다. 이렇다 보니 매출누락이 적발되는 것은 시간문제라고 하겠다.

국세청은 사업자에 대한 과세정보는 누적 관리하고 있다가 세무조사를 할 때 한꺼번에 추징한다. 따라서 지금 당장 세무조사를 당하지 않는다고 해서 매출을 누락하는 등 신고를 게을리하면 크게 후회할 날이 올 것이다.

소득신고 시 누락해서는 안되는 기본 거래내용
- 세금계산서 및 계산서 발행거래
- 신용카드 발행거래
- 현금영수증 발행거래

위의 거래는 확실히 세무서에서 파악하고 있는 거래이니 누락할 경우 100% 적발이 된다는 점을 잊어서는 안 된다.

위와 같은 내용은 이제 누구나 상식이다 보니 이제 오히려 위의 4가지를 이용해 없는 거래를 만들어 세금을 조절하는 사업자가 갈수록 늘어남에 따라 사업용 계좌 및 신용카드 등록 제도를 만들어 개인사업자의 가장 큰 거래내역인 매입·매출 거래 및 인건비, 임차료 지출에 대해 무조건 금융거래를 의무화시키고 있다. 즉 이제는 모든 거래는 금융거래로 하라는 것이다.

따라서 사업주는 매출누락의 의심을 면하기 위해 다음의 원칙을 반드시 지키는 것이 좋다.

매출누락을 의심받지 않는 방법
- 증빙이 있는 거래를 한다.
- 웬만한 거래는 금융거래를 한다.
- 평소에 성실히 납세의무를 이행해 납세성실도를 높인다.

쫓는 자보다 쫓기는 자의 수단과 방법이 더욱 교묘해져 이제 금융거래까지 조작함에 따라 과세당국은 금융거래보다도 납세성실도를 우선한다.

1 매출누락, 가공매입으로 적발 시

세무조사를 한 결과 사기 혹은 기타 부정한 방법으로 탈세한 경우에 조세범처벌법에 의해 조세범으로 처벌된다. 이런 경우에는 세금부과와 별도로 3년 이하의 징역 또는 탈세액의 3배 이하의 벌금에 처해진다.

구 분	납부해야 하는 가산세
부가가치세	• 누락된 매출금액의 공급가액 또는 가공매입금액 : 누락된 매출금액의 공급가액 또는 가공매입금액의 10% • 세금계산서 관련 가산세 • 신고불성실가산세 : 추가납부 부가가치세액의 40%(부당) 또는 10%(일반)이다. 다만, 신고기한으로부터 일정기간 이내에 수정신고 또는 기한후신고시 감면된다. • 납부불성실가산세 : 미납세액 × 경과일수 × 0.022%
종합소득세	부당하게 매출누락 또는 가공매입 함으로써 감소된 소득세에 대해 • 신고불성실가산세 ❶ 부당한 과소신고 : 부당세액의 40%와 수입금액의 0.14% 중 큰 금액(복식부기 의무자) ❷ 일반 과소신고 : 부당세액의 20%와 수입금액의 0.07% 중 큰 금액(복식부기 의무자) ❸ 부당한 초과환급신고 : 부당환급세액의 40%

구 분	납부해야 하는 가산세
	❹ 일반 초과환급신고 : 일반환급세액의 10%
	다만, 신고기한으로부터 일정기간 이내에 수정신고 또는 기한후신고할 때 세금 감면
	● 납부불성실가산세
	미납세액 × 경과일수 × 0.022%

🔲 부당한 신고위반 유형

❶ 이중장부의 작성

❷ 허위증빙, 허위기록, 허위문서의 작성

❸ 허위증빙 등의 수취

❹ 장부와 기록의 파기

❺ 자산의 은닉 또는 소득원천의 은폐

❻ 통상적인 기록을 피하기 위한 업무의 조작 처리

❼ 그 밖의 국세를 포탈하거나 환급, 공제받기 위한 사기 기타 부정한 행위 등

2 위장·가공 자료상 혐의자료 과세자료의 소명

🔍 자료상임을 알고 수취한 경우

상대방이 자료상임을 알면서도 세금을 포탈할 목적으로 소정의 수수료를 지급하고 자료를 수취한 행위는 자료상과 비교해서 나을 것이 없으므로 모든 불이익을 감수해야 한다. 이 경우 자료를 수취한 자 또한 세무조사를 받을 가능성이 크다. 이 경우에는 수정신고 등을 통해서 적극적으로 대처하는 것이 필요하다. 이러한 사건이 결산 확정 전 또는 과세표준 신고 전에 발견된 경우는 결산에 반영하거나 세무조정을 통해서 가공비용을 비용계상하지 말아야 한다.

그리고 비용누락 된 부분이 있는 경우에는 그 비용으로 대체하는 방법도 고려해야 한다.

개인사업자의 경우 결산 확정 전에 가공자료가 발견된 경우 재무제표에 필요경비로 처리된 부분을 소득금액조정합계표상에 필요경비불산입하는 세무조정을 하여 그 내용을 표시해주는 것이 좋다.

🐣 자료상 자료임을 모르고 수취한 경우

거래상대방이 자료상임을 모르고 수취한 경우는 거래상대방으로부터 선량한 주의의무를 다했는가가 관건이다. 거래상대방이 정상 사업자인지를 사업자등록증, 사업장 현황, 명함 등을 확인하고 거래하는 등 최소한의 주의의무를 다한 경우는 위장거래임이 판명되더라도 매입세액공제를 받을 수 있다.

🐣 사실상의 거래인 경우

자료상은 처음부터 모든 거래에 대해서 자료상 행위를 하는 것이 아니다. 처음에는 일부에 대해서 실거래를 하다가 어느 순간에 자료상으로 돌변하는 경우가 많다. 이 경우 자료상으로 판명되어 고발된 경우 처음에는 실제 거래를 하였다고 해도 자료상으로부터 세금계산서를 받았다는 혐의에서 벗어나기 어렵다. 따라서 이 경우에는 입증서류를 준비해서 적극적으로 소명해야 한다. 세금계산서, 거래사실확인서, 거래명세서, 입금표 등은 세무서에서 이미 자료상 거래라고 판단을 해버렸기 때문에 입증서류로서 거래의 신빙성을 입증하는 데 도움이 되지 않는다. 따라서 대금결제 증빙(은행 입금내역, 어음, 수표 등), 운송일지, 설치장소확인증, 계약서, 배달증명, 입고확인서, 검수기록부, 실물 사진 촬영 등 가능한 객관적인 증빙을 확보해서 소명하면 세무상 불이익을 면할 수 있다.

🍶 위장거래인 경우

위장거래는 실물거래는 있었으나 공급자가 제3자의 세금계산서를 가져다준 경우이거나 제3자로부터 수취한 경우이다. 이 경우에 실제 거래한 당사자에 대한 입증만 가능하다면 세무상 불이익을 최소화할 수 있다. 즉, 매입세액은 사실과 다른 세금계산서로 불공제되지만, 소득세법상 필요경비로 인정이 되어 추가적인 세금 문제는 발생하지 않는다. 다만, 실제 사업자에 대해서 부가가치세나 소득세 등 관련 세금을 추징하는 것은 당연하다. 위장사업자와의 거래분은 필요경비로는 인정되지만 증빙불비가산세 2%는 부담해야 한다.

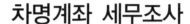

1 차명계좌는 모두 불법인가?

기본적으로 합법적인 차명계좌는 없다. 문중이나 교회 등 단체의 금융자산을 관리계좌, 동창회나 계 등 친목 모임의 회비관리계좌 등 사회통념상 인정되는 목적으로 이용되는 경우 예외가 인정되기도 하는데, 나머지는 모두 불법이라고 보면 된다.

차명계좌는 본인이 아닌 다른 사람의 계좌를 말한다. 본인이 아닌 가족이나 종업원 이름의 계좌, 법인이 아닌 법인의 대표자 개인계좌도 차명계좌이고, 사업자가 타인 명의 계좌로 거래대금을 입금받은 경우도 모두 차명계좌를 사용한 것에 해당한다.

물론 불가피하게 사업자 본인 계좌가 아닌 계좌를 사용해 매출대금을 받는 경우도 있을 수 있다. 급하게 법인계좌가 기억나지 않아서 개인계좌로 주고받는 경우가 있을 수 있다. 신용불량으로 압류가 되는 문제 때문에 다른 사람을 통해 대금을 받는 경우도 있다.

이때에는 입금된 금액을 누락하지 않고 매출신고를 해야 하고, 그

대금을 곧바로 사업자 본인 계좌로 입금하는 것이 좋다. 시간이 지나면 차명계좌로 입금된 사실을 잊어버리게 되고, 추후 고의적인 의도가 있는 것으로 비춰질 수 있기 때문이다.

또 차명계좌로 출금이 이뤄진 경우에도 출금된 금액이 사업과 관련한 경비임을 증명할 수 있는 근거와 출처가 있어야 한다.

그렇지 않을 경우 과세관청에서는 사업자 본인 계좌가 아닌 차명계좌를 통해 출금된 것으로 보게 된다.

가장 중요한 것은 이렇게 사업자 본인 계좌가 아닌 계좌로 입출금되는 것이 결코 반복적으로 일어나서는 안 된다는 것이다. 불가피하게 일시적으로 일어날 수는 있지만, 계속적으로 반복된다면 세무조사 대상이 될 수 있다. 국세청이 차명계좌에 대해 인식하는 것은 오직 한가지 '탈세' 뿐이다.

2 법인과 개인의 계좌관리 차이점

요즘 법인 중에서도 1인 주주법인이나 가족법인이 많다. 이런 경우 법인과 대표이사를 동일시하는 경향이 있다. 예를 들면 대표이사의 필요로 법인계좌에서 출금하는 것이 자연스럽게 이뤄지는 경우다.

이를 가지급금이라고 하는데, 세법상으로는 대표이사가 법인에서 빌린 것으로 나중에 갚아야 하고, 이자도 지급해야 하니까 주의해야 한다.

개인사업자의 경우는 대표자의 필요로 출금을 하더라도 크게 문제되지는 않겠지만, 부채의 합계액이 사업용자산의 합계액을 초과하는 경우는 신경을 써야 한다. 이 경우 초과인출금이라고 해서 그 이자 비용에 대해 필요경비 처리를 하지 못할 수 있다.

특히 개인사업자는 사업 용도와 개인적 용도의 구분이 모호하고 혼재돼 있으므로 지급이자 중 초과하는 부분에 대해 필요경비로 인정되지 않는다는 점을 기억해야 한다.

3 차명계좌 매출을 누락한 경우

차명계좌로 들어온 매출을 누락한 경우에는 높은 가산세가 적용된다. 고의로 적극적인 탈루행위를 한 것으로 보기 때문이다.

세법상으로는 '사기 기타 부정한 행위'라고 하는데, 당초 내야 할 세금에 더해 납부불성실가산세와 신고불성실가산세까지 부과되는데, 이때 사기 기타 부정한 행위에 해당하면 신고불성실가산세가 일반적인 10%가 아니라 40%로 부과된다. 또한, 현금영수증 발급업종이라면 현금영수증 미발급 가산세도 부과된다.

무엇보다도 큰 제재는 세법상 세금을 부과할 수 있는 부과제척기간이 일반적인 5년이 아닌 10년으로 늘어난다는 점이다. 한 번의 세무조사에서 과거 10년 치 세금을 전부 추징당할 수도 있다. 그뿐만 아니라 누락한 매출이 조세 탈루행위에 해당되는 경우에는 검찰 등에 고발 조처되어 형사처벌도 받을 수 있다.

4　세무조사가 나왔을 때 현명한 대처법

차명계좌로 인한 세무조사라면 대부분은 주위 제보에 따른 조사이거나 고액의 현금 입출금이 국세청에 포착된 경우가 많다. 따라서 대부분 금융기관을 통해 계좌 전부의 입출금 내역을 조회하게 된다. 당사자는 물론 당사자와 거래가 있었다고 인정되는 사람 모두를 상대로 검사와 조사가 이뤄진다.

국세청은 모든 제보를 조사하는 것이 아니라 구체적이고 신빙성이 있는 제보에 대해서만 조사를 하므로 일단 조사가 시작되면 가볍게 끝나기 어렵다. 물론 조사 이전에 소명 안내를 통해 소명 받고 종결될 수도 있지만, 소명이 잘 안 된 경우에는 세무조사로 전환될 수 있다.

특히 차명계좌로 인한 세무조사는 대응이 정말 힘들고 사업자 혼자서 감당하기도 벅찬 것이 사실이다. 과거의 기억까지 떠올려서 금융거래내역을 하나하나 소명해야 하고, 그 근거를 제시해야 한다.

5　세무조사를 예방하는 방법은

개인사업자, 특히 복식부기 의무자는 사업 관련 거래대금을 주고받을 때 꼭 사업용 계좌를 통하는 것이 필요하다. 법인도 반드시 법인 명의의 계좌를 사용해야 한다. 특히 사업용 계좌와 법인계좌는 사업과 관련해서 사용하는 것이 중요하다.

사실 세무조사를 예방하는 최고의 방법은 성실신고이다. 요즈음은 탈세 제보와 신고가 자유롭게 이뤄지는 환경이다. 항상 주위의 누군가가 있다고 생각하고, 탈세의 유혹이 있더라도 뿌리치는 것이 핵심이다.

구체적으로는 반드시 세금계산서, 신용카드, 현금영수증 등 적격증빙을 받고, 현금거래보다는 계좌이체 등으로 근거를 명확하게 남겨두는 것이 필요하다.

특히 특수 관계자 간 거래에서는 시가보다 과하게 높거나 낮지 않도록 사전에 시가에 대한 검토가 필요하다. 가족의 인건비는 확실한 근거가 있어야 할 것이다. 사업을 하는 사람은 항상 세금에 관한 관심을 두고 세무 전문가와 자주 만나 상담하는 것도 꼭 필요한 일이다.

세무조사 파생자료의 세무처리

1 과세자료의 내용

거래상대방의 세무조사 등의 사유로 인하여 과세자료가 발생하는 경우는 조사처 관할 세무서의 조사내용을 상대방 관할 세무서에 통지하여 과세자료로 활용하도록 하는 자료이다. 이 자료는 주로 조사처의 매출누락 자료, 자료상 혐의 자료(부당 매입세액공제 등) 등으로 상대방이 확인한 내용으로 상당한 신빙성이 있으므로 적극적인 대처가 필요하다.

조사파생자료를 통보받은 관할 세무서는 자료내용에 대한 진위여부를 납세자에게 확인하여 사실관계가 맞는 경우는 과세하게 된다.

2 거래처 조사 파생자료 소명

🕯️ 자료 내용이 사실인 경우

과세자료 내용(거래처 매입자료)이 사실인 경우는 수정신고를 하는 방안이 최선의 방안이다. 수정신고를 하는 방법은 상품매입액(누락)에 대한 매출 여부를 확인해야 한다. 만일 매입만 누락되고 매출은 정상적으로 신고가 이루어진 경우는 매입원가 누락 부분만 조정하면 된다. 그런데 일반적으로 매입이 누락 되면 매출이 누락되는 경우가 대부분이다. 따라서 다음과 같이 세무조정을 통하여 수정신고를 하면 된다.

구 분	처리 방법
법인세 수정신고	법인세 신고기한이 경과되었으므로 결산조정은 불가능하고 신고조정을 통하여 수정신고를 하면 된다. 매출누락액이 확인되지 않는 경우는 세무서에서 당해 업종 평균 부가가치율, 매매총이익율, 당해 사업자의 평균부가율 등으로 매출을 환산하여 추계결정하게 될 것이다. 또한, 소득처분 시에 매출누락 금액이 아직 회수되지 않은 매출채권으로 존재하는 경우는 소득처분은 유보로 하게 된다. 매출누락액에 대한 상여처분은 부가가치세를 포함한 매출누락액 전액에 대하여 해야 한다는 견해와 매출총이익에 대하여 해야 한다는 견해가 있으나 판례는 법인이 매출누락 사실이 있음에도 불구하고 그 매출액을 장부에 기재하지 아니한 매출누락이 있는 경우에는 다른 사정이 없는 한 원가 상당액을 포함한 매출누락액 전액을 사외유출된 것으로 보아야 한다고 판시하고 있다. 이는 매출을 누락한 경우에도 비용은 누락 없이 전부 신고한 것이 통상적이라는 경험칙에 바탕을 두고 있는 것이다. 따라서 납세자가 매출누락 금액 중에서 매출에 직접대응 되는 상품매입액을 지급한 경우에는 지급한 금액을 제외한 잔액만을 상여처분을 해야 할 것이다.

구 분	처리 방법
부가가치세 수정신고	당초 신고한 부가가치세 확정신고서를 수정신고 하면 된다. 당초 분은 적색으로 정정분은 흑색으로 표시하여 신고와 동시에 자진납부 해야 한다. 이 경우 신고불성실가산세, 납부불성실가산세를 계산하고 세금계산서 미발급 가산세를 적용하면 된다.
인정상여에 대한 수정신고	수정신고에 인정상여 처분금액에 대해서는 대표자의 근로소득으로 봐서 재 연말정산을 한 후 다음 달 10일까지 원천징수·납부해야 한다. 이 경우 인정상여에 대한 근로소득공제가 가능하므로 근로소득공제를 재계산한다.

자료 내용이 사실과 다른 경우

자료 내용이 사실과 다른 경우에는 해명자료를 제출기한 내에 적극적으로 소명해야 한다. 제출기한 내에 소명하지 않으면 고지가 되어서 불복청구 등을 통하여 구제받아야 하므로 어려움이 따른다.

소득금액 변동통지서를 받은 경우 세무처리(소득처분 시 원천징수이행상황신고 및 자료처리 절차)

법인세법에 따른 소득처분이 있는 경우 소득금액 변동통지서를 받은 날이 속하는 달의 다음 달 10일까지 원천징수이행상황 신고납부와 함께 근로소득 지급명세서를 함께 제출해야 한다.

예를 들어 2024년 6월에 소득금액 변동통지서를 받은 경우라면 2024년 7월 10일에 인정상여를 포함한 금액으로 연말정산을 재정산 하여 원천세 신고 및 납부하고 수정된 지급명세서를 제출하면 된다.

원천징수의무자가 당초 원천세 신고·납부 기한에 근로소득 연말정산 재정산을 하여 신고·납부 및 수정된 지급명세서를 제출한 경우는 별도의 가산세가 적용되지 않는 것이나 해당 신고·납부 기한을 경과하여 기한 후 신고납부 및 지급명세서를 제출한 경우는 원천징수 납부지연 가산세와 지급명세서 제출불성실가산세 적용대상에 해당한다.

참고로, 상여 처분을 받은 대표자의 경우는 근로소득 이외에 다른 소득이 없는 경우라면 별도의 종합소득세 신고를 할 필요가 없지만, 근로소득 이외에 다른 소득이 있는 종합소득세 신고대상자일 경우에는 상여 처분에 따른 소득의 증가분에 대하여 수정신고를 해야 하므

로 소득금액 변동통지서를 받은 날이 속하는 달의 다음다음 달 말일
까지 주소지 관할 세무서에 추가 신고·납부 했을 때는 기한까지 신
고·납부한 것으로 보는 것이므로, 신고불성실가산세, 납부불성실가
산세가 적용되지 않는다.

1 법인세 신고 시 익금산입액을 소득처분한 경우

🐣 원천징수의무자(법인)

소득처분금액에 대한 소득세를 원천징수하여 법인세 신고일(수정신
고의 경우 수정신고일)의 익월 10일까지 신고·납부한다.
반기별 납부자의 경우에도 같으며 이때 소득자료명세서를 기재하여
제출해야 한다.

🐣 소득처분 받은 자(법인이 원천징수 신고·납부한 경우)

구 분	처리내용
타 소득 존재 등으로 종합소득세 확정신고 의무가 있을 때	• 소득처분의 귀속이 종합소득세 확정신고 기한 전인 경우 : 주소지 관할 세무서에 종합소득세 확정신고·납부 • 소득처분의 귀속이 종합소득세 확정신고 기한 후인 경우 : 법인세 신고기한 종료일(수정신고일)의 다음다음 달 말일까지 주소지 관할 세무서에 추가 신고납부
종합소득세 확정신고 의무가 없을 때(근로소득만 있는 경우)	• 별도의 추가 신고납부 의무 없음

2 법인세 결정·경정시 익금산입액을 소득처분한 경우

정상사업 법인의 경우(소득금액 변동통지서 송달이 가능)

구 분	처리내용
세무서장 및 지방국세청장	• 결정·경정 일부터 15일 내에 소득금액 변동통지서를 해당 법인에게 통지 • 해당 법인에게 소득금액 변동통지서를 통지하였다는 사실(소득금액 변동내용은 포함하지 않음)을 해당 주주 및 해당 상여나 기타소득 처분을 받은 거주자에게 소득금액 변동사항 통지서로 통지
원천징수의무자(법인)	소득세 원천징수 납부(또는 재 연말정산) 및 지급명세서 제출 의무
소득처분 받은 자	종합소득세 확정신고 또는 추가 신고 납부

법인의 소재가 불분명한 경우 등(통지서 송달 불능 시)

구 분	처리내용
세무서장 및 지방국세청장	결정·경정 일부터 15일 내 해당 주주 및 상여나 기타소득의 처분을 받은 거주자에게 소득금액 변동통지서를 통지
원천징수의무자(법인)	소재 불분명으로 원천징수 불가능(원천징수의무 없음)
소득처분 받은 자	• 소득금액 변동통지서를 받은 날의 다음다음 달 말일까지 종합소득세 추가 신고·납부 • 법인이 원천징수를 하지 않았으므로 원천징수 세액의 기납부세액 공제 적용 대상 아님

구 분	처리내용
원천징수의무자 (법인)	소득처분이 있는 경우 소득처분금액에 대한 소득세를 소득금액 변동통지서를 받은 날이 속하는 달의 다음 달 10일까지 원천징수이행상황 신고납부와 함께 근로소득 지급명세서를 함께 제출해야 한다. 기한 내에 제출한 경우 원천징수 납부지연 가산세와 지급명세서 미제출 가산세는 내지 않아도 되나, 미제출 시에는 해당 가산세를 납부해야 한다. **[폐업법인 등에 대한 과세 시 유의 사항]** • 원천징수의무자인 법인이 폐업 등의 사유로 소재지가 불분명하거나 소득금액 변동통지서를 송달할 수 없는 경우 또는 결손처분 사유에 해당하는 경우는 소득처분을 받는 자에게 소득금액 변동통지를 하여야 함 • 위 경우 소득처분을 받는 자의 주소지 관할 세무서장은 동 거주자(종합소득세 확정신고 의무 여부 불문)가 종합소득세 확정신고 또는 추가 신고납부하지 않은 경우는 종합소득세 과세
소득귀속자	소득변동통지서를 받은 날 또는 법인세 신고기한 종료일이 속한 달의 다음다음 달 말일까지 종합소득세를 신고·납부 해야 하며, 이 경우 가산세는 없다. 주소지 관할 세무서장은 소득처분을 받는 자가 기한까지 종합소득세 확정신고 또는 추가 자진신고를 하지 않은 경우(신고·납부의무 없던 자, 신고하지 않아도 되는 자가 추가납부해야 하는 경우 포함) 소득세를 결정·경정 고지한다. 이 경우 (무)과소신고가산세와 납부불성실가산세를 부담한다.

한 권으로 끝장내자 중소기업 경리업무 세무회계 실무 설명서

지은이 : 손원준

펴낸이 : 김희경

펴낸곳 : 지식만들기

인쇄 : 해외정판 (02)2267~0363

신고번호 : 제 251002003000015호

제1판 1쇄 인쇄 2023년 3월 27일

제1판 1쇄 발행 2023년 4월 10일

제2판 1쇄 발행 2024년 1월 12일

제2판 2쇄 발행 2024년 5월 22일

값 : 30,000원

ISBN 979-11-90819-27-5 13320

본도서 구입 독자분들께는 비즈니스 포털

이지경리(www.ezkyungli.com)

3개월 이용권(3만 원 상당)을 무료로 드립니다.

구입 후 구입 영수증을 팩스 02-6442-0760으로 넘어주세요.

K.G.B
지식만들기

이론과 실무가 만나 새로운 지식을 창조하는 곳

서울 성동구 금호동 3가 839 Tel : 02)2234~0760 (대표) Fax : 02)2234~0805